基盤としての情動——フラクタル感情論理の構想

基盤としての情動

フラクタル感情論理の構想

ルック・チオンピ

山岸　洋 / 野間俊一 / 菅原圭悟 / 松本雅彦　訳

学 樹 書 院

Die emotionalen Grundlagen des Denkens:
Entwurf einer fraktalen Affektlogik

Luc Ciompi

Translated by Yamagishi, H., Noma, S., Sugawara, K., and Matsumoto, M.

© 1997 Vandenhoeck & Reprecht, Göttingen

This book has been published originally by Vandenhoeck & Reprecht in German in 1997.
Tha Japanese translation has been published in 2005.

目　次

日本の読者の方々へのメッセージ
謝辞
この本について

第1部：理論的基盤

第1章：認識論的な出発点──不可避的に制約されている地平　1
「不可避的に制約されている地平」というイメージ
ポストモダンの哲学と科学論における多元性
世界はまるっきりの「つくりもの（構成されたもの）」か？
ラディカル構成主義 vs 相対的構成主義
「現実の感受装置（センサー）」としての人間
地平の個人的制約
結論として導き出されるパラドックス──不確実性の中の相対的確実性

第2章：感情論理の基本概念. その根本公理, 生物学的基盤, 定義, 現象について　31
統合された機能的「感覚・思考・行動」プログラム──心の礎石
感情論理の生物学的基盤
感情, 感触, 情動, 気分とは何か？ 定義の混乱とその解消
認知という概念について
論理という概念について
感情にはどのようなものがあるか？ いくつかの基本感情と無限のヴァリエイション
欲動と本能, 動機と意志, 価値体系と価値観
心理的, 社会的, 生物学的な各現象領域の間の相互的構造的カップリングについて

第3章：認知機能の基本的オペレイターとしての感情　85
思考に対する感情のオペレイター作用──組織化と統合
感情特異的な「思考・論理」の形式
筋の通った思考がもたらす快感
認識は苦悩に由来する
抽象化もまた快感を伴う

v

暫定的総括──一つの基本法則，五つの基本感情，そして無数の認知調整機能
感情論理の視点から見た意識と無意識
感情のオペレイター作用は，神経生理学的な「刷り込み」を基盤としているのか？

第4章：フラクタル感情論理──心のカオス論的理解　127

キー・コンセプトとしての「決定論的カオス」について
非線形的相転移，分岐，散逸構造
初期条件に対する敏感性──いわゆるバタフライ効果
アトラクターとリパルサー，あるいはエネルギー低地とエネルギー高地について
決定論的カオスの特徴を持つシステムに見られる自己相似性あるいはフラクタル性
心のカオス論的・感情論理的モデル
いくつかの方法論的問題
システムとしての心が持つフラクタル性のさまざまな側面
まとめと相対化．フラクタル感情論理は新しい心理学および精神病理学の基盤となれるか？

第2部：フラクタル感情論理の諸相．さまざまな例

第5章：感情・認知「レール」と感情・認知「固有世界」の発生について　183

不安と不安論理
怒りと怒り論理
悲しみと悲しみ論理
喜び，快感論理，愛情論理
関心論理，日常論理，学術論理

第6章：精神病理学──病的な感情認知的「狂い」について　221

決して「ノー」と言えなかった男
依存症，あるいは「心の癌」──感情認知的「狂い」のもう一つのかたち
解離性障害，多重人格
精神病状態の際の感覚および思考の跳躍的「狂い」
統合失調症もまた「感情病」の一つか？
まとめと展望──精神病理学において感情の果たす重要な役割について

第7章：集団のフラクタル感情論理　255

社会空間における「エネルギー供給および組織化」の主体としての感情
感情的コミュニケイション，情動の伝染と支配
集合的記憶の開閉を通じて連続性をつくりだすものとしての感情
狂い血迷った集団──その「感情・認知」
小規模または大規模な社会空間における非線形的相転移および「バタフライ効果」
まとめ──フラクタル感情論理の構想の正しさと，創発の問題についての新たな理解

第3部：理論面および実践面への帰結

第8章：他の構想との理論的な関連および相違 297

　精神分析，発生的認識論，一般システム論
　神経生物学，情動研究，進化論的認識論，生物学的基盤を持つ構成主義
　精神病理学，構造力動論，現象学，時間体験
　まとめ——フラクタル感情論理が新たにもたらすものは何か？

第9章：応用へ向けて——可能性とリスク 323

　精神医学と精神療法への応用
　フラクタル感情論理と身体体験，身体療法，および類似の治療実践
　日常的実践への示唆
　不安，リスク，希望

第10章：フラクタル感情論理の人間像，そしてそこから導き出される倫理的帰結について——あるいは，「感情とともに思考する」こと 359

　感情論理の視点から見た意識の問題
　意志の自由と思想の自由，責任
　フラクタル感情論理の世界像および人間像について
　何を行い，どこを目指すのか？——水の比喩

　　訳者あとがき
　　文献
　　人名索引
　　事項索引

日本の読者の方々へのメッセージ

　この本「フラクタル感情論理の構想」が日本で翻訳出版されるという知らせをいただき，とてもうれしく思っています．というのも，私の以前の著作「感情論理」の日本語版は，同じ学樹書院から出版されましたが，これによって私は，異なる文化的背景をもつ日本の方々とさまざまな議論をする機会を得ることができたからです．そうした議論が，本書の出版によってさらに深まることになれば，これにまさる喜びはありません．日本の読者の方々とこれからも，あらゆる機会をとらえてそうした議論をしていきたいものです．私の住むスイスで，あるいは皆さんの住む日本で，その機会が訪れることをとても楽しみにしています．

　この本の主題は感情と思考の相互作用という点にありますが，私はこの点にこそ，人間の本性や行動を理解するための鍵があると信じています．個々の認知内容がそれぞれ何らかの感情を惹起するものであるということは広く知られています．これに反して，個々の感情状態が私たちの思考と行動に対してつねに影響を与えているのだという事実には，私たちは通常あまり注意をはらっていません．この事実は，すでにずっと昔から，すぐれた詩人，科学者，哲学者たちによって指摘されていたにもかかわらず，私たちはそのことを無視していたのです．しかし少し前から認知科学において，感情のもつこの影響力についての研究がさかんになされるようになっています．こうしたことは，心理学や精神医学，精神療法の分野の人たちにとって興味深いことであるというだけではありません．政治や教育や商業の世界においても，さらに社会学や哲学においても，そしてまた，ありふれた日常的な数えきれない出来事の中においても，感情の影響というものが決定的に重要な役割を果たしているのです．

　そのように考えるのであれば，このドイツ語の本が 1997 年に最初に出版されて以来，今挙げたような幅広い領域の多くの専門家の人たちが，フラクタル感情論理の構想から導き出されたさまざまな主張に関心を示してくれたということも，また，この本で主張されたさまざまな考え方をめぐって多くの論文や著作が発表されているということも，驚くにはあたらないと言ってよいでしょ

う．このメッセージの最後に，英語圏とドイツ語圏で最近発表された感情論理に関連する主要な文献をまとめて挙げておくことにします．感情論理の理論構想から精神医学において導き出された応用法の代表的なものは，統合失調症の急性期に対処するために私たちがこの20年間にわたって「ソテリア・ベルン」という治療共同体施設において自ら実践してきた革新的な環境療法的・精神療法的アプローチですが，こうした応用法についても最近のドイツ語文献の中では非常に活発な議論がなされています．

　この20年の間に，情動の問題や，情動と認知の相互作用という問題が，神経生物学の分野でも脚光を浴びるようになりました．感情論理の構想から導き出された基本テーゼのほとんどは，そうした最近の神経生物学的研究によって，正しい想定であったということが証明されています．こうした動向を私はうれしい思いをもって眺めているところです．特に，あらゆる精神活動において感情と認知とがつねに相互に作用しあっているのだという想定が生物学的に証明されつつあるということは，きわめて重要なことだと考えています．しかし，Antonio Damasio や Joseph LeDoux や Jaak Panksepp といったこの分野の最先端をいく研究者たちは，情動と認知に関してこれまで神経生物学によって明らかにされたのはまだまだ非常に基本的なことがらだけであるにすぎないと考えています．情動と認知に関して心理学や精神分析や社会学が長い間かけて獲得してきた豊かで繊細な知識と比べてみれば，神経生物学がこの方面に関して最近明らかにした知見はまだとても十分なものとは言えないのです．なお最近，Panksepp と私は，感情論理の構想と最新の神経生物学との関連をテーマとする共著論文を完成させ，まもなく発表される予定になっています．

　神経科学（ニューロサイエンス）であれ人文科学であれ，概して今日の学問はますます専門化と分化の傾向を強めており，心理学や精神医学もその例外ではありません．この本で私が提案している方法は，これに反して，統合的なものであり，全体論的（ホリスティック）な性格をもっています．私の見るところでは，人間の心や人間の行動についてのあらゆる観察事象は，数量化できないような事象も含めて例外なく，私たちの自己理解のために重要な意味をもっているはずです．言い換えれば，それらはすべて，私たちがいかなるものであり，どのように存在しているのかという問題の理解，さらにまた，おそろしく速度を上げているように見える人類の進化の過程の中で今後も変化することな

く残っていくものははたして何なのかという問題の理解のために，重要な意味をもっているはずなのです．この本で感情と認知の間の相互作用や相互の統御について検討する際に，私は，主観的な現象，あるいは「不合理な」現象と呼ばれているようなことがらも多くとりあげるようにしました．このことによって，ものごとを冷徹な科学の視点から見るということができなくなるわけではありませんし，何らかの科学的な理論やメタ理論，あるいは精神力動や社会力動についてのさまざまな理論を提案することができなくなるわけでもありません．むしろ私たちは，主観的な現象や不合理な現象をとりあげることで，事実とはっきりと矛盾しているこれまでの理論やメタ理論をつくりかえていくことができるはずなのです．

そういうわけで，この本が日本の読者の方々にも多少の役に立つのではないかと私は考えています．この本は，世界の東と西との間で繰り広げられている論争——私たち自身を問う論争，言い換えれば私たち自身の認知と情動のあり方を問う論争——にも何らかの貢献ができるかもしれません．そのようにして，私たち西側にいる多くの人たちが見るところでは明らかに誤った方向に進みつつある現在の世界の流れを，何とか反転させるようなことができるのではないか，などとも私は夢想しているところです．

1997年以降に発表された感情論理に関する文献

In English:
Ciompi, L.: The concept of affect logic. An integrative psycho-socio-biological approach to understanding and treatment of schizophrenia. Psychiatry 60: 158-170, 1997

Ciompi, L.: Is schizophrenia an affective disease? The hypothesis of affect-logic and its implications for psychopathology. In: Flack W.F., Laird J.D.(eds) Emotions in psychopathology: theory and research. Oxford University Press, New York Oxford 1998, pp.283-297

Ciompi, L.: An affect-centered model of the psyche and its consequences for a new understanding of nonlinear psychodynamics. In Tschacher, W., Dauwalder, J.P. (eds): Dynamics, synergetics, autonomous agents. Nonlinear system approach to cognitive psychology and cognitive science. World Scientific, Singapore-New Jersey-London-Hong Kong, 1999, pp.123-131

Ciompi, L.: Reflections on the role of emotions in consciousness and subjectivity, from the perspective of affect logic. Consciousness and Emotion 4: 181-196, 2003

Ciompi, L.,Baatz, M.: Fractal structure of mental and social processes – the hypothesis of affect-logic. Abstract 4th International Symposium on Fractals in Biology and Medicine, Ascona/Switzerland 10.-14.3. 2004

Ciompi, L., Hoffmann, H.: Soteria Berne. An innovative milieu-therapeutic approach to acute schizophrenia based on the concept of affect-logic. Psychiatry, 2004 (in press)

Ciompi, L., Baatz M.: Have Mental and Social Processes a Fractal Structure? The Hypothesis of Affect-Logic, 2004 (in press)

Ciompi, L., Panksepp, J.: Energetic effects of emotions on cognitions – complementary psychobiological and psychosocial findings. Consciousness and Emotion 2004 (in press)

In German:

Ciompi, L.: Sind schizophrene Psychosen dissipative Strukturen ? – Die Hypothese der Affektlogik. In: Schiepek, G. Tschacher W. (Hrsg.): Selbstorganisation in Psychologie und Psychiatrie. Springer, pp.191-217, 1997

Ciompi, L.: Die emotionalen Grundlagen des Denkens. Entwurf einer fraktalen Affektlogik. (The emotional bases of thinking. Outline of a fractal affect-logic) Vandenhoeck & Ruprecht, Göttingen, 1997

Ciompi, L.: "Low Medication" – Strategie in der Schizophreniebehandlung im Rahmen des Soteria-Modells. In: Marneros, A., Brieger, P. (Hrsg.): Psychiatrie als Therapiefach. Roderer, Regensburg, 1997, pp.27-36

Ciompi, L.: Zu den affektiven Grundlagen des Denkens. Fraktale Affektlogik und Kommunikation. System Familie 10: 128-134, 1997

Ciompi, L.: Affektlogik, affektive Kommunikation und Pädagogik. Eine wissenschaftliche Neuorientierung. In: Unterweger. E., Zimprich V. (Hrsg.): Braucht die Schule eine Psychotherapie? Orac, Wien, pp.3-17, 2000

Ciompi, L.: Soteria: Können die wirksamen Faktoren auch im Klinikalltag realisiert werden? Nervenheilkunde 2/2001, p.78/35-83/42

Ciompi, L.: Gefühle, Affekte, Affektlogik. Ihr Stellenwert in unserem Menschen- und Weltverständnis. Wiener Vorlesungen. Picus, Wien, 2002

Ciompi, L.: Für eine sanftere Psychiatrie – Zum Menschen- und Krankheitsverständnis der Affektlogik. Psychiatrische Praxis 30, Suppl. 1: 528-536, 2003

Ciompi, L., Hoffmann, H., Broccard, M. (Hrsg.): Wie wirkt Soteria? Eine atypische Schizophreniebehandlung – kritisch durchleuchtet. Huber, Bern-Stuttgart, 2001

Ciompi, L.: Symbolische Affektkanalisation – eine therapeutische Grundfunktion von Ritualen. In Welter-Enderlin, R., Hildenbrand, B. (Hrsg.): Rituale - Vielfalt in Alltag und Therapie. Carl-Auer-Systeme, Heidelberg, pp.54-70, 2002

Ciompi, L.: Emotion und Improvisation, Inspiration, Kreativität. Eine emotionsdynamische Analyse aus der Sicht der Affektlogik. In: Fähndrich, W., (Hrsg): Improvisation V, 14 Beiträge. Amadeus, Winterthur, p. 11-26, 2003

Ciompi, L.: Ein blinder Fleck bei Niklas Luhmann? Soziodynamische Wirkungen von Emotionen nach dem Konzept der fraktalen Affektlogik. Soziale Systeme 10: 21-49, 2004

Nunold, B.: Freiheit und Verhängnis. Heideggers Topologie des Seins und die fraktale Affektlogik. Edition fatal, München, 2004

Scharf, V., Frank, G., & Kriwas, S.: Die Hypothese der „Affektlogik" von CIOMPI – eine chemiedidaktische bedeutsame Interpretationsgrundlage für Einstellungen von Lernenden zu den Konzepten Mensch, Chemie, Natur. In: chimica didactica 22 (1996) Heft 2, Nr. 72, S. 168-183

Giebeler, C., Pollähne, H. & Schakies-Oeter, B. (Hrsg.): Ich-Struktur und Affektlogik. Befunde zur psychischen Organisation psychisch gestörter Rechtsbrecher. In: Pflegehandbuch Forensik. IFoBS, Bielefeld (2003) zur Veröffentlichung angenommen.

謝　辞

　この本の執筆にあたっていたここ数年の間に，私は，私と交流のあった多くの人たちから，さまざまな影響を受け，またいろいろ批判もしていただいた．ここに名前を挙げて感謝の言葉を記しておきたい．まず，ヴィーンの Rupert Riedl 教授は，アルテンベルクの Konrad Lorenz 研究所に私を招待し，何ヶ月もの間，考えうる最も良い環境と学際的雰囲気の中で原稿を書くことを許してくださった．同時に，彼のもとにいるさまざまな専門領域の若い研究者たちからも私は多くのことを学ばせてもらった．彼らのうち特に，Manfred Wimmer, Manuela Delpos, Martin Baatz の名前をここに挙げさせていただく．さらに，特に感謝しなければならないのは，ブリュッセル自由大学の Ilya Prigogine および René Thomas 両教授である．この二人の研究施設で，私はこの本の準備のため数週間にわたり，複雑系の力学へのカオス論的アプローチを学ばせていただいた．以前，私の共同研究者であった Hanspeter Dauwalder および Wolfgang Tschacher は，私とともに何年にもわたって，カオス論的構想を心理学や精神病理学の現象領域に応用するという問題に携わっていたのであったが，この二人から受けた多くの示唆に対しても感謝しておかなければならない．若い頃からの私の親友であり精神分析家であるベルン在住の Dieter Singer と，彼の妻 Rita とは，果てしもなくいろいろな話をしてきた仲であるが，こうした会話もまた私にとっては何にも代えがたい支えとなっていたと言える．私の昔の上司であり，かつ友人としておつきあいもしていただいている Christian Müller は，今なお多くの点で，私の良き模範であり，良き助言者である．私の息子 Philippe は，この本が書きはじめられた当初から，草稿を熱心に検討し，ときには鋭い批判をして，この仕事の完成を助けてくれた．そして私の妻 Mary は，ありとあらゆるしかたでずっと私をサポートしてくれた．．．．名前はとても挙げきれないが，私はこのほかたくさんの人たちにも感謝をささげたい．私の友人たち，同僚たち，ベルン大学の病院の社会精神医学科で以前いっしょに仕事をした人たちや，そこで患者として知り合った人たちはもちろんだが，あの頃私と敵対していた人たちにさえも，私は感謝したいと思っている．

こうしたたくさんの人たちが，日常的な仕事の場面で，あるいは精神療法の場面で，協力したり喧嘩したりしながら，苦しいときにも楽しいときにも，何年にもわたって私にさまざまな情動的な経験をなす機会を与えてくれた．そして，まさにそうした経験こそが，科学的に得られた知見とならんで，「思考の情動的基盤」についてのこの本において私が報告しようとしたことがらの最も重要な基盤となっているのである．

この本について──敬愛する読者の皆さん！

　情動が思考や行動に影響をおよぼしているということは，とてもありふれた事実なのですが，しかしこれまで，こうした情動の影響というものは「純粋思考」や「合理的行為」にとっては妨害因子であって，したがってできる限り排除したほうがよいということになっていました．感情成分が，あらゆる思考とたえず分かちがたく結びついているだけでなく，なくてはならない組織化と統合の機能を担っているということは，昨今ようやくいくつかの科学領域で認識されるようになったところです．

　そのような認識をこれまで長く阻んできた一因として，次のような事情が挙げられます．すなわち，感情と思考──あるいは情動と認知，感情と論理──は，細分化した心理学的研究や生物学的研究によってこれまで別々に取り扱われ，それらの間に法則的な相互作用があるという面についてはほとんど研究されなかった，という事情です．そもそも情動という現象は，とりわけ方法論や定義についてのむずかしさのため，長い間科学において，ないがしろにされてきました．その結果が，一面的な知性中心の世界理解・人間理解だったのであり，こうした理解のしかたは，観察される現実と明らかに一致しないものであったにもかかわらず，科学的思考をほとんど一方的に支配してきたのでした．

　しかしこの点に関して，少し前から，ある変化が──同じ方向の社会の変化とも並行して──起こりはじめました．一方では，神経生物学的基礎研究のめざましい進展によって，情動という現象，あるいは情動と知覚・思考・行動の絡み合いという現象の基盤をなす中枢神経系の働きがしだいに詳しくわかるようになってきています．また他方では，この神経生物学の発展と関連して，心理学の領域でも感情と認知の相互作用に対する関心が年ごとに高まってきています．観察しうる表面的な行動だけに目を向ける行動主義から袂を分かった1970年代の「認知論的転回」のあと，今日では第二の転回，つまり「情動論的転回」ということを言う人もでてきています．さらに言えば，精神史上の偉大な先駆者である Charles Darwin, Sigmund Freud, Jean Piaget や Konrad Lorenz の思想を部分的に継承しつつ，学問の主流とは距離をおいてき

た一連のパイオニアたちは，すでに数十年前から感情と思考との相互作用を検討して一定の洞察を得てきていましたが，彼らの業績がようやく今日徐々に認められるようになってきてもいます．そうしたパイオニアとして，神経生物学の Paul McLean および Magda Arnold，社会学の Norbert Elias，Thomas Kuhn，認識論と哲学の Ludwik Fleck，Otto F. Bollnow らが挙げられます．たとえば Ludwik Fleck は，すでに 1930 年代に，科学的「思考スタイル」の理論を他の学者に先んじて展開していました．その理論は，後に Thomas Kuhn が主張した知識発達の社会的（社会的という言葉には情動的という意味も暗に含まれている）背景についての革命的テーゼときわめて近いものだったのです．Otto Bollnow も，1950 年代に，不安が中心的実存的意義を持つとした Heidegger の認識を拡張し，幸福感をも考察に引き入れることによって，感情状態が世界観全体に影響を与えるという包括的な人間学的理論をつくりあげました．1920 年代に「感情の持つスイッチ機能」ということを考えた精神科医 Eugen Bleuler や，すでに 50 年代から「構造力動論」を展開している Werner Janzarik，さらにはその後 70 年代に創造的思考の「情動・認知」的構造の意味を考えた William Gray, Paul LaViollete らも，ここに名を連ねられるべきでしょう．昨今では心理学の領域でも，感情と認知の相互作用の問題は，特に，文化横断的な情動表出についての Paul Ekman の基礎的な研究や，R. B. Zajonc や Richard Lazarus といった研究者の間でなされた，情動が先か認知が先かという長く続いた論争などと関連して，アクチュアルな話題となっています．とりわけ，本書執筆中（1994-96）に刊行された一連の出版物（第 8 章 p.309-311 参照）が一致して示唆しているように，こうした展開は，全体として見れば，あらゆる思考に対して情動的因子が大きな意味を持っているという根底的に新しい理解へと私たちを導いていくものです．そしてこのことを理解することによって，私たちの人間理解や世界理解の全体におよぶ少なからぬ変化が生じてくるはずなのです．

　この本で私は，今述べたような問題群のさまざまな側面を描写していくつもりですが，ここでの私のものの見方は，統合失調症の長期経過調査をはじめとする精神医学上のさまざまな問題設定を端緒として今から 20 年以上も前に私の中で発展しはじめたものであり，これを私は 1982 年に「感情論理 Affektlogik」というタイトルではじめて書物のかたちにして皆さんにも紹介し

たのでした．そこでの最も重要な出発点は，感情成分と認知成分——つまり，感覚（感情）と思考——は，いかなる心的作業においても必ず共同に作動しているという公理でした．この公理は現在まで変わりなく維持されています．この 1982 年当時の私の構想では，Piaget の発生的分析および Freud の精神分析に由来するさまざまな認識と，精神医学の臨床における観察事実とを，システム論を用いて総合するということに主要な関心が置かれていましたが，しかしその後，新たな生物学的研究による知見や新たな理論的視点を考慮に入れることによって，私の見解は，かなり深まってきたとも言えますし，また少なからず変化してきたとも言えます．同時に私の視野は，精神医学や心理学の範囲を超えて，思考に対する情動の作用が——精神病理現象の場合と同様に——観察されるような，より一般的な領域へと広がっていったのです．このように学問領域間の境界を踏み越える重要なきっかけを私に与えたのは，非線形力学や，複雑系および複雑過程のいわゆるフラクタル構造——さまざまなレヴェルの規模で互いに似かよったものが認められる自己相似構造——についての最近の知見でした．複雑系および複雑過程は，規模の大小にかかわりなく，いかなる心理社会的レヴェルにおいても認められるものです．こうした知見は，どの次元の心理社会現象にも基本的には同じような「感情・認知」力動が作動しているという，本書でこれから展開される仮説に，十分な科学的な基盤を与えるものとなっています．その成果がまさにこの「フラクタル感情論理の構想」であり，それは，思考および行動の情動的基盤を，個人的なミクロの過程であれ社会的なマクロの過程であれ，一様にシステム力動的視点のもとで，理解しようと試みるものです．

　この本の構成は単純です．第 1 部では，心理現象に対するこのような新しい見方の経験的および理論的な基盤について述べることにします．つづく第 2 部では，精神病理・社会病理現象を含めたきわめてさまざまな個人的ないし集団的レヴェルでの具体例を分析し，第 3 部では，この分析から導かれる実践的および理論的な帰結を検討します．第 1 章と第 10 章は，あらゆる思考および認識には必然的に情動の影響が存在する，という仮説から生じる複雑な認識論的問題に当てられています．また倫理的な問題についても——とりわけ，ここで提唱される考え方の濫用の可能性も考えに入れて——最後のところで言及しておきました．本書の考察の重点は，一貫して，認知機能に対する情動の関与と

いう点にあると言えます．その逆の，すでによく知られている情動に対する認知と言語の効果の重要さについては，その意味を見過ごさないようにしながらも，本書ではわずかに触れるにとどめました．また本書では，個々の特殊なことがらよりも，むしろ一般的な構造と力動に関することがらを優先的に取り上げています．

　多面的なテーマを含んでいますので，本書は，ここで触れられることになる科学領域——ことに心理学，精神医学，神経生物学的基礎科学，社会学，進化論的認識論——の専門家以外にも，より広い領域の専門家，さらには情動が思考・行動におよぼす影響に関心を持つ一般の人たちをも含む広い読者層に向けられていると言ってよいでしょう．したがって，学問の領域を超えた幅広い人たちの理解が得られるよう努めています．とはいえ，ここで述べていることは，これまで専門誌に発表された知見を多数の一般読者のために単にわかりやすく要約したものではなく，1980年代からこれまでに発表してきたことがらを礎石として，思考の情動的基盤という問題群にかかわる一つのまとまった構想をはじめて明らかにしたものなのです．

　私は，1994年の秋にベルン大学病院・社会精神医学部門の教官および部長としての職を退いたあと，この本の執筆に費したまる2年間のうちのほぼ半分を，ヴィーンのアルテンベルクにある Konrad Lorenz 進化・認知研究所で客員教授として過ごすことができました．Konrad Lorenz が生まれ，しかも亡くなった家であるこの学際的研究所の独特の雰囲気と，この地を訪れる誰もが感じる土地柄のようなものが，私の著作と思考の作業に色濃く反映しているのではないでしょうか．なによりも，本書の議論の中でしだいに明らかになってくるであろう進化論的・構成主義的なものの見方を，そしてまた興味深い個々のことがらについての知識を，私は，Rupert Riedl 所長を中心とする研究者たちとの連日の「正午のディスカッション」において学ぶことができたのです．私に強く影響を与えた人びとのことについては，本文の中にも，また冒頭の謝辞の中にも，記しておきました．

　親愛なる読者の皆さんが以下の10章においてお読みになることがらは，私にとってはじめから確かなことだったのではなく，多くの廻り道をし，たくさんの本や論文を読み，多くの困難な点——いまだに見落としている点もあるかもしれませんが——を乗り越えながら，一歩一歩と練り上げられなければなら

なかったということも，おそらく感じとっていただけるはずです．本書で一貫して中心的な役割を果たしているのは，最初はひどく難解とみえることがらを解明し理解していこうとする気持ち，あるいはそのことによって得られる快の感情にほかならないのです．そうした愉しさが少しばかりの間皆さんを魅了してくれれば，と思っています．大いに楽しんでください！

Luc Ciompi

最も大いなるもののうちに最も小さきものあり，
最も小さきもののうちに最も大いなるものあり，
──はてしなく変転はつづく

第1章
認識論的な出発点——不可避的に制約されている地平

> 哲学という港で，あたりを見回して，どの帆船にどの汽船に乗ってゆこうかと考えるまでもない．．．．私は自分の小さな筏に乗り込むしかないのだ，私はすでにこうして長い間，この大海を櫂もなく帆もなしに漂ってきたのだから．
>
> Friedrich Dürrenmatt (1990, p.206)

「不可避的に制約されている地平」というイメージ

——私は，私が何も知っていないということを知っている．
——私は，私が何も知っていないということを知っていない．
——私は，私が（何かを）知っているということを知っていない．
——私は，私が（何かを）知っているということを知っている．

　これらの言明はすべて——多少言い回しを変えたとしてもやはり同じことだが——ある意味で正しく，意義を持ち，「真」である．これらの言明は，世界および私たち自身に対する私たちの根本状況を言い表しており，かの有名なSokratesの「私は，私が何も知っていないということを知っている」という言葉とともに，この2500年間解決されていないパラドックスを含んでいる．私たちは，私たちについて，および世界について，何かを知っているが，同時に私たちは,それらについて何かを知っていない．そして私たちは,そのこと（何かを知っているということ，あるいは知っていないということ）もまた十分に知ってはいない！ ヨーロッパの思惟は，そもそものはじまりから，私たちが何か確かなことを知ったり認識したりできるのかどうか，またできるとすればどのようにしてなのか，という問いと格闘してきた．
　今日でもまだ，あるいは今日になって再び，この問題は，科学や哲学のさまざまな領域で——Jean Piagetの発生的認識論から，生物学の進化論的認識論を経て，ポストモダンの構成主義にいたる領域で——重要な役割を果たしている．同様に本書の考察でも，少なくとも二重の意味で，この問題が浮かび上がって

1

● 第1章　認識論的な出発点——不可避的に制約されている地平

くる．すなわち，一方では，私たちの科学的認識一般の限界が問われるのであり，他方では，思考の感情的基盤をまさしく思考そのものによって探究しようとする試みからどのような特殊な問題が生じてくるのかということが問われるのである．

　本書の本来のテーマに入っていく前に——プロローグとして，と言ってもよいが——今述べたような複雑な問題設定の中から，私たちにとって特に重要ないくつかの側面を取り出しておきたい．このプロローグのめざすところは，私たちが私たちの知について不確かにしか知らないという事実の認識論的基盤をできる限り反省してみることにあり，このことを通じて——あとでわかるように，これもまたパラドクシカルなことであるが——私たちは，さらなる考究のためのある程度確固とした足場を確保することができるのである．哲学および認識論の中に深く根ざしたこうした問題群をすみずみまで論ずることは，もとより不可能であるし，私たちの意図するところでもない．しかし本書の議論の進行の中で私たちは，ここで取り掛かろうとしている問題群から派生するさまざまな側面にくりかえし出会うことになるだろう．

　私たちの認識論的反省を導くメタファーとして，「不可避的に制約されている地平」というイメージを私たちは使用する．私たちがどこにいようとも，その視界は，丘や山によって，地球の湾曲によって，さらには私たち自身の目の解像力によって，制約を受けている．天文学者たちがいわゆる「出来事（事象）の地平」という概念によって明らかにしたように，もし私たちが大きな望遠鏡やその他の手段によって私たちの視野を最大限に広げたとしても，私たちの視界が制約を受けていることにかわりはない．宇宙の「出来事の地平」の背後に，きわめてさまざまな理由から人間の観察によってはどうしても捉えられないような，多くの出来事が隠されているのである．たとえば，「ブラック・ホール」（途方もない密度と引力のために光すらそこから逃げ出すことができない天体），あるいは膨張する宇宙の周辺にあって，私たちからあまりに速く遠ざかるために（私たちもそれから遠ざかるために）その光が決して届かない星雲などがその例である (Kanitscheider 1984, p.390)．

　制約された地平というイメージは，あるゆる個人の，あらゆる集団の，さらには人類全体の置かれている——原則として逃れようのない——状況を的確に描き出してくれる．私たちの知の地平，了解の地平は，いかにしても避けようなく制限されているのである．それでも私たちにとっては，自分の意識の焦点にあるものがつねに宇宙の主観的中心であると感じられるのであるから，自分

Kapitel 1

に知覚されるものだけで「世界全体」ができあがっているということを素朴に仮定してしまう傾向を私たちはどうしても持っている．このことは，個人のレヴェルでも集団のレヴェルでも同じように当てはまる．時間や空間の中を動くときにはじめて，私たちは，この地平がつねに制限されているのだということをいくぶんか把握できるようになる．やがて私たちは，ちょうど今目の前に見ているものだけがいつもおそろしく過大評価されてしまうのだということを，徐々にはっきりと認識するようになっていく．私たちは——Dürrenmatt のみごとな表現を借りるなら——知を満載した小舟に乗って無知という巨大な海の上をあちこち漂っているだけなのである．Piaget は，(乳児や原始人に見られる) 完全に自己中心的な世界像から徐々に外界中心の世界像へといたる発達過程を脱中心化と名づけ，それを子どもだけでなく人間全体の精神発達の中心に据えた．たえず逆行の危険をはらむこのプロセスは，個人のレヴェルでも集団のレヴェルでも，まだとても終結しているとは言えない．ことに集団のレヴェルでは，この脱中心化のプロセスがそもそもまだ始まってさえもいないかのように見える（もちろんそれは見かけだけのことであって，実はそうではない．というのも，何らかの集団構造を形成するということは，すでに多様な脱中心化が行われているということを前提とするからである）．

　私たちの地平が不可避的に制限されているという事実には，非常に多くの理由がある．いくつか挙げるとするなら，よく知られているように，感覚生理学的，生物学的，科学論的，哲学的なそれぞれの理由がある．苦々しい思いをもって受けとめざるをえないこの洞察へと人々を導くためにこれまでもさまざまな面から論証が行われてきたのであるが，今や次から次へと新たな論拠が浮かび上がってきている．あとでわかるように，感情論理 Affektlogik もそうした論拠の一つとなるのである．いずれにしても，私たちの世界観がしだいに脱中心化していくにつれて，どのようなかたちであれ何かが絶対の真理であると主張することはできなくなっていく．それどころか，何らかの存在論的「真理それ自体」を認識できるという可能性もことごとく否定されることになりそうである．今日話題になっている構成主義やポストモダン哲学の立場もこれに呼応する．

　私たちは第 2 章以降において，そのように制限された地平のさまざまな感情論理的側面を個別に検討していくことになるが，その前に，「私たちの認識可能性の不可避的な制約」というテーゼの哲学的・科学論的基盤のうち私たちにとって重要ないくつかのことがらについて考えておきたい．私が参照するのは，哲学方面に関しては，主に Gianni Vattimo の「近代の終焉」(1990) と Wolfgang

● 第1章　認識論的な出発点——不可避的に制約されている地平

Welsch の「ポストモダンのモダン」(1988) であり，科学論・構成主義の方面では，Jean Piaget, Ernst von Glasersfeld, Rupert Riedl といった研究者の著作である (Lorenz 1973; Piaget 1974, 1977a, 1977b; Riedl 1979, 1994; Maturana 1982; von Glasersfeld 1991; Fischer et al. 1992; Rusch et al. 1994).

ポストモダンの哲学と科学論における多元性

Vattimo と Welsch によれば，「近代（モダン）」とは，Platon や Aristoteles に始まる西洋思想全体の伝統を直線的に受け継ぐかたちで科学的認識が無限に進歩するだろうという希望に満ちていた，啓蒙期以後の時代として捉えられる．これに対して，今日のポストモダンあるいは後期モダンという時代は，彼らによれば，哲学の新しい時代を指すのではなく，近代思想の中で長い間準備されてきた近代の超克（乗り越えること Überwindung），あるいは Heidegger の言葉を借りれば，近代の「克服」（何とか耐え忍ぶこと Verwindung, すなわち「変化させつつ完遂すること」verändernde Vollendung）という姿勢を指し示している．このポストモダンの根本的な特徴は，「実在 Realität」あるいは「現実 Wirklichkeit」なるものを私たちが知りうるのだという事実を，信頼に足るかたちで存在論的に根拠づけることに 2000 年以上努めてきたにもかかわらず，ついにその模索は挫折してしまい，自分の認識が何らかの絶対的真理を捉えているといった主張は今やことごとく撤回しなければならないという，苦渋にみちた意識のうちにある．このことを Nietzsche は「神は死んだ」という衝撃的な言葉ですでに表現していた（ここで「神」とは，絶対の根拠，絶対の真理のことであると考えてよい）．そして，Derrida, Lyotard, Rorty といった今日の「ポストモダンの思想家たち*」の登場に数十年も先んじて，20 世紀の最も深遠な哲学者 Martin Heidegger が最後に到達した境地も——少なくとも Vattimo の解釈によれば——同じ方向を指し示しているのである．

　絶対の「真理あるいは実在」の認識が根本的に不可能であるということは，なによりもまず，私たちの「感覚・思考」器官が不可避的に制約を受けているということに起因している．私たちは，私たちのまわりの世界のうち，私たちの感覚器官が伝えてくる一部のものごとだけを知覚しうるにすぎない．場合によっては，望遠鏡，顕微鏡，検波器などの装置を使って感覚をより鋭くするこ

---

*ポストモダン「が」生み出し，かつポストモダン「を」思惟した思想家，という二重の意味をくみとってほしい．

とができるとはいえ，それらの機器もまた，私たちの感覚や思考の可能性の限界の中で製造され価値づけされているものにすぎない．現実に対する私たちの知覚と解釈が妥当かどうかを決定できるような外的基準など，どこにもないのである．さらに言えば，私たちの思考装置（脳）の容量にも制約がある．現代のコンピューター技術によって私たちの記憶容量や情報処理能力が飛躍的に拡大されたといっても，原理的にはほとんど何ら変わるところはない．というのも，第一に，コンピューターを造り，それに「魂を吹き込む」のは，能力に制約のある人間であるし，第二に，コンピューターの仕事の結果を自分の思考と行為という全体的文脈の中で意味づけしなければならないのも，人間——たとえ私たちが「集団的執行」とか「責任委譲」といった社会制度を持つとはいっても，やはり個々の人間——でしかありえないからである．

実際に，現代（つまりポストモダン）の哲学や科学理論は，ただ一つの絶対的真理から訣別すべきであるということを，きわめて多様なかたちでくりかえし主張し，あるいは（それと同じことではあるが），真理は決して一つではなく，つねに複数存在するということを主張している．「近代（モダン）の知はつねに統一という形態を有していた．しかしその統一性は，背後にある大いなる筋書きを参照することで成り立っていたのである」と Welsch は書いている．さらに，「現在の状況の特徴は，これとは逆に，この統一の結合の絆(きずな)がほころびかけているということにある．．．．全体性というものは，それ自体として，すでに時代遅れのものとなり，部分が部分のまま露呈しているようになった」という (Welsch 1988, p.32)．また Vattimo は，一つの絶対的な「強い真理」を追い求めていたかつての思惟の対極に，多元的な「弱い真理」を求める「弱い思惟」というものを置いた (1983) が，後にはまた（Nietzsche や Heidegger と同様に）「存在論の破壊」について述べ，（コンテクストとは独立な「永遠の」真理を仮定するのとは逆に）真理および論理が，歴史的コンテクストと結びついた一時的にしか通用しない「出来事（事象）としての性格」を持つということを議論し，さらに，必然的でもあり，（その解放的作用ゆえに）ポジティヴな意味合いを付与すべきでもある「誤謬の思惟」，あるいは複数の——場合によっては互いに矛盾する——さまざまな真理の「混合ないし混成の思惟」というものにも言及している．．．．「実際のところ，大切なことは，誤謬を暴き出して解消するということではなくて，誤謬を豊かさの固有な源泉と見做すことである．その豊かさこそが，私たちをつくりあげ，世界に関心と色彩と存在とを授けてくれるのである」(Vattimo 1990, p.185)．もちろん，複数の真理（真理の多元性）を認

● 第1章　認識論的な出発点——不可避的に制約されている地平

めることによって，同時に緊張や葛藤が生じることは避けられないだろう．というのも，実際のところ，論理や科学においても，日常生活においても，何らかの態度をとり何らかの決定を下さなければならないのだから，いくら寛容の精神をもってしても，「一度に何足ものわらじを履くこと」は難しいからである．不確実性と方向感喪失が蔓延しつつある．要するに，「真理」はいくつでも好きなだけ存在するのであろうか？　よく引用される Feyerabend (1983) の言葉のように，「どれでもかまわない anything goes」のであろうか？　信頼すべき基準が失われてしまっているのだとすれば，それらの真理のうちのどれに狙いを定めるべきなのか，あるいは，どれに狙いを定めうるのか？　Lyotard の主著に「抗争」(1983) という名が付されているのも理由のないことではない．以上のようなことが，フラクタル感情論理の視点から見てどのような意味を持つのかということについては，本書で今後くりかえし検討していくことになるだろう．

　ポストモダンのすべての思想家はさらに —— とりわけ Wittgenstein や Gadamer の影響を受けて——言語あるいは「言語ゲーム」の意義を強調している．つまり，あらゆる認識は「言語（ゲーム）」によって必然的に規定されているというのである．「人間が言語を支配するのではなく，言語の方が構造的に，そして出来事として，先にある．人間は，言語によって始められたゲームの中に入ってくるだけなのだ」と Lyotard は述べている（Lyotard 1979, 1983. Welsch 1988, p.249 から引用）．だとすれば，あらゆる真理は，原則として，Gadamer の言う意味で，レトリック（修辞）としての性格を帯びているということになる（Gadamer 1976. Vattimo 1990, p.145 ff. から引用）．科学理論でさえも「パラダイムの内部だけで証明されるのであり，そのパラダイム自身は『論理的に』証明されたものではない．そのようなパラダイムがいかに確固としたものであろうが，それはやはり，何らかのレトリックを用いた説得に基づいて人々に受容されているにすぎないのである」(Vattimo 1990, p.99, 148)．科学の営みを内部から知っている者なら誰でも，一見人を驚かすようなこの言明を承認するしかないであろう．実際，自然科学においてすら，新しい真理ないし命題を仮定するには，「強固な（ハードな）事実」に加えて，「説得，積極的関与，解釈や釈明といったある種の複雑なシステムが必要なのである」（同，p.100）．このシステムでは，審美的，解釈的，修辞的な側面もまた，無視できない役割を演じているという（そして私は，人間関係的，社会的，政治的な側面の役割をもそれに付け加えたい）．

　哲学と同じように自然科学の内部でも，唯一の絶対の真理という理念は，20

Kapitel 1

世紀の間に，ますます維持しがたくなり，ついには完全に時代遅れのものとなった．すでに Einstein の相対性理論 (1905) によって，確固とした照合点（定位点）のようなものは存在せず，時間や空間さえも，はじめから与えられているわけではなく，事象（出来事）に依存すること，つまり，変化しうるものであるということが明らかになった．そして量子論と Heisenberg の不確定性関係 (1927) ——ある事象の位置と運動量とを同時に正確に決定することはできず，その測定の結果は測定手続きそのものによって左右されることを指摘した——とによって，実在を一意的に把握できるという期待は幻想にすぎないことが，より根底的に証明された．さらに Goedel の不完全性定理 (1931) は，数学の内部ですら，何らかの前提を含まないそれ自体で完結した系（システム）というものは考えられないことを示した．こうして，数学的に基礎づけられた矛盾のない形式論理という，長い間求められてきた可能性は—— Riedl が「聖堂が崩れ落ちた」(1994, p.238) とコメントしたように——失われたのである．また同じころ Popper も，科学的仮説は反駁されうるだけで，それが真であることは直接証明されえないということを明らかにしている．つまり，科学的認識というものは，特定の前提と視点の内部においてさしあたり——新たな事実によって反証されるまでの間に限って——操作的に意味のある想定であると見做されているものにすぎないのであって，どこまでも確かな「永遠の真理」と見做されるべきものではない，というのである．したがって，今日主流と思われる科学的認識論は，絶対の真理を認識することはできないということ，そして同時に，何らかの（ほぼ）絶対的な非真理を認識することができるということを公準としているのだということになるだろう．さらに看過してはならないことは，自然界のあらゆる現象の基礎にある「質料 Materie」とか「エネルギー」といった基本現象は，根底におけるそれらの等価性についての相対性理論の認識があるにもかかわらず，最終的には定義不可能であるということ，すなわち，それらの「本来的なありかた」についてはまだまだ謎のままであるということである (Russel 1972)．

これと同じ思潮のうちにカタストロフィ論とカオス論が位置づけられるとする Welsch の見方は多分正しい．この二つの理論は，最近 20 〜 30 年の間に Thom, Prigogine, Mandelbrot, Feigenbaum, Haken といった研究者によって展開され，まさに革命的なパラダイムをもたらしたのであるが，これは本書でこれから行う議論の中でも重要な役割を果たすことになる．これらの理論は，多くの基本的な自然現象が，原則として，非線形性，したがって予見不能性を持つ

● 第1章 認識論的な出発点——不可避的に制約されている地平

ということを中心的な公準とする．たとえば，「ゆるぎない天体の運行」と称されているものの中にすら，「決定論的カオス」＊による「ゆらぎ」が間違いなく証明できるのである．さらに最後に，あらゆる科学的説明体系（すなわち Kuhn の言うところのパラダイム，これについてはあとで述べる）が時代や状況のコンテクストによって規定されているのだという Ludwik Fleck (1935) や Thomas Kuhn (1962) のテーゼを，これまで述べてきたことと合わせて考えてみれば，あらゆる認識が相対的なものでしかないということがまた一段と自明なことに思えてくる．

世界はまるっきりの「つくりもの（構成されたもの）」か？

私たちの時代の構成主義もまた——まったく別の観点からではあるが——これと同じような結論に到達している．ただし，その偶然とは言えないパラレルな学問的発展の相互関係について，前節で引用した著作の中でまったくと言ってよいほど言及がなされていないのは不思議なことである．構成主義は，もともと Jean Piaget の発生的認識論の上に成り立っている．彼の認識論は，子どもがそのさまざまな知的概念を，「活動 Aktion から」，つまり行為しながら体験するということを通して——まさに文字通り——「構成する」という事実を，そしてそのことがいかにして行われるのかを，明らかにしている．必要な修正を加えれば，このことは，子どもに限らず，おそらく人類全体の発達についても当てはまるだろう．Piaget の見方によれば，さまざまな認知的な心的構造ないし心的「図式（シェーマ／スキーム）」の共通の出発点は，例外なく，何よりもまず感覚・運動性の事象である．この感覚・運動性の事象は，先天性の反射を基礎として，生まれた時点から段階的に発達し，しだいに高次なレヴェルでそのつど均衡化され操作化されるということを繰り返し，ついには純粋に心的 mental な事象として内面化されることになる＊＊．これとまったく同じことを Freud は「思考とは，わずかのエネルギー量をもってなされる模擬行為である」という言い方で表現している．逆に，行為とは，「大きなエネルギー量をもってなされる模擬思考」であると考えることもできる．そのよう

＊この逆説的な概念の詳細は，第 4 章を参照．
＊＊感覚運動から「精神 Geist」への移行の過程について，私たちはほとんど継ぎ目のない連続的な過程であるかのような印象を持ちやすいのだが，それにしてもこうした「精神化 Mentalisierung」の過程は，その本質的な点において，あいかわらず深い謎に包まれている．

な心的図式が言語あるいは言語以外のシンボルとしてコード化されるのは，この一連の発達過程の原因ではなく結果であるということを Piaget は証明した (Sinclair 1976). その際，同化 Assimilation と調節 Akkommodation という互いに相補的な関係にある二つの現象が鍵となっている．同化とは，すでに存在する認知構造の中に新しい要素を取り入れることであり，調節とは，すでに存在するその構造を周囲の現実に応じて改変することである．この二つの逆方向の現象は，互いに分かちがたく結びついており，純粋に物質的レヴェルでの基本的な生物学的現象（たとえば消化など）にも認められる．Piaget の功績は，誰にも先んじて，精神の諸構造が原理的に生物学的事態と結びついていることを理解しただけでなく，そのことを個々の側面において精密に証明したという点にある．Piaget によれば，あらゆる生物の活動は，その活動がまわりの世界の特定の条件を考慮している限り，認識獲得という性格を持っている．同時にそれらの活動は，その有機体の固有の法則性に応じて，ある独特の構成を示す．Seiler は，Piaget の構成主義を検討する中で，このことを特にとりあげ，「諸構造の認識的性格」という適切な呼び方を与えた（Piaget 1969, 1974, 1977b; なお Seiler 1994, p.74 ff. も参照）．これが正しい呼び方であるのは，純粋な行為のうちにも，すでに直観的な表象知識が含まれているからである．Piaget の意味での認知的諸構造が構成されるのは，必ずしも意識的・意志的な過程ではない．それは，典型的な自己組織化の現象なのである．

　Piaget の強い影響を受けた構成主義と並んで——それから導き出されたものもあり，またそれとは無関係なものもあるのだが——数多くの（構成主義の）変種が存在する．中でも Konrad Lorenz と Rupert Riedl による，やはり生物学を基盤とした進化論的構成主義が重要である (Lorenz 1973; Riedl et al. 1980, 1994). Riedl は，「進化のシステム論」と「進化論的認識論」を詳細にわたって展開し，その中で外的実在（「それ自体」としては決して認識可能ではないが，しかしあくまで存在する実在）についての知の段階的獲得を，下等な動物から人間にいたるまでの進化論的な選択過程として理解している．そしてこの選択過程は，進化を促したり制約したりする諸因子（素因や素質，「負荷」や「束縛 constraints」）の影響下にあるとしている．さらに Riedl は，同じ視点から，西洋の哲学や科学の思想全体の発展を分析し，そこに Sokrates 以前（Parmenides, Zenon, Heraklit）にまで遡ることのできる大きな二つの流れを見いだした．その一つは，Aristoteles の路線であり，イオニアの自然哲学者たちに端を発し，近代の科学的経験主義および実証主義に連なる．ここでは，何よりも感覚に信

● 第1章 認識論的な出発点──不可避的に制約されている地平

をおく思考方法，すなわち帰納法が支配的な位置を占める．別の一つの流れは，Platon の路線であり，前者とは反対に，感覚には信をおかず，かわりに言語的な論理と演繹とを重視する．後者のこの流れは，Pythagoras 派に始まり，近代の観念論，合理主義，形式論理学・数学的論理学を経て今日の構成主義に通じている．前者の路線の支えとなっているのは，できる限り「主体の外の現実」とうまく合致すること（「一致 Korrespondenz」）による，選択過程における有利さであり，逆に後者の支えとなっているのは，首尾一貫した一義的な「疎通 Kommunikation」を行うことによる，選択過程における有利さである．選択過程における不利な点（「負荷」）として，帰納法は，感覚直観の先天的形式への依存性を背負い込まなければならないのに対して，演繹法は，遍在する言語的基本構造──いわゆる普遍特性──によって限定を受けることになる．後者の路線に関してここで特に問題としてとりあげておくべきことは，言語がその基本構造からして不可避的に線形の性格を持つこと，および，動詞と名詞が必然的に区別されていること，という二つである．言語の線形性によって，本来はゲシュタルト的・同時的全体として体験されている（あるいは「見られている」）関連が，言語表現の際には一定の時間をかけて提示されることになってしまう．そこに根本的な困難さがある．この困難さは，とりわけ本書のような本を書くときにも感じられるものである．同じように，少なくとも西洋の言語ではほぼ例外なく用いられている繋辞 copula（たとえばドイツ語では ist や sein）は，体験された現実の中に存在する連続的な移行を無視し定義的な差異と境界とを過剰に強調する傾向を通して，その現実を物象化および存在論化という方向に歪めてしまう．さらに言えば，進化論的に古い起源を持つ思考自動現象というものがある．これを進化論的認識論の学者たちは「先天的教師」と呼んでいる (Piaget 1973c; Lorenz 1973; Riedl et al. 1980; Kihlstrom 1987)．この「先天的教師」とは，継時的あるいは同時的にくりかえし出現するいくつかの出来事（たとえば稲妻と雷鳴）の間の蓋然的・因果的関係を自動的に想定することであり，それは多くの場合（必ずそうだとは限らないが）正しい想定なので，進化の過程の中で生き残るのに有利なものとして選択されてきたのである．私たちが習慣上どのように世界を知覚し構成しているのかということは，これらのことに大きく左右されているのである．

　演繹と帰納それぞれの有利・不利についての考察の最後に Riedl は次のように記している．「したがってどちらの方法も不可欠なのである．どちらか一つだけでは道に迷うことになる．すなわち，まずは誤った信念に陥り，次に世界

との軋轢の中に迷い込むことになる」(Riedl 1994, p.274). ここで Riedl は,「私たちの文明は演繹法の方に傾いている」とし,これを危険な傾向であると指摘する. こうして彼は,文化史的構成主義と呼ばれている学説へと合流していくことになる. この文化史的構成主義とは,Kurt Lewin のゲシュタルト心理学的手法をさらに発展させて,現実のいかなる捉え方も社会的な条件によって強く規定されていることを示そうとするものである. Gergen をはじめとする社会構成主義者 soziale Konstruktivisten(彼らは自分たちを Konstruktivisten と称するよりも,むしろ Konstruktionisten と称することを好んでいる;Gergen 1985, 1991, なお Portele 1994, p.127 f. も参照)は,私たちが現実を理解する枠組みとしての概念が,実は社会の中で人為的につくられたもの(社会的アーティファクト)であると考えている. 現実理解は,おおむね概念体系の経験的妥当性の上に成立しているのではなく,社会的交換過程(ここでもやはり言語の役割が特に重視される)とその歴史的変遷に強く左右されている,と彼らは見るのである.

　Humberto Maturana と Francisco Varela による,やはり生物学を基礎にした構成主義も,「言語すること Linguieren」と「会話すること Konversieren」——彼らの独特な言い回しである——が,やはり重要であるということを認めている. Maturana は「言語のほかには何ものも存在しない」とさえ言っている (1988, p.80). すべての思考に対して情動(彼らの言い回しによれば「情動すること Emotionieren」)が根本的な意義を持っていることを認めている構成主義者は,私の知る限りこの二人だけである. 本書でこのあと彼らの論説をくりかえし参照するのは,主にこの理由からである. 彼らは 1970 年代以降,認知の発達に関する厳密な構成主義的理論をきわめて一貫したかたちで発展させている. その理論の中心に位置するのは,一つには,オートポイエーシス Autopoiese という概念であり,もう一つには,構造的カップリングあるいは共個体発生 Ko-Ontogenese という概念である. 後者は,操作的／機能的 operational にはそれぞれそれ自身の内部で閉じているが,しかし互いに作用し合っている複数のシステム間で生じることがらである*.「ある生きているシステム(生命体)の中で起こっていることは,計器飛行の場合に起こっていることと大体同じである. 計器飛行のとき,パイロットは外部世界への通路を持たず,ただ飛行計器が示

---

*この「操作的／機能的に閉じている operational geschlossen」という概念は,多くの点で誤解を生む契機となった. この概念は,物質的・エネルギー論的に閉じられたシステム——生きている有機体は当然そのようなものではない——を意味するものではなく,まず第一に,機能的 funktionell および有機構成的 organisatorisch な自己言及性を意味する概念である.

● 第1章　認識論的な出発点——不可避的に制約されている地平

す数値を制御する者として機能することしか許されない」と Maturana は記している (1982, p.74). 彼によれば，生物のなすあらゆる活動は，世界についての何らかの知の獲得という意味合いを持ってはいるが，この知の獲得は，何よりもまず「構造的に決定されて」いる．言い換えれば，当の有機体 Organismus にあらかじめ備わった構造 Struktur と有機構成 Organisation そのものによって規定されている．構造とは，「ある特定の単位体を具体的に構築しその有機構成を実現する構成素とその諸関係」と定義され，それに対して有機構成とは，一つのシステムをある特定のクラス（種類）に属するものとして特徴づける構成素間の関係として定義される．さらに，オートポイエーシスとは，生物が周囲の環境に適応しつつたえずその構造を変えながらも，しかし同時にその有機構成を保持していくという事実を指している．有機構成の崩壊は死と同義であると言ってもよい．相互に作用しともに進化する複数のシステムの間に——たとえば一つの生物とその環境との間に——ある限定された相互作用領域で，交互に構造変化が起こることがある．これが「構造的カップリング」と名づけられているものである．Maturana と Varela によれば，ここで認識論的に特に重要なことは，多様な現象領域を明確に区別すること，ことに観察者自身の領域を区別することである．というのも，多様なシステムやその相互作用，構造的カップリングといったものを識別するのは，ただ観察者だけだからである．そしてこの識別は，やはり観察者自身の構造と言語とによって決定される法則に従って行われるのである．

このように見ても,「実在そのもの」の「先入見なき」知覚などということは，原理的に不可能だということになる．次に引用する Varela の言葉がはっきりと示しているように，ごく簡単な区別を置こうとする場合にさえ，すでに観察者の「固有の構造」が介入してくる．このようなことがらは，次章でも見るように，認知と論理の操作的定義を介して，感情論理の理論においても根本的な役割を果たしている．

> 「出発点は.... 区別を置くことである．この分けるという原初的行為によって，私たちはそれぞれの現象形態を互いに切り離す．しかるのちに私たちはこれらの現象形態をまさに世界だと見做すのである．そこから出発することにより私たちは観察者の役割の方が先んじているのだということを確信する．観察者は任意の個所に区別を設けることができるのである.... この区別は，世界の真のありようよりも，むしろ観察者の立場により強く関係している．世界の真のありようは，観察者と観察されるものとが分離しているがために，いつまでも捕捉不可能のままにとどまる」(Varela

1979 [Seiler 1994, p.79 ff. から引用])．

Ernst von Glasersfeld，Heinz von Foerster，Paul Watzlawick らは，以上のような考察をより一貫したかたちにまとめあげ，実在の認識の可能性を原則として完全に否定する「ラディカルな構成主義」へと到達した (v. Foerster 1985; v. Glasersfeld 1885, 1991, 1994; Watzlawick 1981, 1991)．このラディカル構成主義が特に注目するのは，観察者と観察される世界とが相互に依存する関係にあるということである．厳密に言えば，彼らラディカル構成主義者たちにとって，現実はただ脳の中にだけ——言い換えれば，私たちが構成した概念の中にだけ——存在する．この構成されたものと，実在と呼ばれているものとの間に，なおも何らかの関係があるのだとしても，それがどの程度のものなのかという議論は——「語ることができないことについては，何も語らずにいるべきである」という Wittgenstein の言葉に従って——回避されており，あるいはそうした議論をすること自体が疑問視されている．von Glasersfeld は，Maturana や Varela とまったく同様に，現実が脳に何らかのかたちで「表象されている（レプレゼントされている）」という考えを，特に激しく攻撃する．彼は，Piaget がよく用いる「表象／代示 Repräsentanzen」という用語を，「再現前 Re-präsentanzen」——すなわち，構成されたものを単に記憶の中から取り出して現前させるという意味——に読み換えようともしている．さらに von Glasersfeld は，認知を同化および調節による適応過程だとする Piaget の中心的な見解に対しても批判的であり，構成された概念と「それ自体」として外界に存在する対象との間に何らかの一致があるという前提を真っ向から否定している (1994, p.29)．彼は，外的現実への「順応 Anpassung」とか「適応 Adaptation」とかいった概念ではなく，むしろ「存続可能性 Viabilität」ないし「適合 Passen」という概念を持ち出し，これらの概念の中に「さまざまな制約を経験する中で有機体がその均衡をより良きものとしていく」内的な過程を見ようとしている．この von Glasersfeld と同じように，こうした見解をラディカルに推し進めているのは，物理学者 Olaf Diettrich (1991, 1996) である．彼は，進化論的認識論を援用しながら，物理学で用いる実在概念，すなわち操作化された測定器具のみによって実在を定義するという方法を，認知に関連するすべての認識領域に拡張すべきだと提唱している．この場合，物理学で用いる測定器具に相当するのは，「認知オペレイター」（すなわち，感覚装置の全体，ある

13

いは，Konrad Lorenz の言うところの「理性形態を備えた装置」）である．この見方からすれば，自然記述の根拠たる観察事実とは，結局のところ，さまざまな認知オペレイターに共通する不変量でしかないということになる．すでに述べたように，妥当性を保証する外的基準は存在しないのであるから，「それ自体」として存続している外部世界なるものを捕捉できるという可能性も，当然のことながら，消滅する．

同じように当然のこととして，ラディカル構成主義そのものもまた構成されたものでしかないのであって，それが「存在論的な真理」と対応しているということも──ラディカル構成主義の主張からすれば──決してないはずである．Maturana と Varela も自らそのことを認めている．彼らは，先に紹介したようなレトリックを用いて，読者に自分たちの考え方を受け入れるよう「説得し」たり「誘惑し」たりしようとしているだけであって，そうした考え方が絶対的な妥当性を持つと主張しているのではない，とはっきり述べているのである．

ラディカル構成主義 vs 相対的構成主義

しかしながら，それ自体構成されたものであるラディカル構成主義が読者を説得するためにさまざまな理由を挙げているのだとしても，ただそれだけでその誘惑に屈しなければならないということにはならない．このラディカル構成主義という一つの構成物は，私たちの世界経験が持っている「実在としての内実」をことごとく否認することによって，完全な恣意性を阻んでいたすべての障壁を取り除いてしまい，しかも，あらゆる方面から私たちにおよんでいるさまざまな束縛を無視し，人間の感覚と思考とを自然現象総体から徹底的に切り離そうとするものである．そうであるとするなら，私たちは，このラディカル構成主義というこの構成物の操作的有用性ないし存続可能性 Viabilität を疑うことができるはずである．逆に，次のように想定してみることもできる．その想定は，集団が生き延びるために，少なくともラディカル構成主義と同程度には，意義があると思われる．すなわち，私たちは，私たちの考え出す理論も含めて，巨大な作用組織の一部──まさに想定上の「存在的実在 ontische Realität」の一部──なのであり，この巨大組織たる実在にとっても，私たちの精神が産み出すものは，私たちの身体ないし私たちの実存一般と同様に，たとえ私たち自身には明確なかたちで捉えられないようなしかたにおいてではあれ，何らかの意味を持っているはずだという想定である．

Kapitel 1

　このような想定によって，あまりに徹底的な態度をとるラディカル構成主義に対してある程度の制限を加えることが——私の見るところでは——必要である．そのような限定を加えた構成主義を「相対的構成主義」と呼ぶことにしたい．この相対的構成主義は，「私たちの世界解釈が，私たち自身の欲求と構造とによって規定された構成物であり，決して外部の『実在それ自体』において妥当性を保証されるものでないこと」を完全に認める．しかし同時に，この相対的構成主義は，次のような仮説を堅持する．すなわち，そのような「実在」というものが実際に存在すること，私たちの欲求と構造も，それらの欲求や構造によってもたらされる世界解釈とともに，その実在の一部以外の何ものでもないこと，したがって私たちの欲求や構造や世界解釈は実在を内包しており，かつ実在を（後に述べる情報処理機構によって）わずかの間であれ圧縮して保持する（と同時に当然ながら歪めてもいる）こと．．．．これらのことを，相対的構成主義は仮説として堅持するのである．もちろんこれはあくまで仮説であって，厳密な意味では，「知（識）」などと呼べるものではない．

　ラディカル構成主義ではなく，このような相対的構成主義の方が支持される理由の一つは，まず前者が実は，やはりラディカルな科学的実証主義および還元主義的実在論に対するある種の反動（あるいは過剰反応）だということにある．そうした実証主義および実在論は，今でも自然科学の分野で強い勢力を保っているとはいえ，科学論や認識論においては，実はもうとっくに時代遅れになっている．「世界は現に存在しており，しかもその世界は私たちが知覚しているとおりのものだ」という素朴実在論に代わって，あるいはまた「世界は現に存在しているが，しかしその世界は必ずしもそのすべての点において私たちに見えているとおりのものとは限らない」とする批判的実在論に代わって，今日の科学論では，「世界は現に存在しているが，しかしその世界のいかなる構造も私たちに見えているとおりのものではない」という「徹底的に批判的な実在論」，あるいは「私たちは，世界が現に存在し，しかもその世界の構造が部分的には認識可能であることを想定してはいるが，世界について私たちが行うあらゆる言明は仮説的な性格を持つ」という Campbell の「仮説的実在論」が優勢となっている (Campbell 1974, 1984; Vollmer 1980; Riedl 1994)．あとに挙げた二つの立場——Konrad Lorenz や Rupert Riedl の進化論的認識論もそこに立脚しているのだが——がラディカル構成主義者たちによって深く検討されているとは私には思えない．

　おそらく Jean Piaget もそれほどラディカルな構成主義者ではなかった．ただ

● 第1章　認識論的な出発点——不可避的に制約されている地平

しこの点に関する解釈はさまざまであり，ラディカル構成主義を主張する人たちは，Piaget が自分たちと同じ立場をとっていたと考える傾向にある．彼らは，Piaget の考え方の中で，「実在（性）の構成」における同化のメカニズム，すなわち自分の構造によって規定されるメカニズムだけを一方的に重視し，調節のメカニズム，すなわち外部から決定されるメカニズムをほとんど無視しているのである．最近出版された「Piaget とラディカル構成主義」という論文集の中でも，von Glasersfeld を除くほとんどの執筆者が，Piaget はそれほどラディカルな立場をとってはいなかったという結論を導いている (Rusch et al. 1994)．Piaget が心からの構成主義者であるということは，誰も否定しない．しかしそれでも Piaget は，周囲の現実に対しての調節による順応や適応ということにも配慮しているという点で，やはり適応（順応）論者 Adaptionist なのだとも言える．Seiler の記述によれば，Piaget は「．．．．認識の発達を，客観性と真理への志向として——極言すれば，客観性と真理へ向かう行進として——捉えようとしている．そして人間の認識がこの目標に（完全に）到達することは決してないが，しかしそれでも人間の認識はこの目標にたえず近づいていく（のだと考えている）」(Seiler 1994, p.84)．

このような大まかな解釈が本当に正しいのかどうかということについては，今のところ結論を出さないでおこう．ただはっきりしていることは，Piaget によれば，すべての思考は，自己中心性のきわだつ当初の同化のメカニズムから，しだいに調節のメカニズムへと進み，さらにまわりの世界との均衡の状態へ向けて発達をつづけていくということである．つまり，自分自身の立場から目を転じる能力，すなわちすでに述べた脱中心化の能力が増大する方向に発達をつづけていくのである．しかし，ラディカル構成主義が経験科学の説得力ある知見をやみくもに—— Maturana が言うように——「排斥」しようとするのであれば，この（Piaget の言う）均衡は大きく乱されることになるだろう．というのも，そうした知見こそは，数十，数百億年来，人類誕生以前から（そして人類消滅の後も），人類とはまったく無関係に進化する宇宙というものが現存することを私たちに告げているのであって，それゆえ，まさしくその脱中心化という過程に決定的な貢献をしているからである．均衡を失したラディカル構成主義者たちの目には，これまでのさまざまな世界観もただ一連の迷妄と映っているにちがいない．これに対して相対的構成主義の見解では，あらゆる種類の「真理論（真理に関わる理論）」，すなわち，手探りで生み出された古代のアニミスティックな世界解釈から，複雑な宗教体系を経て，現代科学の理論にいた

るまでのさまざまな「真理論」はどれも，進化しつつある全体状況の中で特定のコンテクストにおいて一定期間存続可能であった「解決法」なのであり，それぞれの理論がそれなりに何らかの「実在としての内実」を有しているのだということも，無理なく容認できる．

　Konrad Lorenz にとっても，進化は，すでに純粋に有機体的な（生物学的な）レヴェルにおいてさえ，知識獲得という性格を持っている．進化とは，まわりの現実についての情報を，しだいにより分化したかたちで，利用し処理するプロセスだからである．そのような現実を十分に考慮していないような生物学的「解決法」はすべて，まもなく容赦なく消し去られてしまうだろう．認知的構成物の進化というレヴェルを考えてみても，「外的実在」と著しく矛盾する世界解釈は，少なくともある時点から誰にも相手にされなくなり，やがて死ぬ運命にあるということは容易に見てとれる．したがって，作動する思考システムがまったく何であってもよいということはありえない．人間も空を飛ぶことができるといったことを（文字通りの意味で）主張する理論はどれも，それを信じた者たちの即刻の死という結果をもたらす．存続しうるものはすべて，どこかで「ものごとの摂理」に適合しており，何らかのかたちでその摂理を反映している．生き残ることと重大な矛盾をきたすような観念が進化論的選択過程を通じて消し去られていくということだけを考えてみても，「生き残っていく」理論は，たとえそれがどれほど錯綜したものであっても，「ある程度の真理」をそのうちに含んでいるはずである．同じように科学においても，Popper によれば，真理はポジティヴに規定しうるものではなく，ネガティヴにしか規定できないものであり，真理の内実は，つねに単なる暫定的操作的仮説によって維持されているのである．

　あまりにラディカルな構成主義に反駁するときに持ち出されるもう一つの論拠は，そうした構成主義が，思考に対する外界の影響と束縛（コンストレイント）とを無視しているために，人間の思考の独立性を過大に評価して，ある種の自己中心的ないし人間中心的な立場に，言い換えれば，独我論につながる恐れがあるという事実である．その影響は，長い目で見れば，破滅へと導くものとなるかもしれない．というのも，「主観（主体）外の実在」などというものは「私たちの頭の中」にしか存在しないのだということを本気で想定するのであれば，その行き着く先には，私たち人間と私たちの精神とを，私たちの外部の——私たちには手の届かないところで，私たちが存在する前から，あるいは私たちが存在したあとでも，起こっている——巨大な事象からますます遊離させる（も

● 第1章 認識論的な出発点──不可避的に制約されている地平

ともと解離はあるのだが，それをさらに推し進める）という結果（まさに現実離れした結果）が待ち受けているからである．少なくとも，存続可能性，すなわち私たちの最も本源的な欲求にとっての有用性が，真に最高の基準となるべきだというのであれば，私たちは，私たちを取り巻く自然をむりやり私たちの欲求へと同化しようとするのではなく，その巨大な事象に合わせて私たちの構成物をできる限り調節すべきだということになる（それは私たちにとって有利なことでもある）．自然から与えられる限界や束縛を無視しつづけることによって，私たちはどうなってしまうのだろうか．私たちの思考や行為を，私たちにはどうすることもできない「ものごとの摂理」へと十分適合させることに間に合わなければ，私たち人間は絶滅することになるかもしれない．その可能性はすでにはっきりと見えてきているのである．

　厳密な論理からすれば，私たちの認識の妥当性をはかる外的基準がないというラディカル構成主義の基本前提がある以上，ラディカル構成主義の立場は論駁不可能だということになるはずである．しかし，ラディカル構成主義の理論は，帰納法的な仮説形成という方法を無視して言語的理論的演繹だけを一方的に過大評価する傾向のきわだった一例と見做すこともできる．Rupert Riedl はこの傾向を「西洋思想の演繹への偏向」と呼んでいる．同じような意味で，私たちの実在（性）理解を物理学にならってすべて操作化し，「外的な実在」という概念を放棄すべきだという Diettrich の提案も，論理的には一貫していると言えるが，物理学的に有効な方法をそのまま世界全体の理解へと拡張するという点で，やはり偏っており，認めがたい提案であるように思われる．そのような方法は物理学には妥当するかもしれないが，必ずしもすべての領域において有効だとは限らない．いずれにしても，生物学や心理学をただ物理学に準拠して操作化するといったことが，一貫性をもって行えるはずはない．というのも，この種の操作化の主張は，自然科学の過剰な支配に内在する以下のような根本的矛盾を故意に看過しているからである．すなわち，「厳密に客観化を求める」自然科学においても，そのすべての発見と方法批判的考察は，感情の影響から決して逃れられない道具──つまり心 Psyche ──によってもっぱら行われているのであるが，にもかかわらず自然科学はこの心の存在もその妥当性も，十分に操作化できないという理由で，疑問視したり否定したりしているのである．

　近代自然科学的合理主義の祖といわれる Descartes もこうした自然科学の矛盾に気づいていたのかもしれない．というのも Descartes は，しばしば看過さ

れがちなことであるが，客観性を追求する彼の思想体系全体を，あの有名な「我思う，故に我あり cogito, ergo sum」というかたちで，はっきりとある種の主観性の上に構築したからである．さらに Descartes は，近年の研究を信頼してよいとするなら，一般に主張されているのとは違って，感情的因子と認知的因子とをそれほどはっきりと区別してはいなかった．「合理性の中にある特異的な情動を十分に考慮していた Descartes は，効果的な合目的性を追うだけの純粋思考の記録係では決してなかった」のである．このことは，Descartes の最後から二番目の書「情念論」のことを考慮すれば，おそらく最も容易に納得できるだろう．その著作の中でこの「近代合理主義の創始者」は，「.... 感情論 Affektlehre への接近を試みるまったく特異な合理性の提唱者としての姿を垣間見せている」と J. P. Jauch (1996) は書いている．もし Descartes が現代に生きていたならば，彼の出発点たる「我思う，故に我あり Ich denke, also bin ich」を，彼は「我思い感じる，故に我あり Ich denke und fühle, also bin ich」と明確に言い換えたかもしれない．いずれにしても，Descartes の主観主義的「コギト」は，正しく考察する限り，「ラディカル構成主義か相対的構成主義か」という問いとの関連においても，実在の問題をさらに追究しようとする際の出発点として，今日なお欠かせないものである．こうした実存的な基礎づけが失われてしまえば，「我々の頭の中の実在」以外に証明できるものは何一つないのだというラディカル構成主義者たちの形式論理的には正しい主張が，ついには，その「頭」もまた——つまり，私たち自身もまた——「現実に／本当に in Wirklichkeit」存在しないのだという不条理な帰結をもたらすことになるのを，誰も阻めなくなるからである．

「現実の感受装置（センサー）」としての人間

人間だけでなくあらゆる生き物，さらには存在するすべてのものは，「活動し作用する (wirken) もの」の記号ないし表示装置（インディケイター）であると同時にその感受装置（センサー）でもある．ここで「活動し作用するもの」とは，語の本来の意味での「現実 Wirklichkeit」のことであり，この意味での「現実」こそ認識論と関わってくるものだと私たちは考えている．これまで述べてきた困難な問題のいくつかは，おそらく「実在 Realität」という用語そのものに起因する不適切に静的かつ抽象的な「現実／実在」概念にしたがって，構成主義およびその他の認識論が議論を進めているという事情と関係がある．とい

● 第1章　認識論的な出発点──不可避的に制約されている地平

うのも，このレアリテートという言葉は，ラテン語の res すなわち「もの」(ドイツ語では Sache) に由来し，実体主義的で，事態を物象化する性格，つまり事態を存在論化しようとするきわだった性格を持つからである．それに対してドイツ語のヴィルクリッヒカイトは，動詞「活動し作用する wirken」および「生じさせる bewirken」と関連を持ち，「働く werken」あるいは「活動／作品 Werk」をも含意し，おそらく，作用を受けるものおよび編み出されるもの，つまり構造をもってつくり出されたものまでも射程に入れている．それゆえ，ヴィルクリッヒカイトという語は，抽象化されてしまったレアリテートという語に比べて，それが指示すべき本来的・根源的な事態を，はるかに強い印象をもって表現することができるのである．すなわち，現実とは，過程（プロセス）と作用（アクション），作用と相互作用（インターアクション），手を下すこと（行為 Handlung）と手に取ること（把握しうること Handgreiflichkeit）を本質とするものであり，心理面から見れば，主体と外界との分裂が始まる以前において，出会う相手を（あるいはむしろ，出会う相手の「うちに」何かを）「行為的に体験すること handelndes Erleben」を本質とするのである．

このように見てくると，現実／実在とは，もはや静的な「もの Sache」ないし「もの性 Sachheit」（ドイツ語にこの語はないが，レアリテートを字義通り訳せばそうなるはずである）ではなく，「作用するものすべての総和」だと考えるべきである．このことによって何が変わるのであろうか？　そのように考えることによって，ここで問題にしている現実というものを，私たちはずっとダイナミックに（しかもより大きな賛同を得られるようなかたちで）捉えることができるようになるのである．というのも，私たちがたえず見当もつかぬほど多くの作用に曝されていることは，おそらく誰も否定しようがないからである．私たちが何ものであるのか，私たちがどのようにして存在しているのかは，そのような作用によって決定されており，同時に，(存在するものすべてと同様)この作用を示す重要な「目じるし（記号）」ともなっているのである．さらに，私たちがこれらの作用のうち限られた断片しか知覚できていないことも明らかである．私たちの生理学的条件によって，私たちが捉えることのできるものは限られているし，私たちが今このときに私たちにとって重要なものとして注意を払うことがらも限られているからである．ところで，本書でこれから見ていくように，こうした（複雑さの低減を伴う）「重要なるものの選択」において，感情もまたつねに大きな役割を果たしている．私たちにとって何が実在であるのか，何が実在となるのかということは，私たちの感情的気分に（も）左右さ

Kapitel 1

れているからである．このような現実の把握から生じてくる「ものの見方」からすれば，同時に私たち自身の位置づけも変化する．すなわち，私たちはもはや，あの見当もつかぬ複雑に入りくんだ巨大な作用組織に対して何の関わりも持たない傍観者なのではなくて，その組織において共に作用する者――言わばその役者の一人――となる．私たちは，私たち自身の行為と思考とによって，（たとえきわめてわずかな程度であっても）この作用組織に，つまり世界に，それぞれ影響を与えているのである．

　実在というものをこのように理解する場合，私たちの世界像や表象もまた，今述べたような意味における「現実」と呼応しているのだということを考えておくべきである．このことは，たとえば，予言がいつのまにか実現されるというよく知られた現象を考えてみてもわかることである．私たちの世界像や表象はさまざまな作用を繰り広げている．その作用は，心理的認知的領域あるいは社会的領域といった「ソフトな実在」に向かうだけでなく，私たちの物質的環境という「ハードな実在」をも，場合によっては，大きく変化させてしまう可能性を持っている．たとえば，私たちが今，世界や自然というものをどのように理解しているかということによって，やがて「人為的な」気象変動が起きてくる可能性がある．これは極端な例ではあるが，いずれにしても私たちのものの見方は，そのように世界に作用（ヴィルクング）をおよぼしているのである．したがって，そういう意味での現実（ヴィルクリッヒカイト）とは，私たちの計画や表象（前に置いたもの Vor-Stellungen）に応じて未来に待ちうけているものであり，すでに先立って作用しているものであり，また過去から発してなお作用しつづけているものでもある．私たちは，高度に分化した感覚器官や感覚中枢のおかげで，それらの作用を感知できるのである．

　したがって，このように現実という概念をダイナミックなものとし，言わば，身近なものとする（つまり，主観的に体験すること，苦しむこと，把握すること，取り扱うこと，などにずっと近づける）ことによって，同時にまた私たちの現実構成に対する「責任」というテーマも現れてくる．この点については，本書の最後のところで詳細に検討することにしたい．この節のまとめとして，さしあたりここでは，本書のこれ以降の議論において私たちがある実在（性）理解と人間理解とを出発点としていることを確認するにとどめておく．すなわち，私たちの理解するところでは，人間は――自分のつくり出した構成物ともども――現実の生産物であるとともに，重要な「現実のセンサー」でもあり，しかも，その現実を能動的に（共に）かたちづくり実現させている主体でもあるよ

● 第1章 認識論的な出発点——不可避的に制約されている地平

うに思われるのである．しかしまた，そのようなセンサーの作用ポテンシャルと感受性は，当然のことながらきわめて多様な制約の下にあるため，相対的構成主義の考え方に合致するさまざまな可能性が存在すると同時に，私たちの理解に関してあらゆる面であらためてまた，踏み越えがたいさまざまな限界が示されていることにもなる．

地平の個人的制約

　そのような限界の一種として，「個人的」と呼びうるようなさまざまな地平の制約を挙げることができる．個人的なものとはいえ，これらの制約も原理的に回避することができない．こうした個人的制約はどこにでも存在するのであるが，私たちの知る限り，このことに関して構成主義的認識論からもその他の認識論からも，十分な検討がなされているとは言えない．もともと自明のことと考えられているからかもしれないし，こうした制約について考えることが愉快なことではないからかもしれない．しかし，本書で行うような学際的研究の出発点を厳密に決定するためには，この問題についてもある程度考えておくことがどうしても必要である．

　私が知覚したり考えたりすることがらはすべて，私の生まれや生い立ち，経歴，もっと一般的に言えば，私の経験の総和に影響され限定されている．私の個人的な知覚能力や受容力も，記憶も，知的能力も同じように制約されている．さらに，私の性格，エネルギー，年齢，個人的生活状況などによる限界もある．たまたま生きるという特権を与えられているこの時間というものもまた，克服できない限界をなしている．今日あったことも，明日には大部分が過去のものとなっている．このような制約は，個々に見れば人によって多少の程度の違いはあるにしても，原則としてそれから逃れうる人は誰もいない．次のような事実も，個人の限界によって生じてくる問題の一つである．すなわち，今日，たとえどんなに優秀な学者でも，その狭い専門分野にさえ完全に習熟することはできず，ましてや学際的にあらゆることに精通するなどということはまったく不可能である．むしろ逆にこう言った方がよいのかもしれない．学者がある限られた範囲の問題を深く知れば知るほど，一般的な制約以外にも，自分の地平をなお狭めている個人的な制約があることに気づかざるをえないことになる，と．

　専門外の人たちにとってはもともと辺縁に位置する学科の内部で，さらにそ

の辺縁にある問題領域，たとえば精神医学という学科で私がこの30年以上携わっている統合失調症という特殊な領域において，年々発表される新しい研究成果のほんの一部を少し詳しくチェックしておくことさえまったく不可能となっている．実際，毎年刊行されるこの領域の書籍は数百を超え，雑誌論文も数万という数になる．この辺縁にあるかに見える問題領域を内から見ると，あらゆる他の心理学的問題が一つのきわめて重要な学際的問題群——すなわち，私たちの心が「心理・社会・生物」学的にどのように機能しているのかという問題——へと収斂していくように見えるばかりでなく，統合失調症というこの「辺縁に位置する問題」自体もまた，神経解剖学，神経生理学，精神病理学，「心理・社会」力動論，疫学，経済学，民族文化学，精神医学史などに関する数えきれぬほどさまざまな特殊問題へと広がっていくとともに，さらにそれらの問題がそれぞれきわめて多数の他の問題と絡み合いながら無数の問いに拡散してもいく．また，精神医学や統合失調症論に限ったことではないが，しかしそこにおいて特にきわだっていることとして，多様なイデオロギーに則った学派や見方（たとえば，生物学，臨床症状学，行動科学，精神分析，「家族・社会」力動論，「システム・カオス」論など）が並び立ち，同一の具体的事実がそれぞれ別々の観点と関連から解釈されている．同じことがらに対してきわめて多様なアプローチが可能であるというこの事実は，個人によって選択される見方が，前述したさまざまな条件や制約によっていかに左右されているものであるかということを，驚くほどはっきりと示している．先に一般的なレヴェルで列挙したさまざまなアプローチの方法を，一つの具体的な特殊問題——たとえば，個々の患者や個々の診察所見——に適用しようとすると，問題はますます複雑になる．というのも，その場合，すでに習得している一般的知識をそれぞれの症例の文脈に応じて逐一適用していくということが必要になるからである．したがって，心理に関わる何らかの個別問題を深く探究すればするほど，一般にすでに確実だとされているものが，実はいかに頼りないものであるかということが明らかになってくる．

今述べたような事態は，精密さを持たない「心の科学」ではよく起きることであっても，厳密な自然科学の場合には当てはまらない，といった反論が出るかもしれない．しかし，よく観察してみれば，分子生物学や化学，さらには物理学や数学でも，原則として同じような問題が生じていることがわかる．それらの分野の専門家のうちで，よくものごとを考えている人たちに尋ねてみてもよいだろう．少なくともこれだけは確かなことなのであるが，これらの自然科

● 第1章　認識論的な出発点――不可避的に制約されている地平

学の学科の中できわめて細かく分割されたどの分野に限ってみても，そこで指数関数的に増大する情報の洪水に完全に対処できるような人はいなくなって久しい．こうした情報の意味やコンテクストを的確に捉えて対処していかねばならないのは，結局のところ個人なのであり，個人のそうした「感情・認知」的能力は依然として制約を受けたままなのであるから，すでに述べたように，コンピューターが進歩してメモリーや処理の能力が飛躍的に向上したところで，なんの助けにもならないのである．しかも，現代のエレクトロニクスによるデータ処理は，情報の生産と伝達をおそろしく加速させるという点に特徴があり，このため，日ごとにデータ量の増大をもたらしている．しかしながら，過剰な負担を強いられているのは個人ばかりではない．集団としての人間もまた同じなのである．というのも，思考過程の集団化そのものが，コミュニケイションと情報処理とに関わるまた別の問題を引き起こすからである．先に「複数の真理（真理の多元性）」の容認およびそこから必然的に生じてくるさまざまな葛藤ということについて述べたとき明らかになったように，この問題は主として感情面に関するものである．こうした過剰な負担がかかっている場合，集団においては，個人におけるよりも容易に，古くからある効果的な複雑性低減のための手段が優位に立つことになる．すなわち，集団のイデオロギーに適合しないすべてのものに対する消極的な無関心から，邪魔となるすべてのものに対する攻撃性と明らかな軽蔑とによる集団の積極的防御にいたるまでの，さまざまな感情的手段が容易に優位に立ってしまうのである．

> たとえば次のような例がある．Konrad Lorenz (1987, p.30) の書いているところによれば，ケーニヒスベルクで彼の同僚であった哲学者 Leider は，自然科学はすべて「独断的固陋の極致」にほかならないと考えていたが，これとは逆に，自然科学領域での Lorenz の師であった有名な Heinroth は，あらゆる哲学を，「自然認識のために人間に付与された能力の病的な無駄使い」と見做していたという．

学問領域間に存在する壁を超えようとする試みはどれも，専門分化がますます極端になっていく状況の中での緊急の課題であり，本書での考察でも避けては通れない課題であるが，そうした試みをするときには，今述べたような意識的・無意識的な防衛的態度のことも計算に入れておかなければならないだろう．しかし一方，反対の危険，つまり近隣の学問の観察所見（ときには怪しいものもある）を，厳密な専門知識を欠くがゆえに，無批判に受け入れてしまうという危険を免れることも決して簡単ではない．自分の研究領域から離れれば離れ

るほど，知識は断片的なものとなり，その量と質も不十分なものとなってしまう．距離があるということの利点が生かされるのは，よほど恵まれた場合だけである．隣接領域への橋渡しの試みをはじめから断念したくないというのであれば，残された唯一の解決法は，このような制約をあくまで意識しつつ引き受けた上で，その制約を念頭におきながらも，自分たちの見方からの提案だけを行い，その仮説の是非の判断は他の領域のパートナーに委せることである．

　ここまでくれば，私たちの了解の地平を不可避的に制限するこれまで見てきたさまざまな因子に加えて，思考と行動とに対する特異的感情作用に関わるさらに多くの因子についても考慮しなければならないということが明らかになったと言ってよいだろう．しかし，そうしたことがらは以下の章の主題なのであるから，ここでは度外視しておく．それとも重なり合うことであるが，さらに，無意識という強力な下部構造のことも考えておかなければならない．Sigmund Freud や精神分析の考え方からすると，私たちが意識的に考え，感じ，行うことはすべて，この下部構造に由来する．このような「感情的無意識」が存在するという主張は，Freud がこれを発見した当初，世界中に激しい反発を引き起こしたのであるが，今日では広く承認されるようになった．Piaget や Lorenz，さらに近年では Kihlstrom といった研究者たちは，それに加えて固有な「認知的無意識」（認知に固有な無意識）さえも仮定している．そして，前述した「直観的行為知」およびいわゆる「構造の認識」という意味でのすべての自動的な認知・感覚過程と，これも前述した言語の普遍特性および思考の「先天的教師」とを含むあらゆる先天的直観形式とを，この「認知的無意識」のうちに組み入れようとしている (Piaget 1973; Lorenz 1973; Riedl et al. 1980; Kihlstrom 1987)．最初に述べた感情論理の基本テーゼからすれば，感情成分と認知成分は，まさに無意識の中でも，分かちがたく結びついているので，感情的無意識と認知的無意識を区別することは私たちにとって意味がないとも言える．しかし，このように私たちの思考・感覚・行為の無意識的下部構造をしだいに拡張していく科学の流れを承認することは，私たちの個人的および集団的地平がさらに付加的に計り知れぬほど制約されていることを認めることだと言ってよい．

　したがって，私たちの思考の前提になっているものをより精密に検討すればするほど，私たちの自由度は狭まってくることになる．ここで先に進む前に，すでに一度触れた――英語圏では「クロス・マッピング問題」（たとえばCicchetti 1983, p.117 参照）などと呼ばれている――疑問について少しだけ考えておきたい．それは，感情と認知の相互作用という問題を，あるいは感情現象

● **第1章 認識論的な出発点──不可避的に制約されている地平**

一般に関連する問題を，思考と科学という方法で取り扱おうとするということが，そもそも可能なのかどうか，許されるのかどうか，むしろ感情などというものはただ感情固有の道を通じてのみ，思考はただ知的な道を通じてのみ，はじめて接近可能になると考えるべきではないか，という問題である．それに対するまず第一の答えとして，この問いは私たちにとってまったく意味がないと言うこともできるだろう．なぜなら，感情と思考とが必ず共同に作用していることを出発点としている以上，この二つの極のどちらか一方を研究する場合でも，この二つの成分は当然ながら心的作業のすべてにおいて関与しているはずだからである．しかしこのこととは別に，仮に私たちが自分自身の情動的な経験につねに立ち帰るということができないとすれば，感情についてただの一つも意味ある言葉を語ることができないはずだということを認めなければならないだろう．やはり自明のことながら，私たちの思考はつねに，他人または自分自身が過去に積み重ねてきた思考を出発点としてもいる．さらにまた，本書の議論でいずれ明らかにされることであるが，感情成分，とりわけいわゆる直観という形式の感情成分は，知的な問題の解決にも本質的な貢献をなしているはずである．それはちょうど，私たちの思考が，きわめて多様なしかたで感情に影響をおよぼし，感情を明るみに出すのと，同様である．

結論として導き出されるパラドックス──不確実性の中の相対的確実性

本章を振り返って，私たちに接近可能な地平の内部においてこれまで次々と現れてきた私たちの知と無知とに関するさまざまな側面をもう一度思い起こしてみよう．そうすれば，これから始まる考察の出発点に立っている（あるいは，その出発点そのものであるところの）私たちが，ある分裂した状況に置かれているのだということがわかるはずである．

一方から言えば，私たちに接近可能な知と認識のうちにある何らかの確実なものを用いてこの出発点を確固たるものにしようとする試みは，完全に失敗したと見做さなければならないだろう．私たちがこの試みを通して手に入れたものといえば，自分たち自身の根源的無知がさらに明瞭となったこと，そして──これが唯一の慰めなのであるが──どう見ても正しく「ない」ものは何なのかということがおそらくしだいに知られるようになっていくだろうという推測ができるようになったことぐらいである．どちらもパラドックスを含んでおり，私たちを満足させるものとは言えない．個人のレヴェルでも集団のレヴェ

ルでも，私たちの置かれている状況は，認識論的に見れば，本章のエピグラフで Friedrich Dürrenmatt がみごとに表現しているように，櫂も持たずに無知という果てしない大海に漂う船乗りの状況と同じなのである．

　他方から言えば，私たちはそれでも，この私たちの制約された手段を用いて，なんとか漂流しながら生き延びている．私たちが乗っている筏は，少なくともある程度の安全（確実性）だけは提供してくれている．その上，無知という大海に漂う私たちの航海には，ラディカル構成主義者が信じ込ませようとしているように，何の海図も羅針盤もないというわけではない．そう考えてよいという一連の手がかりが存在する．それはつまり次のようなことである．もし仮に私たちが途方もなく巨大な全体の一部であり，その巨大な世界がその極小のフラクタル断片の中にさえ全体についての何らかの真なる情報を含んでいるのであるとすれば，私たちは——たとえひどく歪んだしかたにおいてであるにしても——何か意味のあるものをつねに感知し知覚することになるはずである．したがって，私たちは「本来の現実」について何がしかのことを——まさにこの現実を通して形成された私たちの感覚・思考システム，言い換えれば，私たち人間のセンサーとしての構造に基づいて——（ある意味で）「知っている」のである．私たちはともかくも生き延びている．それはただおそらく，あの全体についての正しい情報のこのわずかな痕跡——私たちの誤った世界解釈（科学的なそれも含めて）の中に隠されている痕跡——のおかげなのである．

　これと同じ理由によって，次のように言ってもよいだろう．私たちは，行為的体験の中にあって，何かを知らなかったり，何かを部分的に知っていたりするのであるが，私たちが知っていると思っているよりもわずかなことしか知っていないとは限らず，私たちが知っていると思っているよりもむしろ「たくさんのこと」を知っているようにも思える．というのも，私たちはつねに個別の知識を，知らず知らずのうちに，私たちが意識しているよりもはるかに包括的な文脈のうちに置いているからである．つまり，私たちはもともと，どんな思考や行為をなすにしても，私たちの経験に基づいて利用できるありとあらゆる情報を活用しているのである．大部分は無意識のうちに進行しているこのメカニズムもまた，方向づけを行う際の重要な方策の一つであって，その助けを借りない限り，私たちは生き延びることができないのである．

　さらに，いくつかの根拠から次のことが言える．次々に達成される解決（緊張の解消）——言い換えれば，次々に交代する世界解釈——の中に，何らかの隠された体系，したがってまた何らかの方向性が，含まれているのかもしれな

● 第1章　認識論的な出発点——不可避的に制約されている地平

い．ただし，その方向性は，私たち自身がそこに巻き込まれているがゆえに，まったく不十分にしか認識されないものである．しかしいずれ私たちは本書の考察の中で，「快への性向 Lust an Lust」というかたちで，おそらくこの方向性に影響を与えている一種の「感情の羅針盤」とも言うべきもの——言い換えれば，一種の「アトラクター」——に出会うことになるだろう．

　結局のところ，これまで指摘してきた私たちの認識の限界は，進化という観点から見れば，決して単に不利なものではなく，同時に有利なものであると言ってよいだろう．なぜなら，地平の制約は同時にまた複雑さの低減なのでもあり，複雑さが軽減されれば行動は容易になるからである．仮に私たちがつねに「すべてのこと」を知っているのだとしたら，私たちはどこに価値を置くべきかまったくわからなくなって動きがとれなくなり，生き延びることもできなくなるはずである．したがって，エネルギー効率の見地からしても，（あまりに）多くのことを知っているのは危険であり，むしろ最も必要なものに限って知っている方が理に適っているのかもしれない．長い目で見るならば，人間は，多くのことを知っているからこそ，場合によってはたとえば蟻などよりもずっと危ういところにいるのだとも言える．ここに述べたような意味では，私たちの地平が不可避的に制約されているということは，ただ耐えがたい「束縛（コンストレイント）」，あるいは嘆かわしい不足だというだけではなく，本質的なものへの集中という賢明なあり方，すなわち生存に利するあり方だということにもなる．

　私たちが感覚と思考それ自体を用いてこれから行おうとしている感覚と思考についての考究に対して，以上のような議論から，結局のところ，いかなる認識論的基盤が与えられることになるのだろうか？　一般的な言い方をするのであれば，それぞれの人間，すなわち感受装置（センサー）であるところの人間が，そしてまたいかなる理論も，いかなる世界解釈も，ある種の相対的尊厳を——そして，パラドクシカルではあるが，不確実性の中の確実性をも——獲得することになるのである．というのも，すでに述べた地平の制約は，私たちが「個人的」と呼んだ制約も含めて，原理的かつ不可避な性質のものなのだから，言い換えれば，絶対的な権威，無謬の学者，「法王」などといった人，つまり要するに「本当に有能な人」などはいないし，またいるはずもなく，ただ，さまざまな観察地点に配置されたそれぞれ異なる視野の制約を受ける「現実感受装置（センサー）」しか存在しないのだから，個々の解釈は，それらが十分な程度の操作性と「存続可能性」（あるいは，後に述べる「緊張解消」）とを証

明しうる限り，ある程度の妥当性を主張することが原則として許されるからである．独自の視点，独自のパースペクティヴを持ち，そしてそこから見渡すことができる情報を自覚的に利用することは，それらの情報が多様に制約された地平の中で得られたものだという事実を私たちが忘れない限りにおいて，正当なことである．私たちが，私たちの知と認識を，まったく無価値なものと見做すのではなく，想定はされるが実際には捕捉されえない「存在的実在 ontische Realität」への接近にほかならないと見做すことによって，私たちは次の二つの危険を回避できる．その危険とは，一つには，私たちの不正確な（科学的なものも含めて）予見を真の知と見誤ることであり，もう一つには逆に，個体発生と系統発生の経過の中で「感受装置（センサー）」によって集められてきたこの実在についての膨大な量の情報を，（ラディカル構成主義者のように）狭量にも，すべて捨て去ってしまうことである．

このような（「どれでもかまわない」と言っているかのような）相対化を行うとともに，同時にまた，それぞれ制約を持ったさまざまな認識の可能性をある程度まで妥当だと見做す私たちの立場は，恣意性への門戸を開くもの——そのように批判する人たちも出てくるかとは思うが——では決してない．まったく逆なのであって，特に本書の試みのように学際的な対話を推し進めようとする場合には，自分の視点と立場との正当性を肯定し，かつその視点と立場とに同時に疑問を投げかけるという態度をとることに伴って，当然ながら自分の立場をできる限り明らかにしておくという義務が生じてくるのである．どの理論も，生物や商品と同じように，操作性あるいは存続可能性という厳格な（進化論的意味での）選択の基準にさらされることになる．そうした苛酷な選択の基準が，役に立つものとそうでないものとを選り分けるために必要なそれ以上のことを行ってくれるはずである．

最後に，思考の情動的基盤についてこれから行っていく考察の認識論的な出発点を明らかにしようとしたこの章の試みの成果を要約すれば，次のようになる．なるほどたしかに私たちの地平はつねにさまざまなしかたにおいて制限されている．しかし，「制約された地平」とは，「地平がない」ということを意味しているのではない．私たちが気づいているものは，何らかのしかたにおいて，意味がある．ただ，何に対して意味があるのかを，私たちがはっきりと知っていないだけなのである．したがって，私たちの論考にも「一片の真理」が含まれているかもしれないと期待することは許されるはずである．十分に深くものごとを見ることさえできれば，私たちはおそらく，目の前にある小さな断片の

● 第1章 認識論的な出発点──不可避的に制約されている地平

中にも宇宙全体を見てとることができるであろう．

Die emotionalen Grundlagen des Denkens

IIIIIIIIIIIIIIIII **Kapitel 2**

第2章
感情論理の基本概念．その根本公理，生物学的基盤，定義，現象について

感覚なき思考というものは不合理である．
F. B. Simon (1984, p.79)

　この本の最初ですでに述べておいたように，私たちの研究は感情論理 Affektlogik という考え方から出発している．この感情論理の構想の基盤を，私は1982年に「感情論理」というタイトルの単行本の中ではじめて紹介し，それ以来さらに，一連の論文において体系的に発展させてきた (Ciompi 1982, 1986, 1988a-c, 1989, 1993)＊．その過程で明らかになったことは，このアプローチはもともと，もっぱら精神病理学的諸問題との関連で始められたのだが，実は精神力動的・社会力動的プロセスに対しても，まったく別種で別次元の関係を持っている，ということである．本章ではまず，この考え方の理論的，経験的，そして定義的な出発点をそれぞれ述べることにする．これらは，第3章と第4章で，あらゆる今後の展開にとって重要なさまざまな方向へとさらに分化することになるだろう．感情論理の基礎に関するより詳細な説明，特にその精神医学や治療論との関連については，今挙げた私の論文を参照していただきたい．

統合された機能的「感覚・思考・行動」プログラム——心の礎石

　「感情論理」という語は二重の意味を持っている．つまり，感情論理とは「感情の論理」でもあり，「論理の感情性」でもある．この意味の二重性が正確には何を意味するのかということは，本書での私たちの議論の経過の中でおいおい明らかになっていくだろう．この二重性は，情動成分と認知成分——すなわち感覚（感情）と思考，感情と論理——があらゆる心的作業において分かちがたく互いに結びつき法則的に作用し合っていると考える，感情論理という理論

＊感情論理に関する論文は，巻末の文献表の中に斜字体で示しておいた．

◉ 第 2 章　感情論理の基本概念．その根本公理，生物学的基盤，定義，現象について

の中心的な根本公理に由来している．

　この公理は，一方では精神力動的・精神療法的観察と，内省を含む日常の経験とに基づき，他方では今日の情動心理学および認知心理学，神経生物学，比較行動学の研究成果に基づいているのだが，両者は互いに支持し合い補完し合っている．一つの重要な出発点あるいは中心点は，あらゆる精神構造は活動 Aktion から，すなわち純粋な感覚運動過程あるいは感覚運動「図式（シェーマ／スキーム）」から生ずるという，前章ですでに述べた Jean Piaget の洞察である．その際すでに強調しておいたように，Piaget はこの認識によって，生物学的現象と精神現象との間の溝をいくらか架橋することに成功している．彼の研究（および他の多くの研究領域から得られたこれと合致した知見）によれば，誕生第一日目からいくつもの先天的な感覚運動図式が行為的体験の中で段階的に発展し，互いに配列され，均衡化され，自動化され，そしてついにはしだいに「内面化され」，「精神化され」る――すなわち，ある心的な（あるいは精神的な）現象領域へと移し変えられる――のである (Piaget 1977a, 1977b)．もっとも，この精神化の――したがって「心的現象領域」の――本質が厳密には何なのかということは，依然として満足には説明されていない．ただ，神経構造がきわめて高度に分化して人間の意識が生まれたことによって，情報圧縮のプロセスが進行し他の動物にはないほどの明瞭性と緊密性に達する，ということだけは確かである．さらに最も重要なのは，いわゆる記号機能，すなわち身ぶり，図形，そして何よりも言語といった抽象的な記号によって具体的なものを記号的に表現する能力が，意識と平行して発達するということである．これは合理化と複雑性低減という，決定的な一歩を意味している．すでに述べたように Piaget の研究によれば，この能力の獲得は，あくまで精神における情報圧縮プロセスの「結果」として理解すべきであって，その「原因」として理解すべきではない．

　もっぱら認知構造の成立機序に焦点を当てた Piaget の発生的認識論に対して，感情論理の理論は，あらゆる種類の活動が認知成分と情動成分とを同時に持っているということを一貫して考慮に入れている．情動の突き上げなきところに活動はないのである．きわめて多様な領域の行動研究や心理学から一致して得られた知見，また日常経験にも十分に合致する知見によれば，このような感情成分があらゆる認知構造や記憶痕跡の形成過程に入り込むことに疑いの余地はない．言い換えれば，活動あるいは経験の沈殿として生じるのは，単に「認知」的な照合システムや照合図式ではなく，つねに典型的に「感情・認知」的な照合システムや照合図式なのである．認知要素と感情要素がこのように一様

に結びついていることは，特に条件反射や他の学習プロセスの成立を通して幅広く研究されている．これらの成立にとって両者の結びつきは，効率的な理由からも生物学的な理由からも非常に意味があることのように思われる．たとえば，ことわざにあるように「やけどした子は火を恐れる（あつものに懲りてなますを吹く）」といったタイプの単純な条件反射の場合，ある特定の認知形態（ここでは「火」）と強固に結びついた不安感が，長い期間にわたってけがを防いでくれることは明らかである．しかし，たとえば一度歩いた道のことが記憶される場合もまた，この道の純粋な認知的特徴とともに不安または快の感情が——つまり，不安の感情は，危険を伴う場所と結びついて，また快の感情は，食料を与えてくれたり身を守ってくれたりする場所と結びついて——記憶の中に保持されているのである．このことは動物にとっても人間にとっても，生命を守るという意味で重要な役割を果たしている．同じ道をくりかえし歩く場合でも，慎重さ，緊張感を伴った注意深さ，あるいはリラックスといった状況にふさわしい心理状態や行動様式が，それらに対応する身体的な準備性（「身構え」）とともに，言わば自動的に再賦活される．したがって，先に述べた「感情・認知」的照合システムでは，重要な通時的経験が一つの共時的「プログラム」に凝縮されているのであるが，このプログラムは，次の活動に対してくりかえし利用できるものであり，また適当な契機に誘発されて，同様のコンテクストに置かれるたびに新たに「立ち上げ」られ，（こう言ってもよければ）通時的に「繰り広げ」られたりするのである．

　経験から発生するこのような「感情・認知」的照合システム——私たちは以下において，これを，統合された「感覚・思考・行動」プログラムと呼ぶことにしたい——は，反射のような要素的過程から無数の可変性と自由度を持つきわめて複雑な行動様式にいたるまでの，さまざまな複雑さの程度を示す．吸啜反射や把握反射といった先天的な要素的反射図式を出発点として，すでに生まれたその日からそうした照合システムの構成・分化は始まっており，この過程は潜在的には生涯にわたって止むことがない．生後の数ヶ月から数年までの間に，認知的な，そしてまた特に感情的な，基本的特徴づけが行われ，これは終生保持される．しかしもちろん，新たな学習経験によって部分的には，新しいプログラムがつくり出されることもあり，さらに，関連した諸研究が示すように，記憶内容は，新たな見方や体験の影響を受けながら，高齢になってからでも，ある程度改編されたり新たに構築されるということがある．

　活動において——言い換えれば，行為しながらの体験において——形成され

● 第2章　感情論理の基本概念．その根本公理，生物学的基盤，定義，現象について

る「感覚・思考・行動」プログラムは，日常的な事物や時間的空間的状況との関係をはじめとし，あらゆる技術的能力を経て，さらには分化した対人的行動様式にいたる，人生のあらゆる可能な領域に関わっている．このうち，日常的な関係や技術的能力については特に Piaget の発生的認識論や行動学的学習理論の分野で，対人的行動様式については精神分析の実践と理論の分野で，綿密に研究されてきた．それゆえここで述べる「プログラム」は，（たとえば個々の感覚刺激，事物，人物などの）最も単純な認知的ゲシュタルトから，分化した思想体系やあらゆる理論あるいはイデオロギーにいたる，考えうる思考および知覚対象のすべてを包括している．どの階層レヴェルでもつねに，このような「感情・認知」的照合システム，すなわち「感覚・思考・行動」プログラムが，「心の礎石」として働いていると考えるのが，感情論理の基本的な立場である．

　この種の「感覚・思考・行動」プログラムの一つの例は，「条件反射」，すなわち，経験によって獲得された反射（反応）である．これと基本構造はまったく同じであるが，非常に複雑なかたちをとるプログラムの例として，精神分析学的な意味でのいわゆる自己表象と対象表象が挙げられる (Kernberg 1976, 1980)．プログラムの基本的な特徴づけがなされる幼児早期に，両親（または，情動的に意味を持つ人物）との間でなされる重要な「感情・認知」的体験が，そうした表象のうちに貯蔵され，自分自身および他人についての中心的な主導表象へと凝縮していく．このように成立する自己表象および対象表象は，最初の中心人物との関係だけではなく，社会的な知覚やコミュニケイション全体をも規定することになる．こういったプログラムが感覚・思考・行動の全体に対して無意識的につねに影響しているということは，精神分析でよく言われているように，父親を強大で危険な存在として体験した子どもが，後に別の権威的人物に対しても――転移反応として――従順な，しかし同時に攻撃性を秘めた態度をとるようになるといったことからもわかる．

　しかし，本書の考察をさらに進めていく中でさらに詳しく見るように，特有の感情的色づけは，時間がたつとともに意識からは遠ざかっていくものの，一見感情を伴わないが実際は隠れた快感に満ちた抽象作用や論理的操作を含む他のあらゆる認知にも，原理的にはまったく同じかたちでつきまとうのである．このような感情成分が持続的に作用しているので，私たちの思考はしばしば特定の決まった通路（またはレール）の上ばかりをくりかえし旋回したりする．このことは決して無意味なことではない．そうした通路は，過去においてとりわけ目的に適っている（あるいは「存続可能な viabel」）ものとして体験

Die emotionalen Grundlagen des Denkens

されたのである．したがって，単純な認知対象にも複雑な認知対象にも，不可避的に，特有の感情的色づけ（または感情の混入）が施されていることになる．そうした色づけは，過去の印象的な経験に由来しており，同様の経験が繰り返されるごとに固定化していくのである．こうした感情成分は，いくつかの基本感情 Grundgefühle（後の記載を参照）のさまざまな比率の混合によって無限のヴァリエイションを持っている．ただし，この感情成分がつねに意識されているとは限らない．というよりも，機能的「感覚・思考・行動」プログラムがうまくインプリント（刷り込み）され，自動化されていれば，こうした感情成分に意識的な注意が払われることも少なくてすむのだと考えるべきである．

このように考えてみると，心理構造（心理プログラム）というものは全体として，私たちの道路のしくみとよく似ているということに気づく．道路は，使用する（通行し踏みならす）ことによって発生し，使用すればするほど（通行量が多いほど）拡張され，整備されていく．道路のシステムは，早くから確定され幅広く踏みならされたいくつかの幹線道路（街道）と，第2級，第3級から第n等級までの小路や通路とからなる複雑に入り組んだヒエラルキーをなしている．路地や秘密の抜け道さえもその一部である．最初はまったく目立たなかった（思考の）脇道から，時がたつにつれて，さかんに使用される道（「感覚・思考・行動」路）ができあがり，さらには人の集まる「公共広場」（すなわち，完全に自動化された「常套句 Gemeinplatz」）が現れることもある．次の節で私たちはこの比喩が，ニューロンのネットワーク（神経路のシステム）とも正確に対応していることを見るだろう．ニューロンのシステムも，かなりの部分において，やはり活動自体によって道をひらかれ，反復と習慣化によって高度に複雑な機能的ネットワーク——自動的に「街道」を走ったり，さまざまな等級の無数の道路や脇道を進んだりする——へとつくりあげられたものである．下等な動物の場合，これらの「道路」の大部分は，系統発生的に最初から確定されているが，これに対して，より高等な霊長類，特に人間の場合は，この「道路網」の持つ環境に応じた可塑性は非常に大きくなっている．しかしここで考慮しておかなければならないのは，遺伝的な行動様式もまた結局は，合目的性を基準にして進化論的に選択されてきた活動を凝縮したものにすぎないということである．

感情論理の構想からすると，情動成分は，このネットワークのいたるところに機能的に組み込まれているというだけでなく，ネットワークの組織化や構造化に関してもはじめから中心的な役割を演じている．私たちの研究全体にとっ

● 第2章　感情論理の基本概念．その根本公理，生物学的基盤，定義，現象について

てきわめて重要な，思考に対する感情のオペレイター作用（組織化と統合の作用）と呼ばれるものについては，次章であらためて主題的に取り扱うことにしよう．しかし，先ほど述べた自己表象と対象表象の発生という見方を用いることによって，この問題についてさしあたり若干の議論をしておくことは可能である．さまざまな専門領域の研究者たちの一致した見解によると，生後2年の間に，母子間の最早期の接触に始まり，とりわけ先ほど触れた吸啜反射や把握反射，さらに後には反射的な眼球運動や他の先天的な「感覚・運動・感情」図式を基礎として長期的に進行するプロセスの中で，自己と対象についての心的表象が生じるのであるという．特に精神分析的な（乳児期の）再構成によって，しかしまた乳児を直接観察することによっても，生後数ヶ月の乳児がその全「世界像」を，まずは，相反する感情の色合いによって特徴づけられた二つの（たった二つの）互いにはっきりと分離されたカテゴリーに分類しているということがわかってきた．すなわち一方では，ポジティヴな感情に覆われたあらゆる認知的経験（適度な暖かさ，飲むこと，満腹，快適，大事な人がこの場にいて安全が守られていること，などの状況）が，快に満たされた——Kernberg の言葉によれば——「すべてが良い世界」へと統一されている．他方では，感情的にネガティヴな意味合いを持つあらゆる認知内容（寒さ，空腹，おむつが濡れていること，不快な痛みをもたらしたり邪魔になったりする物，騒音，まぶしさ，孤独などの状況）が一つに結びついて，不快がきわだった「すべてが悪い世界」となっている (Kernberg, 1976, 1980)．後になってようやくこの二つの対立する「感情・認知」的コングロマリットの内に，やはり感情に導かれた分化プロセスを通じて，より細かい区別が（そしてさらに細かい区別が）徐々に導入されていく．ここで明らかなように，快や不快といった感情は，認知内容を組織化し統合する役割を演じているのである．ちなみに，要素的感情によって組織化されたこの「すべてが良い世界」と「すべてが悪い世界」は，場合によっては——躁うつの気分変動というかたちで——後に再びまた支配的な役割を果たすようになることがある．

　これも本書のはじめにすでに述べたことであるが，精神分析と学習理論を除いて考えれば，感情成分と認知成分とがこのように必然的にカップリングしているという事実——このこと自体は誰もが原則として認めているにもかかわらず——の意義は長い間ひどく過小評価されてきた．これは，心理学も生物学も，専門化の傾向の中にあって，研究を行う際たいていの場合，認知的側面か情動的側面かのいずれか一方のみに注目してきたからである．このような状況の中

では，感情と認知との間のシステマティックな相互作用という現象も，やはり研究者の関心を引くことはほとんどなかったのである．たとえば Piaget は，私たちが知る限りでは一度だけ，熱心な学生たちの強い要請によって 1953/54 年のパリ・ソルボンヌ大学での定期講義において，この問題を取り上げたことがある．この講義は今日ではよく知られるようになったが，この講義録は彼の死後ようやく 1981 年になって英語で刊行され，1995 年になってついにドイツ語にも翻訳された(Piaget 1981, 1995)．たしかに Piaget はここで——彼の膨大な著作の中にはこれと内容的にまったく同じ意味のことを述べている箇所も少なくない——「相補的な」ないし「同型の」感情成分があらゆる認知機能とつねに分かちがたく結びついているということを，くりかえし認めてはいる．その上，彼は「感情的図式」という用語，またときには「感情的論理 affektive Logik」という用語さえ使ってもいる．Piaget のいうこの「感情的論理」とは，たとえば正義感や他の「道徳感情」のような持続的な感情が思考や行動に作用し続けることによって，そこから何らかの首尾一貫性が生まれるということを指しているものと思われる．しかしそれでも Piaget は——今述べたことといくらか矛盾することになるが——感情に対しては，単にエネルギーを供給したり動機を与えたり奪ったりするといった認知への作用を認めただけで，本書でもすでに紹介したような，認知を組織化したり統合したりするもう一つの効果を認めることは断固拒否していたのである（「．．．感情が行動を引き起こしうるとしても，感情がつねに知性の機能に関与しているとしても，そして感情が知的発達を促進したり妨害したりしうるとしても，感情それ自体は行動の構造をつくり出さないし構造を修飾することもない．感情は構造の機能に介入するだけである」〔Piaget 1981, p.6; なお p.2, 60, 74 も参照〕）．認知を組織化し統合する感情のこのような作用については，近年になるまで，他の心理学的または生物学的研究においても話題にされることはほとんどなかった．

　私たちは（次章において）思考に対する感情の多様な（エネルギー供給以外の）付加的作用の性質を綿密に分析していくことになるが，そこではじめて，このような見解の相違についてさらに議論することができるだろう．ただここでは，感情論理の最も重要な出発点をこのように簡潔に素描してきた結論として，オペレイターとしての「感情・認知」的照合システム——すなわち，「感覚・思考・行動」プログラム——を「心の礎石」と見る私たちの考え方が，注目すべき統合的な可能性を秘めている，ということだけを確認しておこう．実際に，この私たちの構想によって，見かけ上まったく異質な数多くの心理現象への接近法

● 第2章　感情論理の基本概念．その根本公理，生物学的基盤，定義，現象について

の間に，はっきりと意味のある関係が築かれるのである．私たちの構想は，情動的プロセスと認知的プロセスの間の機能的な諸連関を捉えるばかりではなく，先に説明した「精神の道路システム」の構造やヒエラルキーの中に（過去における）環境との関係全体もまたつねに貯め込まれているという事実を媒介として，あらゆる種類の家族的および社会的な影響をも理論的に統合するものなのである．このように見ると，個人の「感情・認知」的照合システムの構造と家族や社会における事象との間には循環的な相互関係が存在することになる．さらに，すべての思考や行動に体系的に組み込まれているところのさまざまな感情は，あとで感情の定義の問題を論じる際に見るように，つねに固有な身体的次元をも有していることになる．このようにして，あらゆる心理現象に対する，個人に関連すると同時に家族にも環境にも関連した一つの観察方法——しかもこの観察方法は，真に心身論的（サイコソマティック）なものでもある——が，自然なかたちで基礎づけられるのである．心に対するさまざまな理解の方法，たとえば，個人中心の精神力動的・精神分析的な方法，行動主義的方法，社会力動的・システム論的方法，身体論的方法といったものは，それぞれ互いにほとんど相容れないものと見做されていることが多いのであるが，それらは，感情論理の理論的枠組みの中において以上のような実り多いかたちで互いに結びつけられることになる．感情論理の理論が持っているこの統合の可能性が，実践の上でもさまざまに利用できるということは，本書の最後の章で明らかになるはずである．

　要するに，感情論理の考え方からすると，これまで「心という装置」と呼ばれてきたものは，きわめて多様な規模と力価を有する多数の内面化された「感覚・思考・行動」プログラムからなる一つの複雑な階層構造として理解してよい——あるいはむしろ，理解し「なければならない」——ということになる．これらのプログラム，すなわちさまざまな「感情・認知」的照合システムは，先天的な基盤を出発点として，特定の感情を特定の認知および行動の連鎖に重ね合わせるという操作（オペレイション）を通じて，活動の中で自己組織化的に発生してくるものである．これらは，経験を繰り返すことによって，徐々に固定化されたり，変更されたり，あるいは新たに構成されたりする．そして類似したコンテクストに置かれるたびに，特異的な認知的ないし感情的な誘因によって，再賦活されるのである．さて，私たちはここまで感情論理の出発点をなす考え方を説明してきたが，そこから必然的に生じてくる多くの問題，とりわけ定義および現象についての問題に手をつける前に，ここで私たちの構想を

支える生物学的基盤について議論しておく必要がある．

感情論理の生物学的基盤

　感情的および認知的現象の脳における基盤を解明する研究は，本書の最初のところですでに強調しておいたように，ここ 10 年から 20 年の間に飛躍的な進歩をみせている．前節で解説してきた感情論理の根本公理は，もともと 1970 年代後半に構想されたものであり，当初はもっぱら臨床心理学や精神病理学の知見に根拠を置いていた．しかし今日では，感情論理という基本構想は，その多くの部分について，神経生物学的基礎研究に由来するさまざまな——しかし驚くほど互いに一致するようになりつつある——認識に依拠できるようになっている．逆に，脳研究者にとっても，以前には辺縁の問題でしかなかった，情動の問題や情動と認知の相互作用という問題が，今では関心の的の一つとなっている．実際のところ，この問題群に向けて目下なされているさまざまなアプローチは，何よりもまず，最近の神経生物学的研究の結果に基づいているのである（たとえば，Panksepp 1991; Derryberry et al. 1992; LeDoux 1993; Schore 1994; Damasio 1995 などを参照）．

　しかしすでに何十年も前から，Papez (1937)，Klüver と Bucy (1939)，McLean (1949, 1952, 1993)，Hess (1957)，Arnold (1960)，Delgado (1969) といった研究者たちは，いわゆる「辺縁・傍辺縁系」領域の損傷および刺激の際に観察される特有な感情的変化に基づいて，この領域に感情を制御する重要な中枢が局在しているとの推論をくりかえし唱えていた．そしてこの仮説は近年ますますはっきりと確証されてきている．辺縁系 limbisches System（ラテン語 limbus はドイツ語 Rand に相当し，縁（へり）とか端（はし）を意味する．辺縁系という用語は，はやくも 1878 年に Broca によって医学に導入された）は，Paul McLean (1952) が提案するところによれば，発生学的に新しい大脳（新皮質）とそれよりずっと古い中脳や脳幹（旧脳）との間の皮質下に挟み込まれている，複雑な構造を持った辺縁領域あるいは移行領域であると考えられる．辺縁系に含まれる主要な部位は，海馬，乳頭体，扁桃核（扁桃体），帯状回，透明中核などである（図 1 参照）．しかし，辺縁系の厳密な境界は確定していない．学者によっては，嗅脳（嗅球），海馬傍回，およびその他の隣接領域を辺縁系の一部と考えていることもある．

　McLean (1970) は，進化論的観点から，三つの部分から構成される——三位

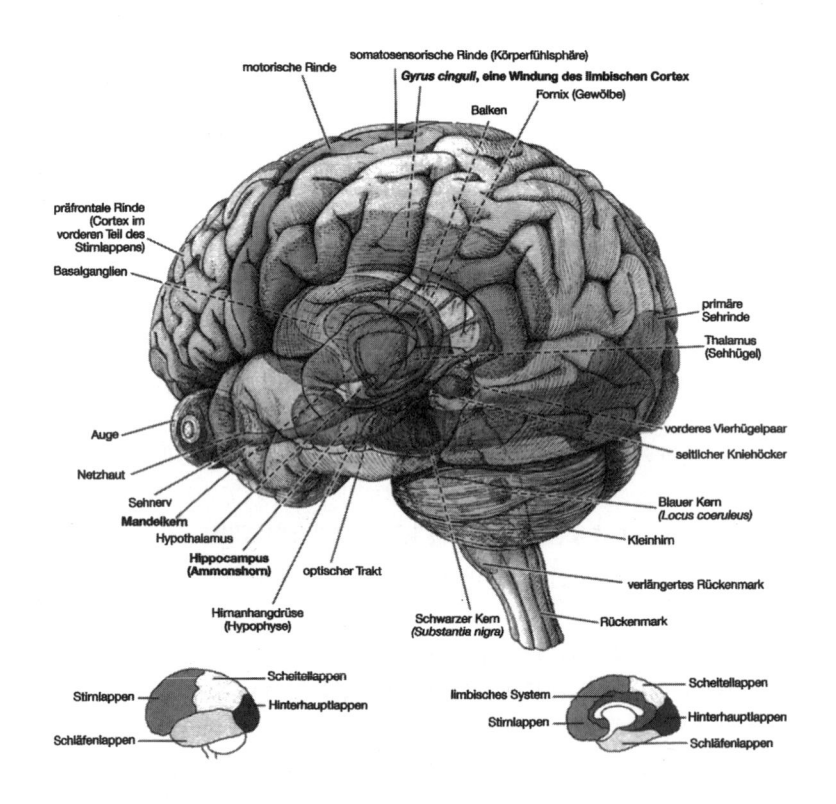

◉ 第2章 感情論理の基本概念．その根本公理，生物学的基盤，定義，現象について

図1：脳内の辺縁系の位置
（矢状断面図は「学問のスペクトル」（Ciompi 1993a）より）
（上，左から）運動野，体性感覚野，帯状回（辺縁皮質に属する脳回の一つ），脳梁，脳弓
（左，上から）前頭前野（前頭葉の前部），基底核，眼，網膜，視神経，扁桃核，視床下部，海馬（アンモン角），脳下垂体，視索，黒質
（右，上から）一次視覚領，視床，四丘体前部，外側膝状体，青斑核，小脳，延髄，脊髄
（下左図，左上，左下，右上，右下）前頭葉，側頭葉，頭頂葉，後頭葉
（下右図，左上，左下，右上，右中，右下）辺縁系，前頭葉，頭頂葉，後頭葉，側頭葉

一体の――「霊長類の脳」の中心をなすものが，感情制御を行うこの辺縁系すなわち「下等哺乳類脳」であると考えた．霊長類の脳はこのほかに，身体の基本機能や本能行動を担当する古い「爬虫類脳」と，高度に分化した認知機能を

可能にするはるかに新しい「高等哺乳類脳」から構成されている．最近の論文 (1993) の中で彼は，この三重構造を，玉ねぎの皮にも似た「フラクタル生物学」と明確に結びつけさえしている．この見方からすると——感情論理の構想とも完全に一致して——情動制御という機能は，かたや認知的・精神的機能の極と，かたや感覚運動性の身体的機能の極という，対立する二つの極の間の中間位置あるいは媒介的ポジションを占めていることになる．

しかしながら，このような「三位一体の脳」という図式的な考え方は，「辺縁系」そのものが明確な境界を持っているという想定とともに，かなり激しい攻撃を浴びることとなった．とりわけ，霊長類ばかりでなく爬虫類や下等哺乳類も，かなり高度に発達した認知システムを有しているではないか，という指摘がなされている．さらに，感情機能と認知機能の結合は，当初仮定されていたよりずっと広範囲におよんでいるらしいということもわかってきた．最近の研究成果によれば，情動プロセスは辺縁系に局在するのではなく，脳幹や視床下部から辺縁・傍辺縁系を経由してさらにずっと上位の（特に右の）前頭前野にまでおよぶ非常に広い領域が情動に関わっているとされている．また他方で，辺縁系の各部位が重要な認知機能に関与していることも明らかになっている (Derryberry u. Tucker 1992; Borod 1992; Schore 1994)．またさらに，今日のこの分野における指導的な研究者のひとりである Joseph LeDoux のさらに先を行く見解によれば，感情を制御するネットワークは非常に複雑なのでその実態はまだよくわかっておらず，このネットワークに属することが確かめられているのは扁桃核——10以上の下位領域から成る神経細胞の集合体——だけであり，また海馬や乳頭体のようにこれまで「情動に関与する」と考えられてきた辺縁系内のいくつかの部位は，どちらかといえばむしろ認知機能，とりわけ特定の記憶作業に携わっているのだという (LeDoux 1993)．ちなみに，感情成分があらゆる記憶作業において——したがって，人格全体の形成においても——きわめて重要な役割を果たしているということは，すでに数十年前にも Magda Arnold の行った損傷実験によって推測されていた．彼女は「感情的記憶」という独自の概念を用いている (1960, 1970)．

感情と認知の円環的な相互作用は，上行性および下行性連合線維からなる緻密なシステムによって成立する．これらの連合線維によって扁桃核は，高次精神機能の座と見做される前頭前野だけではなく，感覚刺激の最も重要な中継点である視床とも密接に結びついているのである．脳に入力されるすべての感覚刺激に扁桃核がポジティヴまたはネガティヴな情動的色彩を付与するという

● 第2章 感情論理の基本概念．その根本公理，生物学的基盤，定義，現象について

ことは，今日ほぼ確実であると見做されている．情動の生成と制御をつかさどる扁桃核領域は，大脳皮質の運動野とも，また直接隣接する視床下部・下垂体のホルモン制御中枢とも連絡があり，これらを介して自律神経系にも影響を与え，したがって内部臓器のすべてに対しても影響をおよぼしている．感情論理は，感情機能と認知機能の間の，そしてまた感情を伴う気分と感覚機能や精神運動機能を含む「末梢身体」との間の，密接な相互作用を仮定しているが，これらの神経生物学的研究の成果によって，この仮定を支持するあらゆる前提が解剖学的にも機能的にも実証されていることになる．

さらに，感情が認知よりも先にあるか否かという心理学者たちの長年にわたる論争（後述）と関連して特に興味深いことであるが，感覚刺激は，視床から大脳皮質を迂回して扁桃核へ達するばかりでなく，視床から皮質下の直接のルートを通って扁桃核へ達することもでき，したがって新皮質がまったく関与することなしに感覚刺激は情動反応を誘発しうるということがわかっている．LeDoux (1989, 1993) は，彼自身が発見したこの直接ルートによる連絡を，一種の早期警告システムと考えている．このシステムは，緊急の場合，たとえば危険が突然生じたような場合に，意識上での反省といった時間のかかる手続きを経ずに，適切な行動がとれるようにしているものと考えられている．一瞬の間に生じた驚愕反応や不安反応が，視床から大脳皮質までの長い経路を通って，やがて意識的認知的な制御と処理を受けるのだとしても，それはあくまで次の段階でのことだということになる．

感情論理の構想において大きな役割を演じているもう一つの基本的な神経生物学的現象は，「ニューロンの可塑性（神経可塑性）」と呼ばれている現象である．これは，ニューロンが頻繁に興奮（活性化）すればするほど，興奮が伝達されやすくなる，という事実を指している．この現象を支えているのは，いわゆる「シナプスの長期増強」と，機能に応じたニューロン枝の新生（樹状突起の成長）という二つのメカニズムである．こうしてニューロンのネットワークは，実際に，「道路網」と同じ特性を示すことになる．つまり，使用（通行）されることによって道がきりひらかれるように，ニューロンも使用されることによって接続が強化され，その経路も変わるのである．過去の体験は，この経路の構造の中に凝縮して貯えられている．言い換えれば，完成したニューロン接続の微細構造そのものが，本来の「記憶」なのである．記憶というものは，当初予想されていたように，脳の中のどこかの固有の「記憶中枢」に局在するものではなく，むしろ脳のほとんど全体に分かれて存在するものだということになる．

Kapitel 2

　この神経可塑性という現象があるからこそ，感覚・運動性および認知的過程は，活動を繰り返すことによって，それらにふさわしい感情成分や内分泌性および自律神経性成分と結びつき，その結果として，機能的に統合されたニューロンの連合システムが形成されることになる．これは，すでに述べたように，実験上の条件反射（たとえば，特定の行動様式と，罰に対する不安や報酬に対する期待とが結びつき，その結合が維持されるというかたちでの条件反射）の観察でも，ずっと以前から確認されてきた事実である．しかし条件反射より複雑な学習過程——効果的な教育方法とされているようなものも含めて——も，また例外なく，この神経可塑性の現象に基盤を置いている．日常的な思考や行動の大部分は，（神経可塑性に基づいて形成される）この種の感情・認知・感覚運動間の連合体によって制約され，方向づけされている．

　特定の感情による特徴づけを伴う典型的な「感覚・思考・行動」プログラムの一部は，次に紹介するようないくつかの「感情特異的上位ニューロン機能システム」と対応しているのかもしれない．これらのシステムは，まだいくつかしか知られていない．しかしそうしたニューロン機能システムは，情動，認知，感覚・運動性，内分泌・自律神経機能の各成分を統合しているものと考えられる．先天的な素因を基盤として，神経可塑性のメカニズムによって経験の積み重ねとともに分化していくこのようなシステムは，次章でさらに分析するような，思考および行動に対する感情の「組織化と統合の作用」を証明する印象的な実例とも言える．そのような統合機能システムの例として1970年代からすでに知られていたものに，いわゆる「報酬システム（報酬系）」がある．これは，ラット（ネズミの一種）を使った実験によって発見された．ラットの脳に電極を埋め込み，そのラットがボタンを押すと脳の特定の部位が電気的に刺激されるようにした．電極は，強い快感を引き起こすと想定される部位に埋め込むようにした．辺縁系と前脳の間の重要な連絡路である内側前脳束という部位に電極を埋め込んだとき，そのラットはボタンを押すのに夢中になり，何日にもわたって生存に必要な活動さえ——食物や水分の摂取，睡眠，さらには性行動までも——怠るようになった．その部位の隣に位置する領域が刺激されるようにした場合も，それほど極端ではないにせよ，同様の結果が得られた．この「報酬システム」は，解剖学的に見ると，前頭前野から脳の下面に沿って視床下部や辺縁系を経由し脳幹にまで広がっている．ヒトの脳についての今日の見解によれば，この報酬システムに含まれている（特に右半球の）前頭前野には，階層的に最も高次の感情制御の機能が局在すると言われている (Routtenberg

1978).

　すでにかなりはっきりと存在が確認されている感情特異的機能システムのもう一つの例は，いわゆる「恐怖・不安」システム（恐怖不安系）である．このシステムの最も重要な中枢もやはり扁桃核であると考えられる．扁桃核から，このシステムに関与する連合路が，自律神経系，内分泌系，感覚運動系の中枢へとつながっている．刺激実験や損傷実験の結果，このシステムを介して，不安の感情が誘発されるだけでなく，その不安の程度と比例して全般的な——ほとんどすべての——身体機能の変調が起こってくることも明らかになっている．またその際，覚醒度と感覚器官の感受性とが高められることによって，感情の変化に応じて知覚全体もやはり変化するという (Davis 1992; LeDoux 1994).

　今述べてきた報酬システムと恐怖・不安システムのほかにも，いくつかの感情特異的機能システムが存在するということが推測されているが，これらについてまだ詳しい研究がなされているわけではない．「好奇心・関心」システムや「怒り・憤まん」システム，さらにはおそらく「悲哀・抑うつ」システムというものも，存在するらしい．たとえばミュンヒェンの Ploog らの研究グループは，「どくろ小猿」——その豊富な声のレパートリーから「さえずり小猿」と呼んだ方がよいのではないかと彼らは言っている——を使って次のことを証明した．すなわち，このサルが，発声のしかたやその他の行動から推測される興奮，抑うつ，攻撃，不安のうちのいずれの基本気分にあるかに応じて，それぞれはっきりと異なる脳内のシステム——いずれも前頭葉から辺縁系・視床下部領域を経て脳幹におよぶシステム——が活性化しているということである (Ploog 1989, 1992; ほかに Panksepp 1992, 1993; Gainotti 1989 も参照). これらのシステムのほかに，アメリカの神経心理学者 Panksepp は，「遺棄（見捨てられ）・パニック」システムというものを取り上げ，これを「不安・逃走」システムとは区別すべきだと考えている．この遺棄・パニック系は，たとえば母親から引き離された乳児が泣き声をあげるような場合に賦活されていると考えられている．このほか Panksepp は，「遊びシステム（遊戯系）」というものも独立に存在すると推測しており，これが脳の成長を促し，大人になってからのさまざまな能力にも大きな影響を与えるものであるという (1991).

　このことと関連して注目されるのは，最近アメリカの精神分析家 Allan N. Schore (1994) が出版した，早期母子関係の神経生物学的基礎についての浩瀚な概説書である．この本では，さまざまな観察事実をもとにして，主として生後12ヶ月目から18ヶ月目の間の臨界発達期に進行する辺縁系・前頭葉間を結

ぶ神経路の成熟は，母子間のポジティヴな情動的基本気分によって決定的に促進されるということが推論されている．この促進効果は，快感を誘起するエンドルフィンという体内アヘンによって仲介される．エンドルフィンはドーパミン作動性神経線維の成長を促進するとも言われている．子どもにとっては，外界からの促進的または抑制的な影響は，母親（またはそれに代わってその子と継続的に深く関わる人）を介してそのまま中枢神経系（脳）に伝達される．つまり，母親は子どもにとって，言わば，外界の作用と生物学的基体（脳）との間をつなぐ，もう一つの――ただし自分の外側に位置する――「媒体（メディエイター）」として機能しているのである．ところで，感情・認知の相互作用は一生にわたってこの辺縁系・前頭葉間の神経路を通じてなされることになる．したがって，早期母子関係が，その後の感情制御と人格構造にとって――すなわち精神分析的な意味での「自己」にとって――決定的に重要なものであるという，以前からあった推論が正しいことが，今紹介した知見によっても確認されるのである．これとまったく同様の結論がすでに 20 ～ 30 年も前に，幼児期の母子間の結合プロセスあるいは自律化プロセスに関する Margaret Mahler (1968) と John Bowlby (1973) の臨床的観察によって導かれていた．これは後に精神分析がいわゆる対象関係心理学へと発展していく一つの重要な基盤ともなった．実にさまざまな手法によって得られたその他の研究成果もまた，Schore によって導かれた結論と多くの点で一致している．その中には，Mesulam と Geschwind が展開した，大脳右半球に基礎を持つ自己価値システムの発生という構想（Schore 1994, p.542 参照）や，最近 Maturana と Verden-Zöller が報告した幼児期の母子間の愛情と遊戯の根本的意味についての観察 (1993) が含まれる．

　先に述べたように快感はエンドルフィンと関連しているが，他のいくつかの感情も特定の神経伝達物質との間に，ある程度特異的な関係を持っている．たとえば不安はドーパミンと，攻撃性はエピネフリンおよびノルエピネフリンと，抑うつはセロトニンと，それぞれ関連する．さまざまな感情状態は，広い脳領域の化学的「状態／気分 Stimmung」に，疑いなく対応している．しかしながら，さまざまな感情および感情システム（系）の神経化学的機構は，今述べたような単純な対応関係で私たちが推測しているようなものよりも，明らかにずっと複雑である．たとえばこの 5 年から 10 年の間に，先に挙げた生体アミンや体内アヘンに加えて，一方では，グルタミン酸やガンマアミノ酪酸（GABA）といった単純な構造のアミノ酸が，他方では，より複雑な構造を持つ数え切れ

● 第 2 章 感情論理の基本概念，その根本公理，生物学的基盤，定義，現象について

ないほどのニューロペプタイド（インシュリン，成長ホルモン，副腎皮質刺激ホルモン（ACTH），オキシトシン，ヴァソプレッシン，テストステロン，エストロゲンなど，主として下垂体や副腎皮質から分泌されるよく知られたホルモンが含まれる）が，情動のあり方に対して，多様な——互いに拮抗したり，互いに重複したりすることもある——作用を持っているということがしだいに明らかになってきた．目下のところ，ニューロペプタイドが特に活発な研究の対象になっている (Panksepp 1991, 1993)．

　感情論理の構想にとって重要な意味を持つものとして，さらに，感情現象や認知現象と脳の電気信号（脳波）との対応に関する最近の知見がある．1989 年，ボンの Wielant Machleidt らの研究グループは，スペクトル脳波という方法で五つの基本（基底）感情 Grundgefühle / Basisgefühle と呼ばれるもの——すなわち，関心（あるいは「飢餓」，「欲望」），不安，怒り，悲しみ，喜び——を同定することにはじめて成功した (Machleidt et al. 1989; Machleidt 1992)．その他の感情状態も，ある程度まで，これらの要素的基本感情の混合と見られる．さらに Machleidt によると，臨床的および神経生理学的観察事実から見て，これらの基底感情は，新たな「事象（出来事）」（生物学的あるいは知覚心理学的な意味で）が生じるたびに，今挙げた順番で交代に現れる傾向を持っているという (Machleidt et al. 1989, 1992, 1994)．Machleidt が「感情の螺旋（スパイラル）」と名づけるこの規則性は，以下のように考えてみればもっともなことだとわかる．すなわち，未知の対象に出会った際にはまず関心，驚き，好奇心といった注意反応が生じ，次に不安になって慎重に後ずさりし，続いて攻撃的につかみかかったり立ち向かったりし，さらに続いてその対象を（「嘆き悲しみつつ」）手放し，そして最後に別の新たな「出来事」への始点としてのリラックスした状態が現れるものであるということを考えてみればよい．このような基本力動の想定は，少なくとも人間の感情の動きを描写するにはあまりに図式的すぎると言えるだろう．しかし Machleidt によれば，それぞれの感情成分が重なり合ったり，互いに強調し合ったり，あるいは互いに弱め合ったりすることによって，こうした基本力動が多様なしかたでさらに分化していくのであるという．

　今述べたような脳波所見がさらに大規模に追試され，その正しさが証明されるのであれば，近い将来，感情状態を従来よりも信頼に足るかたちで客観的に捉えられるようになるだけでなく，感情と認知の相互作用もまた脳波を使って正確に研究できるようになるだろう．というのも，認知現象の方は，すでにかなり以前からスペクトル脳波を用いて研究されているからである．こうした研

究の成果の中で私たちにとって特に重要だと思われるのは,「状態特異的」と呼ばれている情報処理のあり方を示唆する実験結果である.状態特異的な情報処理とは,情報処理のモードがその時点での脳の全体的な機能状態に応じて切り替わることを指している.たとえばベルンの Martha Koukkou とチューリヒの Dieter Lehmann は,覚醒状態,睡眠状態,夢を見ている状態,精神病状態,催眠状態,薬物の影響下にある状態のそれぞれにおいて,認知情報の記憶(記銘)や想起が有意に変化することを証明した.おもしろいことに,ある機能状態(たとえば覚醒状態)で記憶された情報は,同じ状態またはそれより未分化の状態(たとえば夢を見ている状態や催眠によるトランス状態)では自由に引き出して使うことができるのだが,逆に後者の状態で記憶された情報は普通の状態ではまったく,あるいはほとんど,取り出せないのだという.Koukkou と Lehmann は,この結果に基づいて,特定の記憶装置は,そのときの状態に応じて(つまり状態特異的に)アクセス可能になったりアクセスできなくなったりするという一種の脳機能モデルを提唱している (Overton 1964; Koukkou et al. 1983, 1986; Koukkou 1987).多くの研究結果——先に紹介した基本感情に関する脳波所見も含めて——によって,個々の感情状態が,それぞれ異なる(全体的な)意識状態ないし脳の機能状態に対応していることもわかっているので,彼らの提唱したモデルが,「感情・認知」力動の問題にも深い関わりを持つことはほぼ明らかである.たとえば,同種の感情の下では——たとえば,怒っているとき,抑うつ気分にあるとき,あるいは躁の興奮状態にあるときなどに——いつでも同じような認知的内容が想起されることが多いが,それはなぜなのかということを,このモデルで説明することができる.さらに,「状態依存性」の思考内容が存在するということは,感情特異的に思考のあり方(考え方,思考様式)が変化するということとも密接に関係する.私たちは次の章で,このような感情特異的な思考様式のヴァリエイションを,不安論理,怒り論理,悲しみ論理,喜び論理,愛情論理といった名前で整理しながら,検討していくことになる.なお,私たち精神科医は,反復的に精神病状態に陥るような患者では,そのたびに同一の妄想観念が出現することが多いということを知っているが,この事実も,今ここで述べてきたことと深く関係している.

最後に,脳の電気生理学的過程の同時性あるいは同期現象(シンクロニシティ)に関連した最近の脳波研究を取り上げることにするが,これは,感情論理の構想にとっても大きな意味を持つものとなる可能性がある.これらの研究によれば,脳において外界を「代理するもの」(つまり「表象」)も,それと関

● 第2章　感情論理の基本概念．その根本公理，生物学的基盤，定義，現象について

連する認知的な情報処理過程も，脳波上に一瞬出現する特異的なパターンを示す波形と対応しているという．この波形は，複数の誘導部位で同時に出現する．このように，複数の脳領域の機能的カップリングは，脳波上で興奮の同時性として捉えられる．その際，カップリングの強度に応じて，カップリングした部位の脳波の周波数が上昇することも知られている (Searle 1990; Wiedling et al. 1991; Singer 1993)．このようにして史上はじめて，注意，学習，心像，表象といった複雑な心理現象と厳密に対応する脳内の神経生物学的事象を観測しうることが示されたのである．しかも，ここで観察されたことは，いわゆるコネクショニズムの立場をとる研究者によって人工的なニューラルネットワークを使ってなされたコンピューター上のシミュレイションとも，驚くほどよく一致している．前もって形成された神経回路上で観測されるこうした活動パターンは，感情，認知，感覚・運動，自律神経・内分泌の各成分が統合されたかたちで作動することによって構築される．このようなパターンを機能的な面から捉えたものが，私たちのいう「感情・認知」的照合システム，あるいは「感覚・思考・行動」プログラムであると言ってもよいだろう．すでに述べたように，私たちの感情論理の構想では，こうしたシステムあるいはプログラムこそが「心の礎石」の実質であると考えられている．さらに興味深いことに，シンクロニシティ（同期，同調，共時性）は，当然ながら，コーディネイション（調整，共同，協調）という現象と緊密な関係にある．Piaget は，あらゆる知的精神的構造物の成立の過程でこの現象が中心的な役割を演じていると考えていた．コーディネイションとは，発達段階の早期には感覚・運動性の諸過程が，後には精神的な諸過程が，相互に調整されて，協調的に作動するようになることを意味している．もう一つ私たちの興味をひくのは，カオス理論においてもシンクロニシティということが問題になっているということである．第4章で見るように，カオス理論では，それまでまったく結びつきのなかった現象の間に，突然にシナジー（共働）が発生することを問題にする．Haken によれば，シナジーとは，ある全体的な力動的（力学的）機能パターンが突然に別のパターンへと反転することである．以上のことから見て，ここで述べたような方法による精神活動についての研究がさらに進んでいけば，私たちの構想の支えとなるような重要な発見が相次いでなされるのではないかという期待もふくらんでくる．これは仮定の話にすぎないが，たとえば，特定の神経細胞群の興奮の同期化によって何らかの感情が生成されている——それが言い過ぎなら，細胞群の同期化によって感情の特徴づけがなされている——といったことも，ありえないことでは

ないのである．

　この節で述べてきたこと全体を見渡して，今日では感情論理の主要な見解のほとんどすべてが神経生物学的な根拠を持っているのだと主張することは，少なくとも誇張とは言えない．その感情論理の主要な見解とは，まず，感情により統合された「感覚・思考・行動」システムを想定して，その中で感情現象と認知現象が例外なく相互に浸透しあっていると考えることであり，次に，神経回路の構築と「感情・認知」的経験の記憶（記銘）とがともに活動それ自体によって成立していると見做すことであり，さらには，状態依存的な情報処理やニューロンのパターン形成という概念で現象を捉えることであった．ここで触れることのできなかった基礎的生物学的な研究成果は，第 4 章で「感情・認知」力動のカオス論的側面について検討する際にさらに紹介していくことになるが，それらの研究結果もまた感情論理の構想の正しさを確認するものである．これに対して，感情論理の構想と矛盾するような知見には，私たちはこれまでまだ出会ったことがない．ただし，今述べていることは，もちろん，大まかに見てそうなっているというだけの話である．個々の細かな点については，依然として無数の疑問点が残っている．そうした疑問は，一方では，心理現象を捉えるということに必然的に伴う不確実さと関連しており，他方では，進歩が著しいとはいえ，すべての研究領域のうちで疑いなく最も複合的なこの神経生物学において，これまでに明らかになったことは依然として非常に限られているという事情と関連している．

感情，感触，情動，気分とは何か？　定義の混乱とその解消

　感情論理の構想をさらに深く検討していく前に，感情という概念，さらに思考や論理という概念の定義を明らかにしておく必要がある．なぜなら，これらの用語やその多数のヴァリエイションは，文献の中で，とても統一的とは言いがたいかたちで使われているからである．たしかに，こうしたまさに中心的な基本概念の場合には，多数の種々の——場合によっては互いに矛盾するような——意味内容を持つこと自体が，「意味のある」ことなのかもしれない．というのも，前の章で議論した真理の多元性（複数性）ということから考えてみても，意味内容が多数あるということは，今ここで問題にしている現象の複雑さの一つの表れとして理解することができるからである．しかし同時に，多様な意味内容の背後に，より高い理解水準において，本質的な共通性を追求するこ

● 第 2 章　感情論理の基本概念．その根本公理，生物学的基盤，定義，現象について

とは，やはり「意味のある」ことなのである．

　感情 Affekte という概念は，文献の中で，感触（感情）Gefühle，情動 Emotionen，気分 Stimmungen，機嫌 Launen，情緒 Gemütsbewegungen といった，やはり統一的には定義されていない他の表現と，あるときは同義に，あるときは異なる意味で，使われている．日常的に使われる「感じ（感触／感情）Gefühl」という語は，主観的身体体験や直観と近い位置にある．これに対して，「情動 Emotion」（「動き」という意味のラテン語 motio から派生）という語──奇しくも Descartes によって当時の学問に導入されたという──ではむしろ，動力（エネルギー）とか動機（モティヴェイション）という側面が強調されている．互いに明瞭には境界づけできないこれらの現象すべてに共通しているのは，これらの全現象が，中枢神経レヴェルでも，末梢身体・自律神経レヴェルや感覚運動・表出心理学的レヴェルでも，そして（少なくとも人間では）たいていの場合は主観的レヴェルでも，同時に出現するということである．こうしたことから見ても，ここに挙げたすべての概念の背後に，表現形態は非常に多様であるが，その本質はかなり単一的で全体的な心理生物学的基本現象が存在するということが示唆される．比較行動研究の手法によって，感情に類似した現象は下等な動物においてもなお観察することができるということが確認されている．さらに，少なくともいわゆる基本感情（後述）というものは，Darwin もすでに認識していたように，疑いなく先天的なものであり，文化にかかわらず原則的に同一である．文化によってヴァリエイションはあるだろうが，Ekman のこの分野での研究によれば，このことは感情の表出にも当てはまる．言語の普遍特性とのアナロジーで，「情動の普遍特性」という言い方もできるだろう（Darwin 1965 [1872]，さらに Tinbergen 1951, 1973; Bowlby 1973; Seligman et al. 1971; Ekman 1984, 1989 を参照）．特に高等霊長類では，感情表出はすでに人間ときわめて類似したかたちで認められる．また，動物好きの人ならよく知っているように，人間と動物（下等な哺乳類や鳥類であっても）との間のコミュニケイションにおいて，感情は驚くほどよく互いに理解されている．

　精神力動的な方向性を持った学者は，たいてい，感情現象の主観的あるいは対人関係的側面に注目し，これに対して行動学や神経生物学の研究者は，むしろ，感情現象の客観化可能な表出心理学的，精神生理学的，中枢神経的側面に関心を抱く．この後者の研究領域においても，感情を定義するクライテリア──現象形態，意味合い，持続時間，意識されやすさ，成因などの基準──が絶え間なく変更されるため，混乱ばかりが目立ち，明確な定義にはほど遠い．

たとえば神経生理学の研究などでは，情動の概念は，わずか数秒の持続というように時間的にはっきりと区切られた事象に限定されることがよくある（たとえば，Ekman 1984 を参照）．しかし別の見方をする学者は，持続時間を問題にしないし，強度についてさえ無視している場合もある．持続がかなり長く，心身全体に関わり，かつ方向づけのはっきしないもの（最後の点で感情や情動と異なる）は，気分（調子）Stimmung，気分性 Gestimmtheit，あるいは基本情態性 Grundbefindlichkeit などと呼ばれることが多い（「気分は，いかなる特定の対象も持たず，他の心理活動がすべてそこから発展するような支えであり基底である」と，Bollnow は「気分の本質」を論じた著書の中で述べている［1956, p.54］．また Ekman 1984 も参照）．しかし気分についても，一致した見解はない．持続時間の基準もないし，気分がつねに意識されているのか，逆に，意識されないことが多いのか，あるいはまったく意識されないのか，という問題についても明確になっていない．「方向づけが無い」というクライテリアを使ってみても，気分を感情から明確に区別することはやはりできない．Bollnow (1956, p.51) 自身，たとえば敬虔，荘厳，厳粛を典型的気分として報告しているのだが，それらもつねに，文化的特徴を備えた（たとえば宗教的な）特定の内容や状況に「向けられている」ものである．また，一見「方向づけが無い」と見えるような基本気分や基本情態性も，結局はつねに何らかの認知対象（自分自身，自己身体，周囲の自然，世界全体）に結びついてはじめて認識でき，体験できるようになるということも考えておくべきである．

　感情や情動の定義をめぐるあらゆる種類のこうした不明瞭さが積み重なった当然の結果と言うべきだろうか，Kleinginna らは 1981 年に書いた情動の概念についての総説の中で，専門文献中に 92 もの異なる定義や解釈が見いだされたと述べている．彼らはこの結果に基づいて，主要な特徴によって，情動を 11 の（かなり重複した）カテゴリーに分類することを提案している．それぞれの特徴は，主観的，感情的，認知的，外部刺激に向けられた，精神生理学的，表現的，適応的，破壊的，制限的，動機的，混合的，とされている．しかし，彼らがたとえば「情動の持つ特異的に感情的な特徴」と呼んでいるものが何なのかということは——この種の論文ではよくあることだが——結局説明されていない．彼らが最終的に提案した情動の定義は，今述べた 11 の特徴をほとんど列記しただけのものにすぎない．次に引用しておく（ドイツ語訳は Euler und Mandl［1983］による．ちなみに，ここでの Euler と Mandl も，Kleinginna und Kleinginna［1981］の分類をそのまま受け継いでいるだけで，定義をより明

● 第 2 章　感情論理の基本概念．その根本公理，生物学的基盤，定義，現象について

確にできたわけではない）：

> 「情動とは，神経／内分泌系によって媒介される，主観的因子と客観的因子との複合的な相互作用組織であり，それは，（a）興奮や快／不快の感情という感情的経験をもたらすことができ，（b）情動と関連する知覚効果，価値づけ，分類プロセスといった認知的過程を呼び起こすことができ，（c）興奮誘発的な条件に対する広い生理学的適応を作動せしめることができ，（d）しばしば表情的，目的志向的，適応的な行動へといたらしめることができるものである．」

同じような情動の細かい分類の試みは，Plutchik (1980)（全部で 28 のカテゴリー）やその他の研究者にも見られる．「情動」，あるいは単に「気分 Stimmung / mood」と呼ばれるべきものが何なのか，両者の区別に意味があるのか，意味があるとすれば両者の間にどのように境界線を引けばよいのか，といった問題での研究者間の対立は著しい．たとえば，長年にわたり認知・情動研究をリードしてきたアメリカの Lazarus (1991b) は，不安，怒り，罪責感，羞恥，嫌悪，羨望，嫉妬，喜びのほか，自負，感謝，愛情をも情動に含めているが，しかし悲しみ，抑うつ，躁的な誇大感および興奮は情動ではなく，気分であるとしている．そうしておきながら，「これらの気分も当然，情動的である」と述べてもいる．同時に Lazarus は，認知的価値づけ（アプレイゼル appraisel）が先立たないところに情動は生じえない，という主張を頑固に守り続けているが，他の数多くの研究者はやはり頑固に，それ以外の（たとえば，内分泌的，神経的，薬理学的，生体電気的）誘発メカニズムも存在することを主張して譲ろうとはしない (Zajonc 1980, 1984; Leventhal und Scherer 1987; Izard 1993a)．何年にもわたって，Lazarus, Zajonc をはじめとする情動研究者や認知研究者の間で公けに行われてきた論争，すなわち「感情・認知」相互作用において，情動が先か，認知が先か，という問題についての論争は，非常に興味深くはあったが，実は今述べたような問題の周囲をぐるぐると巡っていただけであり，結局いかなる実質的な解明を導き出すこともなかった (Zajonc 1980, 1984; Lazarus 1981, 1982, 1991; Izard 1992; Murphy et al. 1993)．こうしたひどい混乱にさらに拍車をかけているのは，誰からも受け入れられるような上位概念が存在しないということである．感情が上位概念であって，情動は感情のサブタイプであると考えている研究者もいれば，まったく正反対に考えている研究者もいる．ほとんどすべての研究者の見解が一致しているのはただ一点だけで，それは，こ

の数十年間，専門領域間のみならず各専門領域の内部でも，定義上の不一致による嘆かわしい混乱が支配しているという認識なのである．このため研究者の中には，情動とか感情といった概念をそっくり放棄した方がよいとまで主張する者もいる．

　たしかに感情という現象はきわめて多様なものであるが，しかし誰でも自分の経験からそれがどのようなものであるかは知っているし，学者でなくてもそれが何らかの単一性や全体性を持ったものであることぐらいは理解している．そればかりでなく，この現象の本質をなすものが何かということさえ，もともと私たちにはかなり明白にわかっているはずなのだとも言えるだろう．そうであるにもかかわらず，専門の学者たちが，この現象の明確な定義になかなか達することができないというのは，いったいどうしてなのだろうか？ 前の章で述べたように，私たちの西洋文化は，定義上の差異や境界づけを過度に強調し，ものごとの共通点や連続的移行を無視してしまう傾向を持っており，これが認識を妨げるように作用することがある．先ほど紹介したKleinginnaらの総説のうちに表面化している異様なほどの細分化にも，こうした文化的傾向の悪しき面がはっきりと見て取れる．もう一つの重要な要因として，この数十年間の主流派の心理学においては，生物学的・発達史的な観点から感情現象が研究されることがなかったという点も挙げておかなければならない．しかし，私の見るところでは，感情現象と認知現象がその本質において根本的に異なるものであるということ——このことは以下の議論の中でしだいに明らかになるはずである——が，十分明確に理解されていないという事実にこそ，中心問題があるように思われる．この二つの現象の根本的な差異が捉えられていないので，その二つの領域の間の境界線もそれぞれの研究者によってまったく恣意的に引かれることになる．こうして，当然のことながら，感情現象と認知現象は，いつも混同されたり取り違えられたりするということになってしまうのである．たとえば，情動そのものにも認知成分が含まれているというようなことが研究者たちによって議論されており，このことは情動と認知が機能的に緊密に共同して作用しているという私たちの見方からすれば当然のことでもあるのだが，しかし（定義の混乱があるために）情動と認知はいかなるものであり両者の相互作用はいかなるものであるかということを理解する方向に彼らの議論が進んでいくことは決してないのである．実例を挙げるなら，最近Izardが情動を動機（モティヴェイション）と同一視してかまわないという意見を述べている——こういうことは以前にも主張されたことがある——が，このことによって，動機と

● 第2章 感情論理の基本概念，その根本公理，生物学的基盤，定義，現象について

いう典型的な「感情・認知」混合現象（動機づけられているということは，ある特定の観念や企図や活動といったものに対してポジティヴな感情を抱いているということにほかならない）の中に含まれている純粋に認知的な構成成分がむしろ覆い隠されてしまうことになるのである（たとえば，Euler u. Mandl 1983; Izard 1993a）．

　これとは逆に，プラグマティックな立場をとる神経科学の研究者たちは，数年前からしだいに，私と同様の見方をとるようになってきている（たとえば，Panksepp 1991; Derryberry et al. 1992; Maturana et al. 1993）．すなわち，あらゆる感情現象を通じてつねに例外なく認められるものは，広範な身体的・心理的「調子／状態 Gestimmtheit」ないし「情態性 Befindlichkeit」なのであって，まさにこれを，感情現象の中核をなす共通点と見做すべきだという見方が徐々に広がりつつある．少なくとも私たちの感情論理の見方からすれば，これこそ感情現象の唯一の本質と言ってよいと思われる．この本質とは対照的に，その現象形態，意味合い，持続時間，意識されやすさ，契機といったものは，まさにいくらでもヴァリエイションがある．たとえば，感情的情態性は，（顔の表情や身ぶりのような）はっきりとした表出的性質を伴うこともあるし，またきわめて見えにくいかたちでしか（たとえば姿勢や筋肉の緊張といったかたちでしか）表出されないこともある．また持続についても，数分とか，場合によっては数秒しか続かないこともあれば，数時間から数日（メランコリーや躁のような病気による気分変調の場合には，数週間から何ヶ月にもわたって）持続することもある．さらにまた，感情は，明確に意識されていることもあれば，ずっと意識されないままということもある．そしてまた，このような広範な感情状態は，きわめてさまざまな内的または外的な誘因によって引き起こされる可能性がある．この誘因には，言語的に伝えられた内容，思考内容，画像（イメージ），象徴のような典型的な認知的刺激も含まれるし，また，内因性または外因性の生化学・内分泌的，神経的な作用や，場合によっては，電気的，物理的な作用，薬剤によって引き起こされる作用による影響も含まれる．さらに，これらの誘因の間での多様な循環的相互作用も考慮に入れておくべきである．このような観点から見ると，情動が先か，認知が先か，ということをめぐる先に紹介した論争は，見かけ上の問題にすぎないことになる．互いに密接に結びついた多くの要素からなる制御回路は，原理上，その構成部分のいずれからでも作動しはじめることができるからである．さまざまな研究者の報告している一見矛盾するような研究結果からまず第一に浮かび上がってくることも，私の見るところ，

まさにこのことにほかならないのである.

　結局，ここで重要なのは，先に述べた意味において「典型的に感情的なもの」として位置づけられるすべての現象は，狭義の心とならんで，身体全体（中枢神経つまり脳を含む）をも「内に含んでいる」——むしろ「触発している affizieren」と言うべきかもしれない——ということである．このことを基礎として，感情の包括的かつ明確な概念が生まれることになる．私たちは，これから一貫して，この概念を本書の議論の基礎に置くことにする．すなわち，私たちはここで感情を次のように定義することができるのである．

　「感情とは，内的または外的な刺激によって引き起こされる，さまざまな質や持続時間や意識されやすさを持った，全体的な心身の状態のことである.」

　当然のことであるが，このような定義は，権利上，「存在的実在 ontische Realität」たることを主張することはできない．それは，他のあらゆる定義と同様に，長所も欠点もある一つの構成物（つくりもの）であると考えておくべきである．それは，ありうる可能な定義の中から選び出されたものであるが，なぜそれが選ばれたかと言えば，それはこの定義が，他の定義よりも，私たちが取り組んでいる問題を解明するのに適していると思われるからにすぎないのである．今提案したこの定義は，現象の共通性に支えられており，その長所として，感情現象について——文献において，あるいは日常会話において——言われているような特徴のすべてを包括する簡潔にして明快な上位概念となっているということ，しかも認知的なものが一切そこに紛れ込んでいないということが挙げられる．さらに，ここに定義した感情と同質の現象は，すでに述べたように，かなり下等な動物においても観察することができるのであるから，この定義によって，進化論的見地から特に重要な——系統発生と個体発生の間の——概念的連続性がつくり出されることにもなる．つまり，この定義からすれば，動物でも人間でも，感情状態のプロトタイプとして，交感神経優位と副交感神経優位の二つの基本状態（大まかに言えば，緊張の強い状態と緊張のほぐれた状態とに相当する）を考えてもよいことになる．どちらの状態にも，それぞれに対応する内分泌系や行動特性の統御が認められる．交感神経優位の状態は，闘争や逃走などのいわゆる「作業向性 ergotrope」（エネルギー消費的）行動様式を示し，これとは逆に副交感神経優位の状態は，栄養摂取，性行動，哺育，睡眠などのいわゆる「栄養向性 trophotrope」（構築的，エネルギー保存的）行動様式を示す．ここで私たちが選んだ感情概念の，これ以外の進化論的側面については，またあとで検討することにしよう．

● 第2章 感情論理の基本概念，その根本公理，生物学的基盤，定義，現象について

　私たちの感情の定義のもう一つの長所は，このように定義された感情の概念が，すでにそのままで，あらゆる意味において「心身的（サイコソマティック）」な性格を備えているという点にある．私たちは，感情の心的成分，神経的成分，身体的成分は互いに切り離せないと考えている．ところで感情は，しばしば，本人には意識されていないのに，身体的な現象として表れているということがある．このことからも明らかなように，感情の本来の「器官（オルガン）」は，身体全体にほかならないと言ってよい．感情によって，ときに「身の毛がよだち」，ときに「胸がむかつき」，ときに「胸（心臓）が高鳴る」．また，筋肉が緊張したり，膝が震えたり，便をもらしたりもする．こうして，狭義の心身医学だけではなく，精神免疫学，生理学，一般生物学（生物学総論）といった重要な近接領域への，そしてとりわけ身体に焦点を当てる種々の精神療法への，有用な概念的な架け橋が築かれることになる．このような感情概念が，治療という実践に対していかなる明白な帰結を導くかということについては，本書の最後の方の章の中で検討することにする．

　私たちの感情の定義が比較的広いということは，研究の方法論という面から見て，当然ながら，短所ともなりうる．しかし，必要な場合には，より限定された亜群を特定すること（たとえば，「持続時間の短い，意識的な，特定の表情を伴う，これこれの性質の感情」といった限定を加えること）によって，この短所を最小にすることが可能である．しかも，上位概念である「感情 Affekt」の明確な定義がなされたからといって，その下位概念である「感触 Gefühl」（概ね，身体的に感知しうる意識的な感情を指す）や「情動」（概ね，ある感情状態から他の感情状態への短時間の移行状態を指す）や「気分」（概ね，長時間持続する，方向づけのない心身の情態性ないし準備性を指す）が——これらはたしかにあまり明確に定義されていないけれども——その価値を失ってしまうということはまったくない．情報科学でよくいわれている「ファジー論理」の例でもわかるように，不明確な概念を用いることは，境界づけがやはり困難なこみいった問題群の解決が目指されている場合には，ある程度の有利さをもたらすかもしれないのである．ちなみに，多くの研究が示しているように，今述べた感情の下位概念の本質的な側面と正確に対応するような神経生物学的パラメーターが発見され，利用されるようになるのも遠いことではないだろう．

　最後になるが，もう一つ方法論的な問題を挙げるとすれば，それは，ここで定義した意味での感情が，たとえば，意識障害，精神病状態，睡眠や眠気，空腹や渇きといった，他の広範な心身の情態性とかなり重なり合っているという

ことにあるのかもしれない．しかしこのことは，私たちの観点からすると決して不利なことではなく，まったく逆である．なぜなら，一方の感情現象と，他方の意識状態の全体的変化との間に実際に存在する密接な近縁性が，このことによって明確に見て取れるようになるからである．本書での私たちの議論が進むにつれて明らかになるように，感情状態とは，気づかれぬまま（閾下で）起こっている全体的な意識変化——これに伴って知覚や思考や行動もまた相応のかたちをとる——であるとも考えられる．また，そうであると考えなければならない必然性があるとも言える．

　こうして，私たちの感情定義から帰結する最後の，ある重要なことがらへと私たちは到達する．私たちの検討が進んでいくにつれて，このことがらは非常に重要な意義を持っているのだということが明らかになるはずである．そのことがらとは次のことを指す．すなわち，感情というものが——意識的なものであるにせよ，無意識的なものであるにせよ——広範な心身の状態ないし情態性であるとするならば，人は「つねに」何らかのしかたで感情的に気分づけられている（感情的な状態にある，感情の調子に従っている）はずだ，ということである．この状態／調子が，客観的または主観的に感じ取られる「情動」——先ほど述べたように，一つの感情状態から別の感情状態への移行の際に短時間だけ顕在化するものとしての情動——というかたちで表面化しているかどうかということは，ここではどうでもよいことである．ただしここで特に注意しておくべきなのは，日常的平均的な気分というものについてである．この日常的気分は，一見したところ感情を伴わないように見えるが，実は，緊張の比較的少ない中間的感情様態と見做されるべきものであり，これもやはり一つの特殊な感情状態なのである．この状態は，多くの場合ほとんど意識されないものであるからこそ，むしろ思考全体に対して重要な影響を与えている．このことについてはあとでまた検討することにする．ちなみに，すでにHeideggerは「現存在はそのつどすでにつねに気分づけられている」(1927, p.134. 引用はBollnow 1956, p.54 より) ということを彼の実存論的哲学の本質的な基盤としていた．他方，彼の弟子Bollnowは，本書のはじめのところですでに指摘したように，もっぱら実存的不安のみから出発するHeideggerの一方的な見方を批判しながらも，この引用にあるような基本認識を，あらゆる気分を包括する「哲学的人間学」の基礎として確立したのである．このことについてはこれからも何度か立ち戻って検討することになるだろう．もう一つ，きわめて重要なことがある．それは，人はつねにただ「一つ」の感情的基本気分のうちにしかいら

れない，という事実である．その基本気分が，微妙に混合したものであるように見えたり，過去の他の感情の記憶になお影響を受けているように見えたりすることはあっても，やはりこの事実は動かせない．私たちのように感情を全体的な心身の状態ないし情態性と定義しておけば，このことはすでに自明のこととも言える．一つの全体的な心身の状態は，別の全体的な心身の状態とは同時に存在するはずがないからである．心臓は速く打つか遅く打つかのどちらかであり，筋肉（あるいは特定の筋群）は緊張するか弛緩するかのどちらかであり，瞳孔は開いているか閉じているかのどちらかであり，皮膚や他の身体部位の血行は良いか悪いかのどちらかである．両方であるということはありえないのである．こうしたことから言えば，混合気分，気分の不安定，両価性などと呼ばれているものは，固有の色合いを持った（一つの）全体的な状態／調子であるか，あるいは（複数の）異なる気分状態の間の急速な交代であるかのいずれかであると考えられる．

　人がつねに，何らかのあり方において，感情的に気分づけられているという事実が，感情と認知の必然的な相互作用という点から出発している私たちの議論において，さまざまな重要な帰結をもたらすことは，言うまでもなく明らかである．特に，感情論理の構想をも含むようなある種の構成主義の立場にとって——つまり私たちの立場にとって——この帰結は決定的に重要である．しかし，感情と認知の相互作用についてさらに体系的に検討していく前に，認知という概念もまた，これまで以上に明確に定義しておく必要がある．

認知という概念について

　認知プロセスは，感情プロセスと比べて，ずっと捉えやすく，また測定もしやすいが，それでも認知の領域にもやはり依然としてかなりの定義上の混乱が存在する．一部の研究者は，「認知」という言葉が，最も単純な知覚や情報処理にはじまり最も高度な思考プロセスにいたるあらゆるもの，つまり文字通り「すべてのもの」を意味してしまうという事実を根拠にして，できることなら，認知という概念を完全に放棄した方がよいと考えている．このような主張が生じる原因は，感情の概念の場合とほとんど同じである．すなわち，情動成分と認知成分が明瞭に定義されていないために両者を混同してしまうこと，微細な相違を過大評価して根本的な共通点を軽視してしまうこと，生命の最も原初的な形態においても認められるような生物学的基本現象についてその進化論的起

Kapitel 2

源を十分考慮しようとしないこと，などである．

「認知 Kognition」という言葉のもともとの意味は，「認識／識別すること Erkennen」，すなわち，何かを何かであると見分けられることである．この意味で周囲の世界の何かを「認識する」ということは，すでに前の章で明らかにしたように，非常に単純な生物（有機体，オーガニズム）でさえも行えることである．そして実はこのことが，認知を定義する際に大きな困難が生じてしまう一つの要因なのである．すなわち，原始的な生物（オーガニズム）に認められるような「オーガニックな情報処理」と呼ばれるものとか，さらに極端な例としてはゲノムを通じてなされる分子レヴェルの情報処理といった，認識の原始的形態を，認知の定義の際に考慮に入れるべきかどうかという困難な問題が生じることになる．これに関して，Konrad Lorenz のように進化論的認識論の立場をとる研究者たちは，一般に生命というものを認識獲得と同義であると考え，生物学的な適応の最も単純な形態でさえ一種の「実在についての認知理論」（実在を認知する能力）として理解しているので，認識の原始的形態を認知に含めることを主張する．逆に，もっぱら人間の認識や思考のみに目を向けている研究者たちは，この主張に反対することが多い．たとえば，認知が先か情動が先かという前にも述べた長年の心理学者たちの論争の中で認知が先だという立場の急先鋒と目される Lazarus は，認知概念を広く捉えることによって，「区別し価値づけするようなあらゆる種類の評価（アプレイゼル appraisel）」を認知として位置づけながらも，Tinbergen のいう獲物捕獲反射 (Lazarus 1991; Tinbergen 1951) などのような先天的な反射メカニズムは認知から除外しようとしている．ただし，Lazarus のこの「アプレイゼル」という概念は，動機的な成分，つまり私たちの用語で言えば明らかに感情成分と見做すべきものをも含んでいる．また Izard は，この論争において Leventhal や Scherer とともに中間的な立場をとっており，認知が感情を誘発することはたしかにあるが，純粋な認知成分が一切関与することなしに神経系や感覚運動系や内分泌系の刺激によって感情が誘発されることもあると見做している．こうして Izard は，認知の概念を高次の心理現象に限定しようとする．すなわち，記憶や，後天的に獲得した表象体系や，この表象体系と対応する対照能力といったものが関与する高次の心理現象に限って，認知という用語を用いるべきだと考えている．それらのものが関与しない情報処理形態は，彼によれば，「認知的ではない」のである．すでに述べたように，彼の場合，動機は情動とほとんど同義であると考えられている．さらに，この論争において情動が先だという立場の代表者である

● 第2章 感情論理の基本概念. その根本公理, 生物学的基盤, 定義, 現象について

　Zajonc もまた, 認知概念を限定的に捉えており, 概ね, 記憶と関連する再認や同定や識別の働きだけを認知と呼び, （先に述べた Lazarus とはまったく反対に）あらゆる——ポジティヴまたはネガティヴな——意味付与（アプレイゼル）は感情領域に含まれると見做している (Zajonc 1984; Leventhal u. Scherer 1987; Izard 1993a; Murphy u. Zajonc 1993). したがって認知というものが, 厳密に言って何であるのか, あるいは何でないのかということは, 感情の場合と同様にまだ確定しておらず, 研究者の視点によって, 特に情動の境界をどこに置くかという選択によって, 大きく変わってくるのである.

　しかし私の考えでは, ここでもまた, 狭い意味でも広い意味でも認知的と呼ばれるあらゆる現象の背後に根本的な共通点を探し求め, それをもとに普遍妥当的な上位概念を構築することは, 十分に可能であるし, また非常に意味あることでもある. 感情の場合と同様に, もし必要であれば, 下位の認知形態を個々に特定できるようにしておくことも容易にできるはずである. 要するに, 本書で話題の中心となっているような, 情動と認知という二つの基本的な生物学的機能システムやこの両者の必然的な相互作用について, それらのしくみを十分に理解するためには, 定義上の明確な区別がなされていることがまずどうしても必要なのである.

　私たちは, 感情を全体的な心身状態として定義し, あらゆる身体的体験と交じり合っているものと見做したのであったが, これとは対照的に, すべての認識獲得のプロセスに共通する欠くことのできない特性は次のことにあると私は考えている. すなわち, 認識とは, 感覚上の差異（または差分, 変動）を捕捉し, 続いてこれを神経系においてさらに処理していくプロセスであると私は考えている. ここで注意しておかなければならないのは, 差異の認識は, 相等性（または不変, 定常）の認識を必ず前提としているということである. 別の言い方をすれば, 認知プロセスにおいて行われていることは, つねに, 相対的関係（どちらがより大きいか小さいか, より明るいか暗いか, より温かいか冷たいかなど）を捉えるということである. つまり, そこで起こっていることは, つきつめて考えれば, 非物質的なことであり, 数学的な意味で抽象的なことであると言ってもよい. こうした特性は, 身体あるいは物質と近い位置にある感情との対比において, 認知というものの本質をはっきりときわだたせている. 同時に,「精神 Geist そのもの」という現象との関係にも関心が持たれることになる（しかし, この問題についての探究はあとにまわすことにする）. 以上のようなことを基盤にして, 先に行った感情の定義と同様に, 認知の概念を明確に定めよ

うとするのであれば，私たちは次の定義に到達することになる．
「認知とは，感覚上の差異および共通点——言い換えれば，変動するものと定常なるもの——を捕捉し，続いてこれを神経系においてさらに処理することであると考えるべきである．」
　ここで「神経系においてさらに処理すること」（もしくは「計算すること」）とは，一般に情報処理と呼ばれているものと同じであり，目下のところ特にコネクショニズムと呼ばれる立場の研究者が，コンピューター上のニューラルネットワークによる人工知能モデルを用いて集中的に研究しているものである．こうした研究から徐々に明らかになってきているのは，きわめて単純な生物（有機体）においても，神経系のネットワークの活動を支えているのは，実際のところ，完全な数学的な意味での「計算」プロセスであるということである．もう一つ重要なことは，神経生理学が明らかにしているように，差異の知覚が，いわゆる側方抑制 lateral inhibition という，遺伝的な基盤を持ったメカニズムを介して，生体においてつねに強められる傾向を持っているという事実である．側方抑制というのは，白と黒，明と暗などの間のコントラストをなす境界部分が強調されて知覚される現象のことを指している．さらに，私たちの認知の定義ときわめて近い方向にあるものとして，あらゆる認知は差異ないし差分の（ないしは差分の差分の....）捕捉およびそのさらなる計算の結果として理解されるということを，イギリスの数学者 Spencer Brown がかなり以前にすでに明らかにしているという事実を挙げることもできる (Brown 1979)．Brown と同様に，Francisco Varela も，このことに注目し，本書第 1 章の引用にあるように，構成主義的視点からも根本的な意味を持つこの「差異の捕捉（把握）」の重要性を強調している．以上のことからわかるように，このような感覚上の差分の「計算」というものは，最高次の思考形態を支えているばかりではなく，たとえば，単細胞のゾウリムシの走光性 phototaxis や走化性 chemotaxis に従う単純な反応においても，原則としてすでに行われているのである．つまり，ゾウリムシは，たとえば明るい環境と暗い環境，酸性の環境とアルカリ性の環境を区別し，生き残るために有効なしかたで，それ自身の行動を方向づけることができるのである．こうした計算プロセスのより高次の段階においてきわめて重要な役割を果たしているのが，パターン認識である．これはつまり，差異（変動するもの）と相等性（定常なるもの）とを同時に知覚するという分化した能力である．ゲシュタルト心理学が示したように，そうした構造を捉えるときに，ゲシュタルト形成のメカニズムが大きな役割を演じている．たとえば欠落した要素（たと

● 第 2 章　感情論理の基本概念．その根本公理，生物学的基盤，定義，現象について

えば似顔絵の一部分）は，いつでも補完されて「良き形態」として捉えられる．さらに多くの研究結果から，このような分化した情報処理形態は，知覚の焦点を低次の知覚レヴェルと高次の知覚レヴェルの間で柔軟に行ったり来たりさせる能力に依拠していると考えられている．

　このように認知というものを理解するのであれば，意識（人間が持つとされているような意味での意識）の存在は認知にとって必要な条件ではなく，意識はただ認知の蓋然的な特徴にすぎないということになるのは，言うまでもない．実際のところ，人間においてさえ，認知の働きとされている多くのプロセスは，大部分の感情的なプロセスと同じく，無意識のうちに経過しうるものであるということが，最近の研究で明らかになってきているのである．このように無意識に経過する認知プロセスの例として，前章でも言及した「進化の中で選択された思考自動現象」を挙げることができる．この現象を，Lorenz 学派の人たちは「進化論的教師」と呼んでいる．無意識的な認知の例として，さらに，Piaget らが証明した「あらゆる認知に含まれる自動化された過程」や，すでに 100 年も前に Freud が想定していた一連の「抑圧機制（メカニズム）」を挙げることもできる．ちなみに，抑圧機制については，認知成分と感情成分の両者の関与が想定されている．また，これ以外にも，最初は意識的であった認知的過程が，時がたつにつれて効率上の理由から二次的に自動化されていくという多くの例が知られている．これは最近 Kihlstrom によって再び指摘されたことでもある．こうした自動化によって，最初は意識されていた認知過程は，いわゆる「認知的無意識」――この領域は著しい速度で広がっていくように思われる――の一部となるのである (Freud 1975 (1895); Piaget 1973c; Riedl et al. 1980; Kihlstrom 1987b)．しかし私たちの見方からすると，すでに述べたように，無意識の中においても認知成分は感情成分とつねに分かちがたく結びついているはずである．

　以上のことから，先ほど行った私たちの認知の定義は，進化論的な見方と完全に整合するものであるということがわかる．また，私たちの定義は，神経生理学の知見とも完全に一致する方向にある．すなわち，発達の初期段階からすでに，感覚上の差異（もしくは変動するものと定常なるもの）を捕捉するという働きが神経系の情報処理システムの最も基本的な作業の一つをなしているという事実は，神経生理学の分野ではかなり以前からよく知られていたことだったのである．また，すでに述べたように，知覚された差異は，神経系の種々のメカニズムを介してつねに強調される傾向にあるということも知られてい

る．これらのことと関連して，次の事実——1982 年に「感情論理」を最初に公けにしたときにも詳しく議論したが——にも触れておくことにしよう．すなわち，典型的な意味での「構造」あるいは「システム」は，いかなる種類のものであっても——物質の形態に限らず，抽象的概念や理論といったものも含めて考えてよい——結局のところ，特徴的な不変量（定常なるもの）と一定の変量（変動するもの）との組み合わせにほかならないという事実である．だとすれば当然のこととして，構造が認識されるためには，一定の数の変量（たとえば机であれば，その高さの違い，木や石といった材料の違い，脚の数の違いなど）と，すべての変種に共通した不変量（すなわち，物を置く水平の板と一本あるいは数本の支柱とを組み合わせたものという，すべての机において一致した構成原理）とを把握する——多くの場合，まったく直観的なしかたでなされる——ということが必要であるはずである (Ciompi 1982, p.94 ff.)．したがって，ここで私たちが提案した認知の定義は形態（ゲシュタルト）知覚の基本的メカニズムに基づいているということになる．なお，最後に簡単に触れておくことにするが，サイバネティクスのいかなる理論も，やはり変量と不変量の捕捉（把握）ということを基盤にして情報というものを理解することから出発している．情報の単位である「ビット bit」は，最小の確認可能な差異として定義されている（bit は「二進数 binary digit」の省略形．Shannon u. Weaver 1949 を参照）．しかしまたここで，Gregory Bateson が，よく知られているように，「情報とは，差異を生成する差異のことである」(Bateson 1983, p.408) と述べていることも想い起こすべきだろう．ここで彼は，情報のエネルギー論的成分，つまりは感情成分のことを示唆しているのである．この点こそ，私たちの感情論理の構想にとって特に重要な点であり，今後なお検討が必要な点でもある．

　私たちは，感情と同じく認知の定義においてもやはり基本的な生物学的事実を支えとした．こうして，感情と認知が対称の位置に置かれているので，私たちの認知の定義の長所も，感情の定義の長所と対称性を持つ．それは，その明快さと効率の良さであり，感情的要素との混合が一切無いという点であり，そして神経生物学や進化論の視点との間に完全な整合性を持つという点である．

　しかしながらここでもまた，認知の定義の幅がきわめて広いということが同時に短所にもなってしまうのではないかと考えてみるべきであろう．たとえば Caroll Izard (1993a) は，「どのような有機体にも認められるような」原始的認知過程を含むような広い認知定義の方が発見的有用性を持つという考えを退け，すでに述べたように，認知の範囲を記憶と「心的表象」に基づく諸過程に限定

● 第2章　感情論理の基本概念．その根本公理，生物学的基盤，定義，現象について

しようとしている．しかし，そのような記憶の痕跡はいったいどこで始まるのであろうか？　わずかな神経節からなる中枢神経系しか持たない単純な渦虫（ウズムシ）類やカタツムリでさえ，餌や電気刺激による適切な訓練によって，一種の縄張り領域を内面化することができる．つまり明らかに，原始的な記憶を持っており，知覚された現実を神経系において何らかの等価物ないし表象に置き換えて使用することができるのである (Menzel et al. 1984; von Frisch 1967)．ミツバチのように社会性を発達させた昆虫であれば，縄張りの範囲について，これよりずっと分化した知識を獲得できる．こうして見ると，「狭義の認知プロセス」が最初に出現してくるのはどこかという境界を引くことはほとんど不可能であるということがわかる．したがって，私たちのようにさしあたり認知を広く定義しておき，必要に応じてより限定的な亜群を特定するという方法が，現状では依然として最善の解決法であると思われる．

　こうして私たちは，今後の考察への出発点として，感情と認知を同等のレヴェルでそれぞれ明確に定義するということを行えるようになった．この定義の明確さによって，感情と認知の相互作用をこれまでよりずっと容易に捉えられるようになるだろうと私たちは期待している．系統発生的に考えると，感情と認知は一つの連続体の両極として理解できる．つまり感情と認知は，対極をなす二つの（しかし不可避的に同じ全体に属する）生物学的機能様式または「（発展）軸」と見做すことができる．そしてこの二つの発展軸は，一つの共通の起源を持ち，そこから異なる方向へ徐々に分化してきたものと考えられる（Wimmer 1995; Wimmer et al. 1996 を参照）．一方の「感情軸」は，しだいに分化したかたちにおいてではあるが，しかし原則としてつねに有機体全体を触発するような個々の広範な心身状態（または心身の準備性）へと向かって発展し，他方の「認知軸」は，逆に，より複雑に組織化されていく中枢神経系の場で，その個体へ流入してくる感覚情報を圧縮し計算処理するという方向へと発展する．つまり，前者のプロセスは，体験されるものをまずは身体事象へと変換し具体化するという働きを持ち，後者のプロセスは，逆に，しだいに抽象化し，コード化あるいは象徴化するという働きを持つ．相補的な関係にあるこの二つの過程は，生き延びるということにとってきわだって重要な貢献をなしており，この意味においても両者は，分かちがたく結びつきつつ，同じ全体に属していると言えるのである．

　このことは，私たちが本書で解き明かそうとしている中心的な問題と大きく関わっている．つまり私たちは，特定の感情（言い換えれば，全体的な心身状態）

と特定の認知（言い換えれば，ここで明らかにしたように，結合と計算という認知の働き）との間に，活動から生成するというしかたで,オペレイショナル（操作的／演算的）な重ね合わせ（対応づけ）がなされるということを問題にしたいのである．この基本的なメカニズムを解明することが私たちの関心の中心にある．このような基本的メカニズムの結果として，広い意味での論理，つまり感情特異的論理と呼ばれるものが生成してくることになる．ところで，この論理という言葉もやはりここで，より厳密に定義しておく必要がある．

論理という概念について

論理 Logik は，ギリシア語の logos（言葉,筋の通った話）に語源があり，概ね「思考の術」あるいは「正しい推論のしかた」といったものを指している．厳密に言えば，ここで大きく二つの意味を区別することができる．つまり，論理という語は，狭い意味で使われる場合と広い意味で使われる場合がある．狭い意味では，「複数の思考内容の間の形式的関係についての規範／学説であり，実際の思考過程においてそれに従うことがこの思考過程が（論理的に）正しいかどうかにとって決定的に重要であるところのもの」のことである．要するにこれは，形式論理学のことであり，Aristoteles から今日にいたるまで厳密な合理的な学として築き上げられてきたものであり，また，数学的論理学，哲学的論理学，陳述論理学，述語論理学など多数の分野へと枝分かれしてきたものである．形式論理学の核心は，よく知られている同一律，矛盾律，排中律にあると考えられる．すなわち，どの陳述もそれ自身と同一であり，どの陳述もその逆（あるいは否定）の陳述と同時に真であるということはありえず，どの陳述も真であるか偽であるかのいずれかでしかありえない，という法則である．Tertium non datur，3番目のものは存在しない．このことを基盤として，形式論理学の専門家たちは，何世紀にもわたって，思考内容の結合のあり方が論理的に真か偽かという複雑な体系を発展させた．この体系は，やがて近代思想全体を支える基盤となり，ここから特に自然科学的・数学的合理論が発展することになった．

これに対して，広い意味での「論理」とは，ものごとや行為や行動様式の一貫した適切なつながり方，あるいはそれらの通常の結びつき方といったものを指しているにすぎない．「皆がそう考えるのであれば，まさにそれが論理的なのである」と Parmenides は主張していたし，Anesidemos も，「皆にとって真と

● 第 2 章　感情論理の基本概念．その根本公理，生物学的基盤，定義，現象について

思われることが，おそらく真なのである」と考えていた（Riedl 1994, p.192 ff. による）．Piaget もまた，活動によって体得される前論理（プレロジック）から形式論理学的（つまり抽象的なレヴェルにおいて繰り返される）心的操作（オペレイション）へと進展していく子どもの発達段階の記述において，論理の概念を極限まで広げて，論理というものを「あらゆる生物学的活動の調整（コーディネイション）」のこととして捉えている．さらに Piaget は，日常的な「感情の論理 Logik der Gefühle」などという言い方をしてもいる．この論理の特徴は，態度や感情や価値体系の一貫性と信頼性にあるとされている (Piaget 1962, 1969)．これとまったく同様に，日常会話の中でも「状況の論理」とか「事態の論理」といった言い方が使われることがしばしばある．たとえば，湾岸戦争のとき，フランス大統領 Mitterand は「戦争の論理」ということをあからさまに語っていた．これは，国際政治の展開におけるある時点から，その後のすべての出来事を決定してしまうようになった（あるいは「構成するようになった」と言ってもよい）ある種の「論理」のことを指している．逆に，全世界はパレスティナ紛争に関して「平和の論理」に期待をかけるようになっている．「平和の論理」が，相互の「嫌悪と攻撃の論理」に支配された数十年にわたる敵対の歴史にピリオドを打ってくれるのではないかという期待である．

　今述べたような，より一般的な意味での「論理」は，どのように考えれば正しく考えることになるのかという，従うべき規則を示す「論理」ではなく，むしろ，ある特定のコンテクストにおいて実際にどのように思考がなされているのかという，確認される事実としての「論理」である．私たちは以下の章で，思考に対して感情が背景的な組織化の作用をおよぼしており，この感情の作用によって，それぞれの特徴を持った「不安論理」，「怒り論理」，「悲しみ論理」，「喜び論理」，さらに「日常論理」といった感情特異的な思考様式が形成されることを検討していくことになるが，そこで「論理」と呼ばれるものは，あくまでこの一般的な意味での「論理」である．しかし他方で，感情成分（特に快の感情成分，これは効率性や緊張解消と関わりを持つ）が形式論理学や合理的抽象的な科学的思考一般（つまり狭い意味での「論理」）の生成とその機能に対しても重要な役割を果たしているという事実を明らかにすることも，私たちの研究の一つの重要な課題である．

　このように考えると，たった一つの論理が存在するのではなく，多数の──それどころか，潜在的には，数え切れない無数の──論理が存在するのかもしれない．構成主義もまたこれと同様の結論を導き出している．日常の議論の中

でも，日曜日の説教の中でも，学術的な論争の中でも，しばしば経験されるように，形式論理学的にはまったく矛盾のない推論を続けていっても，場合によって，導き出される結論はひどく異なっているということがある．これは，推論に用いられる個々の要素の選択とそれらに与えられる感情的重みが，それぞれの場合で異なるからである．またもう一つ考慮しておくべきことは，西洋の論理とならんで，中国やインドなどの高度な文化も，確固とした形式を持った――しかし西洋とはまったく別の――思考様式や「論理」を生み出したということである (Schenk 1990, p.92 ff.)．そうした異国の思考様式や論理は，特にそれらの持つ感情的基本気分において，私たちの思考様式や論理と異なっているようである．しかし，一つの同じ文化の内部でも，あるいは一つの同じ学問領域の内部においてさえも，はっきりと異なる感情的基本色調を持った種々の異なる論理体系（システム）が形成されることがある．少なくとも，大きな変革や対立が始まろうとしている時期には，そういう状況がしばしば認められる．たとえば，ユークリッド幾何学と非ユークリッド幾何学の対立，相対論的物理学と非相対論的物理学の対立を考えてみれば，このことはよくわかる．

多数の個々の認知成分――言い換えれば，さまざまな差異の体系――が寄り集まって，より大規模な機能的（オペレイショナルな）単位へと構築される過程には，さまざまな「あり方と様式」がある．この「あり方と様式」によって，さまざまな論理が成立している．言い換えれば，認知要素の結合の様態（モード）が個々の論理を基礎づけている．このことは，論理の概念を広く捉える場合でも，狭く捉える場合でも，等しく当てはまる．論理をこうした一般的な意味において――そしてまた私たちの目的にとって特に重要な意味において――定義するとすれば，次のようになる．

「私たちのいう論理とは，さまざまな認知内容が互いに結びついているあり方と様式のことである．」

すでに述べた感情と認知の定義とともに，この概念規定は，感情論理という私たちの構想体系が立脚すべき基盤をなしている．こうして，純粋に認知的なメカニズムやそこから生じる論理と，感情的な現象やメカニズムとを，定義上明確に区別することができることになる．同時に，認知要素と感情要素とがつねに分かちがたく共同に作用しているということを，そしてまたそれがいかにして行われているかということを，これまで以上にはっきりと認識することもできるようになるはずである．というのも，私たちは本書で，さまざまな認知的要素が選択され結びつけられて，ここで定義したようなある種の機能的（オ

● 第 2 章　感情論理の基本概念．その根本公理，生物学的基盤，定義，現象について

ペレイショナルな）論理が成立するまでの過程を検討し，この過程がつねに感情によって——そしてまた，広い意味での歴史や状況によっても——規定されていることを示すことになるのであるが，そうすることによって私たちは，あらゆる種類の「論理」は，もとをただせば，「感情・論理 Affekt-Logik」で（も）あるということを証明できると考えているからである．

しかしそこへ進んでいく前に，もう一つのかなり面倒な——したがって，異論も出てきそうな——（予備的）問題に取り組む必要がある．感情にはどのようなものが存在するのか？ 基本感情と呼ばれるものは本当に存在するのか？ もし存在するのであれば，何個か？

感情にはどのようなものがあるか？ いくつかの基本感情と無限のヴァリエイション

まずは，感情を言い表すために日常会話で使われる言葉を見渡してみると，ほとんど限りなくさまざまな言い方があるということがわかる．それらは，一面では，もちろん多様な感情状態を言い表しているのだが，他面では——注目すべきことに——ほとんどいつも，先に定義した意味での認知に関する何らかの要素を含んでいる．したがって，日常会話で使われる言語は，感情というものが無限の色合いを持ち，無数の重なり合いと微妙な移行を示すという事実ばかりでなく，感情と認知と行動に関わる各要素が互いに分かちがたく混合しているという感情論理の基本公理をはっきりと証明してもいるのである．感情を言い表すためによく使われる言葉を集めた「目録」を次に示すことにする．この目録は，一定の見通しを与えてくれるが，それでもやはり不完全である．というのも，まだいくらでもいろいろなヴァリエイションが見つけられるはずだからである．いずれにしても，はっきりときわだった認知成分や行動成分を含む概念（たとえば，愚弄，嘲り，復讐，後悔，臆病，勇敢など）までもこのリストに入れてもよいのかどうかという点については，議論の余地が残る．ある程度の恣意的な選択を行うことは，ここではどうしても避けられない．全体を六つの群に大きく分けるという試みも，やはり恣意的な面を持たないわけではない．この六つのうちの最後の一つを除く五群から，おそらくは，基本感情 Grundgefühle ないし一次感情 Primärgefühle の概要が浮かび上がってくる．この五群のどれにも当てはまらない概念は，六番目の不均質な寄せ集めの群に登場してくる．同義の外来語がある場合，その外来語が特別なニュアンスを持っ

ていなければ，ここには取り上げなかった．感情を単語によって区分することは，先ほども述べたように，難しいことなのであるが，その困難さは，下位群の語どうしの関係が明瞭でなかったり，下位群の順番が不自然であったりすること，さらにまた，動詞や形容詞を使わずに名詞だけを選んで挙げねばならなかったということにも見て取れる（動詞や形容詞の方が現実の体験に近い位置にあるのだが，不思議なことに，名詞の意味にうまく対応する動詞や形容詞が必ず存在するとは限らないのである）．

どうしても避けられないこうした問題をかかえながらも，なんとか次のような感情の変種を探し当てることができた．

────不安，恐れ，怖気，恐怖感，恐慌────気がかり，心配，心もとなさ────憂慮，懸念────不信，内気，はにかみ，当惑，とらわれ────気抜け，小心，臆病，恭順，卑屈．．．．

────怒り，憤り，癇癪，憤慨，憤激────攻撃性，憎しみ，敵意，反感────いらいら，腹立ち，不満，不愉快，不機嫌────意地，恨み，怨恨，遺恨，侮り，軽蔑，高慢，尊大────嘲り，愚弄，復讐，卑劣，悪意，陋劣────嫉妬，ねたみ，羨望，欲張り，利己，我欲────ぶしつけ，無礼，無作法，ぞんざい，無遠慮，ぶっきらぼう，粗野────反抗，強情，頑固，無愛想────厳格，謹厳，サディズム，残酷────大胆，毅然，勇敢，向こう見ず，義侠心────執拗，野心，忍耐，しつこさ，確実，不動．．．．

────悲しみ，悲哀，気落ち，憂うつ，メランコリー，抑うつ────悲嘆，心痛，苦しみ，痛み，惨めさ，愁嘆，哀れさ，気後れ，忍従────不機嫌，不愉快，心地悪さ，陰うつ，暗澹，悲惨，嫌気，重苦しさ，悲観────閉塞感（打ち解けなさ），圧迫感（沈うつ）────不快，無関心，アパシー，退屈────恥，後悔，謙遜，卑下，悔恨，罪責感────失望，フラストレイション，飽き，つらさ────憂愁，ノスタルジー，あこがれ，郷愁．．．．

────喜び，幸福，至福────快感，有頂天，歓楽，狂喜，浄化，恍惚（エクスタシー）────惚れ込み，情愛，愛好，愛，満悦，好意，感激，感謝，大らか────快適，爽快，柔和，快活，愉快，満ち足り，喜ばしさ，軽率，放縦，愉悦，愚直，放恣────高揚，荘重，感激，楽観，多幸，熱狂，歓喜，自負，勝ち誇り────満足，弛緩，解放感，心地よさ，静穏，気楽，冷静，平気，怠慢，おちつき────信頼，信用，尊重，讃美，敬慕，畏敬，敬虔，真摯，厳粛，深遠────同情，同感，共感，感情移入，温和，柔和，憐憫，慈悲，敏感，多感，繊細．．．．

● 第2章　感情論理の基本概念．その根本公理，生物学的基盤，定義，現象について

――関心，注目，好奇――期待，希望，確信――動揺，焦燥，興奮，緊張――欲望，飢餓，要求，熱望，渇望，欲求，好色，激情，パッション――驚異，驚き，驚嘆，あきれ，当惑，驚愕....
――嫌悪感，反発，戦慄――不均衡，躊躇，懐疑，両価性――気まぐれ，移り気，陶酔――あさはか，無頓着，だらしなさ，射幸心，軽率――なれなれしさ，ずうずうしさ――沈思，ものおもい，没頭，狼狽，混乱――気の迷い，わがまま，思い上がり，頑迷，ひねくれ，狂信，憑依――やぼ，風変わり，硬直....

　このように膨大なヴァリエイションが生み出されるのには，感情そのものの質的な違いや微妙な程度の違いばかりでなく，認知成分の影響によって感情の呼び方が異なってくるという事情も関与しているように思われる．これまで，感情を大まかにいくつかのカテゴリーへと分類しようという試みが数多くなされてきたが，はっきり成功したと言えるものは一つもない．一部では，多次元分類が試みられている．たとえば Plutchik (1993) は，3次元空間内に上方へと広がる円錐を置き，垂直軸上に感情の強度が，水平軸上に感情の質が（できるだけ正反対の質のものが対極に位置するように軸を設定）表現されるような作図法を提案している．今日ただ一つ衆目の一致している点は，膨大な感情のヴァリエイションの背後に，一定の限られた数の「基本感情」（あるいは「一次感情」，「基底感情」）が隠れているだろうということである．これをいくつ想定するのかということについては，学者によって見解が異なるが，だいたい5から10の間におさまっている（Hinde 1972; Izard 1977; Kemper 1987; Gainotti et al. 1989; Machleidt et al. 1989; Lazarus 1991; Plutchik 1993 を参照）．ほぼ例外なく挙げられているのは，「不安，怒り，悲しみ，喜び」の四つのカテゴリーのほか，関心，期待（予期），飢餓，欲望などの概念を一括する「初期感情 Initialgefühle」と呼ばれるもう一つのカテゴリーである．この五つの系統以外の感情現象で，多少なりとも独立性を持っているものとして，両価性，嫌悪感，驚愕，驚き，罪責，恥などがしばしば取り上げられるが，これらは大抵の場合――すべての場合ではない――五つの基本感情のいくつかが混合したものとして理解されている．少し前にも紹介した Machleidt の脳波研究において明確に同定されたのは，関心，怒り，不安，悲しみ，喜びの五つだけであって，それ以外の種類のものは，いくつかの感情の混合したもの，または程度の異なるだけの変種であるということが示された．
　こうした基本感情あるいは一次感情が少なくとも五つ存在することは，主と

して身振りや表情を研究対象とする比較行動学的研究によっても明らかにされている．これに対して，その他の身体変化，とりわけ末梢の自律神経反応を対象とする研究分野では，数十年にもわたって，そのつど新たな方法を用いてさまざまなアプローチが行われてきたが，これまでのところ，恒常的な感情特異的なパターンを同定するにはいたっていない (Cacioppo et al. 1993)．これはおそらく，そうしたパターンに個人差があるためだろう．しかしすでに述べたように，同じ基本感情は，どの文化でもほとんど同じように表現され，また文化圏を越えて互いに理解しあえるということがわかっている．Darwin はすでに，このことばかりでなく，人類の表情や行動に見られるのと同じ「情動の普遍特性」が霊長類にも存在し，さらに哺乳類の一定の範囲にまで証明できるということをも明らかにしていた．かなり前にすでに述べたことだが，基底感情の起源は，おそらく，生命体に共通する原初的な二つの行動パターンにある．すなわち，一方は闘争や逃走といった行動パターンであり，他方は，リラックスした状態での個体どうしの交流，哺育，性行動，栄養摂取，睡眠といった行動パターンである．こうした行動パターンは，先にも述べたとおり，交感神経系優位および副交感神経系優位の心身の全体状態と結びついている．

しかしながら，感情の種類や感情どうしの組み合わせが多数存在し，それら相互の境界づけや分類が困難であり，しかも，すでに見たように，情動概念そのものが明確に定義されていないという理由から，基本感情というものを取り出そうという考え方に反対する見解もある (Ortony et al. 1990)．研究者の間で，基本感情の数と種類について意見が一致していないという事実もまた，多くの個別の問題が依然として未解決のまま残されているということを示している．現在，特に解決を迫られている問題は，わずかの数の基底感情から，先の目録に挙げたような，それぞれニュアンスを異にする膨大な数の感情のヴァリエイションが生じてくるのはいったいどのようにしてなのかということである．これに対する一つのわかりやすい——脳波による多少の裏づけもある——説明は，すでに触れたように，ちょうど自然に存在する無数の色のヴァリエイションと同様，感情のヴァリエイションもやはり，その基本要素のさまざまな混合の割合から生じている，というものである．この混合仮説に代わるもう一つの説明として，Caroll Izard（ちなみに彼は，私たちとまったく同様に，統合された「情動・認知」構造を仮定している）は，人間の感情の多様性を，感情と認知要素との間に想定されるほとんど無限の組み合わせの可能性から理解することを提案している (Izard 1977, 1992)．この解釈は，先の「感情目録」に挙げ

● 第2章　感情論理の基本概念．その根本公理，生物学的基盤，定義，現象について

た感情のヴァリエイションの一部についても，実際に当てはまるように思われる．さらに，価値感情 Wertgefühle と呼ばれているもの，すなわち認知内容と文化とに強く規定された感情，たとえば恥や罪，熱狂や感銘といったものにおいても，感情と認知の間の明確な相互作用が認められる（さらに言えば，価値表象というものも，どんな種類のものであれ，さまざまなレヴェルに存在する統合された「感覚・思考・行動」プログラム，あるいはオペレイターとしての「感情・認知」的照合システムの一部であると言ってよい．このことについては，あとで詳しく議論することになる）．たとえば，要素的な基本感情は，ある社会的集団，党派，国，信仰体系などといった特定の認知的上位概念に結合することによって，ある程度変化し，分化するものである．さらに，私たちの感情目録に挙げた，意地，自負，羨望，愚弄，嘲り，復讐といった分化した感情，すなわち認知内容によって強く規定される「感情・認知」的現象からもわかるように，要素的感情（この例で言えば攻撃性）は，文化や言語によって準備された一定の枠組みの中で，文化特異的な認知要素によって，二次的に加工され分化するものである．要素的感情は，この文化的刻印を受けることによってはじめて，言わば「流通貨幣」となることができる．それによってはじめて，特定の社会集団のコンテクストにおいて正しい「取り引き」の手段として使われ，社会の中で正当な取り扱いを受けるようになる．このことは，民族比較の観察事実からも支持される．すなわち観察によれば，ある感情に対応する言葉が存在しないとき，その感情も存在しないと見做してよい．たとえば，アマゾン流域の民族の一部では，私たちの文化でいう愛に相当する概念（言葉）が存在せず，したがってそれに相当する感情も存在しないとされている．また，いくつかのポリネシアの部族は，怒りに対応する言葉を持っていないとされており，これらの人たちはそもそも攻撃的感情を抱くことが稀であるし，それもせいぜい地面を叩くというかたちで表現されるにすぎない．同様に，私たち自身の文化を歴史的に眺めてみると，中世の宮廷で騎士たちが抱いた「愛（ミンネ）」という言葉が失われるとともに，それに伴う高度に分化した繊細な感情も私たちの体験からほぼ完全に消え去ってしまったということがある．他方で，今日，映画やテレビや他のメディアを通じて，新種の――多くは性的で攻撃的な――感情的行動様式がかなりの広がりを見せている．感情が社会的な影響によって文化的刻印を受けるということについては，代表的な社会学者たち，たとえばNorbert Elias (1976 [1939]) や Niklas Luhmann (1982) も指摘を行っている．この問題については，別の章でより詳しく見ていくことにする．

子どもの発達過程において感情が「分化」していき，ついに無数の微妙なニュアンスが形成されるのだと仮定する学者もいるが，どのようにしてそのような発達が始まるのかということについては，いまだ解答が見いだせずにいる (Gray 1979; LaViolette 1979). 一つの可能性としては，たとえば，未分化な段階では，注意ないし関心と言われているような何らかの非特異的な刺激状態（アラウゼル arousel）だけがあって，これが分化過程の共通の原点であって，ここから段階的にいくつかの全体的情態性や機能様式がまず分化してくるということが考えられる．子どもの早期の発達を観察してみればわかるように，この共通の原点から原初的な区別，すなわち不快か快か（言い換えれば，緊張を生み出すようなホメオスタシスの妨害か，緊張を解消するようなホメオスタシスの回復か）という双極構造が成立するのかもしれない．この両極は，「〜から離れて」および「〜へ向かって」という対立的な衝動を伴っていると考えられる．この一方の極である不快は，さらに不安と怒りへと，そしてまた恥と嫌悪ないし驚愕へと分化していく．他方の極である快は，喜びや愛や爽快といった感情へと分化していくのと同時に，また愛とその対象喪失が共存する状況では，悲しみやあこがれや郷愁といった感情へと分化していく．しかし私たちの知る限り，こういったことを対象とした研究はこれまでほとんどなされていない．Shaver らは，こうした感情分化の系統樹を描こうという試みを思弁的なしかたで行っているが，そこで明らかになったのは，最初の何回かの原初的な枝分かれ以降の段階に進もうとするとすぐにうまくいかなくなってしまうということである (Shaver et al. 1987). したがって現段階で全体として最も妥当な見方は，膨大な感情のヴァリエイションの発生には，これまで述べてきた三つのメカニズムが共同に関与していると考えておくことであろうと思われる．すなわち，感情の混合，認知・言語的および社会的な影響，そして進化論的分化過程という三つの要因を想定しておくべきである．

　私たちは，ここで見てきたように，人間の感情のヴァリエイションが無数にあるということをつねに念頭に置きながらも，効率上の理由から，これからの議論の中では，主として，五つの基本感情——関心，不安，怒り，悲しみ，喜び（ふつうこの順番に並べられる）——について考えていくことにする．基本感情というものが存在し，それがこの五つであるということは，神経生物学的にも進化論的にも情動心理学的にも，ある程度根拠があると言ってかまわないだろう．もちろん，途方もない多様性を持った現実と比較すれば，このような議論から得られるものは，木版画のような粗いイメージにすぎないのかもしれ

ない．しかし逆に言えば，このようにものごとを単純化して考えることで，感情が思考に対しておよぼしている基礎的な作用をはっきりときわだたせることができるはずだと私たちは考えている．この基礎的な作用をまずしっかりと捉え，それを分析していくことこそが，ここでは大事なことである．それだけでは不十分だと思う読者の方は，この叙述で漏れている細部を，必要に応じて自ら補っていただきたい．

欲動と本能，動機と意志，価値体系と価値観

　ここまで私たちは，感情，認知，論理という本書で用いる三つの上位概念が，さまざまな科学分野の知見によって広く支持されていることを見てきた．そして，少なくともこれらの用語の明確な定義を提示することができたと考えている．しかし，だからといって，感情と認知の相互作用という現象とも緊密な関連を持つ重要な領域において，依然としてさまざまな用語上の困難な問題が立ちはだかっているという事実を無視してよいということにはならない．そうした問題の中で特に取り上げておきたいのは，欲動，本能，動機，意志，さらには比較的長期間保持されるものとしての価値体系や価値観といった重要な概念を，私たちの感情論理の視点からどのように理解すべきかという問題である．文献からわかるように，これらの概念についても，やはりすでに何十年も前から厳密な境界設定への努力が積み重ねられてきた．ここでの私たちの構想は，科学の一つの分野にとどまらず，領域横断的な性格を持っているので，この問題への対処も複雑にならざるをえない．というのも，これらの概念は，専門領域によって，あるいは観察される進化段階によって，それぞれかなり異なる意味を持つからである．私たちは本書で，主として人間を考察対象としてはいるが，欲動や本能といった概念――さらに動機という概念にもある程度同じことが言える――を明確化するためには，進化論的レヴェルの検討も避けては通れない．

　とはいえ，これらの概念と関係した複雑多岐にわたる問題のすべてをここで逐一検討することはできない．私たちが心の礎石として私たちの構想の中心に位置づけた，オペレイター機能を持つ「感覚・思考・行動」プログラム（言い換えれば，「感情・認知」図式（シェーマ），「感情・認知」的照合システム）に対して，これらの概念がどういう関係にあるのかということを少しでも明らかにできれば，私たちにはそれで十分なのである．その際私たちは，欲動や本

能といったここで挙げたすべての現象において，感情成分，認知成分，行動成分がつねに一つの機能的全体へと統合されているという認識を前提とすることができる．つまり，欲動や本能などの現象はどれも，典型的な「感覚・思考・行動」プログラムと私たちが呼んでいるものと――少なくとも何らかの――関連を持っているのである．この関連をできるだけ重視しつつ，この問題に関する文献を検討してみると，結局次のような見方が正しいのではないかと思われる．

「本能 Instinkt」とは，生物学的に定義すると，特定の認知内容の誘発を受けて引き起こされる一定の行動パターンであって，この持続時間の短い限定された行動に伴って特異的な感情状態が認められるようなもののことである．動物の捕獲行動がそうであるし，動物および人間の狭義の性行動（性行為の一定のパターン）の大部分もこれに属する．これに対して「欲動 Trieb」とは，長く持続するか常時存在する先天性の複雑な行動準備性であって，本能よりも上位の階層にあると考えられている．欲動の概念は，特に心理学の領域でひどく膨張してきているのだが，これはその広義の意味における欲動の定義である．具体的には性欲動や攻撃欲動といったものがある．欲動も，特定の内的または外的な因子（たとえば，ホルモンの変化，感覚刺激，特定の状況など）によって誘発を受ける．要するに，本能と欲動の区別は，階層（ヒエラルキー）構造内での位置の上下と持続時間の長短によってなされていることになる．逆に，両者に共通して言えることは，特定の感情的情態性（飢餓，関心，不安，怒り，攻撃性など）や，さまざまな強さと持続時間を持つ特定の感覚（緊張の緩んだ感じ，快い感覚）が，特定の認知内容（たとえば，食物，縄張りの標識，味方または敵の姿，性的パートナー，自分の子どもの姿など）および特定の行動様式（摂食，周囲の探索，逃走または闘争，縄張り防衛，性行為，哺育行動など）とカップリング（結合）しているということである．

したがって，感情論理の観点からすると本能も欲動も先天的な「感覚・思考・行動」プログラムにほかならないのである．両者は，ただ持続時間，階層内での位置づけ，複雑さといった点で区別されているにすぎない．下等な生物から高等な哺乳類を経て人間にいたる進化過程の中で，これらの「プログラム」はしだいに複雑さと（環境に応じた）可塑性とを獲得してきた．同時に，本能や欲動というこのプログラムは――特に人間の場合――文化的に獲得された行動様式と重なり合っていて，もはや見分けがつかないという場合も少なくない．たとえば，人間の握手やキスや微笑みといった行動のうちに，他の霊長類や

● 第2章　感情論理の基本概念，その根本公理，生物学的基盤，定義，現象について

哺乳類の動物に観察される友好や恭順を示す行動の痕跡を認めることは，かなり難しいことである．性的欲動も，人間においては昇華された表現形態をとり，動物のそれとは大きく異なる．このように人間においてはたしかに最大の自由度が達成されているとはいえ，それでもやはり——比較行動学の研究が明らかにしているように——人間の行動においても欲動と本能は想像以上に大きな役割を果たしつづけている．

「動機 Motivation」という現象あるいは概念は，本能や欲動と重なり合う部分が大きい．私たちの感情論理の観点からすれば，動機という概念もやはり，統合された「感覚・思考・行動」プログラムのある特定の側面——すなわち，エネルギーを動員し，力動を引き出すという側面——を言い表しているものにすぎない．そうしたプログラムに組み込まれている感情成分はすべて，力動面でその影響力を行使するのである．すでに述べたように，この作用は，発達のごく初期の段階では，「〜へ向かって」（快が不快にまさっている場合）および「〜から離れて」（不快が快にまさっている場合）という運動の衝動というかたちをとる．より分化した段階では，これが，思考や行動に対するオペレイター作用と私たちが呼んでいる多様な作用へと発展するのだが，詳しくは次の章で検討する．要するに，動機という言葉は，すべての機能的「感覚・思考・行動」プログラムに内在する，特定の行動様式を準備し発動させるという特性をきわだたせるために使われている．この意味での動機は，先天的な欲動や本能が発動する場合にも，また特に人間において，より分化した後天的な行動プログラムが発動する場合にも，一定の役割を果たしている．「動機」が活動しはじめるには，外部からの特定の刺激か，あるいは内的な（たとえば，ホルモンの）変化かのいずれかの関与が必要である．どちらが関与するかは，そのときの状況によって決まる．「動機」もまた，典型的な「感覚・思考・行動」プログラムの一側面にほかならないということを確認させてくれるのは，以下のような事実である．すなわち，動機は，つねに特定の感情の質（ポジティヴかネガティヴかといった質）を備えていること，そして同時に，必ず特定の認知内容（たとえば，求めたり避けたりしている物や場所，企画，活動，人物などの表象）と結びついているという事実である．

もう一つ大事な点は，こうした動機ないし「プログラム」の時間的ヴァリエイションの広さである．動機が規定する行動は，ほんの一瞬のことがら（今日の午後浴場に行こう，などということ）から，目標達成までに何年，何十年かかるようなことがら（本を一冊書こうとか，家庭を持とうとか，何かの役職に

就きたいとかいうこと）にまでおよんでいる．しかし，一瞬のことがらに関する動機もまた，特定の認知内容と特定の感情との潜在的で長期的な結びつきに基づいている（浴場に行くという表象と気持ちが良いという感情との結びつきなど）．こうして，先に触れたポジティヴないしネガティヴな質を備えた感情が，関連する認知および行動の連鎖を一つの機能的な（オペレイショナルな）全体へと——つまり，まさに一つの「プログラム」へと——まとめあげることになる（浴場へ行くにしても，本を書くにしても，こうしたことが起こっているのである）．このように考えるなら，まさにこの動機という現象において，感情が認知と行動に対して長期的にオペレイター作用（組織化と統合の作用）をおよぼしているという事実が，またもや明確になったと言ってよいだろう．ところが，そのような感情の備給が途絶えてしまうやいなや，そのプログラムは，個々の構成成分へと解体してしまうか，あるいは使用されなくなり，場合によっては，時を経るにしたがって——誰も通らなくなった小道と同じように——すっかり荒れ果ててしまうことになる．

「意志 Wille」という，長年の間非常に不可解と思われてきた現象においても，原則として同じようなことが見て取れる．つまり，意志という現象もまた，感情論理の中の「感覚・思考・行動」プログラムという構想に無理なく組み入れることができるのである（このことについてはすでに詳しく検討したことがある；Ciompi 1988c, p.195 ff.）．これに関しては，感情と知性をテーマにした Piaget のソルボンヌでの講義の中の鋭い分析が，私たちの理解を大いに助けてくれる．Piaget はまず，従来のほとんどすべての哲学的ないし心理学的な説明が不十分であるということを明らかにしたうえで，それに続いて，意志とは，さまざまな統御機能を上位から感情的に統御する機能（つまり，感情による「統御の統御」）であること，さらに言えば，比較的弱いさまざまな感情を支配する一つの稠密な（コンパクトな）感情であることを，結論として導いている (Piaget 1981, 1995)．この Piaget の構想では，意志もまた，特定の認知構造や関連する行動パターンと結びつくとされているので，私たちから見ればここでもやはり，典型的な——特定の感情衝動ないし意志衝動によって組織化され統合される——「感覚・思考・行動」プログラムが成立することになる．なお，意志という現象に関係する重要な問題，特に，「自由な」意志が存在するのかどうかといった問題については，後に倫理的な問題との関連の中でもう一度検討したい．

「価値体系 Wertsysteme と価値観 Werthaltungen」もやはり，きわめて典型的

● 第 2 章 感情論理の基本概念．その根本公理，生物学的基盤，定義，現象について

な「感覚・思考・行動」プログラムの一種――長期的な作用を持つタイプ――であると考えられる．というのも，価値体系や価値観と呼ばれているものは，特定の認知内容（たとえば，さまざまな政治的イデオロギー，信念の体系，社会的行動様式など）とポジティヴまたはネガティヴな感情との――たいがいは持続的な――組み合わせにほかならないからである．社会的，政治的，あるいは道徳的な意味での規則，あるいはスポーツ競技やゲームの規則――またもや Piaget がきわめて厳密に証明したように，子どもたちの遊びの規則も含めて――もすべてまた，特殊な感情と，特殊な認知内容や行動様式や行動傾向との一定の結びつきの結果生み出されたものであると考える必要がある．さらに対人関係のさまざまな形態，すなわち友人関係，恋愛関係，あるいは（一時的なものにせよ，持続的なものにせよ）特定の集団やそのイデオロギーへの傾倒といった対人関係の形態もやはり，ここで説明した「価値体系」と同じような「感情・認知」的な構造ないし力動を示すものである．価値体系の場合も，こうした形態の対人関係の場合も，特定の感情の質が，しだいに，特定の認知内容および行動様式と結合していき，ついには，言わば，固定的な「感覚・思考・行動」レール（路線）を形成することとなる．いったんこうしたレールが形成されてしまえば，「感情・認知」力動はこのレールの上に沿って動くので，そこから逸脱するような変化はほとんど生じなくなる．このように形成された「感情・認知」的照合システムに再び根底的な変更が生じるのは，特殊な状況にあるとき，または特殊な体験がなされたときに限られる．したがって，ほとんど理解不能と見えるような（たとえば，宗教の宗派や政治セクトでの）個人および集団の行動を理解するためには，こうした「感覚・思考・行動」レール（路線）の構造やそれが生み出されてきた過程（歴史）を知ることがどうしても必要になるのである．このことについて私たちは，後に――特に，「集団の感情論理」の章で――さらに詳しく検討することになる．

　これまでの議論と関連して，次のことに注目しておきたい．すなわち，動機の現象の検討のところですでに，そして意志および価値体系の現象の検討のところでさらに明確に示されたように，認知だけでなく感情もまた「階層（ヒエラルキー）的構造」を持っているということである．ある感情は，それ以外の感情――たとえば，それと反対の感情――に対して上位に位置していたり，あるいは逆に，下位に位置していたりする．この感情のヒエラルキーは，特定の認知内容と関連しながら，長期に存続する場合もあり，また一時的なものに終わる場合もある．ここでもまた，感情と認知の相互作用が成立していることを

見逃してはいけない．ある種の「高次の」感情，たとえば特定の道徳または宗教の体系を信奉するという感情が形成されるための前提として，これに対応する認知的抽象概念がすでに形成されている必要があることは，どう見ても明らかである．しかしまた，より未分化な，羨望，恥，嫉妬，悲しみ，罪責といった感情も，少なくともある程度までは認知内容が分化していなければ，成立しないはずである．

　ここで最後に強調しておくべきこととして，感情と認知の相互作用の動きは，はなはだしい時間的多様性を示すということを見ておきたい．一部の「感覚・思考・行動」結合体は，ほんの一瞬だけ出現したり，一定の期間だけに限って出現したりすることがある．これは，一回限りの意志衝動とか，その状況――たとえば旅行している間――に限って発生する「感情・認知」的布置といったものが存在するからである．しかし他方で，「感覚・思考・行動」結合体の中には，何度もくりかえし現れ，そうするうちにしだいに何年，何十年にもわたって効果を保ち続ける行動プログラムとしてインプリント（刷り込み）されるものもある．これらが，「価値観」とか長期にわたる「動機」といったものになるのである．一般的に言って，感情と認知の結合は，私たちが想像するよりずっと安定的なものである．「感情は移ろいやすい」などとよく言われているが，実はそうではない．たとえば，先入観と呼ばれているもののことを考えてみれば，これは自明なことである．先入観とは，変化を拒む性質を特に強く持った「価値観」にほかならないからである．これに関連してもう一つ注目しておくべきものは，やはり何十年もわたって存続するような――個人または集団の――「態度 Einstellungen」ないし「心性 Mentalitäten」というものである．これらは要するに，ヒエラルキーの上位に位置する包括的な「感情・認知」結合および行動傾向のことである．これらがわずかな期間のうちに変化していくのであれば，多くの場合，それは流行（モード）という現象として私たちの目にとまることになる．特定の認知内容と結びついた特異的な感情状態が，文化史的な一つの時期（エポック）に一貫した色彩と刻印を与えているということもありうる．たとえばそれぞれの時代の世相を言い表すのに次のような語句が使われているが，これも謂われなきことではない．すなわち，バロックの「高揚感」，ロマン期の「自然，感情，歴史，起源への特別な関心」，19世紀後半のヨーロッパおよびアメリカにおける「開拓者精神の広がり」などである．今日の私たちの時代に対しては，「あわただしさと攻撃的気分の広がり」とでも言うべきなのであろうか．

● 第 2 章　感情論理の基本概念. その根本公理，生物学的基盤，定義，現象について

　要するに，私たちのいう意味での感情が思考に対してその作用を発揮する持続時間はさまざまなのであって，作用はきわめて短期的で，急激に始まり急激に終わる場合もあれば, きわめて長期的で, 緩慢に持続する場合もある.「感情・認知」結合は，全体として見れば安定的なものであるとはいえ，個別に見ていけば非常に適応性に富んでいるということがわかる. したがって, 私たちが「感覚・思考・行動」プログラムと呼んでいるものは, ことに人間の場合, すでに前もってプログラムされた固定的な図式（シェーマ）といったものでは決してない. それは, むしろ, 状況に応じた可塑性を有する基本パターンなのであって，場面に応じた変異可能性と自由度を備えているものであると考えなければならない. だがそれでも，認知に対してこのプログラムが「組織化と統合」の効果をおよぼしているという原則的な特性は，いかなる発達段階においても，いかなる観察レヴェルにおいても，必ず同一なのである. このことについては，このあとのいくつかの章で，特に自己相似性ないしフラクタル性という現象との関連において，もっと詳しく検討することになる. そうした見方からしても，私たちは，本能，欲動，動機，意志，価値体系といった一見かなりまとまりのない一群の概念の背後に隠れている一貫した構造的共通性を見いだすことができる.

心理的，社会的，生物学的な各現象領域の間の相互的構造的カップリングについて

　この章では感情論理の基本概念について検討してきたが，その最後に私たちは，いかなる心理現象においても心理的成分，社会的成分，生物学的成分の三つが共同作用しているという仮定について少し考えておきたい. このような仮定は, 経験から生成する「感覚・思考・行動」プログラムという私たちの概念にも最初から織り込まれているものである. ところで，この共同作用の問題は根本的に重要である. というのも, この問題は, 結局のところ, いわゆる「心身問題 Leib-Seele-Problem」をめぐる巨大な問題群と重なっているからである. よく知られているように，ここ数十年の科学哲学の議論のかなりの部分はこの心身問題をテーマとしてきた. ずっと昔から論争の続いてきたこの問題が科学哲学の一つのテーマとなったあとも，依然として「精神論者（心理主義者）Psychiker」と「身体論者（身体主義者）Somatiker」との対立の構図は変わっていない. 精神論者とは, 精神現象の質的な独立性を主張する人たちのことであ

り，身体論者とは，徹底的な生物学的還元主義を断固として擁護しようとする人たちを指している．言うまでもなく，この二つの立場は互いに相容れないものである．「精神科学は，結局のところ，脳科学にほかならない」と，最近ある有名な神経科学（ニューロサイエンス）の研究者が主張した．この主張自体は新しいものではないが，そのとき彼が論拠としたのは，今日ではすでにほとんどあらゆる感覚や思考の「背後」に，神経細胞（ニューロン）の特異的なプロセスを証明できるようになっているという事実であった (Roth 1996). そのような「物質的基体 materielles Substrat」を欠くところには，「精神 Geist」もまた存在するはずがない．これは，実証的自然科学がずっと以前から主張してきたことでもある．この主張の必然的な帰結として，物質に対してまで精神の作用がおよぶ可能性は否定されるか，あるいは無視されることになる．しかしながら，私たちの見るところでは，心理現象ないし精神現象を，その生物学的基体――もちろん，それは「存在して」はいる――へと単純に還元するという操作は，すでに次のような理由からだけでも不当であると言える．すなわち，心理現象ないし精神現象とは，いろいろな意味で，ある種の「間隙 Zwischenraum」のようなところに位置しているものだからである．抽象的な関係を取り扱う数学というものを例にとればわかりやすいが，数学と同じように精神現象は，つきつめて考えれば，非物質的な「関係の集積」である．この「関係の集積」としての精神現象は，複雑さが上昇し一定の範囲を超えたときに，それを支えている物質的な担体（あるいは物質的な対応事象）とはもはやまったく別のレヴェルにおいて創発してくるのである（創発：Emergenz）．たとえば，ある時代の「精神」とか，この精神の何百年，何千年にもわたる歴史的発展といったものをイメージしてみよう．この意味での「精神」は，「どれか一つの脳」に局在する現象とは考えられないし，「人々の脳の集合体」に局在する現象とも言えない．それは，「それらの間のどこか dazwischen」に，すなわち，ある高度に抽象的な――まさにその意味で「精神的」と呼ぶにふさわしい――空間に，存在するのである．

　これら若干の指摘から示唆されるさまざまな複雑な問題にさらに踏み込んでいくことは，やはりここでもあきらめざるをえない．ただし，この問題領域のうちのいくつかの点については，別の文脈の中でこれからもたびたび検討することになるだろう．ここでは，この問題領域に関連する一つの構想を紹介して，その意義を強調するにとどめておく．1970年代以降チリの神経生物学者 Humberto Maturana および Francisco Varela によって提唱されてきたその構想――

● 第2章　感情論理の基本概念．その根本公理，生物学的基盤，定義，現象について

　本質的に異なる性質を持つ複数の現象領域間の相互的構造的カップリングというコンセプト——の適切さは，私たちの感情論理の理論と実践の展開の中でも，すでに以前から確かめられている．彼らのこの構想については，構成主義的に設定された諸問題との関連において，すでに第1章でも紹介しておいた．

　構成主義に基づく脳研究を推し進めているこの二人は，以前から，「観察者の表象」と「観察者によって観察される現象」とを方法論的に明快なしかたで区別しようとする過程で，次のような仮定を置くようになった．すなわち，観察者自身の表象，脳生理学的な事象そのもの，観察可能な「外面的」な行動，という三つのものは，それぞれ別々の独自な「現象領域」に属しており，このそれぞれの領域は，それぞれ独自な法則に従って組織化される，という仮定である．しかし同時に，これらの互いに異なる現象領域は，ある一つの相互作用領域においてつねに互いに影響しあっており，その結果として，そこ（その一つの相互作用領域）において——しかもそこにおいてのみ——それぞれの構造および力動的組織形態は互いに調整しあっていると想定されている (Maturana 1982)．

　彼らの当初の目標は，「研究者としての観察者の立場」と「観察される対象」とを区分することにあったのだが，そこからやがて今述べたような明瞭な構想が発展した．私の見るところでは，この構想の長所は，一方的な生物学的還元主義にも，一方的な心理学的・構成主義的還元主義にも陥ることなく，さまざまな現象（またはプロセス）領域が相互に密接に依存しているという考え方を維持していることにある．このことによって，この構想は，包括的な「心理・社会・生物」学的な相互作用モデルへとさらに発展していく可能性を持つことになる．それは，次のような置き換えを行うだけで，簡単に実現できる．すなわち，「観察者の領域」を，「内省によってのみ直接把握しうるような心の内部の表象と力動の全体」に置き換え，「神経生理学的事象」を「生物学的現象領域の全体」に置き換え，さらに「観察可能な外面的行動」を「社会的相互作用の領域」に置き換えればよいのである．このような置き換えを行うと，それぞれの現象領域は，もとの Maturana と Varela の考えていた領域より明らかに広くなるが，それでも三領域の互いの相違ははっきりとしている．しかも，私たちが以前に詳しく論じたように (Ciompi 1986, 1988, 1989, 1991a)，このような置き換えを行っても，先に述べた相互作用の規則を変更する必要はどこにも生じない．なぜなら，心理領域と社会的領域と生物学的領域の三つの領域もまた，それぞれ独自な法則性に従って組織化されており，しかも——特定の相互作用

の場において——つねに互いに影響しあって，構造を変化させているからである．

　私たちは，相互的構造的カップリングという Maturana と Varela の構想をこのように拡張して，これを，本書でこれから行っていく私たちの考察の出発点として使うことにする．彼らの構想の「拡大ヴァージョン」であるこの私たちの構想は，単に理論上の要請であるというだけでなく，今や心理学および生物学領域の多数の研究結果によって支持されるようにもなっている．そうした研究は，心理現象と社会的現象と生物学的現象が相互に影響しあっていることを具体的に証明できるようになってきているのである．異なるレヴェルにあるこの三つの領域を媒介するしかけ，つまり私たちが「心理・社会・生物」学的な「媒体（メディエイター）」(Ciompi 1989) と考えている主要なものは，すでに前にも指摘したように，ニューロンの可塑性（神経可塑性）という現象である．この現象に媒介されて，心の中の出来事や社会的な出来事が，ニューロンという基体に影響し，その構造を変化させるということが確かめられている．また逆に，そのように引き起こされたニューロンの構造変化は，心理的体験や対人行動に影響を与え，体験や行動の構造を変化させるのである．しかし，こうした媒介のしくみは，神経可塑性に基づくとは限らない．ストレス（反応）現象と呼ばれるものは，例外なく，心理・社会的レヴェルと生物学的レヴェルにおいて同時に現れる．そこで起きてくるのは，身体や自律神経の緊張や一般的な疲労の徴候ばかりではない．免疫生物学的レヴェルの変化も現れてくるということが，今日の精神免疫学の研究によって知られるようになっている．つまり，ストレス下では，一連の免疫細胞からなる免疫系——可動性を備えたもう一つの神経系とも解釈できる——にさまざまな変化が起こってくるのである．この場合も，免疫系を含むこうしたさまざまな身体的な変化は，続いてさまざまなしかたで心の内部の状態や社会的行動に対して逆方向の影響を与えることになるのである．さらに言えば——しばしば見落とされていることであるが——感情は，すでにそれ自体として，心理レヴェルだけでなく，社会的レヴェルでも，生物学的レヴェルでも，重要な役割を果たしている．したがって，感情というものは，心理学と社会学と生物学をつなぐ「橋」であると言ってもよいし，それらをつなぐ「一級の媒体」であると言ってもかまわない．このことを具体的に示してくれる例としては，前にも挙げたが，生後 12 ヶ月目から 18 ヶ月目までの早期母子関係におけるポジティヴな感情が辺縁系・前頭葉間の神経路の成熟に影響を与えるという事実がある．発達の早期に見られるこの現象は，心理

● 第2章　感情論理の基本概念．その根本公理，生物学的基盤，定義，現象について

的および社会的（対人関係的）レヴェルと，神経伝達物質やホルモンのレヴェルとで，同時に，あるいは交互に起こっている事象である．この事象は，神経可塑性のメカニズムを介して，神経の連合路の構造のうちにコード化されて貯えられる（つまり記憶される）．そしてこの広義の記憶は，その後の人生において，個人的心理的体験ばかりでなく，社会的行動に対しても，のちのちまで影響を与え続けることになるのである．

　私たちの理論的構成（物）としての生物学的・社会的・個人心理的各領域間の相互的構造的カップリングという構想は，今挙げたような実証的研究の成果によって，確固たる経験的基盤を獲得したことになる．さらにこの構想は，心身問題に対してもバランスのとれた一つの——完全な，とまでは言えないにしても——答えを提供してくれる．その答えは，私たちの感情論理の考え方とうまく合致するばかりでなく，自然科学的現象と精神科学的現象の間の相互関係を捉えようとするその他のさまざまな全体的な見方にも矛盾なく適合する．それのみならずこの構想は，実際に有用でもある．このことは，これから次の第3章で思考に対する感情のオペレイター作用について検討し，さらに第4章でフラクタル感情論理のカオス論的基盤について検討していく中でも明らかになるはずである．

第3章
認知機能の基本的オペレイターとしての感情

> しかしすべての快楽は永遠を，深き永遠を欲している.
> Nietzsche

　これまでの章で検討してきたことを基礎として，私たちはこれから，感情が思考に対しておよぼしている「組織化と統合」の作用——この作用についてはすでに何回も触れた——についてのさらに詳しい分析にとりくんでいくことができる．私たちはこの作用を，「認知に対する感情のオペレイター作用」という呼び方でひとまとめにする．オペレイター（演算子）という概念は，物理学や数学から借りてきたものであるが，すでに述べたように，もともとは，ある変量に作用し影響をあたえる力のことを意味している．

　基底的な感情状態が私たちの思考にたえず深い影響をおよぼしているということは，哲学においては——特に Heidegger の哲学において——すでに 1920 年代から問題とされてきた．こうした認識を Heidegger は，とりわけ不安という側面に注目しながら彼の実存論的哲学全体の中軸にすえたのである．Heidegger のやり方はあまりに不安だけを重視しすぎていると批判した Bollnow においてもまた，気分がつねに思考に対して作用しているという事実が彼の人間学的哲学総論の基礎をなしている (Bollnow 1956)．しかしこれとは逆に，心理学においては，後の章でまたとりあげるようなわずかな例外をのぞけば，感情が認知におよぼす不可避的な影響というものは，この何十年にもわたって，ほとんどまったく見逃されるか，あるいは無視されていたのであった．Piaget のような，そのほかの点ではあれほど注意深い学者でさえも，感情に対して認めていたのは，すでに見たように，認知過程および認知内容に対するエネルギー発動的な作用だけなのである (Piaget 1981, 1995)．ようやく最近になって，情動生物学や情動心理学の文献の中で，情動成分が思考および行動に対して深い影響をおよぼしているのだという認識が徐々に広がりつつある．たと

● 第3章 認知機能の基本的オペレイターとしての感情

えば，統合された感情特異的な機能システムの領域の代表的専門家である Jaak Panksepp は 1991 年に，「感情神経科学 affective neuroscience」の現状についての展望（総説）の中で次のように記している．「情動システムの第一の機能は，一貫した行動傾向の生成ということにあり，自律的な変化（と見えるもの）も実は，情動回路網に組み込まれているところの，目標への方向づけを持った行動様式に従属しているのかもしれない」(p.89). Caroll Izard は，すでに 1977 年の「人間の情動」という著書の中で，それ以前にこのような組織化作用を推測した初期の出版物を挙げているのだが，彼自身もやはり 1993 年の論文の中では明確に，認知に対する「個別の情動の持つ組織化と動機づけの機能」について議論を行っている．最近では，思考に対する感情の作用という問題へのとりくみがほとんどブームと言ってもよいほどさかんになってきているが，それにもかかわらず，神経生物学あるいは情動心理学のこれまでの出版物から判断する限り，依然として，あらゆる認知機能に対する不可避的な「組織化と統合」のオペレイターとしての感情の影響力がどれだけの広がりと深さを持つのかという事実について，またそうした事実が私たちの人間理解の総体に対してどれだけの変化をもたらすのかということについて，十分明確に理解されているとは言えないように思われる．

思考に対する感情のオペレイター作用——組織化と統合

たしかに私たちの感情論理の構想の中では，思考に対する感情の多様な作用というものが，最初の最初からすでに関心の中心に位置していたのであった．しかしながら，以下において記していくようなオペレイター作用をもっと厳密に捉えるべきだという発想は，私たちの感情論理の構想の中でも，ようやく最近になって生じてきたのである (Ciompi 1991a, 1993b). そのようなオペレイター効果は二つの大きな群に分けることができる．つまり，一つは，あらゆる感情が同様のしかたで保有している「一般」作用であり，もう一つは，それぞれの感情の種類によって異なるような「特殊」作用である．この二つのいずれにおいても，感情というものが，系統発生的および個体発生的に見て，（生存にとって）不可欠な貢献をなしていることが証明される．しかし，私たちが感情などというものは合理的な思考の妨げでしかないと見誤っている限りは，そうした感情の貢献は完全に隠蔽されてしまうにちがいない．

思考に対する感情の「一般的」な組織化と統合の作用は，以下に挙げるよう

なメカニズムによって成立している.

——感情は,あらゆる認知力動のエネルギー供給源として,言い換えれば,「動力装置」および「動機づけ装置」として,決定的に重要である.

認知に対する感情のこうした作用は,むかしから知られており,また原理としては一般に受け入れられてもいるのであるが,このことをここでまず最初に挙げたのは,ほかのあらゆる「組織化と統合」のオペレイター効果も,この感情の作用とかなり緊密な関連を持っているからである.実際のところ,あらゆる種類の感情的な力——不安,願望,志向など(この中でも,私たちがあとで示すように,一致,調和,葛藤解決,緊張解消などへの願望が特に重要であることを強調しておきたい)——こそが,認知力動を作動させ,認知に必要なエネルギーを供給しているのである.この意味で,感情は「動力装置(エンジン)」として働いていると言ってよい.何かを運動させ,発動させるというその作用は,「情動 Emotion」という用語からも読み取ることができる.感情のエネルギーがなければ,意志も行動も存在しないであろうし,文字通りの意味でも,比喩的な意味でも,認知の諸要素を「重ね合わせたり/熟考したり Überlegen」,「互いに結びつけたり/互いに関係づけたり Miteinander-Inbezugsetzen」することはないであろう.次の章で明らかになるように,私たちの心はさまざまな「感情・認知」構造から成り立っていて,その構造のそれぞれは,さまざまな認知内容に感情エネルギーを分配するしかたの異なったパターンとして(ということはつまり,カオス理論のいう意味での「散逸構造」として)理解することができる.この解釈は,私たちのこれからの議論の進行の中で,しだいにより大きな意義を獲得していくはずである.

しかしながら,感情を動力装置(エンジン)にたとえる——これは Piaget が始めたことである——場合に考慮しておくべきことがある.それは,感情がときには思考や行動に対してちょうど反対の方向の作用,つまり「制止(ブレーキ)をかける」作用をおよぼすこともあるということである.すなわち,不安,怒り,喜びはたいていの場合,思考や行動を加速するのに対して,特に悲しみや抑うつ,さらには特殊な状況においては不安と驚き,あるいは怒りもまた,抑制的に,つまり速度をおとすように作用することがある.とはいえ,たとえば病的な悲哀反応や消耗うつ病の場合にしばしば非常にはっきりと観察されるように,ある力動状態に制止をかけるということも,それはそれでまたエネルギーを要することなのである.

● 第3章　認知機能の基本的オペレイターとしての感情

　すでに述べたように，認知機能に対する感情のこれ以外の組織化オペレイター作用は，すべて何らかのしかたでこのような賦活的あるいは抑制的な効果と関連しているのではあるが，しかしそれらのさまざまな作用をすべてこの賦活と抑制という効果に帰着させることは決してできない．むしろ，より精密な観察を行うことによって，少なくとも以下に挙げるような別の側面が明らかになってくる．

——感情は，つねに注意の焦点を決定している．
　自分がいま，どんな気分にあるのか，すなわち悲しいのか，うれしいのか，不安なのか，怒っているのか，興奮しているのか，あるいはリラックスしているのかということにそれぞれ応じて，注意や知覚はまったく異なる認知内容へと向けられる．私たちはたえず，可能な範囲の認知的知覚や連想の中から，私たちのそのときの基本気分と調和するような知覚や連想だけを選び出している．したがって私たちの意識内容はつねに感情によって決定されているという面があるのである．しかし同時に私たちは，そのときそのときの情動的な気分に応じて周囲の世界すべてに感情の「色づけ」をほどこしてもいる．たとえば心の底の方で怒っているとき，私たちは，いたるところに醜悪なもの，じゃまなもの，嫌悪感をもよおさせるものを見て取るだろう．逆に気分が高揚しているようなときには，まったく同じ周囲のものごとの中に美しいもの，喜ばしいもの，気を引立ててくれるものを見いだすことになるだろう．何かいやなもの，たとえば誰かが投げ捨てるように置いていった新聞を見て私たちは立腹するけれども，それと同じものを見て，他人のやさしい気づかいを感じ取るときもある．それどころか，天気や身のまわりのものすべて，今いる場所やまわりの人々などといった私たちがそのただ中に身を置いているあらゆるものもまた，「客観的な」現実——そのようなものが仮に実在するとしても——を中立に模写したものとして機能しているというよりは，むしろ私たち自身の感情状態をうつしだすスクリーンあるいは鏡として機能しているのである．後者の働きの方がずっとまさっているのである．けれども私たちが「日常的」または「平均的」な気分にあるとき，ということはつまり，特に立腹していて変に力んでいるわけでもないし，逆に特に喜んでいたり楽しかったりするわけでもないというとき，そんなとき，私たちは周囲の何にも注意をはらわず，私たちの仕事のことだとか，あるいはそれ以外の何かの日常的な思いにふけっていることがある．そういったときには，さまざまな種類の刺激の誘発を受けて，広範な一連の認知内容や

連想を比較的自由に利用できる状態に私たちはある．したがって，このように比較的感情平坦な状態にあるとき，注意の焦点の可動性と潜在的広がりはふだんよりも大きいわけである．逆に，強い感情は注意の焦点を狭くするとともに深くもする．

ここに示した例，すなわち選択的注意が感情の影響に依存するという事実の具体例は，挙げていけば数も種類も限りがない．こうした影響は，感情の種類が不安であれ，悲しみであれ，あるいはそれ以外の気分（あるいはその変調）であれ，基本的にかわりはなく，また，必要な訂正を加えてのことではあるが，瞬間的な注意集中（フォーカシング）の場合と同じように長時間の注意集中においても，重要な役割を果たしていると考えられる．個人ばかりでなく，さまざまなグループや，もっと大きな集団においても，後にさらに詳しく見るように，やはり注意に対する感情のオペレイター作用がつねに作用しているということがわかっている．さらに，そうした集団思考においても，私たちの注意の焦点が一つの認知内容から次の内容へどのように動いていくかということを決めるのに感情がぬきんでて重要であるということも，やはり簡単に観察できる．感情という基本状態は，私たちの注意がその瞬間にいかなる知覚対象に向きやすいかということを大部分において決定しているだけでなく，注意がある特定の認知対象にどれだけの時間とどまり，つづいてその注意がいかなる内容へ移行していくかということをも決定している．さらには，感情によって選択を受ける認知的要素が首飾りの真珠のように連なり，その一貫した帰結として，やはり感情によって強く決定づけられたものである特定の現実理解，あるいは前章で定義したような意味での「論理」が生じてくることになる．これに反して，現在の気分に合わないものは，とりあげられないままとなるだろう．「知らないことに煩わされることはない（知らぬが仏）」ということわざの言うとおりである．要するに，短期的に見ても長期的に見ても，無意識のうちに感情の支配をうけている注意の焦点のありかたが，私たちにとってどの情報が重要かという選択を規定しているのであり，だとすれば結局のところ，私たちの世界像全体をも規定していることになる．したがって，こうしたメカニズムを考慮することなしには，私たちがこの瞬間に行っている行動も，また私たちを個人的にも集団的にも支配し規定している長期に存続する世界像や行動様式も，十分に理解することはできないのである．

——感情は，さまざまな記憶装置への通路を開いたり閉じたりする門のような

● 第3章　認知機能の基本的オペレイターとしての感情

働きをしている．

　これまで述べてきたことと同様に日常の出来事からも簡単に推測できることであるが，特定の感情は，その感情と一致するような認知内容を記憶に貯えるように促し，またその記憶内容の再賦活に際しても重要な役割を果たす．生物学的なレヴェルでは，こうした現象は，すでによく知られていて，状態依存的な記憶（記銘）および想起と呼ばれている．たとえば，ひどく怒っている場合，そのとき支配的となっている攻撃的感情を確認し強化するような想起内容だけが記憶の中から引き出され，これに反するような内容は抑圧されるということがある．愛情と喜びにみちた状態ではこれとちょうど逆のことが見られるだろうし，不安や悲しみの場合も同じである．ここでもまた私たちが特に注目したいのは，見たところはまったく感情的に中立な思考や知覚がつくりあげる広大な領域である．しかしそのように見える思考や知覚も，実は感情の選択をうけていないわけではない．それらは平均的な日常的な気分に伴って自明であるかのごとく出てくるが，実は個人と文化に特異的な傾向をはっきりと持っている．

　このように感情は，実際に門や水門のような働きをしている．その門は，そのときの気分と文脈に応じて特定の記憶装置だけを開き，そのほかの記憶装置を遮断する．ある共通の感情や気分によって結びつけられている複数の認知内容は，一緒に記憶に貯えられるので，想起においても一緒に呼び出されやすい．したがって，感情の持つこうした門や水門に似たオペレイター作用によっても，思考はつねに情動から規定されるという面を持つことになる．「感情の持つスイッチ機能」と呼ばれるものが，特に精神病理現象において中心的な意味を持っているということを Eugen Bleuler (1926) はくりかえし強調していた．この感情のスイッチ機能は，かなりの部分ここに述べたようなメカニズムによって成立している．

——感情は連続性をつくりだしている．つまり，感情は認知要素に対してある種の「接着剤」あるいは「結合組織」のような働きをしている．

　私たちがつねに直面している感覚刺激と認知内容の世界は，そのままではカオス的な多様性と不均一性にみたされている．今記載してきた水門ないし門に似た感情のオペレイター作用によって，その世界をフィルターに通し，水路を整えることではじめて，その世界の中に，文脈に即した機能単位がつくりだされる．同一の，あるいは類似の感情的特性と対応関係のあるさまざまな認知要素が互いに機能的に結合することによって，状況の中で重要な意味を持つもの

として選択される認知内容の間にも統一性が生じることになる．これは，時間の横断面の上でも，縦断面の上でも，同じように起こってくることである．こうして，感情は「接着剤」あるいは「結合組織」のように働き，すべての思考と行動の中に文脈に適合した一貫性と連続性をもたらす．同一の，あるいは類似の感情とカップリングした認知内容が記憶の中で互いに結びつきやすいという事実は，実験的にも証明されている．具体的には，たとえば恥，不安，怒り，悲しみなどのうちのどれか一つの感情を伴う全生涯にわたるさまざまな記憶が，実験的にその感情状態を（催眠，薬物，またはそのほかの方法で）誘発することによって，「一団となって」想起されるということが確認された．Stanislav Grof は，この現象を研究する際に LSD やプシロシビンといった幻覚誘発作用のある薬物も使用して実験をしたという．彼は，感情に規定されるこのような記憶の複合体を COEX 想起（condensed experiences の略）と呼んでいる（Grof 1975, なお Bower 1981, Koukkou 1987 も参照）．

——感情は私たちの思考内容の階層構造を決定している．

そのときそのときに優勢となっている感情状態が，そのときそのときの私たちの思考の階層的序列を決定している．たとえば恋に夢中の状態にあるか，あるいはひどく怒っている状態にあるか，あるいはまた不安の状態にあるかということによって，同一の外部の状況，たとえば会議に出席しているとか，または道を歩いているなどといった同一の状況から何がどのように認知されるかということも大きくかわってくる．つまり，それぞれの感情状態に応じて認知の階層のありかたはまったく違ったものとなる．しかしどの場合でも，そのときに優勢となっている感情や全体的な情動的文脈に応じて，思考と知覚の優先順位が生み出されているという点はかわらない．ある同一の認知対象についていろいろ異なった体験を持っていて，原則からすればその対象に両価的（アンビヴァレント）な意味合いが付与されているはずだという場合があるけれども，そうした人物や事物の認知に際しても，実際には，そのときの感情に合致するような性質だけが注目され，有効な行動がとれるようにその他の側面は覆いかくされてしまうという傾向が認められる．

思考に対する感情のこうした階層設定的オペレイター作用は，同時に意欲や意志という現象とも重要な関係を持っている．Piaget と同様に私たちも，前章において，意欲や意志を，願望，あこがれ，要求（渇望），欲求（熱望）などと一括して，上位感情の一種として理解してきた．特定の認知内容と結びつ

● 第3章 認知機能の基本的オペレイターとしての感情

いた強い感情，たとえばある人への，ある場所への，あるいはある複雑な目標への激しい渇望は，それほど強くはない要求や対立する要求を制圧し抑圧する．これに応じて私たちの意識的な意欲や行動は階層化されている．このことと関連してここでもう一度確認しておきたいことがある．一部は先天的な，また一部は活動において獲得される，種々の統合された「感覚・思考・行動」プログラムが，状況に応じてかわるがわる優位となって有効な行動を導くと考える私たちの構想は，欲動や本能に基づく行動様式も，それ以外のものに起因する行動様式も，すべて考慮に入れているということである（本書第2章参照）．いずれの場合でも，感情のオペレイター作用は原則としてまったく同じかたちで観察できるし，そこから生じる意志衝動のかたちもまったく相互に類似したものである．

――感情はきわだって重要な，複雑さの低減装置である．

ここに挙げてきた感情のオペレイター作用（組織化と統合の作用）のさまざまな側面を，複雑さの低減という言葉で要約してもかまわないだろう．文脈に適合したものを発動させ，選択を行い，階層化を推し進め，一貫性と連続性をつくりだすような，認知に対する感情のフィルター作用があるからこそ，私たちは，外界の感覚領域からも自分の内部からも私たちの「思考装置」に向かってつねにおしよせてくる莫大な量の認知情報をうまく制限することができる．この感情のフィルターが，あまりに粗であったり，あまりに密であったりするような場合――たとえば躁状態，統合失調症の状態，抑うつ状態，強迫症の状態ではそうなっている――には，まもなく思考と行動の全体におよぶきわめて重篤な，また時によっては生命を脅かすような，障害が発生することがある．

ここからわかるように，一般的オペレイター作用だけをとってみても，認知に対する感情の影響は，Piaget が想定していたようにエネルギー発動的効果のみにとどまるものではない．これらの一般的オペレイター作用は，思考に対する動力装置および動機づけ装置としての作用を通じて，またはその作用と並列に，エネルギー発動以外のきわめて重要な一連の「組織化と統合」のための課題をこなしている．次に私たちは個々の（基本）感情の特殊オペレイター作用を検討していくことにする．ここでも，感情のオペレイター作用が（生存にとって）不可欠な機能であるということが，はっきりと理解されるはずである．

Kapitel 3

——「関心」や「意図 Intention」の感情，または「飢餓」感情は，特にまず心身の全般的な励起および刺激（アラウゼル arousel）に貢献し，これによって間接的に注意の集中（フォーカシング）にも役立っている．これらの感情はエネルギーの初期賦活の役割を果たしており，それらがあってはじめて，周囲の何かが知覚されるということの前提がつくりだされる．それと同時に，これらの感情は身体全体を活動へと向かわせる．したがってこれらの感情は，予想外の刺激または新しい刺激に際してつねに生じてくるきわめて重要な注意反応あるいは見当づけ反応とも関係を持っており，さらにはこの現象を介して，後にも詳しく説明するように，今日なお依然として謎につつまれている意識という現象とも関連することになる．何であれ新しいものに対面したときには，関心の感情と同時に，心の基底で共振して用心を促すような不安の感情が生じる．関心は，この不安の効果との相互作用のもとに置かれながらも，不安（「～から離れて」）とは対立的な「～へ向かって」という独自な運動衝動（「動機 Motivation」）を発現させる．関心によって引き起こされるこの運動衝動は，（生存にとって）不可欠な興味・探索行動の基底を形成する．仮に関心という感情がなかったとしたら，人間も動物も，自分のまわりの世界を熟知して，自分の生存圏／生活空間 Lebensraum を分化・洗練するようなことはできないはずである．

——「不安」の感情は，関心とは対照的に，危険への警告である．したがって不安もまた（生存にとって）不可欠である．不安は，潜在的に危険を伴う場所や思考や行動の領域への接近を阻む典型的な「リパルサー」ないし「威嚇」であるとも言える．不安という感情は，「～から離れて」という運動——つまり，極端な場合には逃走——を促すような動機と結びついており，こうしてすべての行動に対して（したがってある程度は知覚と思考に対しても）つねに生命維持のための限界を設定しているのである．道路を横断するときのこと，山の中を散策するときのこと，さらには何か未知の物や見知らぬ人に出会ったときのことなどを考えてみてもすぐわかることであるが，そのような限界を設定する不安という感情は，他の感情と同じく，きわめて重要な意義を持っている．このような自明なことをわざわざここで強調しなければならないのは，近ごろ（たとえば何か心理的なことが話題となる場面で，しかしまた政治的な場面でも稀ならず）不安はそれ自体として悪しきものであり，どんなことをしてでもこの世から根絶すべきだといったことがしばしば主張されているからである（とは

● 第3章 認知機能の基本的オペレイターとしての感情

いえ，見知らぬものに対する不安には，どうしてもある種の妄想的な成分が含まれているので，場合によってはこうした成分が優勢になって機能不全をまねくこともあるということは，疑うべくもない）．

——「怒り」と「攻撃性」についても大きな違いはない．少なくとも Konrad Lorenz の「悪と呼ばれているもの」についての著書 (1963) が出て以降，この二つの感情もまた，つねに（生存にとって）不可欠な働きを果たしているのだということが知られるようになっている．いかなる動物においても怒りと攻撃性は，自分の縄張りの中への対抗者の侵入の度合いに応じて強まる．そして個体は，その侵入の度合い（したがって，怒りや攻撃性の強さ）に見合ったさまざまな行動パターンを駆使して，自分の生存圏を防衛しようとする．これは系統発生の面から見て，いかなる生物にも必要な行動である．攻撃的行動は，その種全体の自己保存に役立つ限りにおいて自然なものと言うべきであるが，食物および性的パートナーの奪い合いやその他の競争状況においては，自己保存的および種保存的という両方の性格を持っている．人間について考えてみると，攻撃的行動においてなされていることは，今挙げた単純な基本機能と並んで，個体の面から見ても集団の面から見ても，心理学的境界の確保，すなわち（個人的ないし集団的）同一性（アイデンティティ）の確保であることがわかる．ここでもまた，感情が知覚と思考の通路を決定するという感情論理の一般的規則は保たれている．さらに言えば，人間は多大な自由度を有するがゆえに，攻撃性という面でも自然の拘束からは少しばかり脱け出していて——Erich Fromm があの当時（1977）主張したように，そしてまた実際に人間の一部の行動様式からも推定されるように——人間特有の破壊性を発達させたのではなかろうかという問題は，これまでもさかんに議論されてきたが，依然として結論をみていない．Lorenz によれば，自然な限界を越えた攻撃性を人間が持つようになった一因は次のように説明される．すなわち，現代的な押しボタン戦争に見られるように，人間はもはや自分の敵に対して物理的に近づかないようになった．このため，競争に敗れた同一種の個体を殺してしまうことを防いでいたような動物界の自然な抑止メカニズムが人間から脱落してしまったというのである．もう一つの可能な説明として次のような考え方もある．つまり，ホモ・サピエンスは類人動物のうちで特別に攻撃的な性格を持った一変種であって，まさにその理由によって進化の中で徹底的な優位を築いてきた．そして類人動物のうちのもっと穏和な性格を持った競争相手をすべて（また他の多く

の動物種をも）絶滅させた今となってもなお，人間は，そもそも自分の持っている高い攻撃性水準を適切に理解するためにだけでも，多額の授業料を払わなければならない．ましてやその攻撃性にうまく対処していくことなどおよびもつかないのだ，という考え方である．

しかし他方から言えば，人間は，攻撃的な自己保存衝動と境界設定衝動を単なる暴力以外の手段によって，つまりたとえばシンボリックな身振りや威嚇の真似をするという手段によって実現するというすでに動物にも備わっている能力を，特に言語的な交渉への可能性というかたちで非常に大規模に発展させてきたのだということも，やはり見逃してはならない．私たちは今後も，怒りと攻撃についての中心的問題についてたびたび論じることになるだろう．さしあたって次のことだけを確認しておく．すなわち，生命維持という観点から見れば，攻撃的感情とそれに付随する機能様式の意義は，物理的ないし心理学的な境界を設定し，監視し，可能であれば拡張もするという点にあるということである．なお，攻撃性は，その境界づけの機能のゆえに，機能失調に陥った情動の連鎖（束縛）を克服するための心理学的「解消法（溶媒）」としてしばしば動員されることがあるということも最後に指摘しておきたい．

——しかし「悲しみ（悲哀）」こそが，そうした解消法のうち最も重要なものであることは，どう見ても間違いない．いわゆる「喪（悲哀）の作業」が成功するということは，よく知られているように，愛していたが今は失われてしまった対象から陽性の感情，すなわち拘束的な愛の感情を，糸のもつれを一本一本ときほぐすように，分離していくことである．こうしたことを最初に指摘したのは Freud (1916) であるが，彼はさらに喪の成功と失敗を分け，喪の失敗がうつ病やメランコリーに対応すると考えている．精神療法家であれば誰でも知っているように，喪の作業というこの痛みに満ちたプロセスもまたきわめて深い意味を持っている．なぜならこうしたプロセスこそが，無用に束縛されている情動エネルギーを再び自由にし，新たな対象と課題へと向けるからである．これとは反対に，心理学的なものにせよ，薬剤によるものであるにせよ，こうしたプロセスを抑圧すること，つまり喪失の苦悩の痛みを回避することは，文字通りの意味においても，比喩的な意味においても，そしてまた個人のレヴェルにおいても集団のレヴェルにおいても，何の「解決」ももたらさないのである．

——最後に「喜び」,「愛」,「満足」などの「快」と関連した感情について述べるが，

● 第3章　認知機能の基本的オペレイターとしての感情

これらは，悲しみとは逆に，強大なアトラクターとして作用し，結合をつくりだし，それによってやはりまた個人的にも社会的にも（生存にとって）不可欠な機能を果たしている．人間を含むすべての高等動物において結合というものが中心的な重要性を持っていることは，生態学の分野では Konrad Lorenz が中心になって，また心理学では（René Spitz 以降）　John Bowlby, Margaret Mahler と精神分析的対象関係心理学とが完全に一致するかたちで，それぞれ指摘してきた (Mahler 1968; Bowlby 1969; Lorenz 1973)．快の体験に基づいて発展してくるそうした結合の対象は，人物ばかりではなく，動物，場所，家，地域から都市全体や国家全体にいたるまで，さらにはあらゆる種類の非生物（玩具，道具，自動車，船など）や，純粋な知的産物である宗教やイデオロギーや理論にまでおよんでいる．一般的に言って，陽性の感情は心理力動に対して「〜に向かって」および「いっしょに」という方向性を付与する．言い換えれば，そうした感情は，「愛の対象」たる認知内容にもっと近づいたり，それらと結合したりすることを希求するように「動機づける」のである．このことは，未分化な感情である「快」についてだけ当てはまることでは決してない．私たちが作成した「感情目録」の中で，「喜び」以下に挙げられている「快」の変種のすべてについて，このことは——あまり目立たない場合もあるが——当てはまるのである．したがって陽性の諸感情には，心理学的な意味での結合を媒介するという特性が顕著であると言ってよい．感情によってあらゆる種類の認知内容が結合するという感情の「接着剤」としての作用についてはすでに前にも述べたが，そのこととも関連して，ここに挙げた心理学的接着剤としての陽性の諸感情によって，構造や連続性がつくりだされることには，はかり知れない意義があるというべきである（このことについては次の節でもさらに詳しく分析する）．

　ここでは，基本感情が思考に対しておよぼすさまざまなオペレイター作用のうち主要なものだけを取り上げて解説してきた．どの基本感情が，どの（一般）オペレイター作用とどのように関連しているのかという微妙な点については，もう少し検討する必要がある．このことについては，本書の第2部において，具体的な例を挙げながら詳しく分析していくことにする．しかし全体を概観して見るならば，一般に感情というものは，何らかの規則的に制御される認知力動を発生させ，かつそれを支えているものであると言うことができる．そのような認知力動は，大集団のマスゲームにたとえることができる（拡散と接

近，結合と分離，階層化，交差，焦点の拡大と縮小などの共通の特性）．それは疑いもなく「感情の（内在的）論理」（ある感情に内在する特定の論理）の一側面と見做されてしかるべきものである．このことによって同時に「論理の（特異的）感情性」（ある論理に対して特異的な特定の感情）というものも示唆されていることになる．

感情特異的な「思考・論理」の形式

　私たちがつねに何らかのしかたで感情的に気分づけられているという事実に加えて，思考に対する感情の一般オペレイター作用と特殊オペレイター作用とが共に働くことによって，私たちの認知活動はつねに文脈と気分とに応じて柔軟に調整されるようになっている．そして情動と認知との間には不断の相互作用が働いている．つまり，特定の認知刺激は特定の感情や気分を誘導したり増強したりするが，その感情や気分は逆にまた知覚や思考を方向づけ，組織化する．最初は強く意識されていた感情成分は，時とともにしだいに目立たなくなり自動化されるが，この成分の持つ組織化や統合の作用は失われるわけではないので，状況に対する適応の営みの大部分は完全に注意や意識の外においてなされることになる．このような適応の営みは，あらゆる個々の認知内容にカップリングしている感情成分による身体的自律神経性作用とあいまって，いかなる瞬間にも，与えられた状況に対してその個体が，一つの全体として，整合性のある協調体制をとることを可能にしている．

　経験から生み出された「感覚・思考・行動」プログラムは，状態や文脈に応じて発動する（再び賦活される）ようになっているので，これまでに積み重ねられてきた経験の全体が，そのときの感情と一致する限り，現在進行中の情報処理プロセスの中へとつねに流れこんでくる．同時に，認知要素の選択的焦点化，記憶（記銘），動員，結合によって，まさに前章で定義した意味での「論理」，すなわち感情特異的論理が形成されることになる．つまり，そのとき優勢になっている気分に応じて，先ほど説明した感情のオペレイター作用が働いて，特異的な「関心論理」，「不安論理」，「怒り論理」，「悲しみ論理」，「喜び論理」，「愛情論理」などが——さらにそれぞれの無数の変種や混合形が——形成されるのである．しかし，今挙げなかったが，感情論理の構想の中で重要な意味を持っているものとしてもう一つ，いわゆる「日常論理」と呼ばれているものを挙げておかなければならない．それは，リラックスした中間的気分にあって感情が

● 第3章　認知機能の基本的オペレイターとしての感情

比較的弱く流動的である場合に現れてくる思考様式であるが，これもまたそれ固有な認知内容と結合している．私たちの日常思考をつくりあげている「平均的」で「自明な」，つまりほとんど自動化されているような認知的操作（オペレイション）のすべては，この日常論理に属している．あとでまた詳しく議論することになるが，広い意味では，自動化された形式論理的操作や数学的操作もやはり，日常論理の一部と見做すことができる．この見方からすれば，形式論理学や数学の思考も，感情と無縁ではなく，ほとんど本人には気づかれないにしても，緊張のない中間的情動状態という明白に特異的な気分性を必要としていることになる．

　このようにさまざまなタイプの「論理」のうちに出現してくる思考や感覚や行動のさまざまな全体的様式のうちには，互いにまったく対立するようなものも含まれている．そうした様式間の相違で，まず最初に私たちの目を引くのは「内容的な」相違である．それぞれの感情状態に応じて，それぞれまったく異なる認知内容がまわりの世界や記憶装置から優先的に選び出され，それらが結びついて何らかの包括的な見方や「真理体系」になっていくということがある．そうした見方や体系にうまく適合しない認知内容に対しては，目を塞ぐか，あるいは感情と一致するように着色を施すのである．こうした理由で，ある同一の風景や町や社会が，気分に応じて大きくかわって知覚される——というよりむしろ，「構成される」——ことがある．ここで私たちは，すでに前にも指摘したことであるが，現在の構成主義者たちの理論の中ではほとんど考慮されていない一つの重要な側面，すなわち「現実構成 Wirklichkeitskonstruktion」という側面に直面するのである．ところで，感情から規定されるそのような世界の理解のしかたがどれだけ「持続」するかは，場合により大きく異なる．たとえば短気な人の癇癪とか，急激な不安，唐突な喜びなどはわずかな時間しか持続しないが，病的な不安や多幸感や抑うつの状態の場合には，一面的な感情で歪曲された知覚や思考の形式がしばしば週単位，場合によっては月単位で続く．平均的な日常論理に特徴的な，ほとんどは無意識化されているが感覚や思考や行動の全体につねに深い影響を与えている「感情・認知」結合は，さらにずっと安定しており，たとえば「自明な」前提，価値表象，時代を超えた動機づけ，「心性（メンタリティ）」といったかたちで，私たちの日常生活を何十年にもわたって規定しつづけることがある．

　次にそれぞれのタイプの感情論理（感情特異的な論理）の「形式面」での特性について見ていこう．この形式面でも，それぞれの論理は，互いに大きく

異なっている場合がある．たとえば多幸的な状態にあるとき認知過程の可動性とスピードは著しく亢進し，より重症な場合には思考は飛躍し，逸脱し，観念奔逸的となる．これと類似の形式的特性が，内容面では異なる類型においても，すなわち急激な（急性の）不安や激怒の状態においても，認められることがある．ただし，すでに述べたように，この不安や激怒の状態で，まったく逆に，ある種の抑制（制止）が観察されることもある（これはおそらく瞬時の防御メカニズムとして解釈できる）．他方，悲哀・抑うつ状態においては，いつでもつねに思考は，同じ主題をめぐって延々と繰り返されるような形式の（内容の乏しい）ものとなってしまう．常同的，粘着的，緩慢で，場合によっては「停止」さえ見られる．また，中等度にリラックスした比較的感情平坦な日常気分にあるときには，認知的操作（オペレイション）の可動性，一貫性，速度はそれぞれ平均値付近で（かなり幅があるのだが）変動する．ちなみに，さまざまな感情状態を特徴づけている時間体験ないし心理的速度という形式的指標こそ，おそらくは思考の内容とあり方を「根底から」規定しているものであるという見方もあり，その根拠もいくつか示されている．いずれにしても，感情の変化が起こるときには，つねに時間体験の変化を伴うものであると言えるし，その逆もまた正しいと言える（Binswanger 1960, Ciompi 1961, 1988c を参照）．

　しかし，私たちの構想全体において，はかり知れないほど重要な意味を持つ事実はむしろ次のことにある．すなわち，それぞれの感情特異的な（感情）論理の内部では個々の結合や推論が形式論理上まったく正しく行われていても，そこから最終的に生み出されてくる思考様式は全体として互いにまったく異なったものになってしまうことがあるという事実である．このことは，憎悪や嫉妬，あるいは共感や愛情といった強い情動が閾下で作動しているのに，表面上は冷たい静寂が保たれているといった場合を考えれば，理解しやすい．言い換えれば，ある同一の形式的論理が用いられていても，感情に規定されて認知内容が別様の選択，結合，価値づけを施されるために，ある同一の状況の中で最後に到達する帰結がそれぞれ全体として互いにまったく別様であるということが起こりうるのである．例を挙げるとすれば，たとえば，政治的に互いに敵対する人たち，夫婦げんかや訴訟事件の当事者，さらには異なるイデオロギーを主張して争う人たちは，形式論理上正しい論証を重ねながら同じ「客観的事実」からそれぞれ互いにひどく対立するような結論をひきだすことがある．そのように発生するさまざまな思考構築の相違の根本にあるのは，どちらかの側の形式論理的な誤謬などではなく，どちらの側でもそれぞれ知的操作全体にわたっ

● 第3章　認知機能の基本的オペレイターとしての感情

てつねに随伴し影響力を持っている，感情に規定された選択や結合や価値づけなのである．特に，宗教的あるいは政治的な辺縁集団の中では，本書の第2部で具体的な例を挙げながら見るように，形式的には正しい論理を積み重ねていても，個人的にも集団的にも，きわめて独自な「感情・認知的固有世界」や「感覚・思考・行動レール（路線）」が形成されることがある．

　感情オペレイターによって思考過程にもたらされるすべての感情特異的な変化は，個体あるいは集団の利益という観点から見ればどれも原理的には完全に適切であるような，情報の大幅な縮減を，したがって同時にまた複雑さの大幅な低減をめざしている．感情によって操作されるそのような複雑さの低減が，進化論的に見ても大きな意味を持つことは疑いの余地がない．たとえば火事が突発したというような状況での急激な不安の中では，直接生命を脅かしたり救ったりするようなもの以外の認知内容はすべて即座に知覚野および意識野から消え去る．同時に具体的な方向づけを持った思考過程の速度が増し，身体は全体として活動へ向けて整えられ，行動は状況に即したものに限定される．こうした強大な不安に支配される機能様式を一つの極とすれば，もう一方の極には閾値以下の不安に影響されているような機能様式があり，そこでも原理的には同質の複雑さの低減が見られるものの量的にはずっとその規模が小さくなっている．この両極の間にはありとあらゆる移行のかたちが見られる．こうした連続的移行は，癲癇の発作と無意識の苛立ちとの間，急激な悲哀反応と目立たぬ恒常的な悲しみとの間，騒々しく勝ち誇ることと静かに喜んでいることあるいはほとんど気づかれぬほどの気分の高揚との間においても存在する．感情は非常に微細なヴァリエイションを持っているが，これに伴って思考の形式と内容にも微細なヴァリエイションが現れてくる．

　ここに挙げたさまざまな系列のあまり目をひかない端の方に，先に述べた「日常論理」が位置している．この日常論理には，自動化の過程を経てとっくに無反省（無意識）的な自明性と化した多数の独自な「感覚・思考・行動」パターンが含まれている．あまり貴重とは見えないこうした「感覚・思考・行動」習慣は，しかしながら，実はいずれも最初から自明なものとして存在していたというわけではない．その一つ一つを最初に獲得したり構成したりする際には，かなり膨大な情動エネルギーが費やされなければならなかったのであり，時を経るにしたがってようやく，これに要するエネルギーは低下していったのである．時間がたてばたつほど意識されなくなるとはいえ，習慣獲得の際にその「プログラム」の中に組み込まれた感情オペレイターは，その中にとどまり力動的

な作用をおよぼしつづける．日常論理に属しているものとしては，あらゆる種類の無反省（無意識）的な価値体系や確信，社会的先入観のほか，たとえば家庭や町中や教会の中での行動をそれぞれ規制するような自動化した規範意識のすべて，さらには話し方，服装，価値および美の概念にかかわるあらゆる種類の「自明なことがら」，そしてまた話し，読み，書き，計算し，交通手段を利用し，自動販売機を使い，交通信号に従うなどといった私たちに刷り込まれて（インプリントされて）いる認知能力のすべてが含まれる．そうした「思考・行動モード」の多くは時代と文化に強く依存している．たとえば宗教的な価値意識や男女の関係を律しているような人間に深く根ざしていると見えるような「感情・思考」結合でさえも，まさに現代の西洋社会のどこでも目のあたりに観察できるように，社会的条件が変化するのに伴って，短期間のうちに大きく変動することがある．日常の「感覚・思考・行動」パターンが実はどれだけ感情中立的ではないのかということを納得させてくれる事例としては，そうしたパターンを疑問視しようとするとき最初必ずわきあがってくる強い情動のことを考えてみてもよいが，さらにまたたとえば統合失調症の精神病状態において「自然な自明性の喪失」（Blankenburg 1971）に伴って現れてくる深刻な不安や行動障害のことを考慮してみてもよい．

筋の通った思考がもたらす快感

すでに何度か示唆しておいたように，私たちの感情論理の見方からすると，科学において論理的だとされているような論理や形式論理学の論理でさえ，感情に支配された思考の一つの特殊なかたちにすぎない——信じられないと思う方もいるかもしれないが——ということになる．そうした論理も，（少なくとも最初は）ある特別な心身状態と結びついている．この状態は，創造的リラックスの状態と呼ぶのが最もふさわしいのかもしれない．実際のところ，創造力にとむ研究者の報告を信じてよいとするなら，新しい学問上の考え，あるいはまた重要な発見や発明といったものは，緊迫した仕事の最中に生じてくることはほとんどなく，長いこと苦しんだあげく突然に，たとえば散歩中に，または夜中に横になっているときや朝起き上がる前に眠気の残る中で——場合によっては夢の中でということさえある——まるで本人の意図とは関係ないかのように，達成されるのである．これと近縁の「理性的 rational」（あるいは「合理的 rationell」とか効率的・経済的などと言った方がよいかもしれない）な思考

● 第3章 認知機能の基本的オペレイターとしての感情

と形式論理学的な意味での推論も，私たちの主張するところからすれば，同様のリラックスした心身状態において，まず発生し機能しはじめると言ってよい．こうした思考や推論は，もとをただせば，不快な緊張のあとの，快感を伴う緊張解消と対応するものである．ここでオペレイターとして作用している（思考の）快感は，筋の通った認知的解決が得られたときにただちにそれと結びつくというだけではなく，それ自体の魅力的な効果を通じてすでに前もってそうした解決へとつながる道をきりひらき，解決達成を準備しているとも考えられる．この快感がどこからやってくるのかと言えば，疑いなくそれは，こうした思考（および行為）の持つ特別な性格，つまりものごとがうまく合致することによってもたらされる簡易性や効率性（つまりは省エネルギー的特性）からである．この特性は，理性的な心的操作（心的オペレイション）の本質的特徴であると言ってよい．合理的解決がはじめて得られたときには強く意識されたこのような思考の快感は，この思考過程の自動化とともに徐々に色あせてはいくが，私たちの考えるところでは，そうなってからでもなおオペレイターとして作用しつづけている．言い換えれば，最初は明確に意識されていた「快感論理 Lustlogik」が，感情面でより弱く，より中立な日常論理に移行していくということである．このように見てくると，あらゆる新たな理性的な解決に随伴し，またそれを誘導もしているこの特異的な思考の快感は，ある種の技能に伴って生じる快感と近い位置にあることがわかる．この技能の快感とは──典型的な例を挙げるとするなら──たとえばトップクラスのスポーツ選手やピアニストが苦しい練習を重ねて，ついに完全な効率性と優雅な軽やかさ（とも言うべきもの）をもって難しい連続的動作ができるようになったとき生じる．そうした快感は，その後ふだんは意識の閾下にとどまるようになっていくが，たまにその動作を失敗するようなことがあると反対の感情，すなわち不快の感情が生じ，それを介して成功したときの快感もまた，ただちに再び意識されるようになる．

　理性的思考の基礎ともなっている感情メカニズムをさらに具体的に説明するために，前にも行ったように，刷り込み（インプリント）によって発達していく思考システムを，人の活動に従ってできあがっていく「道路・行動」システムにたとえてみることにしよう．

　　仮に私が，知らない町にやってきたとする．その町でわかるものは，二つか三つの大通りか広場ぐらいのものであるかもしれない．まもなく私は町のある区域を，歩くなり，交通機関を利用するなりして，探索するだろう．最初は何度も道に迷うだろうが，

そのうちにある特定の「縄張り」の中のことについては，かなりいろいろなことがわかってくる．愉快な体験，または不愉快な体験を経て，いくつかの通りや広場や店に陽性の感情を付与して，好んでそこを訪れるようになることもあれば，別の場所には不愉快あるいは嫌悪の感情的意味合いを与えて，そこにはできるだけ足を踏み入れないようになってしまうこともある．思いがけず役に立つ近道や抜け道を発見して，嬉しくなって，それからいつもその道を通るようになったりする．しかし町のそのほかの部分については依然として不案内のままで，場合によっては，何か不愉快な体験をしたとか，あるいはそれに類した情報を得たということから，その場所は何やら自分を寄せつけないような感じがしたり，不気味な感じがしたりもする．

　このようにして私は，行為しつつ体験を重ねていくうちに，徐々に分化し組織化された表象群を身につける．この表象の組織の中では，純粋に認知的な要素（通りや広場の位置や配列，交通機関の事情，特定の商店や飲食店や施設の場所や特徴など）がそれぞれ感情成分（快適，便利，魅力的という感じ，逆に不快，不便，肌が合わないという感じ）と結びついて，一つの複雑な全体をつくりあげている．私の活動から発生したこの（文字通りの意味での）表象群（先に置いたもの Vor-Stellungen ）は，その後も，統合された「感覚・思考・行動」プログラムとして，さらに活動効果を保っていく．その町を私がよく知れば知るほど，私はその町の中でそれだけ自動的に動きまわるようになる．このとき，最初この「プログラム」と結びついていた強力な感情成分は，しだいに平坦なものとなり，時を経るにしたがって，まったく自明化してしまった規則——言い換えれば，「先入観 Vorurteile」——の集合へと変形していく．ほかの町との比較においてこの町が（私にとって）持っている優勢な感情的意味合いも，プラスあるいはマイナスの方向の「先入観」へと固定化され，私のこの町についての知覚や思考に今後ともつねに無意識の影響を与えつづけることになるだろう．

　見知らぬ町，あるいは一つの国や大陸に私たちが少しずつ慣れ親しんでいくのとまったく同様に，私たちはある専門分野，まとまった知識，理論，あるいは一つの科学分野といった領域の探究をもすすめていく．私たちはそこでもやはり，快い地帯，不快な地帯，人の多い本通りと脇道，便利な近道やうまい抜け道，さらには「未踏の地」や不快の意味を帯びた「問題区域」などを備えたしだいに分化する「心の中の風景」を構成——まさに，構成——していくのである．快感をもって見いだされる個々の問題解決法あるいは緊張解消法は，それ以前にすでに快感をもって見いだされていた「通路」によって連絡され，より効率性の高い「快の道筋」をつくりあげていく．この際，当初は強力であっ

● 第3章　認知機能の基本的オペレイターとしての感情

たが自動化の進行に従って背景に退いていった陽性または陰性の感情が，「道標」としての機能を果たす．すなわち，(後にもっと詳しく説明するような) アトラクターおよびリパルサーとして，さらには意味のある一貫性と構造をつくりだすオルガナイザーとして，機能する．通行可能な一群の解決の道筋は，こうしてさらに分化し組織化されたかたちに整備される．

　まさにこうしたメカニズムこそが，形式論理の，さらには理性的思考一般の形成を支えているものであると考えることが，私たちの感情論理の出発点である．私たちの考えるところでは，論理的・科学的思考の発展の場合もやはり，最初に関与していた感情オペレイターは，できあがった思考の道筋のどこか目立たないところで作用しつづけているはずである．そうした感情オペレイターの作用が再び顕在化するのは，次のようなときである．たとえば，誰か他人が，すでに刷り込まれている自分の思考習慣を変えさせようと大きな揺さぶりをかけてきたようなとき，心の中に激しい感情の嵐が湧き上がってくるという経験は，誰にでもあるだろう．こうしたことは，個人を越えたレヴェルでも起こっている．カトリック教会は，1616年の宗教裁判で有罪とした Galileo Galilei の太陽系の配列の学説をごく最近になるまで，すなわち 1992 年まで，公式に認めようとしなかった．一般にはそう考えられていないものの，科学においても実は同様の傾向がある．このことは特に，Thomas Kuhn (1962) によってはっきりと示された．すなわち，科学においても，現在通用している考えに反する根底的なパラダイム変換は，そう簡単に受け入れられるものではない．Kepler と Galilei から Darwin を経て Freud と Einstein にいたるまで，すべての革命的な発見は，情動的にも根底的な転換を強いるものであった．そうした発見は，純粋に知的な構築の体系を不安定にするだけではなく，しばしば重大な人格的同一性の危機や権力および名声の喪失とも結びつく．いずれにしても革命的発見は，すでに前にも強調しておいたが，不安定化と多大なエネルギー消費を意味するのである．私が以前に詳しく記載した「心理社会的慣性原理」(Ciompi 1980a, 1988c, p.312) という視点から見てもやはり，刷り込まれた「感覚・思考・行動」システムの深刻な変化に対しては，つねに強大な情動の力が対抗することになる．それゆえに Kuhn の言うような一般的パラダイム転換は，きわめて特殊な感情エネルギー状態を前提としており，その前提が満たされる場合にのみ起きてくるのである．この前提条件については次の章においてカオス論的見地から，もう少し精密に検討することにしたい．

　ここでさしあたり確認しておきたいのは，上位の「感覚・思考」システムに

おいてさまざまな矛盾が増大するのに伴って積み重なっていく対立緊張が，いかなるかたちにせよ，解消されることは，快の体験にほかならないということである．したがって，科学の問題を工夫をこらして解決することも，その発生と機能の面から見て，まさに典型的な「快の道」ないし「不快回避軌道」と言える．それはちょうど，こみいった道路網の中でこれまで知らなかった便利な抜け道を突然見つけることが快をもたらすのと同じである．いかなる思考も，もとをただせば行為に由来するのであり，Piaget と Freud が一致して認めていたように，思考とは本来，模擬行為であると言ってもよい．逆に，行為を「模擬思考」と見做すことも，また正しいのかもしれない．Piaget は，抽象的な論理的・数学的操作もやはり，ある具体的な「行為の論理」（たとえば，ものを分けること，並べること，中に入れたり外に出したりすること，取り除くこと，取り戻すこと，分割することなど）から生じてくることを，十分な説得力をもって示している (Piaget et al. 1972)．複雑で抽象的な概念体系が活動から発生することを明らかに示している古くからある例は幾何学である．幾何学は，よく知られているように，土地の測量という行為から生まれたのである．ところで，活動があるところには必然的に情動もまた存在する．緊張を生む筋の通らないことがらを思考の中からできる限り取り除くことによって最大の効率を追求するような形式論理学や数学といったものでさえ，もとをただせば，典型的な「快獲得軌道」ないしは「不快回避軌道」に沿って進行している．しかしこの場合も，時がたつにしたがって，かつては快を伴って開拓された「感覚・思考・行動」路が，完全に自動化され，関連するすべての「感情・認知」プログラムと摩擦をきたさないように調整を受けるので，こうした通路系に潜在する感情成分はせいぜい迂回路においてしか感得されなくなってしまう．とはいえ，それまでの不快な緊張からついに解放されるということで問題解決法の第一発見者が最初に経験するような感激は，薄められたかたちにおいてではあるが，後の時代の数学者がそのきわめて「優雅な」あるいは「美しい」解法に対して感じる驚嘆の中に再現される．あるいはまた，すでに触れたように，あらゆる鋭敏な論理的思考や推論に無意識的に付随する「思考の快感」または「技能の快感」の中にも，そうした強い感激の痕跡を，なお見てとることができる．

　次のように要約してもよいだろう．つまり，論理や科学も，あるいはより一般に，効率的合理的な思考も，もともとは感情オペレイターによって生みだされ組織化されているのである．「筋の通った思考は快感をもたらす」というこの節の見出しのとおりなのであって，私たちのこれまでの考察から得られた結

● 第 3 章　認知機能の基本的オペレイターとしての感情

論も，実際，このことにほかならない．与えられた緊張ポテンシャルの内部で緊張を解消することが快にほかならないのであるとすれば，快獲得ないしは不快回避へ向かおうとする一般的な志向こそは——それが複雑な迂回路を経て到達されるにせよ——あらゆる精神発達を推進し組織化する主体であると考えられる．「すべての快楽は永遠を，深き永遠を欲している」と，すでに Nietzsche は述べていたが，同じ意味合いで Freud は，いったん経験されたあらゆる快楽は反復を迫るという公理を置いた．「合理的な解決」によってもたらされる，もともとは意識されていた快感のいくぶんかは，隠れた快感を伴うあらゆる思考操作（オペレイション）において反復されて——無意識のうちに再び「取り戻され」て——いる．しかしいったんそのような「快の道」が通じ，何度も反復されることにより道が広がり踏みならされてしまうと，もともとは合理的思考に関与していた感情成分——つまり「論理の感情成分」——は，見たところ感情中立的な「自明なものごと」の巨大なプールの中へ，あとかたもなく吸収される．こうした自明なものごとの蓄積がなければ，エネルギー効率の面から考えても，反省を要さない日常論理や科学的な日常思考といったものが成り立たなくなってしまうことは明らかである．

　こうした私たちの主張に対してなされるであろう反論のうち，さしあたり重要なものと見える以下の三つの疑問について少し考えておく必要がある．第一に，快と緊張解消を単純に同一視してよいのかということ，第二には，完全な緊張喪失，たとえば身体的あるいは心理的に消耗した状態での緊張喪失というものは，場合によっては快よりもむしろ不快に満ちたものではないのかということ，そして第三には，たとえばコンピューターの論理進行のいったいどこに，私たちがいま主張したような快の感情が見いだされるのかということについて，順番に考えていくことにしよう．

　Freud がすでに同様の文脈で論じているように，実際のところ，あらゆる快のプロトタイプとも言うべき性的快感は，緊張の「高まり（積み重ね）」とも完全に結びついているのであって，単にオルガスムスにおける緊張の解消とだけ結びついているわけではないようにも見える．しかしながらここで言われていることは，最大の快を伴って緊張から解放されるオルガスムスの状態へ向かう，Freud の言う「前段階の快 Vorlust」の積み重ねのことであって，これは，獲得される快感を高めるための巧みな補助手段にすぎないのである．原理的に類似のことが，このほかの人間の行動様式の多数においても観察される．たとえば，冒険においてわざわざ刺激的な不安と緊張を引き出そうとすること，あ

るいは，しばしば多大な苦難を伴うのにさしあたり欲動の実行を遅延させて，その分さらに高度な快の獲得をめざすという，人間に固有な能力のことを考えてみればよい．遊園地のジェットコースターから推理小説，ホラー映画にいたるまであらゆる娯楽産業は，このメカニズムを利用している．冒険が失敗した場合，あるいは欲動実行の猶予によって何の成果も得られなかった場合，残るものは快感ではなくて，強度な不快感だけである．快の獲得が複雑な迂回路を通ってようやく達成されるような場合であっても，よく観察してみれば，本来の快感は結局のところ，やはり必ず情動的緊張の突然の解消のうちに——そう一般化して言ってもかまわないだろう——存在しているはずである．

　第二の反論に対するコメントに入るが，こうした快感を伴う緊張解消は，しかしながら絶対ゼロ点（Freud の言うところの涅槃 Nirwana，あるいはサイバネティクスの用語で言えば最大エントロピー，ちなみにこれは死と同一の状態である）にまで達することはない．ある一定の恒常的な中庸の平衡点へといたるにすぎない．この平衡点以下にある状態は，たいていの場合，本人に居心地の悪いものとして感じられる．このことは次に述べる重要な事実と特に関係があるものと思われる．すなわち，生命を持つすべてのシステムは，それ自身の構造を維持するために，つねに一定の自己活動性を保つ必要があるという事実である．つまり，生命体は，オートポイエーシスの支配を受ける動的な平衡状態——いわゆる流動平衡——の一つの形態であって，それはたとえば，走りつづけることによってのみ平衡のうちにとどまっていられるランナーにたとえられる．心の恒常性（ホメオスターシス）の動的均衡は，最大の機能を引き出すような平均的水準へ向かう効率的な緊張解消を内実としている．この平均的水準は，前に述べた日常論理と緊密に関係しており，またこの水準は，自己の構造を維持するための最小の（あるいは最適の）エネルギー消費を達成する水準と一致するのかもしれない．この基礎水準への回帰は，そのたびに快感をもたらすことになる．しかしその水準以下に落ち込むこと——これは先に述べたランナーがつまずき転倒するのと同じことであるが——は，恒常状態からのずれを意味し，不快と緊張を生み出す．最適の平衡状態へ向かって，それ以下の水準の方から回帰していくという状況も，たとえ迂回路を経て達成されるにせよ，先に述べたように一般に快というものを緊張解消としてとらえる見解の枠内で理解できるだろう．そうした状況は，たとえば，一瞬の疲労からの回復の場合にも，あるいは重篤な病気からの治癒の場合にも観察できる．

　最後に，論理的な操作（オペレイション）を実行するものであるコンピュー

ターは，その操作に際して決して快など感じていないではないか，という反論についてであるが，この論点も容易にくつがえすことができる．というのも，こうした計算機械を快獲得のために発明しプログラミングしたのは人間にほかならないからである．その人間には感情が備わっている．したがって，感情に導かれる人間的な論理が，すでに最初からコンピューターの中に備えつけられているはずである．たとえば，コンピューターの持つ効率性，スピード，（相対的）確実性といった機能様式はすべて，人間の「感情・認知」的欲求に完全に適合している．コンピューター技術の改良と拡大も，広い視点から見れば，ただもっぱら快獲得のためになされているのであり，そしてまた，そこに新たに出現してくるさまざまな不快な構成要素によっても影響を受けている．それは，開通当初はきわめて便利であるが，しだいに利用の集中がおこり渋滞を発生させてしまう道路交通システムの発展とまったく同様である．つまり，コンピューターというものは，すべてがうまく進んでいる限りにおいて（！），機械化された快発生装置，あるいは不快減弱装置にほかならない．したがって，コンピューターも，私たちの想定している普遍的法則にそむくものでは決してない．

認識は苦悩に由来する

このことは，今までに述べてきたことからすでに徐々に明白になってきていることではあるが，ここに特に短い節を設けてはっきりとそれを指摘しておくことは無駄なことではないだろう．すなわち，認識——あるいは私たちの理解するところによれば，快を伴う「感情・認知」的な緊張解消と言い換えても同じであるが——は，それより前から存在し意識の上でもそう感じられる不快緊張を不可欠な前提としているということ，つまり認識は，ある種の苦悩から，またはより一般的に言えば「苦しみ」から，生じてくるということを，ここであらためて確認しておきたい．

「精神の何たるかをとらえるのは困窮せる者のみである」と，Hugo von Hofmannsthal は述べている（Binswanger 1955, p.242 による）．

まさに「感情論理的」と言うべきこの事実を私たちが正しく受けとめるのであれば，私たちは，人間存在のどんな深みにまでも分け入っていくことができるかもしれない．このことが意味するのは，あらゆる知的進歩を駆動し鼓舞するものは，例外なく，緊張を生み出すような不和，不愉快な矛盾や食い違いなのであるという，まさにそのことである．すべてが最良の，すなわち緊張のな

い状態に置かれている限り，何かを変える理由は生じない．調和の乱れ（複雑系の力学理論においては「対称性の崩壊」と呼ばれている）があってはじめて「その系」は新たな機能様式への転換を強いられる．Piaget が証明したように（ただし彼は感情成分を考慮していない），子どもの知的発達において新しい認識段階が達成されるときには，つねにそうした調和の乱れが根底に隠れている．人類全体の発達の歩みもこれと違いはない．技術や科学の進歩——いまや疑わしくなってきたこの進歩という概念をここではそのまま使うことにしておく——もつねに不快緊張と関連し，その除去への志向と関連している．試行と錯誤，次の新たな試行と新たな錯誤....　たとえば Popper の考えるところによれば，生物学的，精神的，特にまた社会的な発達が外見上錯綜した動きの中で進行していく際の基盤となるメカニズムをなしているのは，まさにこの試行と錯誤の繰り返しにほかならない．しかし，誤りを認めるということは，どんな場合にも痛みを伴う．だからこそ誤謬は，まずはできる限り否認され抑圧されつづけるのである．

　したがって，「苦しみが進歩をもたらす」と言うときの苦しい出来事には批判も含まれる．含まれるというより，むしろ批判がその主体をなしてさえいる．批判もやはり緊張と不快を生み出す．なぜなら，結局のところ誰も批判されることを好みはしないからである．おもてむきまったく正反対のことを断言している人であっても同じである．批判を行うことができなくなり，賞賛と追従しかなされなくなれば，そこには必ず停滞と硬直が生じてくるはずである．いかなる水準のものであろうと変化というものは，つねに感情的な（不快）緊張を必要としている．こうした単純なことがらの裏には，感情エネルギー論レヴェルでの重要なからくりが隠されている．この仕掛けは特に，新しいものの創造や創発ということが起きてくるときに中心的な役割を果たしているのだが，このことについてはあとでさらに詳しく分析していくことにする．

　このことと関連してもう一つ注目しておくべきことは，人間はしばしば故意に——あるいはこう言ってよければ，ただの退屈しのぎに——新たな緊張や葛藤をつくりだすように見えることがあるということである．平穏無事な調和の状況があまりに長い期間つづいているときには，こうしたことが起こりうる．このことは，すでに前に述べたような一定の自己活動性をつねに迫られていること（一種の「強迫」）と関係あるのかもしれないし，あるいは前もって緊張を高めることによってより大きな快を獲得することができるということと関係しているのかもしれない．Goethe の Faust は「美しき瞬間」にいつまでもとど

まることができないことを嘆いているが，それができないのはまさにこうした理由からなのかもしれない．

「損をして利口になる（艱難，汝を玉にす）」とは俗に言われていることでもあるが，それほど平凡ではない次元で多くの芸術的，哲学的作品が証明しているように，昔から浄化と精神的成長の可能性は苦しみや痛みと結びついていた．人間は自らの歴史から何も学ぶことができない，などというあまりに大ざっぱな主張は無視することにして，マクロな集団の領域をよく見てみれば，やはり同様のメカニズムを見いだすことができる．すなわち，歴史的および社会的な破局にひきつづいて，たとえば新たな政治的経済的な機構の設立（国際連盟，国際連合，ヨーロッパ統合など）によって同様の不幸が繰り返されるのを回避しようとする試みがなされている．戦争は「あらゆるものごとの父」だと言われるが，こうした意味に受けとるのであればこれも不当な言葉ではない．小規模での「戦争」，つまり比喩的な意味での戦争も含めて，戦争こそが，平和に向けての快い緊張解消を本当に感得し体験することを可能にするのである．ここでさらに想起されるイメージの一つは，あらゆる痛みの象徴でもある分娩中の産婦の経験する痛みであり，これも新たなものの産出と結びついているし，さらには新たな認識の産出ということとも結びついているのかもしれない．生物のうち唯一人間だけが意識的に直面しているあの大きな苦しみ，すなわち死というものを考えてみてもよい．自分自身の死と愛する人の死，この二つはともに，生とは何であるか，愛する他者とは何者であるか，さらには自分自身はいったい何者であるか，何者であったのかということの，より深い認識にいたる道と視野をきりひらく．

このような理由で，痛みを伴う緊張増大とその緊張の解消との間の弁証法から得られるさまざまな次元での精神的利益のうちに，不幸と苦しみの最も深い意味を見て取ることが——もしその気になりさえすれば——できるのである．

抽象化もまた快感を伴う

抽象化とは，ものごとの理解の水準が飛躍的に高まることだと言ってよい．この抽象化というものもやはり，ある種の葛藤的不快緊張が快く緩和されることとして，すなわち「快の道」の一つのかたちとして，理解できる．Piaget——またしてもPiagetである！——は，この抽象化というプロセスについてもきわめて詳細に論じている．抽象化は，その性質から言って，子どもの（そしてま

た人間一般の）認知発達において，ある決定的な役割を果たしている．彼は，このプロセスを「均衡化水準の引き上げ」あるいは「反省的抽象化」と呼んで，このプロセスの持つさまざまな側面を捉えようとしている．そしてこのプロセスが発生するのは，発達のある時点で，従来の思考図式にはもはや同化できないさまざまな矛盾が蓄積し，その矛盾の妨害的影響から逃れることが必要になるからであると彼は考えている．

　Piagetの考えによれば，子どもは，精神発達のある特定の時点から，さまざまな矛盾点や統合的に理解できないことがらの存在に気づき，それを不快に感じるようになる．この矛盾の圧力が臨界点に達すると，状況の文脈に応じて作動するさまざまな認知構造は，根底的に再組織化されはじめる．この再組織化のプロセスは，そのつど，いくつかの原理的に同質の段階を経て達成される．こうして，それまでのさまざまな矛盾は，ここで獲得された上位の視点のもとに克服されることになる．均衡化水準の引き上げとも呼ばれるこのプロセスの最もよく引用される例の一つは，5歳から6歳児に見られる次のような思考の歩みである．それまでの単純な考えは，容器に入った液体の水面はつねにその容器の側面に対して直角をなしているというものであるが，これが変化して，その水面は容器の傾いている角度とは関係なく実はつねに水平を保っている，すなわち水面と容器の側面のなす角は容器の傾きにしたがって変化しているという，本質的により複雑な認識が達成される．もう一つPiagetによって詳しく研究された例は，やはりほぼ同年代の幼児において段階的に出現してくる次のような認識である．それは，背の高い細いビンに入っている液体を背の低い幅の広いビンにうつしかえてもその液体の量は変わらないという認識である（それまでは,「背の高い」ということ,あるいは「幅の広い」ということが「量が多い」ということに同化され，また「細い」こと，あるいは「背の低い」ということが「量が少ない」ということに同化されていて，矛盾をきたしていたのである）．まったく同様に，ある時点から，長くて細い形と短くて太い形のソーセージが同じ体積を持っていること，あるいはまた釘に引っ掛かって垂れ下がっている部分の長さが異なる何本かのヒモが実は同じ長さであることなどが認識されるようになる．Piagetがそのようなプロセスを「反省的抽象化」あるいは「均衡化水準の引き上げ」と呼んだのは，一つには，目前にある相互関係について「後からよく考えてみるnachdenken」うちに突然に「後からわかるnachkommen」という点で，このプロセスが反省Reflexionという性質を持っているからであり，もう一つには，低級なレヴェルで個別に知覚されたさま

● 第3章 認知機能の基本的オペレイターとしての感情

ざまな認知要素がその際に，より高級なレヴェルへと，言わば映し出され，あるいは投影され，そしてそのレヴェルですべてが新たに整理され，新たに均衡化される――言い換えれば，他の認知概念とネットで結ばれ，調整を受ける――からである．

同様の「水準引き上げ」のプロセスは，幼児期の早期から高齢にいたるまで，つねに新たなレヴェルにおいて進行していくのであるが，Piagetによれば，そのそれぞれのレヴェルのうちにさらに三つの段階 α，β，γ を分けることができるという．段階 α では，すでに述べたように，妨害的な要素が出現してもそれはなおできる限り無視される．そして従来の理解図式を維持するために，それらは否認されたり覆い隠されたりもする．段階 β では，従来の理解様式と新たな理解様式との間で逡巡する過程が観察される．そして段階 γ にいたってようやく均衡化水準の引き上げが完全に達成される．このときしばしば，喜びを伴って突然の解決が自覚される（ああそうだったのか，という体験 Aha-Erlebnis）．

こうした観察を詳細に報告したPiagetの文書の中には，感嘆の叫びや，ふともらされる言葉，さらに段階 α および β における疑念の表出，そして段階 γ における勝利と歓喜の表出といった情動的で対人的・相互行為的な多様な要素ももれなく記載されている．しかしながらPiagetはこうした要素を，認知構造の発生にかかわる理論的構想の中に持ち込むことはほとんどせず，せいぜい余談としてとりあげただけだった．感情論理の見方からすると，まさにこうした要素もまた抽象化の過程に中心的に関わっているものなのである．別の機会に私が詳しく検討したように (Ciompi 1982, 1986, 1988c)，抽象化とは総じて，「変化するものから不変のものを引き出すこと」として，つまりそれまで互いに別々な無秩序なことがらとして知覚されていた多様なものごとのうちに隠れている共通性を見いだすこととして，理解することができるのであり，またそう理解することにはメリットもある．抽象という単語の語源のラテン語 abstrahere は，まさに「引き出す」ないし「抜き取る」という意味であり，また実際，抽象化がなされるときにはいつも，ある多様なものから何か共通なものが，言わば「引き出され」，そしてそれが新たな上位概念へと凝縮されることになる．たとえば，りんご，梨，プラムから上位概念である果実を，また椅子，机，ベットから家具を，さらに犬，猫，牛から家畜を導出する場合には，すべて不変なるものの把握が行われている．そうした「抽出」に伴う緊張解消の快感は，複雑性低減と呼ばれているものと強く関連している．ここでもう一つ注目しておきた

Kapitel 3

いのは，こういった意味での抽象化というものは，自然の中の発展や分化のプロセスのちょうど逆方向の動きであるということである．というのも，自然の中の発展や分化は，上位の不変なるもの（つまり共通な特性）に変異を加えていくことによって発生するからである．果実，家具，家畜の新たな変種は，それぞれの「原理（根幹）」の変異（枝分かれ）によって発生してくる．いずれにしても，不変と変異との（不変量と変量との）組み合わせから，一つの構造が，言い換えれば，一つの「システム」（ギリシャ語本来の意味は「一緒に置かれたもの」である）が生まれるのであり，このことは後に私たちがたびたび問題にする構造的・力動的関連および知的・抽象的関連の成り立ちについて重要な示唆を与えている．

　本来のテーマにたちかえることにしよう．それまでは無秩序に置かれていると見えたもののうちに共通性を認識するということは，原則としていつも快感を伴う．なぜなら，そのことによって緊張が緩和されるからである．これは，見知らぬ（慣れ親しんでいない／不気味な un-heimlich）人が実は「古き良き知人」だとわかること（サイバネティクスの表現をかりれば，冗長度の確定）が快感を伴うのと同様であるとも言える．しかし，抽象化のプロセスには，それ独自な快感と緊張緩和も付加されている．それは，「不変なるもの（恒常なるもの）の抽出」によってもたらされる抽象的な上位概念を用いることによる大幅な単純化から生じるものである．多数の下位概念と個別に関わるかわりに，いまやたった一つの抽象的な上位概念で事足りるようになったのである．こうしたエネルギー節約のからくりに支えられているものの一つとして，人間の知的発達に中心的な役割を果たしているいわゆる記号機能がある．すなわち，見たところ異質なものとして経験される個々の具体的な経験や知覚を，視覚的，身体的，言語的あるいは数学的な記号に置き換えて提示するという人間の能力である．記号は，不変なるものを共通の概念（「机」，「椅子」，「家具」，あるいはまた「私」，「あなた」，「地球」，「宇宙」など）のもとにたえず要約する．

　しかしまた技術の発達の大部分も，このエネルギー節約のからくりに支えられている．たとえば車輪や，貨幣，文字の発明，さらには——以前に詳しく述べた例をもう一度挙げることにするなら (Ciompi 1988b, p.199) ——高速道路といったものまで含め文明が生み出すほとんどすべてのものの発明は，よく見てみれば，どれも「不変なるものの抽出」であり，つまり先に述べた意味での典型的な抽象化であるということがわかるはずである．たとえば，車輪は，つねに作用する「てこ」の能率原理と斜面の原理とをみごとに組み合わせたもので

113

● 第3章 認知機能の基本的オペレイターとしての感情

あり，貨幣は，実体のある生産物あるいはそれ以外の価値のすべてを産み出す労働作業という不変なるものを，より手軽な象徴的交換物へと凝縮したものであり，高速道路建設の原理は，交差点がなく，対向車がなく，カーブが少なく，危険なく追越しができるなどといった自動車の通行の快適な，あるいは不快の少ない状況のさまざまな経験を「抽出」し組み合わせたものにほかならない．今挙げたような，見たところ多様で，一貫した「システム」を形成しそうもない個々の要素的経験が，高速道路が発明されたときに，枢要をなす不変なるものとしての「快」という共通の感情によって結びつけられて，新たな緊張緩和的な一つの全体へとまとめられたのである．まずは快という性質が，今挙げたような要素的経験に注意を向けさせ，それらを文脈に合わせて記憶の中に貯えたり活用したりしながら，階層的に整理し，あまり快適でないような解決法を除外していく．感情に導かれるこうした複雑性低減によってはじめて，快によって選択された認知諸要素は，すべての可能性の全体から「引き出され」，一つの高次の機能システムへと統合される．

　高速道路の例でよくわかるように，快の特徴を持った感情要素は，今述べた抽象化の進行に単に付随すると言うよりも，むしろその進行を「導いている」と言うべきである．ところで，私たちは少し前に心（思考）の発達を道路網の発達にたとえてみたのであったが，心という道路網も，やはりこの高速道路システムと同じように，その発達過程において，快を追求するという原則に従って，より高次の抽象化のレヴェルへ向かって均衡化水準を引き上げていくのだと言ってよい．さらに心理発達の場合と同様の高度に抽象的なレヴェルにおいて言えば，今日の電子的「データ高速道路」の発達もやはり「快感原則」によって制御されていると見ることが可能である．このことは，私たちのフラクタル感情論理の視点から見ると，次のことを示している．すなわち，複雑さを低減し，連続性と一貫性を創出し，組織化と統合という方向を持つ感情のオペレイター機能は――他のすべての思考過程において作動しているのとまったく同様に――あらゆるレヴェルの抽象化の過程においても作動している．これに関与する感情成分は，やはりまたあらゆるレヴェルにおいて，抽象化されたものの中に――そしてまた他のあらゆる認知構造の中にも――言わば「潤滑剤」として組み入れられている．つまり，別の言い方をするなら，認知現象のまさに中核とも言うべき抽象化の過程においてさえも，ある種の「論理の感情性」が重要な役割を果たしているのである．

　さまざまな感情的基本状態による，選択し組織化するというオペレイター効

果は，新たに発見された認知的解決を実際にどのように応用するかという面に対して，（認知内容そのものに対してよりも）さらにずっと直接的な影響をおよぼしている．たとえば，ヨーロッパで使用されるようになるずっと以前に中国人は火薬を発見していたが，彼らはそれを新たな壮大な娯楽のために，すなわち花火のために使用していたという．他方で，後の西洋文化は火薬によって殺人兵器の一大カテゴリーをつくりあげ，恐ろしい結果をまねくことになった．この事実から，当時の中国における概して楽しくゆとりのある無意識的基本気分を，そしてまた，後の西洋世界における攻撃的ないし防衛的な基本気分を推測することができるだろう．原子力の発見とその応用へといたる研究においても，よく知られているように，それに関わった研究者たちのそれぞれさまざまな感情的動機が，重要な役割を果たしていた．ある者では純粋な科学的好奇心と発見の喜び，別の者においては功名心と闘争心，また別の者では平和利用という美しき理想への期待，さらに別の者においては当時の戦争の状況に直接由来する不安ないし怒り，等々．こうしたことは研究者個人の態度や思慮にも反映されていた．たとえばドイツの研究者たちの一部は，原子爆弾を Hitler が手にした場合の恐ろしい結末への不安から，自分の思考作業を故意に遅延させたり秘匿したりした．しかしまた別の一部の研究者たちは，この状況の中でむしろ，ますます熱を帯びて研究に没頭していったのである．

　これらのことを総括すると，基底的な感情成分は認知機能に対してつねにさまざまなしかたで影響を与えているということが言える．そうした感情成分は，従来想定されていたように単にエネルギーを与える動因ないし動機として作用するだけではなく，思考のすべてをつねに巧妙に組織化し階層化し構造化するような，より包括的なオペレイターとしても作用している．このような一般および特殊オペレイター作用は，原理的にきわめて深い意義を有しているものと思われる．こうした感情のオペレイター作用は，見たところ無秩序におしよせる感覚情報の処理に際して文脈に即した効果的な複雑性低減と効率性をもたらすばかりではなく，身体的および心理的作用を通じてその有機体全体が目下の要求に時々刻々と柔軟に適応することを可能にしてもいる．しかも，この生命維持に不可欠な——したがって進化の過程にも深く関わってきた——メカニズムは，関連する記憶資源を動員し，つねに最も効率的なしかたで利用する．そこにどのような力動関係が介在しているのかということについては，以下のいくつかの章で詳しく検討することにする．その際，快というものを一般に「緊張の解消」として理解すべきだというここでなされた提案の正しさが証明され

ることになるだろう．

暫定的総括 ── 一つの基本法則，五つの基本感情，そして無数の認知調整機能

　フラクタル感情論理の仮説を最終的に支持することになる要素がこれですべて出揃ったというわけではない．とりわけ，次章で述べるカオス論的アプローチによって見いだされるフラクタル的および非線形力学的な諸側面の紹介がまだ残っている．とはいえ，このあとの議論を進めていくために，これまで述べてきた感情論理の基本概念をここで暫定的に総括しておいた方がよいだろうと思われる．

　私たちは感情，認知，論理の広い定義を採用し，生物学的に確立されている五つの基本感情に注目し，本章で記述したようなそれらの基本感情の一般および特殊オペレイター作用へと論を進めてきたのであるが，その結果として，心で生起している複雑な事態は，結局のところこの節の表題のアルゴリズム「一つの基本法則，五つの基本感情，そして無数の認知調整機能」に要約されるような，かなり単純な組み合わせによって導き出せることになった．もちろん，この単純な図式は心理過程の形式のみを捉えたものであって，その内容を──あるいは内容のごく一部しか──捉えてはいない．この図式が，心理現象の複雑さに少しでも見合ったものになるためには，当然ながら，あらゆる角度から内容面での具体化を行う必要がある．このことは，本書の第2部においてさまざまな種類とさまざまな次元の具体例を見渡してみれば，よく理解できるはずである．言うまでもないことであるが，感情の細かいニュアンスの無数の階梯をわずか五つの基本様相に還元したのは無謀な単純化であって，「(心の)現実を写し出して」いるとはとても言えないだろう．この単純化のねらいは，そうした無数の階梯の基盤をなしている構造と力動のいくつかをとりだして例示すること以上のことではありえない．

　ここでいう「基本法則」とは，感情論理全体の中心をなす起点のことと考えていただきたい．つまりそれは，広汎な感情システムと，定義上それとはまったく本質を異にする認知システムとが，つねに相補的な共同作用を行っているという公理である．「五つの基本感情」とは，生物学的進化論的な視点から見てさしあたり「要素的」あるいは「基底的」と考えられる最小個数の感情システム（関心，不安，怒り，悲しみ，喜び）のことを指しているが，さらにそう

した感情システムが思考および行動に対しておよぼすそれぞれ異なる「組織化と統合」の作用をも含意している．最後に「無数の認知調整機能」を挙げたのは，この五つの基本感情（およびそれらの数えきれない変異や混合）と単純または複雑な認知構造との間に無限とも言える組み合わせが可能であることから理解していただけるだろう．

　このように見るならば，心という装置の基本をなす作業と力動は，次の二つの点にその本質を持つ．すなわち，一方では，活動をもとにして，そこからありとあらゆる次元の統合された「感覚・思考・行動」プログラムをくりかえし新たに生成することであり，他方では，感情に導かれながら有機体全体をそのときそのときの状況へとつねに適応させることである．すでに述べてきたように，こうした広義の精神力動（より正確に言うならば「精神（心理）・社会・生物」力動 Psycho-Sozio-Biodynamik）の一つの重要な基盤は，神経可塑性というメカニズムである．要するにこれは，頻繁に賦活される連合路が優先的に整備されるというメカニズムであり，このメカニズムに従って，今述べた「感覚・思考・行動」プログラムは連合路のニューロンの微細構造のうちにコード化されるのである．このようにして，ニューロンの連合システムの構造および機能様式それ自体のうちに，意味ある過去の出来事の「抜粋」が保存されている．過去の重要な経験は，その経験と類似の感情的刺激によっても，認知的刺激によっても，再賦活される．このように，以前と類似の状況に置かれたとき，その状況に効率的に対処するために，状況のコンテクストに応じて過去の経験がいつでも引き出され利用されるようになっている．感情のオペレイター作用は，そのときそのときの状況に応じて有機体全体の調子を整えており，この作用によって思考と行動も，つねにそのときそのときの状況に適合した一つの全体として統合される．要素的なものであれ，あるいは高度に複雑なものであれ，あらゆる「感覚・思考・行動」プログラムにおいて（つまり，単純な条件反射をはじめとして，複雑な転移反応や，さらには上位の価値・行動体系，イデオロギーや理論体系にいたるまで）例外なく，このようなかたちでの感情の作用がつねに認められる．

　心理現象の無限の多様性を私たちのモデルによって説明すると以下のようになる．経験によって生成してきた構造である「感覚・思考・行動」プログラムと，目下の状況に応じてこの構造ないしプログラムを賦活または抑制するような感情のオペレイター作用との間には絶え間ない相互作用が繰り広げられている．個体がその外部または内部からさまざまな刺激を受けることにより，その

● 第3章　認知機能の基本的オペレイターとしての感情

ような相互作用を介して，心の内部に複雑な力関係が生じる．この複雑な力動が，心理現象の多様性を生み出すのである．しかし，こうした複雑な力のせめぎあいの結果，感覚と思考と行動は，周囲の世界に対して柔軟かつ可塑的に反応しながらも，ある程度の恒常性を示すようになり，経験によって保証されたいくつかの決まった道筋をとるようになる．図式的に述べるとすれば，経験の蓄積すなわち構造に依拠しながら，目下の心理状態と外部の状況に応じて，それに対応するさまざまな特異的な感情論理，すなわち不安論理，怒り論理，悲しみ論理，喜び論理，日常論理が賦活されるということになる．ここに無限のヴァリエイションが生じることは，五つの基本感情（この五つ以外にも基本感情と考えてよいものはいくつもある．たとえば，恥，嫌悪，驚きなど）がそれぞれ，さまざまな強さの変種や認知の影響によるさまざまな変種を持ち（本書第2章の「感情目録」に挙げた感情の変種を参照），そのうえ複数の感情の混合や重複も存在するということから説明がつく．

たった4種のプリン塩基（アデニン，グアニン，シトシン，チミン）からなるゲノム上の「アルファベット」（A，G，C，T）の組み合わせによって，生物の持つ途方もない多様性が生まれてくることはよく知られている．私たちのモデルの前提をなす仮説を受け入れてさえいただければ，ゲノムの場合との類推によって，心理現象の無数の形態も，わずかな数の基本的な構成成分とメカニズムの組み合わせから生まれてくることがわかるはずである．私たちの仮定したアルゴリズムは，少なくとも，現実の人間の心理や心理活動の多面性に見合った程度の複雑な情動的および認知的力動を生み出す能力を備えているように思われる．私たちの仮定したアルゴリズムと生物の構造発生の法則との間の相似関係のうちに，生物学的現象と心理的精神的現象との間の深い連続性——別のかたちではこれまですでに何回も目にしてきたこの連続性——の新たな一面を見て取ることもできるだろう．

しかし，これまで見てきた感情と認知のさまざまな相互作用を，私たちのアルゴリズムのようなかたちで一つの——暫定的で図式的なものではあるにせよ——「心」の全体像へとまとめあげるには，もちろんまだ多くの問題が未解決のまま残されている．特に重要なのは，周囲からの刺激とは無関係な，感情固有の力動というものを想定すべきかどうかという問題である．たとえばMachleidtは，新たな出来事に対する関心から始まり，不安，怒り，悲しみを通過して，最後に喜びと緊張からの解放の感情へといたるつねに一様に経過する「感情スパイラル（螺旋）」というものを考え，感情の固有力動の存在を推

定している．しかしこの問題に関して現在のところはっきりわかっていると言ってよいことは，いかなる種の感情であれ，強度な感情は，はっきりとした山と谷を持った波と同様に，いずれは必ず，ある水準を中心に比較的小さな振幅で振動する基礎状態へ，すなわち日常的行動に見られるような比較的緊張の小さな状態へ，回帰するということだけである．

　私たちの想定では，今述べたような動態において中心的役割を果たしているのは，エネルギー論的な側面である．日常論理（正確には，日常「感覚・思考・行動」）は，比較的わずかなエネルギー消費ですむような半ば自動化された基礎的機能様式と見做すことができる．これに対して，たとえば新たに出現した特に困難で危険な状況，つまり異常な事態に出会った際には，その事態の内容に応じて，強度の不安，怒り，喜び，さらには強い関心といった，エネルギー消費のずっと大きい機能様式が作動する．逆に悲しみや抑うつの状態にあるときには，エネルギー消費は減少するものと思われる．今日の神経科学の進歩からすれば，感情および認知の力動を質的および量的側面において精密に研究できるという状況も目前に迫っており，今述べた点に関してそうした研究が進展することによってはじめて，ここで提案したアルゴリズムによる心理機能モデルに対して，いかなる操作的発見的な価値が付与されるべきかが明らかになるだろう．

　ここまでの考察から派生する多くの疑問のうち，ここではさしあたり二つだけをとりあげて考えておきたい．一つは，意識的過程と無意識的過程の間に生じる弁証法的関係の問題であり，もう一つは，より包括的な生物学的基本仮説によってさらに複雑さを低減できるのではないかという問題である．いずれの疑問もここで簡単に「解決」できるようなものではないが，感情のオペレイター作用について割り当てられたこの章の補足として，この二つの問題についてもう少しだけ考えをめぐらすことは無意味ではない．

感情論理の視点から見た意識と無意識

　すでに何回か強調したように，思考に対する感情の作用の大部分は完全に意識の外で進行する．このことは特に，情動的基礎状態による，オペレイター作用と呼ばれている効果において明らかである．たとえば私たちの思考や行動のすべてが長期にわたって不安論理，怒り論理，あるいはまた喜び論理によって支配されているのだということを私たちが意識するのは，私たちの基底気

● 第3章　認知機能の基本的オペレイターとしての感情

分が大きく変化したとき，すなわち神経生理学の用いる狭い定義の意味での新たな情動が出現したときにほぼ限られている．これに対して，何となく重苦しく，緊張したいらいらした気分のとき，あるいはいくぶん高揚し，楽しくリラックスした気分のとき，私たちは通常，そうした気分が思考や行動に対して微妙な影響を与えていることに，ほとんど気づいていない．しかし長期的に見れば，実はそうした基底的な気分状態が私たちの日常思考や日常行動（すなわち私たちの「日常論理」）を組織化しているのである．私たちは，そのときそのときの気分によって——したがって「客観的現実」とはある程度独立に——私たちの周囲にさまざまな世界を知覚する（あるいは「構成する」と言ってもよい）．たとえば，陰うつな世界あるいは楽しげな世界を，攻撃的で緊張した世界あるいは平和な世界を，不安に満ちた世界，悲しげな世界，美しく快い世界，あるいはまた平凡で意味のない世界を，私たちのまわりに知覚し，構成しているのである．逆に，私たちのものの見方や行動様式は，そのような周囲の世界がまさにそのようなものとして——すなわち，私たちが感情を基盤にして周囲の世界を体験する（あるいは映し出す／投影する projezieren）そのままに——成立することにつねに寄与している（「森に向かって叫べば，叫んだままに響いてくる」（他者に向けた評価や感情がそのまま自分にはねかえってくる，という意味の慣用表現））．したがって，無意識のうちに作動している感情オペレイターというしくみは，新たに付加された付随的要素というようなものではなく，私たちのそのときそのときの個人的な現実構成と世界観の不可欠な側面をなしているものと思われる．個人の生涯の中の長い時期にわたって，あるいは集団のレヴェルで言えば，ある文化的特徴を持った一つの時代にわたって，私たちのものの見方や考え方を規定しているのは，結局のところ何らかの包括的な感情状態なのであるが，その感情状態がいかなるものであるかということは，私たちにはたいてい意識されず，もし意識されることがあるとしても，あとになって回顧の中で意識されるにすぎない．

　そのときの気分に応じて注意焦点を制御し，また感情に応じて記憶内容を保存したり呼び出したりするという過程は，すでに述べたように，その大部分において意識の外で進行している．感情論理の見方からすれば，こうした過程もまた，効率上きわめて有益な，生存に不可欠と言うべき，正常な心理過程である．精神分析のいう神経症的または精神病的な防衛機制（抑圧, 否認, 置き換え, 分裂, 投影, 取りいれなど）も，そうした正常の過程と広く重なり合っており，したがってそうした機制は，病的であるとはいえ，普遍的心理現象の一部と見

做されるべきである．通常はまったく意識されていない多くの過程も，そのほとんどは正常心理の領域に属するものであり，それらのうちには，すでに紹介したように，一部の研究者が「認知的無意識」によるものと見做している過程もある（ただし私たちの見方からすると，これが他の過程と区別できるような一つの単位であるかどうかは疑わしい）．その例としては，先天的に認知機能として備わっているもの，言語的および社会的な普遍特性，学習過程によって刷り込まれたあらゆる種類の感覚運動性の自動現象，さらには多数の文化特異的な社会行動様式などが挙げられる（Piaget 1973, Kihlstrom 1987 を参照）．

さらに，進化論的研究によって最近明らかになった無意識の諸側面，特に「先天的教師」と呼ばれるようになった認知的自動現象のことを考えてみると，意識的な思考や感覚というものは，結局のところ，心理活動全体のほんのわずかな断片にすぎないようにも思われてくる．私は別の機会に次のような考えを展開してみたことがある．すなわち，意識は一種の「エネルギーの浪費」によって成立しているのではないかという考えである．そうした浪費が許されるのは，機能的に見て，一つには，危険をはらむような不慣れな状況を克服しようとする場合，もう一つには，未だ実行困難な新たな「感覚・思考・行動」プログラムに習熟しようとする（つまり学習過程の）場合にほぼ限られている (Ciompi 1982, p.163 ff.)．意識などという贅沢なものを必要としないことがらはすべて，当然ながら，半ば無意識的に，あるいは完全に無意識的に実行されている．最近の研究が明らかにしたことに照らし合わせて考えても，またフラクタル感情論理の視点から見ても，これまで述べてきたような意味において，今日，無意識というものは，精神分析がきりひらいた次元とはかなり隔たったもう一つの次元を獲得しつつあると言える．

伝統的な精神分析の無意識概念との対比においてあらためて無意識というものを考えてみる必要に迫られている理由の一つとして，最近の研究による知見によって無意識の重心が徐々に精神病理の領域から正常心理の領域へと移動しているということが挙げられる．私たちの考えている感情のオペレイター作用のほとんどは，病的障害の存在下においてのみ効力を持つわけではない．すなわち，何らかの障害があって，精神分析的な意味での「抑圧の解除」が可能になっていたり，あるいはまたそれが望ましいこととして期待されていたりするような病的な状況に限って，感情のオペレイター作用が作動するわけでは決してないのである．先ほど紹介した「認知的無意識」によるものと見做されているほとんどすべてのメカニズムについても，同じことが言える．そうしたメカ

● 第3章　認知機能の基本的オペレイターとしての感情

ニズムも，病的でないような——というよりむしろまったく通常の——感覚や思考において，重要な役割を果たしていると考えられている．つまり，一見いかにも奇妙なことと思われるかもしれないが，私たちの見るところでは，無意識というものは本来，精神病理の領域にではなく，むしろまったく目立たない日常的な思考や行動のただ中に潜んでいるのである．逆説的ではあるが，結局のところ次のような結論さえ導きだせる．すなわち，厳密に考えれば，最も高度に意識的な思考であっても，そのかなりの部分は，なお「無意識的」なのであり，言い換えれば，（私たちの生物学的活動の大部分と同じように）私たちの知らない，そしてまた知るべくもない，何らかの根本的な法則性によって組織化され制御されているのである．

感情のオペレイター作用は，神経生理学的な「刷り込み」を基盤としているのか？

　本章ではこれまで，思考に対する感情のオペレイター作用について考えてきたが，最後にもう一度それを思い浮べるとともに，前章で述べた感情と認知の相互作用の生物学的基盤を思い起こしてみるならば，ここまでの大部分の考察を一つの大がかりな仮説として要約することができるように思われる．この仮説は，すでに数年前に私が提唱しはじめたもので (Ciompi 1991a, 1993a)，これまでに記載したほとんどすべての現象をたった一つの生物学的基本メカニズムによって説明しようとするものである．しかしながら，私の知る限り，この仮説は，具体的実験的な事実によってすでに系統的に証明されているというわけではなく，現在のところただいくつかの個別の事実によって支持されているにすぎない．その仮説とは以下のようなものである．
　「認知に関わるニューロン構造の発生は，特殊な『感情の刷り込み（インプリント）』によって促進される．後にこの『感情・認知』構造が再び賦活されるためには，構造発生時と同一の感情（あるいはそれに対応する神経生理学的等価物）の存在が必要である．」
　これを言い換えれば，何らかの一定の神経生理学的メカニズムによって，すでに最初から，認知過程には感情成分が結合するようになっており，後に両者が必ず共同で作用するのはこのメカニズムが存在するからである，ということになる．さらに別の言い方をすれば，すべての認知性連合路は，最初から，それぞれある程度特異的な感情的「着色」ないし「刻印」を有している，という

ことである．こうしたことが実際に起こっているのだとしたら，次のようなメカニズムが想定されるだろう．たとえば，ニューロンの成長とシナプスの開通は，特定の感情特異的な伝達物質（または数種の伝達物質の連携）によって刺激ないし促進されており，このニューロン経路が後に再び賦活される場合もつねにこの伝達物質が介在する必要がある，というようなメカニズムである．仮にこのようなメカニズムが実在するのだとしたら，感情論理によって想定されている以下のことがらは，最も効率的なかたちで一遍に説明されてしまうことになる．

——感情と認知がいつも必ず共同で作用すること
——機能的に統合された「感覚・思考・行動」プログラムが，感情に依存しつつ発生すること
——感情特異的に注意の焦点化がなされること
——認知的記憶素材が，感情に依存しつつ保存され，また呼び出されること
——認知内容に対する感情のオペレイター作用が存在すること，またその効果は，スイッチあるいは水門のように，流れを制御し，複雑さを低減することにあること
——感情は認知的要素に対して，共時的および通時的な連続性をつくりだす（「接着剤や結合組織のような」）機能を持つこと

　別々に分けて書いてはいるが，これらの項目のうちいくつかは，互いに同一であったり，大きく重なり合っている．しかしいずれにしても，ここに挙げたすべての現象の間に存在する緊密な機能的関連もまた，先に述べたようなメカニズムが証明されたとすれば，簡単に理解できるようになるはずである．さらに，想定されたメカニズムのとおり，特定の神経伝達物質によって認知素材が感情特異的に賦活されているのであるとすれば，認知過程のエネルギー論的基盤が同定されることにもなる．このことは，とりわけ，次章で検討するカオス論的視点からも，きわめて重要な意義を持つことになるはずである．もう一つ重要なことを挙げておくとすれば，こうした仮説は，かつての精神分析において認知的記憶素材の賦活に必要だとされた「感情備給」という概念や，すでにいち早くFreudが視野に入れていた感覚および思考の力動についてのエネルギー論の構想とも合致するものである．Freudのこうした構想と似たものとして，精神病理学者Werner Janzarikがすでに数十年前から展開している理論が

● 第 3 章　認知機能の基本的オペレイターとしての感情

知られているが，そこでも個々の認知的表象の「感情負荷」あるいはそれらの顕現化および顕現抑止 Desaktualisierung ということが考えられており (Janzarik 1988)，この点でも今紹介した仮説との一致が見られる．この Janzarik の構想については，別の章において精神病理学的問題と関連させながら，さらに詳しく検討する予定である．

　感情論理の考え方からやはり直接導き出せる次のような説明によって，刷り込み仮説をさらに補完することもできる．私たちは認知を感覚的差異の知覚および処理として定義したのであるが，この定義からすると，（ディジタル処理を行うコンピューターと同じように）意味のある認知的差異のすべてに対して，それぞれニューロン・ネットワーク内部の機能的分岐が対応していて，この分岐点において，特定の感覚刺激に由来するニューロンの興奮が，状況の文脈とそのときの気分とに応じて，二つの可能な方向のうちの一方あるいは他方へと導かれていくと考えることが可能である．そして，感情特異的な神経伝達物質（トランスミッター）または神経調整物質（モデュレイター）が，「感情の刷り込み」というかたちで，そのような分岐点の発生の際にも，その賦活の際にも作用しているのであるとすれば，認知過程および認知の基盤である機能的神経解剖学的な微細構造と，感情過程および感情の基盤である（特定の伝達物質による）この微細構造の生化学的体液的賦活との間の関係の単純な全体的イメージが浮かび上がってくる．同時に，感情的要素と認知的要素は，両者の機能的共同作用に関する効率的で，しかも生物学的にも妥当な一つの仮説のもとに統合されることになる．認知システムは，たとえて言えば，複雑に入り組んだ（水道などの）配管システムのようなものであり，その分岐路は，その導管の中を流れる流体の圧力（つまり特異的感情，ないしはその等価物としての神経伝達物質）自体によって形成されるようになっており，また一旦形成された後にはくりかえし栓を開けて使用される（つまり感情特異的に賦活される）ようにもなっていると考えられる．

　このようなしくみが実際に存在していることの具体的証拠の一つとして，前章でも触れたように，幼児期の早い時期に前頭前野と大脳辺縁系との間のドーパミン作動性神経路が，感情の刺激を受けながら成熟していくという知見を挙げてもよいだろう．そこでもすでに書いたように，この連合路の形成は，後の対人関係のありかたに決定的な影響を与える．Schore によれば（ちなみに彼は私たちの刷り込み仮説を参考にしたことを明らかにしている），この神経路の成熟過程はエンドルフィンによって促進されるのだが，そのエンドルフィン

の放出はまた良好な母子関係によって促進されるのだという (Schore 1994). 同じくエンドルフィンが，この連合路を賦活する作用を持つこともわかっている. このことから考えて，他の感情（あるいは他の伝達物質）も，これ以外の認知経路の発生に対して原理的に類似の（生化学的）影響を与え，同様の役割を果たしているであろうということが十分予想される.

第4章
フラクタル感情論理――心のカオス論的理解

> 踊る星を産むことができるためには，人は自分の中にカオスを持っていなければならない．
>
> Nietzsche

　感情と認知の相互作用をつねに考慮しながら，心や「心の動き（精神力動）」を描き出そうとする私たちの構想において，カオス論的認識の導入は不可欠な要素だと言ってよい．スイッチ作用を持つ感情の影響を受けて，思考および行動が全体として跳躍的・非線形的に変化するという現象を，私たちが深く理解するためには，カオス論の導入がどうしても必要である．そうした非線形的な変化は，日常的にも起こっていることであるが，特に精神病の症状が出現してくる瞬間には明確に観察される．この種の変化をエネルギー論的にうまく説明してくれるのも，カオス論である．さらに，心理的な臨界状態（危機／分利状態）においてきわめて微細な原因によって引き起こされる大きな変化や，その他の予測不可能な奇妙な状態変化といったものも，カオス論的な見方をとることによって，これまでより理解しやすくなる．この新たな見方の中心をなしているのは，自然界に存在する多くの現象の進行が，原則として，予測可能ではないという認識である．しかし私たちにとってさらに重要なのは，規模の異なる構造や過程が自己相似性やフラクタル性を示すというカオス論の考え方である．個人的レヴェルであれ，ミクロまたはマクロな社会的レヴェルであれ，すべての次元で感情が思考と行動に対して（オペレイター）作用をおよぼしているということに私たちが注目し，理解しようとするとき，何らかの理論的装置が必要となる．カオス論は，そうした装置を私たちに提供してくれる．一般に「スケイルに依存しない自己相似性」と呼ばれているこうした特性は，感情と認知の相互作用によって成立している心の領域のいたる所で見いだされる．このことを示すことが，本章のみならず，本書全体の中心的な課題である．

　言うまでもないが，カオス論そのものについても，また心理的・心理社会的

● **第4章　フラクタル感情論理 —— 心のカオス論的理解**

領域へのカオス論の応用についても，解決すべき多くの問題が存在している．何よりも，カオス論自体が，依然として，一つのまとまった理論とはなっていないという問題がある．統一的なカオス論などと呼べるものはどこにもなく，あるのはただ，さまざまな理論の要素の寄せ集めだけである．これらの要素は，この数年，「カオス」という上位概念のもとにまとまりかけているところではあるが，その過程で「カオス」という用語が適切に理解されるようになったかと言えば，むしろ逆である．このことについては，あとでまた検討することにしよう．ほかにもさまざまな不明瞭な用語が使われていて，いろいろなところで混乱が起きている．また，カオス論の内容のほとんどは，高度な数学や物理学に基づいており，その基礎的な部分を理解するのには数学の専門知識がどうしても必要である．にもかかわらずカオス論は，その名前の影響力と，各種メディアでの皮相な紹介に乗っかって，80年代から90年代前半にかけて，急速に人々の注目を浴びるようになった．しかし，人々のひどく膨らんだ期待が，実は幻想にすぎないということがまもなく認識されたとたん，今度はカオス論は――やはり理論の核心部分については理解されないままに――単なる一時的な流行現象だとの悪評にさらされるようになった．いわゆる複雑系理論というものも，カオス論から派生したもので，カオス論の中心的構想を，体系的に発展させ，あらゆる種類の複雑な現象へと拡張し応用しようと試みている．この複雑系理論もまた，カオス論と同じ運命をたどることになってしまうかもしれない．

　心理学者や精神科医は，最初，心理的過程とそれ以外の過程との間の明らかな類似性（アナロジー）に注目してカオス論に関心を持つようになった．しかし，そうしたアナロジーだけに基づいて――以前から行われていたように――自然科学の概念を心理学（自然科学の領域とは本質的に異なる心の領域）に持ち込むのは，好ましくないという意見がやがて優勢になった．これが心理学におけるカオス論の最近の状況である．とはいえ，カオス論というものは，もともとシステム論の中の一つの新しい――そして特に興味深い――分野であった（後述）．システム論的な見方が心理社会的な領域においても十分役に立つものであることは，すでに以前から証明されていた．しかも最近数年の間に，カオス論で説明できるような神経生物学的現象，心理社会現象，精神病理現象が次々と発見されている．そうした現象の背後にどのような力動関係が作用しているかということをよく検討してみれば，それらの現象が互いにただアナロジーの関係にあるなどといったことでは決してないということがわかるはずであ

る．「単なるアナロジー」と見えていたことがらの少なくとも一部は，真の——厳密にカオス論的な意味での——自己相似性であるということがわかってきている．このような自己相似性は，異なるシステムに属する複数の現象の間に認められる（システムの境界はもともと人為的に決定されたものであることに注意）．カオス論の導入に対してこれまでなされた反論や警告には，たしかに正当だと言うべき点も含まれているが，しかし全体として，「カオス論のパラダイム」が精神力動——私たちはこの語を最も広い意味において，つまり「心の動き方」といった意味において用いることにする——の領域においても徐々にその有効性を増しつつあることは，私たちの見るところ，もはや疑えない事実となっている．

　カオス論や複雑性理論をめぐる広範な問題をいちいち検討していくなどということは，ここではとてもできないので，関心のある方は関連の専門書や論文を参照していただきたい*．特に統合失調症と関連する問題については，私たちの研究グループがこれまでに発表してきた仕事も参考になるかと思われる (Ciompi et al. 1992c; Ambühl et al. 1992; Tschacher et al. 1996a und b; Ciompi 1997a)．私たちは，こうした研究の中で長年にわたりカオス論的な見方を注意深く検討してきたのであるが，ここではカオス論の全体を紹介するのではなく，その中で特に私たちの問題と関わりあう部分——本書で描き出そうとしている新たな「心というもののイメージ」に対して重要な貢献をするようなカオス論的見方——に焦点を定めて，それを誰にでもわかるようなしかたで紹介していくことにしよう．

キー・コンセプトとしての「決定論的カオス」について

　カオス論の核心部分は，ある発展の進行の中で発生する「不規則で突発的な跳躍」および「カオス的乱流」に直接関連するような自己組織化の過程を解明し，数学的に定式化するということにある．こうした跳躍や乱流が発生するの

---

* 中でも重要なのは，Shaw 1981; Haken 1982, 1990; Babloyantz 1986; Nicolis 1986; Nicolis et al. 1977; Degn et al. 1987; Schuster 1989; Herrmann 1994 などである．わかりやすい入門書としては，Prigogine et al. 1980; Gleick 1987; Briggs et al. 1989; Cramer 1989; Haken 1991; Toifl 1994 などがある．カオス論の数学的基盤についてうまく解説しているのは，Seifritz 1987; Herrmann 1994 である．さらに，カオス論の中でも重要な個別分野の著作であり，収められた図の素晴らしさからも一見の価値があると思われる Peitgen u. Richter の「フラクタルの美 The beauty of fractals」1986 も参照．

● 第 4 章　フラクタル感情論理 —— 心のカオス論的理解

は，多種多様な力学系（力動システム）において徐々にエネルギーが流入・蓄積し，そのシステムが平衡状態から大きく離脱していくときである．こうした非線形性を含む過程において時間がどのような役割を果たしているのかという問題も，カオス論の中心に位置している．熱力学，気象研究，レイザー研究，流体の乱流の研究の中から生まれたカオス論は，この 20 年の間に，これまでにない一つの科学的方法へと発展し，この方法は，やがて自然科学と精神科学の多数の領域で応用されるようになった．カオス論によって見いだされた法則性は，物理学や化学の領域から生物学の領域を経て心理社会的および社会経済的な領域にいたるあらゆる種類の自己組織化的特性を持つ力学系のうちに認められる．したがってカオス論は，すでに述べたように，1920 年代と 50 年代の L. von Bertalanffy の一般システム論 (L. von Bertalanffy 1950; Miller 1969, 1975) の進化したかたちの一つであると考えて間違いない．

　現在の非線形力学系理論の最も重要な先駆者の一人と見做されているのは，フランスの数学者 Henri Poincaré である．彼はすでに 1899 年に数学的「非線形システム論」をうち出していた．同じくフランスの René Thom によるいわゆるカタストロフィ理論は，やはり非線形過程を数学的に捉えようとするもう一つの初期の試みであった．ヨーロッパでの研究と並んで，最近 20 〜 30 年の間に，非線形力学の研究は特にアメリカ（合衆国）で大きな進歩をとげた．この経過の中で，ヨーロッパとアメリカの間に，かなり深刻な用語不統一の問題が一部で生じてきている．たとえば，ノーベル賞を受賞したベルギーの熱力学者 Ilya Prigogine の学説の中心的概念である散逸構造という語は，アメリカの研究者たちの間では——彼らもほぼ同じ現象を観察していたにもかかわらず——ほとんど取り上げられていない．ちなみにこの散逸構造とは，エネルギー配分の特定の時間的空間的パターンを特徴とする力学的な流動平衡のことであり，一定の条件下で非線形システムの中に突然出現するものである．さらに，やはりこれと同様の過程に関して，ドイツの物理学者・レイザー研究者 Hermann Haken は約 30 年前から独自な——後に見るように，私たちの議論にとってさまざまな点で非常に役に立つ——考え方を発展させており，これをシナジェティクス Synergetik という概念で一括している．

　科学的概念としての「カオス」は，先にも述べたように，一般の人々に適切に理解されているとは言いがたい．というのも，日常会話でこの語が使われる場合とは反対に，カオス論でカオスと言う場合には，まったく無秩序な混乱のことを指しているのではなく，いわゆる「決定論的カオス」を意味するからで

ある．だからといって，カオス論と言うかわりに「複雑系の非線形力学の理論」と言うのは，厳密ではあるが，いかにもまわりくどい．形容矛盾のようにも聞こえる決定論的カオスという語が指しているのは，ある移行領域における秩序と無秩序の特殊な混合の状態である．この移行領域は，古典物理学が対象とするような線形の規則に従う領域と，確率と偶然に支配される——日常的な意味でのカオスの——領域との間に位置している．決定論的カオスの説明のために以前からしばしば挙げられる例は，天気である．天候は，大きな規模で見れば，わずかいくつかの物理学的変量によってほとんど決定されてしまうが，しかし細かい点については，中期的にも長期的にもまったく予測不能なしかたで変化している．ここで天気を例に挙げたが，決定論的カオスの動態を最初に捉えたのは，事実，アメリカの気象学者 Edward Lorenz であった．彼は1960年代に，そうした決定論的カオスの混合的な特性を，三つの微分方程式からなるシステムによって記述できることを示した．このカオス的動態は，ローレンツの名を冠して呼ばれる一種の「ストレンジ・アトラクター」として図示された（後述，図 3d）．彼の構想では，偶然の因子の影響も考慮されている（この偶然因子は，物理学においても，電子工学から転用された「ノイズ（雑音）」という用語で呼ばれるようになった）．しかし，そうした「ノイズ」がない場合でも，今述べたような意味でのカオス的動態は，一定の条件下において——見たところ，まったく単純な反復過程においてさえも——発生する可能性を秘めている．

　決定論的カオスにおいて無秩序と秩序がせめぎ合うのと同様に，自由と拘束，あるいは偶然と必然の間にもときにせめぎ合いの関係が成立する．最近の研究によって，このような関係が，非常にさまざまな現象のうちに存在するということがわかってきた．その領域は，物理学，化学，生物学から，社会科学や精神科学の分野にまでおよんでいる．このようなせめぎ合いの関係は，すでに述べた「スケイルに依存しない自己相似性」あるいは「フラクタル性」を示すさまざまな現象においても，重要な役割を果たしている．このことについては，あとでまた検討していくことにしよう．自然に存在する機能システムのうちのかなり多くのものが，よく観察してみれば，決定論的カオスの構造，そして同時にまたフラクタルな構造をとっているということは，この数年の間にしだいに明らかになってきている．このように見ても，カオス論とは，非線形の力動関係を有する特定領域の現象を理解するために一般システム論を深化させ発展させたものであると言うことができる．そして，この非線形の力動は，特に心理現象や社会現象と深く関わっているのである．

● 第4章　フラクタル感情論理 —— 心のカオス論的理解

　しかし，まさにそうした心理社会システムをカオス論的視点から精密に研究するという試みは，言うまでもないが，まだ始まったばかりである．そうした研究が困難であったのは，心理に関わることがらを客観的に捉えようとする際につねにつきまとう特別な方法論的な問題のせいであると言うしかない．とはいえ，この領域でも，決定論的カオスの特性を示し，かつフラクタル構造を有するような力動現象を捉えたとする報告が徐々に蓄積されてきている*．それどころか，心に関わる領域は，自由度が高いこととフィードバックのメカニズムが多重的であることに特徴があるのだから，自然界に存在する他のいかなる領域と比べても，心の領域において非線形性や予測不能性がより頻繁に観察されるということは，何の不思議もないとさえ言えるだろう．このことは，日常的な出来事の観察からも十分に証明できるように思われる．

非線形的相転移，分岐，散逸構造

　古典物理学——むしろ一般に自然科学と言ってもよいが——は，概ね線形の現象に基礎を置いている．言い換えれば，あらゆる自然現象が，厳密に予測可能であり，予め計算可能であるということを前提にしている．たとえば，理想的な条件において，すなわち完全に真空の空間において，石が地面に落下するとき，その落ち方は，初期条件と地球の引力とに線形に依存しており，一定の加速度を保つとされている．同じように何らかの法則に従って，天体は，与えられている質量と重力に応じて運動し，物体は，熱を加えられることによって膨張し，音波は空中に広がっていく．しかしこれらのことが言えるのは，現実にはありえない理想的条件のもとにおいてだけである．絶対真空内での落下というようなことを想定できるのは，環境中のさまざまな大小の撹乱因子を「無視できる」場合のみであるが，実際には，撹乱因子を完全に取り除くなどということは決してできない．しかも，こうした「ノイズ」の影響とは無関係に，自然界には——線形の過程と並んで——多数の「非線形的相転移 nichtlineare Phasensprünge」と呼ばれる過程が存在している．この非線形の過程を正確に予測したり説明したりすることは，線形の過程の場合より，ずっと困難である．たとえば水は，沸点および凝固点の温度において，液相から気相および固相に

---

*特に以下を参照．King et al. 1983; Elkaim et al.1987; Brunner et al.1991; Ambühl et al. 1992; Ciompi et al. 1992c; Rössler1992a, 1992b; Schiepek et al. 1992a, 1992b; Emrich 1992; Tschacher et al. 1992, 1994; Globus et al. 1994.

Kapitel 4

跳躍的に移行する．雪崩は不意に襲ってくるものであり，混合ガスはいきなり爆発し，稲妻は，突如として闇をうち破り，まったく予測不能なジグザグ形を空に描く．これらの過程に共通なのは，線形に増大してきた緊張が閾値に近づいていき，ついにそれを越えた瞬間にこれらの事象が突発するということである．

カオス論が第一に取り扱うのは，まさにこうした非線形の過程であり，またこうした過程において偶然というもの（つまりノイズ）がどのような役割を果たしているかという問題である．さらに，カオス論にとって特に重要なのは，「反復過程 iterative Prozesse」と呼ばれている事象である．これは，同じサイクルの繰り返しからなる過程のことであり，それぞれ前のサイクルで達成された最後の状態が，次のサイクルの最初の状態となって，反復進行していくという経過をとる．ここでも天候を例にして考えるとわかりやすい．また，周期的に変化する環境のもとで植物や動物の個体数が年ごとに変動していく経過も，典型的な反復過程と見做される．さらに先取りして言っておくとするなら，時刻単位，日単位，年単位でそれぞれ経過していく心理的過程や心理社会的過程も，やはり反復過程と考えてよい．こうした反復過程は，たとえば輪転機に見られるような単調な繰り返しの経過をとるのではない．反復過程では，つねに多様なフィードバックが作用するからである．どのサイクルもそれぞれ次のサイクルに影響し，変更を加える．したがって攪乱因子による影響は，時間経過とともに，ある場合には増幅していき，ある場合には消失していく．その際，場合によっては大きな緊張が生じ，システム動態を平衡の状態から遠くに追いやり，まったく新たな「体制」へと押し込むというようなことが起こる．

あるシステムにエネルギーが流入しつづけ，内部の緊張が臨界点に達しているにもかかわらず，そのシステムがこの緊張を何らかのしかたで排出（「消散 dissipieren」）することもできなくなっている場合，そのシステムには——どのような種類のシステムであれ——突然の反転が生じる．つまりこのとき，システム発展の分岐 Bifurkation が生じて，このシステムは全体として，まったく新たなエネルギー配分パターン，つまり Prigogine に従って言い換えれば，新たな散逸構造 dissipative Struktur に移行する (Prigogine u. Stengers 1980; Babloyantz 1986; Nicolis et al. 1977)．このとき発生する機能パターンはシステムの種類や特性に応じてさまざまに異なっているが，反転が生じる際の基本的法則は，いかなるシステムにおいても，つねに同じである．このことを示すために好んで引かれる例として，ベナール不安定性 Bénard-Instabilität と呼ばれて

● 第4章　フラクタル感情論理——心のカオス論的理解

いる現象がある．これは，平たいシャーレに入った液体を下から加熱するときに観察される．加熱の前には液体は，平衡状態にあり，一定の温度——ただし分子のブラウン運動によるわずかな動揺を伴う——を保っている．加熱を始めると，温度のゆらぎ Fluktuation が，まず線形に増強していく．この段階では，流入するエネルギーは，単純な熱伝導により分子から分子へと伝えられている．しかし，臨界点に達するや状況は急変する．肉眼で観察できるような大きな対流が突然に出現し，その内部では，熱せられて軽くなった分子の大集団が上昇していく．しかし上に昇った分子集団は，そこで冷やされるために，今度は沈んでいき，そしてまた熱せられて上昇する，ということを繰り返す．このとき，六角形の対流のセル（小室）が多数集まった蜂の巣のような形状ができる．それぞれの対流セルは，時計回りまたは反時計回りに回転しているが，隣り合ったセルは互いに反対の方向に回転している．さらに加熱を続けていくと，運動はより激しくなり，先ほど形成された規則的な散逸パターンは解消される．第二の臨界点では，液体はついに蒸発しはじめる．ここでもまた，非線形的相転移というプロセスを介して，別の新たな散逸構造への移行がなされることになる．

　このような対流セルは，ずっと大きな規模で，海や大気の中にも発生する．しかし，まったく別種の力動システム（力学系）でも，原則として同様のかたちで相転移が起こることが観察できる（ただし，そこから生じる機能パターンは，システムの種類によってそれぞれ異なっている）．そうしたシステムは，物理学的，化学的な領域から，生物学的領域，さらには心理社会的領域にいたるまで，どこにでも見いだされる．その中で特によく研究されている事例を挙げておこう．Belousov-Zhabotinski（ベルソフ・ジャボチンスキー）反応と呼ばれる化学反応において化学物質が混合されたときに突然出現する美しい色の花環模様．胞子形成性の粘菌の一種キイロタマホコリ Dictyostelium discoideum の周期的な形態変化．キツネとウサギのように捕食関係にある動物の個体数の不規則な経年変動（Lotka-Volterra 個体数変動）などである（Babloyantz 1986; Peitgen et al. 1986; Seifritz 1987; Herrmann 1994）．最後の例の場合，個体数増加率の上昇によって，あるシステムが平衡状態から逸脱していくと，突然の分岐（同一の増加率のもとでも，発展の方向が分かれる可能性がある）が徐々により頻繁に出現するようになり（滝（カスケイド）状のグラフを描く），増加率がさらに上昇すればシステム動態は完全にカオス的なものとなる（図2の灰色の領域）．しかしそれでも，このシステム動態は，ある単純な非線形方程式に

よって精密に捕捉できる．この方程式は，Verhulst 方程式の名でよく知られているもので，このほかの多くの力動システム（力学系）にも適用できる．

さらに 1978 年にアメリカの物理学者 Mitchell Feigenbaum は，分岐間の間隔がその前の分岐間の間隔に対して短縮する比率がつねに 4.66920160... であることを証明した．この値は，いかなる種類の非線形システムでも同じである．だとすれば，エネルギー流入のもとで生じるカオスは，原理的につねに同じ時点で発生するのだということになる．一般的に適用可能なこうした定数（Feigenbaum 定数）が存在するという事実もまた，カオス的としか見えない事象の背後に——意外にも——決定論的法則性が隠れていることがあるということを示している．カオスの中に秩序が潜んでいることを明らかにしてくれるもう一つの事実は，カオス領域に一旦突入したあと，さらに個体増加率（より一般的に言うのであれば，エネルギー流入量）が上昇していく過程で，カオス領域のただ中に突然，秩序の帯（あるいは「秩序の窓」）が浮かび上がってくることがあるということである．この秩序の帯は，さらに流入エネルギー量が上昇すると，またもや忽然と消え去ってしまう．この現象も，任意の種類のシステムにおいて観察される．図 2 で明るい帯として現れているこのカオスの断裂（秩序の間欠的出現）は，複雑な秩序がカオス的乱流の周縁や間隙に現れやすいということを示しているように思われる．Prigogine は，これをさらにおし進めて，生命というものは，平衡状態から遠く離れた領域において，エントロピー最大であるところの受動的カオスと，乱流としての能動的カオスとの間に出現する断裂（間欠的秩序）以外の何ものでもないと考えている．カオスが創造の源であるという以前からある見方が，ここで新たに確認されたと言ってよいのかもしれない．

図 2 の中の拡大図に示したように，カオスの周縁域を拡大してみると，システム動態の微細構造のうちに，注目すべき秩序構造が姿を現す．つまり，全体のうちの小さな断片をとっても，またさらに小さな断片をとっても，全体を見ているときと同じ分岐（枝分かれ）パターンがつねに現れてくる．言い換えれば，この種のシステム動態では，あらゆる尺度（規模，次元）において自己相似性が認められるのである．この現象は，カオス論全体にとって中心的な意味を持っている．Benoit Mandelbrot は 1975 年に，この特性を「フラクタル性 Fraktalität」と呼んだ．この理由については，またあとで詳しく検討することにしよう．

次元ないしスケール（尺度）に依存しないこうした自己相似性は，これ以降，

● 第4章　フラクタル感情論理 —— 心のカオス論的理解

自然界のさまざまなシステムにおいて証明されてきた．たとえば，積乱雲や海岸線のかたち，植物や動物の形態，肺の気管支の樹状構造や血管系の分枝様態において，さらにはさまざまな種類の時間的リズムの中にも，このような自己相似性が観察されている．身近な例として，カリフラワーを見れば，それが「構造の中の構造の中の構造の...」という特性を持っていることが簡単にわかる．こうしたフラクタル構造は，さまざまなグラフィックのかたちで提示されている．その代表的なものは，やはり Verhulst 方程式に基づいて描かれたもので，秩序とカオスとの移行域において意外な自己相似性がくりかえし新たに出現するような図である．今では無数の図柄が，カオス論のシンボルとしていろいろなところで使われるようにもなっている (Peitgen et al. 1986).

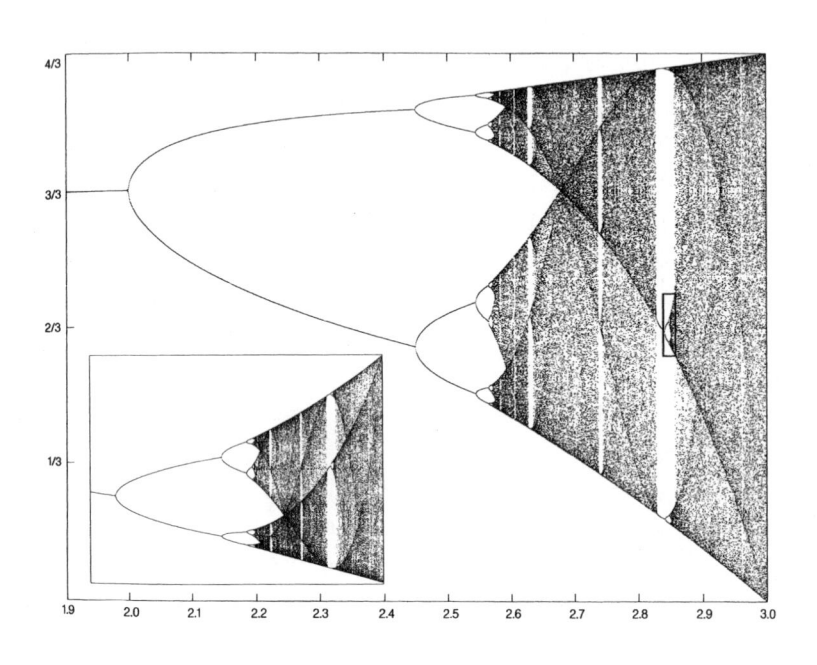

Die emotionalen Grundlagen des Denkens

図2：Verhulst 方程式に従って，増加率の上昇に伴う個体数の変化を示したグラフ：最初は線形的で安定している領域（左側）が，滝状に連なる分岐を経て，カオス（右側の灰色領域）に移行していく．拡大図は，小さな断片の中に自己相似的微細構造が現れていることを示す．灰色領域の中の明るい帯は，「カオス内部の間欠的秩序（構造）」と呼ばれる (Peitgen 1986, p.21).

Kapitel 4

初期条件に対する敏感性──いわゆるバタフライ効果

　今述べてきたような力動関係が自然界に広く認められることからすれば，同様の自己組織化の法則が心理社会的過程の領域においても成立するのではないかと考えてみるのは当然である．心理社会的過程が典型的に非線形的な性格を備えていることは，言うまでもなく明らかである．しかも，自然界のさまざまな種類のシステムに出現する非線形的相転移が示す形式的特性は，典型的な心理社会的危機状態において認められる特性とよく一致する．このことからしても，自然界のさまざまなシステムと心理社会システムとが同じ基本法則の支配下にあるということが容易に想定される．どちらのシステムでも，まず最初の段階では不安定性が線形に増大していき，次に，新たな機能パターンへの非線形的な反転が起こる．この分岐点の直前で典型的な「ゆらぎ Fluktuation」が観察されるという点も，両方のシステムに共通している．「ゆらぎ」とは，システムが（いくつかの）極端な状態の間でさかんに振動することであり，大地震の前に起こる前触れの地震にたとえてもよいだろう．こうした「ゆらぎ」が起こるのは，一つには，システム自体の不安定性が増大しているためであり，もう一つには，前に述べたような周囲からのノイズのせいである．もちろんこの二つの要因は別々のものではなく，システムが不安定になればノイズの影響を受けやすくなるという関係がある．システムの感受性が上がることによって，また次のような現象も起こる．すなわち，どのような種類のシステムでも，危機（臨界）状態にある場合にはしばしば，とるにたらないような小さなことがらが原因となって不釣合いに大きな変化が生じてくるということが起こる．原因と結果の間の著しい不釣合いは，この事象がすぐれて非線形的なものであることを示している．心理社会的な意味での危機状態でも，やはりこうした特性が認められることは言うまでもない．

　今述べたことは，「初期条件に対する敏感性」と呼ばれている特性とも大きく関わっている．これもやはり，決定論的カオスの特徴を持ったあらゆるシステムに認められる特性である．初期条件に対する敏感性とは，最初はまったくとるにたらないような小さな差異が，反復過程を経ることによって累積していき，ついに大きな隔たりをもたらしてしまうというシステムの特性を指している．これに対応する数学的操作は「パイこね変換 Bäcker-Transformation」と呼ばれている．この数学的操作は，職人がパイ生地をこねる際に何度も延ばしては折りたたむということを繰り返すのと似ているからである．パイこね変換に

● 第4章　フラクタル感情論理 ── 心のカオス論的理解

よって，最初はすぐ近くにあった二つの点──パイ生地の中の二つの粒──の距離がしだいに大きく広がっていく．逆に，最初は遠く隔たっていた二つの点が，変換の途中で，著しく接近するということもありうる．

　気象学者であり，すでに述べたようにカオス論の創始者の一人でもあるEdward Lorenz は，今紹介したような現象を，大胆にも，蝶のはばたきの比喩で表現したが，これは後に「バタフライ効果」という用語として定着した．これは，日本で（別のどこであってもかまわないが）一匹の蝶がはばたき，それによって生じた空気のそよぎが，条件さえそろっていれば，数週か数ヶ月後にハワイで台風を引き起こすかもしれない，という有名な喩え話である．この喩えの下敷きになったのは，1963年に行ったコンピューター上での気象変動のシミュレイション実験で Lorenz が偶然に発見した一つの事実であった．ある定数の小数点以下何桁という普通ならほとんど無視できるような桁の数字を変更してみると，同じ計算式で得られた元の曲線とは似ても似つかない曲線が描かれたのである．彼がこの事実を発見したのは，スイッチを切るのを忘れてコンピューターを何日も走らせてしまったからだとも言われている．最初のわずかな違いがこれほどまでに増幅された要因は，Lorenz の気象計算の数式に含まれている非線形性にある．この Lorenz の観察から次のことが明確になる．すなわち，こうしたシミュレイション実験では，計算の精度はいくらでも高めることができるが，しかしシステムの発展の推移（この例で言えば，天候の変化）を長期にわたって確実に予測するのは，そもそも不可能なことなのである．しかし短期的な推移については，信頼しうるかたちで予測することがもちろん可能である．このように予測「不可能」性と予測「可能」性という相反するものが独特なかたちで結びついているという点に，「決定論的カオス」の持つ二重性という特質が，またしても見て取れるのである．

　パイこねや蝶のはばたきという比喩は，特定のシステムがごくわずかな変化に対してきわめて敏感に反応することがあるという事実を，わかりやすいかたちで理解させてくれる．初期条件に対する敏感性ということが言われているが，実際には，敏感性は初期だけに存在するわけではない．システムの中で何らかの反復がなされているときには，いつでもシステムの敏感性ということが問題になりうる．つまり，ストレンジ・アトラクター（後述）に対応する（決定論的）カオス的動態を示すような非線形システムは，システム外部からの影響に対してつねにきわめて敏感である．したがって，このようなシステムは，あらゆる種類の情報（あるいは差異）に対する鋭敏な「センサー」であると言ってもよい．

この事実は，あとで検討していくように，特に心理的システムまたは神経生物学的システムにとって，非常に重要な意義を持っている．なぜなら，そのようなシステムの敏感さというものがあってはじめて，絶え間なく変化する環境への柔軟にして繊細な適応が可能となるからである．同時に，カオス的システム動態をこのように情報処理の側面から見ていくことによって，「カオス」の持っているもう一つの非常に興味深い新たな特性が浮かび上がってくることにもなる．

アトラクターとリパルサー，あるいはエネルギー低地とエネルギー高地について

　ある時点でのシステムの力動状態を，状態空間（位相空間）内の一つの点として定位することができる．システムの状態の経時的変化に伴って，この点は動いていく．この点が，ある一定の領域に引き寄せられ，やがてその領域の内部でしか動かなくなることがある．このとき，この領域のことをアトラクターと呼ぶ．状態空間とは，システムの特性を決定するようないくつかの変数を次元に持つ抽象的な多次元空間（超空間）である．たとえば天候の場合であれば，次元は，気温，気圧，湿度，陽射しの強さなどからなる．あるシステムが，さまざまな拘束（コンストレイント）を受けながら，この状態空間において反復的に通過していく経路ないし軌道の総体が，アトラクター領域だということになる．図3のaからfに見られるように，アトラクターには，きわめて単純なものもあり，非常に複雑なものもある．単純なものとしては，点アトラクター，円アトラクター（リミット・サイクル）などがあり，複雑なものには，先にも述べたさまざまなストレンジ・アトラクターが含まれる．この中間に，自動車のタイヤのかたちに似たトーラス・アトラクターというものもある．

　点アトラクター（図3a）は，名前のとおり，状態空間内の点であり，広がりを持たない．システムの力動状態は，その一点へ向かって引き寄せられるように動いていき，ついにはそこで静止する．このアトラクターの単純な例は振り子である．押し動かされた振り子は，往復運動をはじめるが，しだいに振幅を小さくし，やがて停止する．この経過を記述するには，二つの変数（したがって二つの次元）の状態空間を考えれば十分である．二つの変数は，振り子の速度（方向により正，負を区別）と振り子の位置（中心線からの距離，方向により正，負を区別）である．往復運動をしている振り子の振れ幅が最大のとき，

● 第4章　フラクタル感情論理――心のカオス論的理解

速度はゼロとなる．また振り子がちょうど中心線上にあるとき（つまり位置ゼロのとき），速度の絶対値は最大となる．徐々に振幅を小さくし，ついには停止する振り子の運動の軌道は，2次元の状態空間内（つまり，平面上）において螺旋を描き，速度ゼロかつ位置ゼロの点に向かって収束していく（図3a）．

次に，ぜんまいで駆動される振り子（ぜんまい時計の振り子）を考えてみよう．先ほどと同じ状態空間（平面）に，今度は円が描かれる．これは，単純周期円アトラクター（オシレイター＝振動子）に相当し，リミット・サイクルとも呼ばれている（図3b）．ここでたとえば，ぜんまい時計がわずかばかり揺り動かされたというような状況が起こった場合，振り子の運動は，一瞬の間わずかに速くなったり遅くなったりするかもしれないが，そのような小さな妨害（撹乱）があっても，振り子の動きはまもなく元の円アトラクターの軌道に復帰する．

自動車のタイヤのように見える図3cのトーラス・アトラクターは，aやbと同じくやはり規則的なかたちをなしてはいるが，しかしかなり複雑なものとなっている．このトーラス・アトラクターは，bの単純円アトラクターに，ある操作を加えて発生させることができる．つまり，2次元平面内で往復運動している振り子に，運動方向と直交する方向（第3次元）の運動を付加してみる．2次元の単純周期運動に，第3次元での正弦曲線を描く運動が重畳し，この二つの運動は融合する．振り子の動きを状態空間に記録することによって，図3cが得られる．このシステムがとりうるすべての状態は，状態空間内での軌道の総和，つまり「タイヤ」によって示される．言い換えれば，この3次元振り子のシステムの力動状態は，経時的に見て，このタイヤのかたちのアトラクター領域の内部を駆け巡っているということになる．

ストレンジ・アトラクターあるいはカオス的アトラクターの場合には，軌道の総和は限定された一定の領域におさまってはいるものの，個々の軌道をたどっていっても，もはや規則性を認めることはできず，その後の軌道を予測することは不可能である．ここで注目しておきたいのは，個々の軌道は決して交差することがなく，大まかな周期は認められるにしても，それぞれの周期において少しずつ違った経路をたどるという点である．グラフィックな表示の精度を上げて，個々の部分を拡大するという数学的操作を行ってみると，個々の軌道は，操作前の大きな軌道と相似形をなす微細軌道に分解されることがわかる．さらにこの操作を何回繰り返しても同じことが起こる．つまり，カオス的アトラクターは典型的なフラクタル的特性を持っているのである．ストレンジ・アトラクター（奇妙なアトラクター）と呼ばれているものがなぜ「奇妙」なのか

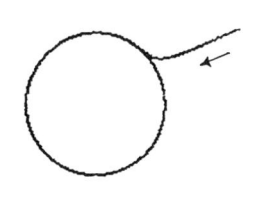

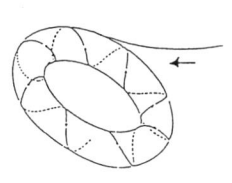

IIIIIIIIIIIIIIIII **Kapitel 4**

a = Punktattraktor　　　b = Kreisattraktor　　　c = Torusattraktor
　　　　　　　　　　　　(Grenzzyklus)

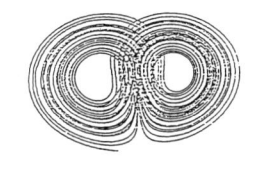

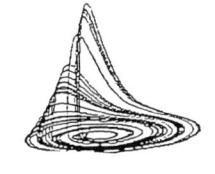

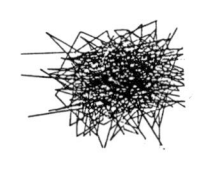

d = Lorenzattraktor　　　e = Rößlerattraktor　　　f = psychopatholo-
　　　　　　　　　　　　　　　　　　　　　　　　gischer Attraktor

図3：さまざまなタイプのアトラクター．数学的状態空間におけるアトラクター（aからe）
と心理学的状態空間におけるアトラクター（f）．
［図の説明］a＝点アトラクター　b＝円アトラクター（リミット・サイクル）
c＝トーラス・アトラクター d＝ローレンツ・アトラクター e＝レスラー・アトラクター
Rößlerattraktor　f＝精神病理アトラクター

と言えば，その軌道が，全体としてはその範囲や形態を確定できるにもかかわらず，個々の軌道の経路は，前節で検討したような外部からの微細な（偶然の）影響を強く受けているからである．したがって，ストレンジ・アトラクターもまた，決定論的カオスの本質を明瞭なかたちで私たちに示してくれているのである．

今述べたような意味での不規則性を持ったカオス的アトラクターを，図3のdからfに示しておいた．dとeは，数学的に非線形の微分方程式によって正確に記述できる．したがって，まだある程度は規則的な性格を残している．fの精神病理学的アトラクターは，純粋に経験的に見いだされた反復過程を状態空間の中に描いたものであり，やはりカオス的構造を示している（この状態空間は，一人の精神病患者における，現実との隔たりの程度を捉えるいくつかの変数によって構成されている．Tschacher et al. 1996 による）．

● 第4章　フラクタル感情論理 —— 心のカオス論的理解

　力動状態の進行をこのようなアトラクターで描出できるようなシステムは，限りなく多数存在している．たとえば，最終的に完全な静止状態にいたるようなシステムはすべて，点アトラクターを用いて描出できる．先に挙げたような単純な振り子のほか，すり鉢状の谷に落ちていく岩，穴に落ちるゴルフボール，死にいたる生命体なども同じである．正確な周期的リズムを持ったシステム，具体的には，時計に用いられる水晶振動子，天体の運行，生物学的な周期的変動などは，原則として円アトラクター（リミット・サイクル）によって描出される．さらにストレンジ・アトラクターによって描出されるのは，すでに述べたように，非線形力動を示すあらゆるシステムであり，多数の——その数は日ごとに増え続けている——物理学的，化学的，生物学的，さらには心理社会的な過程がここに含まれる．具体的には，銀河の発達，土星の輪や木星の赤斑などの動態，気体および液体の内部での乱流，気候の突然の変化，蟻塚の構造，大都市の構造，株式相場の動向などが挙げられる．さらに，以前には厳密な周期を持つと考えられていたさまざまな生体内のリズムが，よく観察してみると実は，決定論的カオスの特徴を持っているということが判明してきている．これは，たとえば心臓の鼓動や脳波のリズムにおいて証明されている．心拍や脳波のリズムが硬直化していて，外部の変化に対して生体が即座に柔軟に反応することができないような場合には，円アトラクター（リミット・サイクル）が刻む正確なリズムの存在は，むしろ機能失調状態あるいは病的状態の表れと考えなければならない．「カオスはいずれにせよ悪しきものだ」などと単純に考えることは間違いである．決定論的カオスの力動を内部に持つことによってはじめて，鋭敏で繊細な反応能力（情報処理能力）がシステムに保証されるのであるから，それを持つことは——特に生物学の領域において，多くの場合——機能上きわめて意味のあることなのである．

　さらに私たちが関心を抱いているのは，先にも示唆しておいたことだが，アトラクター作用のエネルギー論的考察というテーマである．点アトラクターや円アトラクターは，その力動システム（力学系）にエネルギーが流入している場合には，徐々に複雑さを増していき，トーラス（タイヤ）形のアトラクターへ，そしてさらにはストレンジ・アトラクターへと変化することがある．逆に，ストレンジ・アトラクターやトーラス・アトラクターは，エネルギー流入が減少すると，円アトラクターや点アトラクターに変わることがある（システムの緊張が緩和されるからである）．しかし，アトラクターというものはもともと「エネルギーの窪み（低地）」である．つまり，状態空間の中のアトラクター領

域は，その周囲に比べて比較的エネルギー消費が少なくてすむようなシステム状態の範囲を描き出しているはずである．言い換えれば，アトラクター内部の軌道は，その時点でのシステムのエネルギー事情から見て最も抵抗の少ない道筋と一致しているはずである．だとすればこれは，第3章で私たちが何回か話題にした「快の道」にほかならないことになる．というのも，私たちはそこで，快の概念を一般化し，快を緊張の解消（したがって，エネルギー消費の低い状態への移行）として捉えようとしたのであったからである．

しかし，窪みや低地があるところには，また丘や高地も存在するはずである．実際に，多次元状態空間の内部にエネルギー消費の比較的高い領域が存在するということがカオス研究によって明らかになり，これはリパルサーと呼ばれている．このリパルサー領域内を動くことは，システムにとって抵抗の大きな道筋を進んでいることになるので，つねに抵抗の少ない道筋を選ぶという一般的原則に従って，システムの力動状態は，できる限り速やかにこのリパルサー領域から遠ざかるように推移することになる．アトラクター領域は，システムにとって，エネルギーを節約できる比較的安定な場所であり，逆にリパルサー領域は，エネルギー消費を強いられる比較的不安定な場所なのである．したがって，この状態空間（位相空間）の内部のアトラクター領域を窪み（盆地）に，リパルサー領域を丘や山に見立てて，一種の地勢図をつくることができる．そうすれば，システムの力動状態の推移は，この地形の中を転がっていく球の動きとして捉えることができる．ルーレット盤に投げ入れられた球が転げ回って，やがてどれかの数字のホールに停止するのをイメージしてもよい．いずれにしても，球はシステムの力動状態を表している．この球をどこかの山の頂（あるいはホールの間の仕切りの上）にとどめておくのは，もちろん容易なことではないが，バランスをうまく保ちさえすれば必ずしも不可能なことではない．これは付加的に微妙な力を加えたり（あるいは何かうまいトリックを使ったり）するときにのみ実現する．すべての生命体は，まさにこのことをやり遂げているのである．要するに，リパルサーは，システムが大きなエネルギー消費の状態に――したがって通常は存在しえない状態に――置かれていることを示している．これは，具体的に言えば，たとえば石や積み木を高く積み上げてつくった塔の状態，あるいは互いに敵対する生物どうしが同じ場所で生存している状態に相当する．また一般的に言えば，無秩序（エントロピー）の増大に向かうという――よく知られている――普遍的傾向に逆らって，高度に分化した秩序が（一時的に）達成されているという状態に相当する．

● 第4章　フラクタル感情論理 ── 心のカオス論的理解

　実際に，生きていること（生命）それ自体が──エネルギー論的に見れば──ほとんどありえないことだと言うべきである．というのも，生命という流動平衡を維持するためには，きわめて複雑に組織化された（複雑な散逸構造を持った）多大なエネルギーの流れがどうしても必要だからである．しかし他方で，個々の生物学的な散逸構造は，すべて典型的なアトラクターでもある．つまり，生命とは，エネルギー高地（山）の上に局所的に穿たれたエネルギー低地（窪み）のようなもの（言い換えれば，リパルサー領域内の局所的アトラクター）だということになる．エントロピーの一般的法則をかいくぐってそうした山上の窪みを維持することこそが──カオス論的に言えば──生命の「トリック」の本質である（もっと一般的に言えば，生命に限らず，存在するあらゆるものが存続できるかどうかは，それを維持できるかどうかにかかっている）．

　カオス論では，アトラクター（エネルギー低地）やリパルサー（エネルギー高地）のほかに，もう少し複雑ないくつかの地形のことが，よく問題にされる．たとえば，鞍点，稜線ないし尾根（アトラクターとアトラクターを隔てる境界線），谷（リパルサーとリパルサーを隔てる境界線）などの地形である．鞍点というのは，安定なアトラクター領域と不安定なリパルサー領域が複合した「半安定」な領域である．システムの力動状態の時間的経緯を水の流れにたとえるとするなら，近くの山（リパルサー領域）から鞍点に向かって流れてくる水は，鞍点においていくつかの分岐した方向へと分かれて，それぞれ谷底や盆地へ向かって流れ落ちていく．鞍点近傍の地形は──すでに紹介したカオスの周縁域と同じように──境界の入り組んだ複雑な構造をとることがあり，したがって水がどちらに（どのアトラクター領域に）向かって流れていくかの決定は偶然的な影響を受けやすい（ノイズに対する敏感性）．抽象的状態空間（位相空間）におけるこの「半安定」な構造は，現実に存在するさまざまなシステム力動状態の推移のモデルとなる．たとえば，生物学の領域で言えば，特定の植物または動物の群が，ある厳しい生態学的環境のもとで，なお繁殖していけるかどうかという問題は，このモデルを用いて検討することができる．また，心理社会的な領域で言えば，個人ないし国家が，ある困難な問題について重大な決断をしなければならないという状況に対して，やはりこのモデルを適用することができる．このような心理社会的な状況は，状態空間内でシステムが鞍点近傍の「半安定」な分岐域に位置していることと対応づけられるからである．ここでシステム状態を再び球にたとえるとするなら，球は鞍点近傍でしばらくの間，未決定の状態のまま行きつ戻りつした末に，ついにいずれかの方向へ向かって

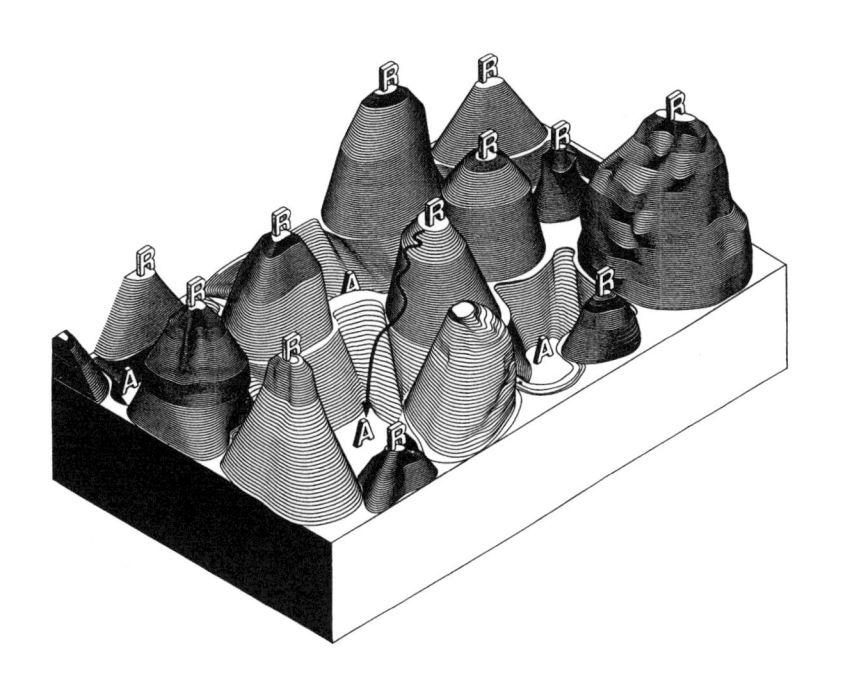

IIIIIIIIIIIIIIIII **Kapitel 4**

Fraktale Affektlogik ── ein chaostheoretischer Zugang zur Psyche

図4:「フラクタル・カオス」的アトラクター地勢図(Globus 1994より).
Aはアトラクター(エネルギー低地),Rはリパルサー(エネルギー高地)を示す

転がり落ちていき,二度と元の場所には戻らないのである.
　要するに,複雑なシステム(複雑系)の自己組織化の力動を,一種の地図の中に定位することができる.この地図は,「ポテンシャル地勢図」などとも呼ばれており,そこには山頂,尾根,分水嶺,漏斗状の盆地,谷などの構造が描かれる.システムの力動状態の推移は,こうした起伏のある土地での水の流れ,または,転がっていく球の軌跡に相当する.システムにエネルギーの流入がある場合には,下向きばかりではなく上向きの運動もありうるので,水より球の方が,正確なイメージを与えてくれるかもしれない.球の動き方は,場所によってさまざまである.ときには鞍点付近で行ったり来たりし,場合によっては,外力に一時的に支えられて山頂にぴったり止まっていることすらある.またときにはアトラクターの窪み(盆地)にはまってほとんど動かなかったりもするし,さらに別のときには,谷底の道筋を低地をめざしてゆっくりと転がってい

● 第4章　フラクタル感情論理 ―― 心のカオス論的理解

ったりもする．しかし当然ながら，この種のイメージで複雑なシステムの事象を捉えることには限界もある．状態空間は，現実の地形のように3次元とは限らず，任意の次元数をとるからである．それに加えて，現実の地形は短期間のうちに変わってしまうというようなことはまずないが，抽象空間のポテンシャル地形の方は刻々と変化する場合がある．たとえば，アトラクターの盆地や谷が突然深く（つまり，よりアトラクティヴに）なったり，リパルサーの山の頂が突然高く（つまり，よりリパルシヴに）なったりすることがある．盆地が埋まって平地になってしまうこともあれば，別の盆地が新たに出現することもある．また，システムへのエネルギーの流入が続くと，システムが全体としてひどく動揺し，不安定な状態になる場合があるが，こうしたときに，抽象状態空間の中の球は，たとえば低地のアトラクターから，突然，斜面を越えて高地のアトラクターへ飛び移るといった動きをすることがある．

　一つのアトラクターの盆地から別のアトラクターの盆地へのこうした「跳躍」が，いつどこで起こるのかということ，そしてまた，一つの同一のアトラクター内部での反復的軌道から，具体的にいかなる種類の散逸パターンが形成されるのかということを考えていくために，二つのパラメーター，すなわち制御パラメーター Kontrollparameter と秩序パラメーター Ordnungsparameter を区別しておくことが役に立つ．これは，Hermann Haken が「シナジェティクス」（共同作用の学を意味する）を構想する中で，一般的に指摘したことである．この二つのパラメーターは，事象の全体に対してつねに重要な役割を果たしている．制御パラメーターとは，システムの力動状態の枠組みを規定する諸条件（変数）である．たとえば，気象現象における温度や湿度がこれにあたる．より一般的に言えば，力動的に発展しているシステムにおいて緊張を増大または減少させるような変数のことである．これに対して秩序パラメーターは，ある限定された部分に出現する構造形成的な諸要素（変数）である．たとえば，小さな局所的な渦（旋風）といった，当初はまったく目立たない末梢的な副次的アトラクターがあって，これが何らかの条件のもとで突如として勢力を獲得し，システム全体を一気に再編してしまうということがある．このような渦あるいは副次的アトラクターが，秩序パラメーターにあたる．Haken は，システム全体を新たに秩序づけるこのパラメーターの作用を，「隷属化／支配 versklaven」とも表現している．システムは突然に反転し，秩序パラメーターの「支配」のもとに新たな秩序を与えられるのである．反転の瞬間が近づくと，すでに述べたような「ゆらぎ」が発生するとともに，システム動態の臨界減速という興味深い

現象も起きてくる．それまでのひどく散乱（発散）していた状況をただ一つの秩序パラメーターが支配することによって，複雑さが著しく低減されることになり，また自由度が大きく制限されることにもなる．

　こうした現象は，まずレイザー（光線）研究の領域において1960年代からHakenによって明らかにされ，数学的にも捉えられるようになった．レイザー装置を用いると，最初は方向性を持たずにあらゆる方向に放射していた光子群が，エネルギー流入（制御パラメーター）を受けて，たまたまわずかに優勢となった局所の振動周波数（秩序パラメーター）によって支配されるようになる．この振動は，臨界点の瞬間に光子群のすべての成分を「隷属化」し，放射される光をただ一つの方向に束ねる（ビーム）．さらに，この現象から次のような一般的な意義を見て取ることも可能である．すなわち，こうしたメカニズムによって，分子レヴェルの過程（もっと一般的に言うなら，分子レヴェルの「情報」）が，言わば，ミクロな次元からマクロな次元へと移し変えられ，拡大増幅されたということである．私たちは，すでにこれと似たようなことを，ベナール不安定性の説明のところでも見たことを思い出していただきたい．

　このように，一部の制御パラメーターがシステムを不安定な状態にしているときに，それまでまったく目立たなかった（一つの，またはいくつかの）秩序パラメーターが，突如としてシステム全体を支配するようになることがある．この原則に従う現象は，化学，生物学の領域にも見いだされるし，特に神経系（ニューロンのシステム）においても認められる (Haken 1982, 1990, 1991)．だとすれば，心理社会的領域において——これから検討していくように——類似の動態が認められるとしても，そのことはそれほど驚くに値しないのである．

決定論的カオスの特徴を持つシステムに見られる自己相似性あるいはフラクタル性

　高地や盆地，鞍点や谷などからなる「ポテンシャル地勢図」は，フラクタルという現象を視覚的に捉えるのにも大変役立つ．フラクタル性とは，すでに何度も述べたように，決定論的カオスとしての特徴を備えたアトラクターの内部での反復過程が，スケール（尺度）に依存しない自己相似性（つまり「構造の中の構造の中の構造の...」という特性）を示すことを指す．自然の地形でも，きわめてさまざまなレヴェルでそのような自己相似性が観察されるのは明らかである．たとえば，浸食によってできた地形，山脈や海岸線の形状，あるいは

● 第 4 章　フラクタル感情論理 ── 心のカオス論的理解

　砂丘のかたちは，その地形のごく小さな部分の中にも相似なかたちが再現されており，また航空写真や人工衛星からの画像といったきわめて大きな範囲をとってみても同様である．

　カオス論によれば，このようにさまざまなレヴェルにおいて再現する基本形も，やはりアトラクターとして理解できる．このアトラクターの内部で，システムの力動は，きわめてさまざまな規模（尺度）において相似的なかたちをとりながら，反復的に動いていく．このようなアトラクターを，ポテンシャル地勢図の中の漏斗状の窪みとしてイメージしてみよう．そしてこの窪みの中を球（システムの力動状態に対応する）が回っていて，この球は外部のまったく些細な要因によっても影響を受けやすい状態にあり，しかもこの球には外部からエネルギーが流入しているものとする．このとき，「スケールに依存しない自己相似性」の現象が生じてくるが，これは以下のことから説明できる．窪みの中を回転している球は，各周回において（「地形」による制約のため）ほぼ同じ軌道をとるが，しかし，この窪みの表面の微細な不規則性やその他の撹乱因子に影響されて，周回ごとの軌道はそれぞれわずかに異なっている．球の持つエネルギー水準が低ければ，球は窪みの底近くを回ることになり，周回軌道は小さく局限されている．逆にエネルギー水準が高いときには，球の軌道は，当然ながら，その数倍にも拡大することがある．しかし軌道の基本的なかたちは，エネルギー水準の高低によらず，同一のままである．

　すでに述べたように，自然界に存在する無数の形態の基盤に，自己相似性を産み出すアルゴリズムが存在しているということがカオス論によって明らかにされている．たとえば，前にも挙げたように，雲のかたち，地形，さまざまな種類の植物や動物の形態は，フラクタル性を持っている．そのほか，水が流れるときのパターン，植物の葉や花のかたち，結晶の構造にもそれが認められる．さらに人工的な物，たとえば机のかたちだとか，ある特定の様式で建設された中世の街の家なども，その大小にかかわらず，自己相似的なかたちを持ち，大小の規模にかかわらずつねに同様の基本規則を適用してつくられている．後に詳しく示すように，心理的な領域でもフラクタル性の現象が認められる．たとえば，ある特定の人物の「感覚・思考・行為」様式，ある芸術作品の様式，そしてさらには，ある抽象的思考体系の「様式」などにおいてそうした現象を証明できる．

　フラクタルという用語は，ラテン語 fractus（砕けて破片になった，という意味の過去分詞）を語源とする．Benoit Mandelbrot は，スケールに依存しない自

己相似性の現象をこのフラクタルという用語で記載した．この用語は，状態空間におけるストレンジ・アトラクターの幾何学的次元が整数の値をとらないことを示している．アトラクターの次元数は，そのアトラクターが持っている自由度を反映する．空間内の任意の点，直線，平面，立体は，それぞれ0，1，2，3という整数値の次元を持つ．しかし，フラクタル・アトラクターの次元は，こうした整数に一致せず，整数の中間にある何らかの値をとる．このことは，コッホの曲線（雪の結晶）と呼ばれている図によって簡単に理解することができる．この曲線は，直線（1次元）と平面（2次元）との中間の性格を持っており，以下のような反復操作によって発生する（図5, Herrmann 1994, p.149 参照）．任意の長さの線分を3等分し，その中央の線分の上に正三角形をつくり底辺を消去する．この操作を行うと，四つの同じ長さの線分の連なった図形ができる．次に，この四つの各線分に対して同じ操作を行う．すると今度は，16の線分の連なったかなり複雑な形態ができる．さらに同じ操作を繰り返していく．この反復操作によって発生する曲線は，そのどんなに小さな（顕微鏡でしか見えないような）部分をとってみても全体と相似なかたちを持ち，しかもその長さは無限大である．自己相似的な形象の例としてしばしば持ち出される海岸線の形態なども，これと同じ特性を示す．自然にできた海岸線も，やはり無限大の長さを持っている．海岸線の長さを計測するとき，「ものさし」を小さくしていけばいくだけ，その長さは長くなるからである．とはいえ，典型的にフラクタルなこうした形象の次元数を，数学的に厳密に決定することはできる．たとえば「雪の結晶」（コッホ）曲線の次元数は，1.2619....（log 4 / log 3）という値をとる．したがってこの曲線の次元は，1次元（直線）と2次元（平面）との中間にあるということになる．海岸線，植物の形態，（実際の）雪の結晶など自然に発生したフラクタル構造の次元数も，適当な方法を用いれば正確に計算することができる．

　すでに前にも一度述べたが，幾何学的フラクタル構造のほかに，時間的フラクタル構造や，さらにまた統計的フラクタル構造といったものも存在している．時間的なフラクタル現象は，現在のところコンピューター音楽の分野で応用されている．さまざまな時間オーダー（次元）で相似形のリズム形態が現れてくるような曲がつくられている．また統計的なフラクタル性とは，大集団をとっても小集団をとっても類似の分布曲線が描かれるという現象を指している．

　カオスの科学は，コッホ曲線の場合と原則的には同様の——しかしそれより複雑な——反復操作を用いて，人工的に自己相似的な形象をつくり出すこと

に成功した．そのような形象は，自然の中に存在する地形や植物および動物のかたちなどと驚くほどよく似ている．人々の間で最初に話題を呼んだのは，Michael Barnsleyの「シダの葉」の図像であった．このシダの葉は，大きく見ても小さく見ても（シダの葉全体のかたちも，一つ一つの小さな葉のかたちも）つねに相似の幾何学的な形態を示している．この図は，同一の比較的単純な自己組織化の操作をわずか4回反復するだけで発生したものだという（図6a；Herrmann 1994, p.177 ff. による）．コンピューターは，このようなフラクタルな形態をいくつか組み合わせることによって，さらに複雑な樹木や動植物の形態を人工的につくり出すことができるようになってきている．すでに紹介したPeitgenとRichterによる「フラクタルの美」(1986; Briggs 1992も参照)をはじめとして，こうした図像を集めた画集もさかんに出版されるようになっており，これらを通じて一般の人たちにもフラクタルの概念が馴染みやすいものとなった．さらには一歩進んで「フラクタル・コンピューター芸術」といった分野が開拓されるまでになり，映画産業もフラクタルの現象を利用して，空想上の複雑な風景や，実物と思わせるような植物や動物を，人工的につくり出している．Steven Spielberg監督の人気映画「ジュラシック・パーク」の中で，まるで現実のものかと見えるような恐竜たちが登場していたが，これもそのようにしてつくり出されたものである．

　自然に存在する非常に多くの現象が――鋭い観察眼をもって見れば，ほとんどの自然現象が――フラクタルな構造を持っているという洞察は，このようにして科学においても日常生活においても，次から次へと新しい分野に浸透しつつある．しかしこの洞察は，GoetheやLeibnizやHusserlをはじめとする多くの文学者や思想家がこれまでそれぞれ異なるしかたで言い表そうとしてきた直観的な認識を，あらためて数学的に言い直したものと見ることもできるだろう．その認識とは，自然のきわめて小さな断片のうちにすでに全体が潜んでおり，また逆に，全体のうちにすでにすべての部分が潜んでいるという認識である．これに類する見方は昔の中国にも存在していた．これは陰陽学説と呼ばれており，存在するすべてのものを，この見方から説明しようとしていた．さらにまた，あらゆる構造は（したがって，あらゆる「システム」は），ある構造特異的な不変量（言い換えれば「冗長さredundance」）とある変量（言い換えれば「新奇さinnovation」）とが掛け合わされたものであるという――すでに「感情論理」(1982)において詳しく分析したような――基本的な事実も，同じ方向を示唆している（Ciompi 1982; 第3章）．なおここで，不変量と変量のうち，

|||||||||||||||||| **Kapitel 4**

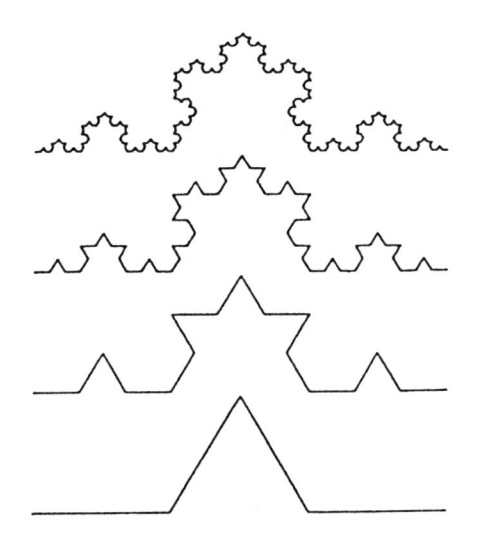

Fraktale Affektlogik — ein chaostheoretischer Zugang zur Psyche

図5：コッホ曲線．1.2619....という「フラクタルな」次元を持つ．線分をまず3等分し，その3等分された中央の線分の上に正三角形を描き，底辺を消すという反復操作によって発生する（Seifritz 1987, p.158より）．

　フラクタル性と強く関わっている（フラクタル性の表現でもあり，フラクタル性の担体でもある）のは，当然ながら（スケイルに依存しない）不変量の方である．ところで，こうした見方に反対する人たちは，フラクタル構造がどこにでも存在するという事実を，こうした見方への批判点としてとりあげようとしている．もしそれが「いつでもどこでも当てはまる」としたら，それは結局のところ何も意味しないではないか，というのである．これは，私たちの見方からすれば，筋の通らない批判である．そういう批判は，すべての生物が細胞構造によって成り立っているとか，存在するすべてのものは原子や分子からできているという発見に対しても，まったく同じように向けることができるはずだからである．これらの発見が，「普遍的に妥当である」からといって，無意味であるということは決してないはずである．それは，その新たに獲得された認識が，著しく広い射程を持っているということを意味しているにすぎないのである．
　フラクタルという概念を過度に拡張してはならないということは，言うまでもなく正しい．特に注意しておかなければならないのは，かたちが似ていると

● 第4章 フラクタル感情論理 —— 心のカオス論的理解

いうだけでフラクタル構造の存在が証明されるわけではないということである.フラクタル構造を確認するためには,さまざまなレヴェルにわたってスケール(尺度)に依存しない自己相似性が実在していることを示さなければならない.さらに考慮しておくべきことは,自然界に存在するシステムでは,たいていの場合,異なる規模の複数のフラクタル構造が複雑な形式で共存しているということである.たとえば,典型的なフラクタル構造と見做されている肺の気管支の形態では,各部位においてそれぞれ異なる「下位フラクタル」が認められる (West 1986; Briggs 1992, p.71). また,特に進化の研究の領域でしばしば議論されている重要な一般的な問題とは,厳密な意味でのフラクタル性は,一つの同質の現象領域——たとえば,地形,植物形態,動物形態といった個々の領域——の内部でのみ存在するのか,あるいはそのような領域の境界を越えて存在するのか,という問題である.後者が正しいとするなら,フラクタル性は,新たな特性の創発 Emergenz によって進化しているさまざまなシステムの間の境界を飛び越えて認められるはずである.ここで創発とは——あるいは Konrad Lorenz の用語で言えば,「閃光 Fulguration」とは——たとえば,原子から分子へ,単細胞生物から多細胞生物へ,魚類から爬虫類へ,個人から社会へのシステムの発展的移行に際して出現するものと考えられている.高次のレヴェルの事象は,低次レヴェルの事象の特性からだけでは完全に説明されない (Lorenz 1973; Riedl et al. 1980, 1994). 高次レヴェルは,しかしその後も低次レヴェルの特性をその構成成分として保持し,革新的 innovativ な要素を導入することによって——たとえば,新たな構築原理あるいは機能原理を導入することによって——その低次の特性をさらに発展させることができる.このようなわけで,いかなる種の動物でも,個々の細胞の構造は似かよっており,器官の構成も概ね一様なのである.また,すべての脊椎動物において骨格の基本構造が同一であるのも同じ理由による.しかし,そうした基本パターンは踏襲されているとしても,魚類から爬虫類,鳥類,下等および高等哺乳類へといたる進化の中では,つねに新たな変種——つまり,先に述べた意味での「閃光」——が出現してくる.フラクタル構造がどの範囲にまでおよぶのかという問題の答えは,観察者自身によって自由に選択される観察水準がどのレヴェルにあるかということによって,ある程度変わってくることになる.この答えが一つに決まらないということで私たちは多少とまどってしまうのだが,こうした状況は,システム論においても,以前,典型的な「システム」とは何かということの分析が行われたときにやはり生じていたことなのである (Bateson 1971).

Kapitel 4

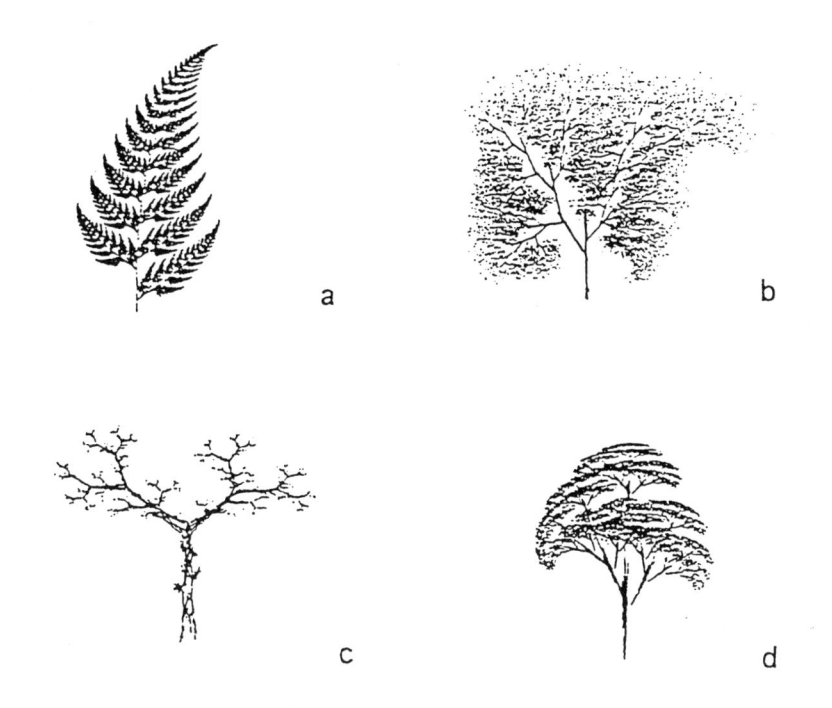

図6：コンピューター上のシミュレイションによって発生したフラクタル構造を持つ植物形態
（Herrmann 1994, p.180 より）
a：Barnsley の「シダの葉」
b−d：さまざまな樹木

心のカオス論的・感情論理的モデル

　これまでの準備の上に立って私たちは，今かいつまんで解説したカオス論の知識と前章で展開した「心の感情論理モデル」とを互いに関係づけていくという楽しみな課題にいよいよ取り組んでいくことができる．この企てには，人跡未踏の地帯に入り込んでいくかのようなスリルがある．というのも，私自身の以前の試み (Ciompi 1982, 1988c, 1989, 1996c, 1997a, 1997b, 1997c) を除けば，カオス論的な視点から感情と認知の相互作用について体系的に考察が加えられたことは，私たちが知る限り，これまでまったくなかったからである．心理的または心理社会的なシステムの非線形力動に関して，深い理論的考察がなさ

● 第4章 フラクタル感情論理——心のカオス論的理解

れたことは今までほとんどなかったし、実証的な研究の成果と呼べるものも非常に数が少ない。いくつかの総説 (Ciompi 1982, p.301 ff., Emrich 1992; Heiden 1992, Globus 1996) と前述の研究を除くと、主要なものは、正常および病的な心理力動のコンピューター上でのシミュレイションの研究 (King et al. 1983, Singer 1990, 1993; Tschacher et al. 1992, 1994; Schiepek et al. 1992b) と、他の複雑系のプロセスと同様に心理学的プロセスの時間構造も抽象的「心理状態空間」において描写しようとする初期的な試みの研究 (Sabelli 1990; Globus 1994; Dauwalder 1996) とである。もっと一般的に、心がフラクタルな全体構造を持っているという着想を発展させてきたのは、おもしろいことに、心理学や精神医学の専門家ではなく、Hermann Haken やノーベル賞を受賞した Gerd Binning といった物理学者であった。Haken は、知覚心理学的な側面に注目し、特に、顔写真の小さな「断片」（部分パターン）から人物を認識できるという現象を論じている。他方 Binning は創造性の現象に焦点を当てた。彼は、進化それ自体が普遍的にフラクタルな構造を持っているという前提のもとに、エネルギー効率の面だけから見てもすでに、思考にもやはりフラクタル構造が備わっている可能性が高いという想定をしている。彼はまた、「感情・悟性のフラクタル」という言い方さえ用いてもいる (Haken 1981, 1991; Binning 1989, p.191, 218)。しかしこの二人のいずれにおいても、一般に心というものの構造および機能についての、モデルとなるような考え方が欠けている。そのようなモデルをつくることは、私たちが見るところでは、認知心理学および情動心理学の認識とカオス論の認識とを実りあるかたちで統合するために欠くことのできない前提である。そしてそのような統合的モデルをつくりあげることこそ、この章が——そして本書全体が——目指しているものなのである。

　カオス論の多くの側面は、心理（精神）力動という面から見ても、重要な意義を持っている。それらのうち最も重要だという印象を私たちに与えるのは、一つには、個々の感情状態がそれぞれアトラクター効果を持ち、それぞれフラクタル構造を備えているという推測である。もう一つには、ある心理全体の機能パターンが、別のまったく異なるあるパターンへと反転する時点、すなわち臨界点の周辺でどのようなことが起きているのかという問題である。こうした反転によって、たとえば「不安論理」から「怒り論理」への、あるいはまた正常の機能様態から精神病性の機能様態への転換が起こり、こうしたときにしばしば「バタフライ効果」の現象が認められる。これだけのことを見ても、感情論理の概念とカオス論の概念との間の結びつきを探っていくことはそれほど困

難なことではないように思われる．むしろ今述べたことからすれば，そうした結びつきを探ることが当然の課題であるようにも見えてくる．この結びつきのモデルをごく大まかに描写しておくことにしよう．第3章で「不安論理」，「怒り論理」，「悲しみ論理」，「喜び論理」，「日常論理」と呼んだ感情特異的な「感覚・思考・行動」パターンは，言うまでもなく，すべて典型的なアトラクター（あるいは「散逸構造」）として機能している．というのも，これらのパターンは，どの感情が支配的となっている場合でも，つねにあらゆる知覚と思考を自らの影響のもとに置いているからである．アトラクターとして機能するこのような「感覚・思考・行動」パターンを「感情・認知的固有世界」と呼んでもよいだろう．ひとたびそのような固有世界への通路が形成されると，今挙げたそれぞれの感情状態にある場合には，感覚と思考はつねに，その感情に対応する固有世界へと——逆らいがたく——引きつけられていくように見える．さらに，特異的な感情の色彩を伴って存続する思考体系，すなわちイデオロギーや理論，あるいは前の章で「日常論理」という広大な領域に属するものと見做したような「自動化された自明な認知操作」といったものもやはり，機能的に見てアトラクターの役割を果たしており，それ自身の影響下にあるすべての「感覚・思考・行動」を，磁石のように引き寄せるという特性を持っている．もっと細かく見れば，個々のものごとの捉え方や考え方，うまい思いつきといったものでさえ，同様の「磁石のように引き寄せる」作用を持っている．この作用のために，いったん切り開かれた思考経路は，その後類似の状況や感情状態が再現すると，いつでもまたくりかえし利用されることになる．

　ただし，このような過程が自動的だと言えるのは，この過程を全体として見た場合だけであって，特定の感情状態における自己相似的な「感覚・思考」経路の微視的な力動は，外部からの影響を受けて——つまり，サイバネティクスで問題にされるような「ノイズ」の影響を受けて——そのときそのときの状況にあわせて，つねに変化するものである．微細な構造が，一定の範囲内において無限に変化しうるという事実は，すでに述べたように，ストレンジ・アトラクター，つまり決定論的カオスの特性を持つアトラクターの特徴でもあることを思い出していただきたい．これらすべてのことから考えて，感情特異的なアトラクター（ないし固有世界）は，フラクタル的およびカオス的に構造化されているに違いないということが言えるだろう．実際のところ，フラクタル的でもカオス的でもないアトラクター（たとえば，リミット・サイクルやトーラス・アトラクター）の構造は，あまりに単調すぎて，心理学でよく観察されるよう

● 第4章　フラクタル感情論理 —— 心のカオス論的理解

な自己相似的な過程が持っている柔軟な多様性を生み出すことができない．また，前にも説明したとおり，周囲環境からの影響に対する非常に鋭敏なセンサー（または情報処理装置）として機能できるのは，ストレンジ・アトラクターだけである．

　したがって，カオス論の見方からすれば，あらゆる種類の心理過程および心理社会過程（言い換えれば，「感覚・思考・行動」軌道）は，多次元抽象空間（位相空間ないし状態空間）における自己相似性を持った反復的軌道と見做すことができる．その場合，感情状態は典型的なアトラクターとして作用し，すべての思考と行動を規定する役割を持つ．特定の感情と文脈（たとえば，葛藤状況）のもとで「感覚・思考・行動」過程が反復して通過する道筋（軌道）の全体を記録することによって，抽象的状態空間（「感情・認知」状態空間）の中に，ストレンジ・アトラクターとしての特徴を備えた形態が発生する．

　見方を変えて，特定の感情状態にある場合だけではなく，心において現れうるあらゆる状態や動きを全体として把握しようとするのであれば，今見たような心理状態空間における個々のアトラクターの構造に注目するのではなく，さまざまなアトラクターやリパルサーの分布のようすを示す「ポテンシャル地勢図」をイメージしながら考察を行う必要がある．この場合，心というシステムがとりうるそれぞれの状態は，きわめて複雑な「地形」の中に定位されることになる．すでに一般的に解説したように，ポテンシャル地勢図の中では，アトラクターは低地として，リパルサーは高地として示される．感情と状況文脈とに応じた心理的アトラクターは，それぞれ盆地をかたちづくり，それを隔てるように山の尾根や鞍点（分水嶺）が配置される．こうして，個人ごとに異なる風景（地形）が，この地勢図の上に描き出されることになる．心理状態の進行は，この地形の上を転がり回る球の動きによって示される．したがって，最も抵抗の少ない経路（「快の道」）をとる．この「球」は，そのときそのときの注意と意識の焦点を象徴的に表わしているものと考えておいても，さしあたりは問題ないだろう．

　しかしながら，こうした「心理状態空間」がいかなる変数（次元）から成り立っているのかという問題は，まだ解決されていない．これは，方法論上たいへん重要な問題である．だがこの問題を検討する前に，ここでは，感情論理とカオス論を用いた心の機能モデルをつくることに伴って生じてくる別のいくつかの側面について考えておくことにしたい．それらは，少なくとも概略においては，もうすでに明らかになっていることでもある．それらのうちの一つは，

Kapitel 4

　これまでにもすでに何回か述べたことであるが，認知に対する感情による発動および制止の作用を考慮することによって，心理学的プロセスを一貫してエネルギー論的に考察していくためのすぐれた基盤が提供されるという事実である．エネルギー論的な見方は，カオス理論の中心に位置している．というのも，システムの種類がいかなるものであれ，そこで生じるさまざまなことがらを十分に理解するためには，エネルギー論的な見方が不可欠だからである．たとえば，線形的な発展の過程をはじめとして，一つの散逸構造から別の散逸構造への突然の反転の現象，新たなエネルギー配分パターンの発生，さらには個々の制御パラメーターおよび秩序パラメーターの作用など，カオス論で扱われる重要な事象を理解するために，エネルギー論的見方が決定的な役割を果たすのである．そして，ここに挙げた事象において作動している力動関係を全体的に捉えようとする場合，またしてもポテンシャル地勢図が大きな助けになる．

　ところで，心理学的な「エネルギー」または「力」と呼ばれているものが——神経生理学的な意味でそれに対応するものが何かということとは別の次元で——厳密にはいったい何であるのかという問題に関する一致した見解は存在しないにしても，もしそのエネルギーや力の実体を支えているものが感情であると言って概ね正しいのであるとするなら，そしてまた，もしそうしたエネルギーや力が，すべての思考を動かし，すべての思考を組織化しているのであるとするなら，感情論理の構想とカオス論との間にもう一つの架け橋が生じることになる．心理学的な意味でのエネルギーや力を厳密に測定することが（現在のところ）可能ではないという問題はあるにせよ，このような架け橋ができることは，理論の上でも実践の上でも，非常に重要なことであると言ってよい．というのも，一般に心の動きを，緊張緩和を求める効率的な「快の道」あるいは「不快回避の道」として理解するというところから一歩進んで，心の動きをエネルギー論的に考察することによってはじめて，ある重要な洞察が得られることになるからである．その洞察とは，支配的な位置にある「感覚・思考・行動」パターンが，ある臨界点において突然大きく変化したり，まったく異なる力動状態へと非線形的相転移をきたしたりするという過程を，典型的に自己組織化的な現象として理解するということである．こうした自己組織化の過程が生じる際には，利用しうる感情のエネルギーの全体が，それまでとは異なる散逸パターンにしたがって，さまざまな認知内容へとそれぞれ配分されることになる．このようなエネルギー論的な見方が従来の見方と比べて優れているのは，このような見方によって，複雑な精神力動的な過程を，より全体的に捉え，

● 第4章　フラクタル感情論理 —— 心のカオス論的理解

より効率的に理解し、その本質をなす自己組織化という側面にまで焦点を当てるということが可能になるからでもあるが、それだけでなく、そこに作用している制御パラメーターと秩序パラメーターを探し当て、それらのパラメーターに——場合によっては——意図的に変更を加えるということさえできるようになるかもしれないからである。さらに、他の科学分野でも非常に有効な方法であると認められているように、問題となる事象（私たちの場合には心理社会的な事象）を数学的に記述し、考えうるすべての変数を考慮に入れてコンピューター上でのモデル化を行い、このモデルを用いてその事象をシミュレイションし、シミュレイションの結果を実際に起こっている事象と比較するというようなことも試みられるようになっている。このような試みは、私たちの分野では、もちろんまだ初期段階にあるにすぎないが、それでもそうした研究が前途有望であることは間違いないと言ってよい。たとえば、私たちが観察した統合失調症の長期経過を、そのようなモデルを用いてシミュレイションするという試みが行われ、情動の強度という因子を重要な制御パラメーターと見做すことによって、見たところ規則を持たない長期経過のパターンをコンピューター上に模擬的に描き出すことが可能であることがわかった (Schiepek 1992a)。また、個人の人生の岐路（臨界状況）において、あるいは社会集団においてもしばしば出現する心理状態の突然の反転という現象も、感情という次元を取り入れることで、驚くほど正確にシミュレイションできる (Tschacher et al. 1995; Tschacher 1996)。これらの研究の成果を見れば、心理社会的な意味での緊張、すなわち感情的緊張の増減が制御パラメーターとして決定的に重要な役割を果たしている可能性が高いということがわかるだろう。他方、「固定観念」とか「支配観念」などと呼ばれているものは、秩序パラメーターとして働いており、相転移が起こる場合に、臨界点以降、すべての思考と行動を、支配し組織化する（Hakenの言い方では「隷属化する versklaven」）と考えられる。後の章でさらに詳しく検討することになることだが、このような制御パラメーターと秩序パラメーターの作用は、精神病理現象において——とりわけ「精神病」状態において——非常にきわだったかたちで明らかになるものである。その場合、対人的な感情緊張の増大がきっかけとなって、感覚・思考・行動が正常な機能様式から、悪夢のように混乱した歪んだ「体制」へと突然反転するということが、しばしば観察される。またこの場合、典型的な秩序パラメーターとして、ある時点以降すべての感覚・思考・行動を「支配／隷属化」するのは、妄想的な支配観念であると考えられる。しかし、精神病の場合に限らず、原理的に同様の過程が

私たちの日常的な場面でも観察できる．たとえば，血の気の多い２人が口論をはじめ，しだいに互いを口汚く罵るようになる．攻撃的な緊張状態（制御パラメーター）がある臨界点に達し，突然の「相転移」が生じ，殴り合いがはじまる．逆に，緊張緩和の過程でも，同じくある臨界点に達すると，それまでの殴り合いが突然におさまることになる．こうした場合にもしばしば，何らかの固定観念が典型的な秩序パラメーターの役割を果たしていることがある．たとえば，人種的な偏見とかその他の先入観のようなものがあって，それが，臨界点周辺の不安定な相を過ぎたとたん，すべての感覚と思考を突然支配しはじめるというようなことがある．

いくつかの方法論的問題

今述べたようなモデルによる説明が正しいのかどうかということをもう少し精密に検討すれば，当然ながら，依然として多くの方法論的な問題や基本的な理解に関わる問題が未解決のままであるということがわかる．心のエネルギーとは，厳密には，いったい何を指しているのか？ 心理状態の位相空間は，いかなる変数（次元）から成り立っているのか？ この空間の構成は一般的にどのようなものであるのか（どの人でも，どのようなときでも，共通している特性は何か）？ 逆に，この空間において，個々の場合で変化するものは何か（個々の人，状況によって，空間の構成がどう変わるのか）？ アトラクターやリパルサーは，いったいどのようにして発生するのか？ また，それらが必ずフラクタル的およびカオス的な構造を持つということは，本当に言えるのか？ 感情の入力とエネルギー（または緊張増大）とが比例するという単純な関係が本当に成り立つのか？ そのような単純な関係は成立せず，緊張を明らかに減少させるような感情というものも存在するのではないか？ きわだった特徴を持った強大な感情に対応するアトラクターと，「日常論理」といったそれほど特徴のはっきりしない感情に対応するアトラクターとを，同列に置いてよいのか？ 世界の中にはこれほどの苦しみや不条理が満ちあふれているのに，心理的な過程一般を「快の道」として理解するなどということが本当にできるのか？ さらに次のような問題もある．地形の上を転がり回る「球」を注意または意識と見做すことが正しいとするなら，無意識というものはどこに存在しているのか？ この「球」（言い換えれば，私たちの「感覚・思考・行動」焦点」）は，実際のところ，いつも反復的に自己相似的なアトラクター軌道の中を転がって

● 第 4 章　フラクタル感情論理 ―― 心のカオス論的理解

いるだけなのか？　もしそうだとするなら，自由とか創造といったものはいったいどのように理解すべきなのか？　問題はまだまだいくらでもある．

　これらすべての問題に今ここで答えを出すということは，もちろん不可能である．これらの問題のうちのいくつかは，おそらくまだ当分の間，未解決のままにしておくしかないだろう．また一部の問題については，本書第 2 部の各論のところで，さらにいくぶんか解明を進めることができるだろうと思う．ここでは，今挙げた問題のうちのいくつかだけを取り上げ，簡単に検討しておくことにしたい．まずは，心のエネルギーという，少し厄介な問題について考えてみよう．このエネルギーという語が指している現象が何かということは，それぞれの観察者の観察水準に応じて，著しく変わってくる．現象学的心理学的な水準からすれば，エネルギーという語は，日常会話で誰もが特に問題にせずに使っているのと同じように，私たちの行動や活動すべてを背後で動かしている動力（発動性）のことを意味している．つまり，それを失ったら，もはや誰も生きていけないようなもののことである．そのような意味でのエネルギーは，「関心」（アラウゼル arousel）という感情と概ね同じと見ることができ，したがって，全体的な心身状態の一つのありかたと見做してもよいことになる．この場合，これは主観的にしか体験できないものだということにもなる．心のエネルギーというものをこの水準で考えるのであれば，誰でも日常的に経験するような自分自身の「エネルギー状態」の変化のことを考えてみればわかるように，それは主観的には非常に微妙な変動にいたるまで意識されているはずである．しかし，これを厳密に数値化するとなると，何らかの評価尺度（スケイル）の上でその人自身あるいは他人がその状態を評価をするという手続きが必要になり，その意味で，この状態は間接的にしか捉えられないということになってしまう．しかもその評価尺度そのものもまた，結局のところ，主観的なものでしかないという問題がある．こうした心理学的な水準での問題とは対照的に，神経生理学的な水準において感情と対応づけられ，「感情と等価なもの」と見做されているのは，今日の研究によれば，生化学的および電気生理学的な事象である．それらは，それ自体としては精密に計測可能であるが，それらが個々の感情とどのように対応しているのかということについてはまだはっきりとわからないところがある．第 2 章で感情論理の生物学的基盤について検討したときにも述べたが，個々の感情に対応する生化学的事象が何であるかということは，依然としてほとんど不明であると言ってよい．しかし他方で，そうした個々の感情を電気生理学的に――すなわち，脳波記録によって――かなり精確に捉

えることはできるようになっている．またこの方法で感情の定量的な評価もできるようになった．現在のところ，エネルギー消費量の一つの尺度とされているのは，スペクトル脳波上での興奮の強さと広がりである．これと同じような神経生理学的方法によって，今後，個々の感情に対応するエネルギー消費量をもっと精密に算出できるようになっていくものと考えられる．そのような計測法の開発に先立って，サイバネティクスの観点からエネルギー消費のモデルがいくつか提案されており，現在すでにその検証が行われているところである．

　すでに述べたように，私たちの考えからすると，「心のエネルギー」を実質的に担い運搬しているものは，つねに感情であると言える．さらに言えば，認知的情報も，やはりこの感情エネルギーを介して，その活動を実現しているのである．意味のある情報とは，感情論理の見方からすれば，決して「単に認知的なもの」ではなく，つねに「認知的にして感情的なもの」であると考えられる．つまり，そもそも情報 Informaition とは，「感情・認知」的照合システムへと「かたちづくられる in-formiert werden」もののことなのである．情報の圧縮とか，意識の圧縮ということが起こるとき，つねにまたエネルギーの圧縮も起こっている．このことは，私たちにとって非常に興味深いことであって，「精神 Geist」という現象について後の章で考えていくときに，多くの示唆を与えてくれることになるはずだが，ここではこのことを指摘するにとどめておこう．そしてもう一つ別の興味深いことがらについて少し考えておきたい．ある心理的システムに情報またはエネルギーが過剰に流入して心理的緊張が高まってくると，カオス論において考察されたように，この過程のある時点で，それまでとはまったく異なる全体的な機能パターン（エネルギー散逸パターン）への反転が必ず起こる．ここで少し注意しておかなければならないことは，私たち精神科医の経験からすると，エネルギーの過剰というよりもエネルギーの過少と見做すべきである悲しみや抑うつの状態によっても，そうした反転が引き起こされることがあるという事実である．この事実は，一見したところ，カオス論の理論とうまく合わないようにも見える．しかし，原則としてエネルギーが増大する局面であっても減少する局面であっても，何らかの臨界点に到達したときには，反転は起こるはずなのであるから，今述べた事実はカオス論の見方と何ら矛盾するものではない．エネルギー減少の局面での反転とは，たとえば，エネルギー流入量が極端に減ってきたときに，トーラス・アトラクターがリミット・サイクルへと急激に変化したり，さらに今度はそれが点アトラクターへと急変する（時計の電池が切れたというような場合）といった過程を考えてみれ

● 第4章　フラクタル感情論理 —— 心のカオス論的理解

ば，具体的に理解できるだろう．正常の緊張度の範囲から大きく逸脱したこのような緊張の喪失は，心理学的に言えば，発動性の極端な低下や「感情・認知」機能の重篤な障害を示すような抑うつ状態あるいは統合失調症経過中のある種の状態像に対応しているものと考えられる．

　もう少しエネルギーの問題について考えてみよう．通常，心理的エネルギーの水準は，ある範囲内で変動しており，恒常性（ホメオスタシス）を保っている．より長期的に見ると，この「平均的な水準」自体もまた，ある程度の変動を示すものと考えられる．つまり，抑うつ状態にあるときには，一定の期間，エネルギーの水準が低下したままとなり，躁的な状態の場合には逆にそれが上昇したままになっているのであろう．かなり長期間続くこうした感情状態もまた，一種のアトラクターと見做すことができる．これらの感情状態は，悲しみ，抑うつ，不安，怒りといった，通常は不快なものとして体験される状態であって，したがって正常な心理システムの位相空間の中では不安定なエネルギー高地（リパルサー）をつくりあげているはずである．しかし，病的な心理システムの位相空間では，それらの感情状態が逆にかなり安定なエネルギー低地（アトラクター）をつくりあげてしまうのだと考えれば，きわめて不快なものとして体験されるそうした病的な感情状態が週単位にわたって持続するという臨床的な観察事実をうまく説明できることになる．

　さて，もう一つの難解な問題は，心理システムの抽象的状態空間（位相空間）が実質的にどのような構造をとっているのかという問題である．これは，その空間の次元をどのように設定すべきかという問題に帰着するのであるが，すでに述べたように，一般に状態空間は，そのときのシステムの動態に影響するようなさまざまな変数（次元）から構成されることになっている．したがって，第3章で提示したアルゴリズムをもとに考えてみるとすれば，心理システムの位相空間は，一般的に言って，五つの基本感情（興味，不安，怒り，悲しみ，喜び．もちろん問題の設定のしかたによっては，もっと微細な感情を考慮してもよい）と一つまたはいくつかの認知内容とを，異なる次元として持つことになる．個々の事象をこのモデルで捉えようとするときにどのような感情の次元をとりあげればよいのかという問題の答えは——その感情の強さを量的に捉えられるような尺度はまだほとんど存在しないとはいえ——それほど複雑な手続きを踏まなくても見いだせるはずであるが，認知に関連するさまざまな次元をどのように設定すべきかという問題は——認知内容が無限に多様であることからしてもすでに——それに比べてずっと難しい．認知的な諸変数（諸

次元）を設定しようとするには，感覚における差異（ないしは差異の差異の差異…）を確定しておくことが必要である．そのような区別を設けていく作業を繰り返した上で個々の認知内容を確定するという手続きは，あまりに複雑すぎて実行不可能なものかもしれない．それでも，こうした手続きを進めていくことによって，「感情・認知」的に構成されている個々の概念が，感情的な負荷を持った個々の感覚断片から発生してくる過程――たとえば新生児において母親像をはじめとする対象表象および自己表象が徐々に発生してくる過程――をかなり精密に記述することが可能になるのかもしれない．このような複雑な手続きを避けて，もっとずっと簡略な方法を提案する学者もおり，この方向ではすでに実証的な研究も進められている（たとえば Cloninger 1987; Sabelli et al. 1990; Dauwalder 1996）．その簡略な方法とは，それぞれの研究において，どの（感情的および認知的）変数に注目するかを最初から限定し，個々の問題に適した「感情・認知」位相空間を設定してから観察を進めていくというものである．今ここに挙げた二つの相反する研究方向は，厳密に言えばどちらも方法論上の問題をまだ抱えているとはいえ，何らかのモデルによって「感情・認知」的な力動過程を描写できるようにするという目標に向かって努力を続けていくことになるだろう．そうした力動過程を映し出すべき状態（位相）空間は，さしあたりそれぞれの問題設定に応じて個別に設定されることになるが，やがては，任意の心理過程を捉えうるような一般性を持った状態空間を設定することが可能になるかもしれない．研究者たちのこうした期待は，すでに解説したように，まず多次元状態空間というものを考え，それをさらに発展させて「ポテンシャル地勢図」――この地図もまた固定的なものではなく，つねに変化していると考える――を想定することによって，ありとあらゆるシステム動態を効率的に記述できるはずだという，より一般的な構想から導き出されている．

　実際のところ，そのような想定を行えば，私たちが先に立てた問いに答えを出すことも簡単になる．その問いとは，日常論理と，それよりも特徴のきわだった個々の感情論理との間にはどのような関係があるか，というものであった．日常的な「感覚・思考・行動」に伴う比較的平坦な――つまり均衡のとれた――情動状態を，抽象的な「感情・認知」地勢図に描くとすれば，なだらかな高地と低地の連なる中を多くの枝分かれを持った底の広い浅い谷が走っているような地形ができあがるだろう．「谷」に代えて，「街道」とか「レール」と言ってもかまわない．日常の「感覚・思考・行動」はそのような道やレールを通って動いていくが，この動きはある程度まで自動化されていて，消費されるエネ

● 第4章　フラクタル感情論理 —— 心のカオス論的理解

ギー量もわずかである．しかも，日常論理の場合に見られるこの動きは，均衡を失ったきわだった感情状態の際に見られる動きと比べて，状況の文脈に対応できるためのより高い自由度を備えている．しかし，この日常論理の地勢図に見られるなだらかな低地（アトラクター）と高地（リパルサー）からなる穏やかな景色が，ある制御条件のもとで急激に様相を変えて，高い山と深い谷からなる険しい地形へと一変してしまうということもありうる．こうしたことは，たとえば，強い情動負荷を帯びた記憶内容を想起させるような特定の感覚刺激や体験を契機として起こる場合もあるが，また，内因性の——たとえば内分泌機能の変化によって引き起こされる——気分変動を基礎として起こる場合もある．このとき，それまで支配的であった日常論理はいったん消失し，代わりに，よりきわだった特徴を備えた不安論理，怒り論理，悲しみ論理，喜び論理などが現われてくる．しかしそれらの論理もまた，やがて平坦化していき，より効率的な日常論理に再びとってかわられることとなる．つまり，日常的な体験に深く浸っているときにさえ，きわだった特徴を備えたさまざまな「感覚・思考・行動」様式（アトラクター）がいつでも，言わば「出番を待って」いるのであり，逆に，そうしたきわだった感情状態の方もまたそれぞれ，情動負荷の弱い日常的な「感覚・思考・行動」を潜在的なアトラクターとして内部に包含しているのである．

　状態（位相）空間内で心理システムがたどる軌道がいつでも「快の道」（もう少し控えめに表現するのであれば，「不快回避の道」）であるというのは本当なのか．私たちが実際に心理的に体験していることがらがいつでも「快い」ものであるなどとはとても言えないではないか．このような疑問をいだく人があるかもしれない．この疑問に対しては次のことを指摘すれば十分である．すべての「感情・認知」構成体は活動から発生する，と．たとえば，ひどい痛みに苦しんでいるときにさえ，すべての活動の背後には不快回避への志向が隠されている．つまり，活動はいつでも快を目指すのである．精神分析が明らかにしたように，わざわざ不快を迂回して間接的に快を求めるということが行われる場合も，この基本法則は変わらない．たとえば「欲動の先送り」と呼ばれているものを，私たちは，どうしても必要なこととして日常的に経験している（例を挙げるなら，食べていくためには，まずしっかり働かなければならない，といったことである）．このメカニズムは，病理現象にも関与することがある．たとえばマゾヒズムの場合にも，明らかにこのメカニズムが作用している．心理システムの軌道を「最も抵抗が小さい経路」として理解することで，カオス

論の考え方——アトラクターをエネルギー最小の状態，リパルサーをエネルギー最大の状態と見做すこと——との整合性もよく保たれることになる．カオス論の認識を心理領域に対して具体的に適用しようとした研究者はまだそれほど多くないが，そのうちの一人である Gordon Globus は，私たちと同様の見方を表明している．彼は，すべての心理事象の流れを「欲求充足の軌道」であると考え，しかも，この軌道はそのときそのときの心身状態（チューニング）——言い換えれば，心身のシステムの全体的な調子（気分）——によって左右されるということを強調している (Globus 1994, 1995)．このように，私たちは，心理システムにおいて実際に作動している「感覚・思考・行動」軌道を一般に「快の道」と見做すのだが，しかしだからといって，すべての心理活動が明確に快いものとして意識されるはずであるということにはまったくならないのである．

　感情論理とカオス論の両者を基盤にして心のモデルをつくりあげようとする本書の試みの中で「無意識」という問題をどう取り扱うべきなのかということについて，この節の最後で考えておきたい．注意とか意識の焦点というものは，私たちがこのモデルによって捉えようとしている全体としての心の状態の中で，ほんの一部分——もちろん，きわめて重要な一部分ではあるのだが——を占めているにすぎない．すでに説明したように，私たちの感情論理の見方からすると，意識とは「注意の集中するところ」であり，心理学的にも，神経生理学的にも，一つの限定された範囲（焦点）を形成している．さまざまな感覚領域からの情報が，同時並列的に処理を受けたのち，この限定された領域にたえず流入し，そこにエネルギーが集積する (Ciompi 1982, Kapitel 4)．この意識の焦点に入ってくる情報は，目下の状況において特に重要なもの，差し迫って対応を要するようなものに限られる．たとえば，特に目新しく，関心を引くような出来事，または特に困難なことがら，あるいはまた特に美しかったり，危険を伴ったりするものごと，などである．しかし，そうした主要な情報が意識焦点に流入するのと並行して，他方では無数の自明な「感覚・思考・行動」プロセスがほとんど意識に上らぬまま自動的に進行している．行動を決定する心理野のうち，意識の中心（焦点）から離れたところでも，さまざまな副次的なアトラクターがつねに作用しつづけているのである（このことについても Gordon Globus が指摘を行っている．なおそれよりもずっと前に Lempp は，「副現実 Nebenrealität」という概念を用いてこのことを言い表そうとしていた．副現実は精神病性の「感覚・思考・行動」様式の発生に対しても一定の役割を果たしているものであるとされている．Lempp 1973; Globus 1994)．制御条件が変

● 第4章　フラクタル感情論理 —— 心のカオス論的理解

化した場合——たとえば，夢や半覚醒の状態，薬物の影響下にある場合，精神病の状態など——には，それまでの副次的なアトラクター（あるいは「副現実」）が，主要なアトラクター（あるいは「主現実」）となることもありうる．つまり，それまで副次的で無意識的なものでしかなかったアトラクターが，心の領域全体へと広がり，意識の焦点までも巻き込み，一定の期間，心理野全体を「支配／隷属化」することがある．

　創造とか直観と呼ばれているプロセスも，やはりこうした無意識の広い裾野から生み出されてくると言って間違いない．こうしたプロセスでは，それまで不明であったものごとの関連が突然明らかになるというかたちで進行するのであるが，そうした関連はすでに無意識の中で長い時間をかけてくりかえし加工され，言わば「前もって通路形成されて」いたものと考えられる．こうした準備作業は，正常の注意の焦点からはるかに隔たったところで——たとえば，夢や半覚醒の状態，あるいは眠気をこらえながら退屈な単純作業をこなしているようなときなどに——行われているのである．このように新たな「感覚・思考」路が創造され，開通するというプロセスもやはり，おそらく，つねに強い快感を伴って体験されるものである．多分これは，長い間その人を苦しめ不安にさせていた矛盾が解消して，「感情・認知」的緊張が緩和されたことによって，快感が生じているのだと解釈すべきである．

　創造という現象について少しだけ考えてみたが，これをもってこの節のさまざまな議論にとりあえず幕を引くことにする．すでに述べたように，この節で立てられた問いのいくつかについては，本書の第2部でさらに立ち入って検討することにしたい．しかし，以下のことは，これまでの議論からすでに明らかになったと言ってよいだろうと思われる．すなわち，感情論理とカオス論を組み合わせることによって，正常あるいは病的な心理過程に対する新たな力動的な見方がもたらされ，そのような視点をとることによって私たちは，さまざまな学問領域から提出されている「心」の本質に関わる最近の知見を統合的に理解していくことができるようになるばかりでなく，さらに——本書の第3部で示されるように——幅広い実践的，治療的な応用への可能性を追求していくことも可能になるということである．

システムとしての心が持つフラクタル性のさまざまな側面

　カオス論と感情論理による私たちの「心のモデル」が持つもう一つの側面は，

Kapitel 4

本書の構想にとってもきわめて重要である．その側面とは——私たちが前提としているように——心理現象はその次元（規模）に関わらずつねにフラクタル構造を示すということにある．この前提はどこに根拠を持っているのだろうか？

すでに説明したように，フラクタル性とは，規模の大小に関わらず自己相似性を持つことであり，「構造の中の構造の中の構造の...」というシステム特性を指している．したがって，ある一つの現象においてフラクタル性が存在すると言うためには，その現象の複数の階層レヴェルにおいて，互いに相似の構造または相似の力動関係が認められるのでなければならない．私たちは，心の領域においてもそうしたフラクタル構造が存在することを示唆する多数の事実を見いだすことができる．それらのうち重要なものを以下に挙げてみることにしよう．

——私たちが「心の礎石」と位置づけた「感覚・思考・行動」プログラムは，階層の上位にあるものでも，下位にあるものでも，またいかなる規模のものでも，つねに感情的な成分を含んでいる．この感情成分は，認知成分と機能的に緊密に結びついている．そしてこれらの感情成分は，認知要素に対してつねに同質の一般および特殊オペレイター作用をおよぼす．この理由から，尺度（スケイル）に依存しない自己相似的な「感情・認知」力動が，いかなる——単純な形態であれ，分化した形態であれ——「感覚・思考・行動」プログラムの内部においても認められることになる．

——そのような特定の感情のオペレイター作用の影響の下にある限り，時間オーダーに関わりなく，ごく短期的に見ても，またきわめて長期的に見ても，自己相似的な「感情・認知」力動が観察できる．

——さらに，個人の心理のレヴェルであれ，ミクロ社会（たとえば家族内）のレヴェルであれ，マクロ社会（たとえば国際関係など）のレヴェルであれ，特定の感情のオペレイター作用が思考に対しておよぼしている影響はつねに同質のものである．

——逆に，上位レヴェルの（たとえばマクロ社会での）すべての「感覚・思考・行動」軌道は，任意の数の下位レヴェルの（たとえばミクロ社会での，あるいは個人の）自己相似的軌道に分解することができる．

——生物学的水準でも，心理学的水準でも，社会的水準でも，自己相似的な「感情・認知」力動が認められる．

● 第4章　フラクタル感情論理 —— 心のカオス論的理解

　ここに挙げたような（これ以外にもあるのだが）さまざまな自己相似性を十分理解するためには，本来，次の第2部で示すようなさまざまな具体例を見渡しておかなければならないはずである．しかし，このような自己相似性が生じる理由をここでもう少し詳しく検討しておくことにしたい．

　思考に対する感情の一般オペレイター作用として挙げたあらゆる作用が，最小規模のものから最大規模のものにいたるすべての「感情・認知」的照合システムにおいて働いているということは，第3章でこの作用について解説したときにすでに明らかになったことである．たとえば，基本感情の一つである怒りは，どのような状況で出現してきたものであれ——幼稚園児どうしの玩具の奪い合いにおいてであれ，もっと複雑な夫婦や恋人の間のけんかにおいてであれ，何十年にもおよぶ家系とか派閥の間の対立においてであれ，非常に大規模な政治的な争いにおいてであれ——原則として同質のしかたで，攻撃性を帯びた思考内容や行動パターンを選択し動員し，その感情に見合ったしかたで注意の対象と強度を規定し，感情に見合った記憶内容を引き出し，それを目の前で起きている不愉快な事態と結びつけ，ついには一貫した「怒り論理」をつくりあげ，そのほかの思考内容はすべて意識野から遠ざけておくのである．怒り以外の基本感情，すなわち関心，不安，悲しみ，喜びといった感情やそれらの変種もまた，あらゆる水準において，怒りの場合と類似の一般オペレイター作用を発現しうる．

　これとまったく同じことが，個々の感情の特殊オペレイター作用についても言える．たとえば不安は，いかなる階層段階のものでも，任意の規模と複雑さを持った認知対象に作用し，不安と結びついているこの対象に認知主体が近づかないようにする．具体的に言えば，不安をかきたてるような単純な感覚刺激，ある程度の複雑さを持った認知内容（特定の場所，何らかの特徴を持った状況，特定の人物など），非常に複雑な認知内容（一つの国全体，ある宗教，何らかの政治的イデオロギーなど）に対して，主体が近づかないように作用しているのである．同様のことは，これ以外の基本感情やその複合型や変種についても当てはまる．たとえば，怒りは，何かに対して境界を引いたりあるいは攻撃し侵入するという方向で，悲しみは，何かを解消したり解放するという方向で，そして喜びと愛は，何かを結びつけるという方向で，作用をおよぼしている．

　感情が認知に対して原則としてつねに同質のオペレイター作用をおよぼしているという理由から，「感情・認知」プロセスが時間オーダーに関わりなく自己相似性を示すということもまた説明ができる．つまり，ほんの一瞬の思考連

鎖においても，何年にもわたって同じ感情的色彩で生活を規定するような思考世界においても，似かよった構造が認められるのである．たとえば，不安や憂慮が支配的となっている場合には，それが短時間のことであっても，あるいは長期間にわたって続く場合であっても，注意は特定の認知内容——不安に彩られて，潜在的な危険を帯びた認知内容——へと向けられ，これらの認知内容は一様な「不安論理」をつくりあげ，この論理のもとに「思考・行動」階層もまた組織化されることになる．つまり，いかなる時間オーダーでも同質の過程が認められるのである．このようなことは，感情の種類が変わっても同じように観察できる．すなわち，不安ではなく，攻撃性，悲しみ，喜びといった感情が支配的となっている場合でも，またそれらの間に位置する中間的な感情が支配的になっている場合でも，同じことである．

今述べた心の時間的フラクタル構造には，もう一つ別の側面がある．それは，私たちのコミュニケイションおよび情報処理の習慣的パターンという側面である．人と人の初めての出会いの場面においてしばしば経験されることであるが，ほとんど意識には上らない繊細な知覚とか，一瞬のうちに心が通じ合うかのような共感（または反感）の体験といったものを通じて，出会ったまさにその瞬間に，何らかの「思考・感覚・行動」様式が作動しはじめ，これによってその後の関係がすっかり決まってしまうということがある．私たちが何かを信じ込むようになる過程もこれとほぼ同じである．というのも，私たちは，新聞とかテレビで一瞬目にしてほとんど気にもかけなかったようなただの偶然の情報から，何らかの確信（およびそれに見合った行動様式）をつくりあげ，それを長い間維持するということがしばしばあるからである．この場合にもやはり感情が重要な役割を果たしている．そのようにして成立した思考ないし行動のパターンは，時間がたつにつれてしだいに強固なものとなり，これが「感覚・思考・行動」レール（路線）にまで発展し，ついにはその人の人格の一部になってしまうということさえある．ところでこの人格というものも，典型的なフラクタル構造を持っている．優れた心理学者が，ほんのわずかな表出から——極端な場合には，一つの語，一つの所作，一つの筆跡から——相手の人格特徴を読み取ることができるという事実も，人格のフラクタル構造を如実に証明していると言えるだろう．性格検査というものもすべて，このことを前提にしてつくられているのである．結局のところ，全体としての人格組織とか，人としての生き方とか，それぞれの人間に変わらざるものとして備わっている「個人的なスタイル」といったものは，どれも一種の「フラクタル形態」として理解すべき

● 第4章　フラクタル感情論理 ── 心のカオス論的理解

ものである．すなわち，個々の最も小さな部分の中にさえ全体への手がかりが与えられており，心理の専門家はその手がかりから全体を捉えることができる．さらに言えば，詩人や作家たちは，心の領域では，最も小さいものの中に最も大きなものが隠されており，逆に最も大きなものの中に最も小さいものが隠されているということを，たえず新たなかたちで描き出そうと努めてきたのである．

「感情・認知」力動は，個人・ミクロ社会・マクロ社会のどの水準でも相似のかたちで展開していく．このことは，たとえば，個人レヴェルの「癇癪の発作」も，集団レヴェルの「国民の怒り」も，原理的には同質のしかたで個人または集団の思考を導き組織化するという事実にも示されている．しかも今挙げた任意のレヴェルにおいて，いかなる時間オーダーの現象をとっても，思考に対する感情の作用はつねに同質である．「癇癪の発作」にしても「国民の怒り」にしても，あるいは大衆紙の報道で引き起こされるようなごく一時的な「センセイション」にしても，特定の感情が，任意の規模で短期的にも長期的にも，個人と集団の思考と行動を規定しているという点では共通しているのである．感情の影響が長期におよぶ例として，身近な例としては，個人または集団の対立関係が何年も続くということを考えてみてもよいし，もっと大規模な例としては，ユダヤ人とアラブ人との間の長年にわたる政治的・軍事的敵対の関係を思い浮かべてもよいだろう．いかなる時間オーダーにおいてであれ，またいかなる規模においてであれ，情動のオペレイター作用はつねに同一である．すなわち第一に，選択された認知内容を上位の認知形態（認知ゲシュタルト）へとまとめあげる作用．これはつまり，何らかの歴史（または物語）をつくりだすということでもある．たとえば幸運または不幸の関係の歴史，あるいは不安，怒り，悲しみ，名誉，あるいは汚辱に満ちた歴史をつくりだすこと．第二に，そうしたさまざまな認知内容を全体として記憶に貯えるという作用．さらに第三に，感情や気分に応じて記憶内容を呼び出したり，あるいは逆に，抑圧したり，否認したり，分離したり，投影したりするという作用である．

私たちにとって特に重要な意味を持つもう一つの典型的フラクタル現象について考えておきたい．それは，すでに述べたように，ほぼあらゆる「感覚・思考・行動」軌道が，その任意の範囲で，任意の数の自己相似的下位軌道に分解できるという事実である．決定論的カオスの特性を持ったすべてのシステムにおいてこのことが成立しているということを，カオス理論は証明したのである．このことは，スケール（尺度）に依存しない自己相似的な分岐プロセスの例と

してすでに解説した図2（本章）においても明瞭に見て取れる．ところで，同様の現象が精神分析においても以前から記載されていたということをここで指摘しておきたい．精神分析は，行動の多重的決定性という現象を問題にしてきた．たとえば，ある教師があるときにある生徒を平手打ちしたというような一見単純な行為でも，深く調べてみると，きわめて複雑な事情が背後に隠されているという場合がある．この衝動的な行為の複雑な背景を解明するためには，その教師とその生徒の生い立ちにはじまり，いわゆる転移や逆転移が生じている事情，この二人の現在の状況，この教師の行為が二人の将来にどのような影響を与えるかといったことにいたるまで，詳しい調査が必要になるかもしれない．こうした解明の試みの際に，フラクタル的な構造が次々と浮かび上がってくるということがある．精神分析で問題となる「転移」とは，幼年期に条件づけされた両親に対する基本的反応様式が後の対人関係の中で再現することを指している．そうした転移現象は，多くの場合，スケール（尺度）に依存しない自己相似的な構造を示す．したがって，転移という現象は，その全体から見て，典型的なフラクタル特性を持つと言ってよい．このことをここで指摘しておくのは，このことが今後の議論にとっても大きな意義があるからである．ただし，この平手打ちという出来事に対する解釈のしかたは，精神分析のほかにも多数ある．すなわち，具体的に挙げるとするなら，学習理論，社会（対人）力動論，システム論などによるアプローチも可能である．しかしどのアプローチをとるにしても，この教師と生徒の状況を，微視的にも巨視的にも歴史的・文化的な側面から捉えることができれば，これまでとは違った次元からこの出来事を捉えられるようになるはずである．そのような見方からすると，この教師と生徒の人生の軌道は，ずっと上位のフラクタル・アトラクターの内部にあるずっと大きな規模を持った軌道の中のほんのわずかな一断片だということになるかもしれない．そして，この平手打ちの出来事も，その断片の中の一つの象徴的な断片だということになるだろう．

　位相空間内における個々の心理社会的システムの軌道は，このようにきわめて複雑である．この上，感情アトラクターの深層構造といったものを考慮に入れるとしたら，この複雑さは，さらに際限なく広がってしまう．というのも，精神分析や日常心理学の領域での観察によれば，一見単純と見える個々の基本感情の中にも，実はその他のすべての種類の感情が——少なくとも，現在表面化している感情と正反対の感情が——目立たないかたちで（つまり，文字通り「フラクタル」なかたちで）入り込み，主要な感情の動きに合わせて背景で作

● 第4章 フラクタル感情論理——心のカオス論的理解

用しているからである．私たちはすでに，基底的な感情状態である日常論理が，その他のあらゆる感情アトラクターを——その強度は弱められているかもしれないが——すべて内部に包含しているという可能性を指摘したことがある．喜びの中にもつねに多少の不安や悲しみが，怒りや攻撃性の中にもつねに多少の愛情が，また愛情の中にもつねに攻撃性が，おそらく潜んでいるのである．いずれにせよ，どの種の感情にもそれぞれ微妙な色合いが入り込んでいるということは，あらためて言うまでもない．このようなことがらを Freud (1910) は「正反対のものが互いに同一であること（対立物の同一性）」という言葉で言い表している．また精神療法家たちは，ほとんどの人間にとって「不幸（あるいは幸福）の総和の値」は——その人の置かれた環境とは関係なく——原則として一定なのではないかという思いにしばしばとらわれることがあるというが，これも理由のないことではないだろう．戦争や社会危機の時代にあっても，ある種の人たちは，あらゆる不幸を前にしながら，何らかの小さな私的な幸福を楽しむ技を心得ている．他方では，比較的最近の出来事（ドイツのナチズム体制，アルジェリア戦争，ヴェトナム戦争，イスラエルとパレスティナの対立，ユーゴスラヴィア紛争，アフリカでのさまざまな騒乱など）からも知られるように，普段はまったく温和な目立たない人であっても，一定の状況に置かれると，予想もつかないような残虐な行為におよんでしまうことがあるという．ここに述べているようなことがらを問題にするのであれば，夢とか，前にすでに触れたような「副現実 Nebenrealität」あるいは「反現実 Gegenrealität」といった次元を考慮する必要も出てくる．こうした次元は，すべての心理活動に無意識のうちに付随しているというだけではない．むしろこうした次元の方が「本来の現実」を規定していると言えるような場合も少なくないのである．

　最後に，相互的に構造的カップリングを形成する心理的事象・社会的事象・生物学的事象の三つの領域の間に，フラクタルと呼べるような関係が成立しているのかどうかという問題について考えてみたい．構造的カップリングという呼び方からも見てとれるように，この三つの領域（システム）は，その基本的なメカニズムと組織形態に関して互いに類似の構造をとるようなしくみを持っていると考えられる．だとすれば，それぞれのシステムの境界を越えて何らかの自己相似性が認められるはずである．さらに，この三つのレヴェルにおいて，原則として類似の「感情・認知」力動が成立していると想定してよい．心理学的レヴェルでは個人の全体的気分が，また社会的レヴェルでは集団の全体的気分が，それぞれ思考を方向づけ制御しているが，生物学的レヴェルでは，そう

した気分と対応する生化学的等価物が，やはり認知機能に影響を与えていると見做される．この意味では，三つのレヴェルで相似な過程が作動していると考えられる．しかしながら，この三つの現象領域は，それぞれまったく異なる次元にあり，それぞれまったく異なる質を持っている．すなわち，生物学的過程は各ニューロンにおける生化学的・電気生理学的な水準で進行するが，心理学的過程は個人の意識という水準において進行するものであり，社会的過程は，家族や小集団から国家にまでいたる幅広い層に属する各単位の中で進行するものである．

　心理過程のフラクタル性を反映するいくつかの特性は，すでに見たように，日常論理，不安論理，怒り論理，悲しみ論理，喜び論理などが，決定論的カオスの構造を備えた典型的アトラクターとして作用しているという事実から理論的に導き出すことが可能である．何らかのきわだった感情状態にあるとき，「感覚・思考・行動」力動は，その気分に応じた一定の範囲内で変動するが，その際，状況からの刺激（ノイズ）に対してはきわめて敏感に反応するという特性を示す．このことから，ここに自己相似的な反復過程が成立していることは明らかである．すでに前に説明したように，こうした条件の下では，システムの受容能力の面から考えても，いわゆる「ストレンジ・アトラクター」，すなわち決定論的カオスの特質を備えたアトラクターのみが出現しうる．そしてこのストレンジ・アトラクター（あるいはカオス的アトラクター）というものは，あるポテンシャルの漏斗状の窪みの中を転がっている球――エネルギー水準の高低によらず自己相似的軌道を描く――のイメージを用いて前に説明したように，つねにフラクタルな構造を示すのである．

　具体的に観察しうる個々の「感覚・思考・行動」過程は，カオス論の用語で言えば，心理社会状態空間における「感情・認知」軌道であるということになる．そうした個々の軌道の総和は，一人の人間が一日の間に，または一年の間に，あるいはまた一生の間になす全体験に対応する．この時間オーダーは，観察水準を変えることによって，どのようにも設定できる．この状態空間を経時的に見ていると，一定の広がりと複雑な形態を持ったアトラクター領域（低地）が形成されることがある．心理システムが状態空間内のこの領域にとどまっている限り，特定の認知内容（たとえば，特定の人物や集団や事物に関わる内容）は必ず特定の感情的色彩と結びついているはずである．何度も繰り返される心理過程は，徐々に複雑な「固有世界」へと収束していく．それらの固有世界は，それぞれ特徴的な「感情・認知」結合を持っている．長期間にわたって愛また

● 第4章　フラクタル感情論理――心のカオス論的理解

は憎しみの関係が続いているような場合には，単調に彩られた認知的および感情的な一連の体験がしだいに「感情・認知」レール（路線）へと凝縮していく．こうなると意識の焦点は，自己相似的な（フラクタルな）パターンをとりながら，このレールの上だけを動いていくようになる．現実の心理過程または心理社会過程を観察していれば，短期的に見ても長期的に見ても，そのようなパターンが出現してくることがわかるだろう．これは――カオス論でしばしば言及される有名な例をもう一度用いるとするなら――海岸線が，至近距離から観察しても，遠く離れて眺めてみても（飛行機や人工衛星から眺めても），つねに同じフラクタル構造を示すという事実と，まったく同様のことであると言える．

　心というものは，あらゆる面でフラクタルな構造を成している．このことを私たちが最も一般的なかたちで見て取れるのは，すべての心理現象に例外なく共通な特性が観察されるという点においてであると思われる．そうした共通の特性を支えているのは，感情と認知の規則的な結びつきである．人によって，社会によって，時代によって「感覚・思考」様式はさまざまに異なる――言い換えれば，人はそれぞれ異なる「心性（メンタリティ）」を持ち，異なる「言語」や「方言」を語る――のであるが，それでもそうしたヴァリエイションの背後にはつねに普遍的な特性が存在しているということが確認できるはずである．いずれにしても，さまざまな事実が一致して示唆していることは，心が原則としてフラクタル構造を持つということにほかならない．だからこそ私たちは，フラクタル仮説をこの本における私たちの構想の中心に置いたのである．これから行う具体例の分析において，フラクタルという特性のまた新たな側面が明らかになっていくことだろう．フラクタルなものごとというものはつねにそうなのであるが，より詳しく観察することによって，つねに新たな面が見えてくるものなのである．それらが，根本にある一つの変わらざる実体をさまざまな方向から捉えたものであるにすぎないということは言うまでもない．さて，このあと第2部と第3部では，そのような――原則としてどこまでも尽きることのない――個別の側面を詳しく検討していくことにするが，その前にこの第1部のまとめとして，感情論理の構想にカオス論の知識を導入することによって生み出された「心というものの新たなイメージ」の全体の姿を，もう一度振り返って眺めておくことにする．

まとめと相対化．フラクタル感情論理は新しい心理学および精神病理学の基盤となれるか？

　私たちは第3章で，心という装置を「一つの基本法則，三つの現象領域，五つの基本感情，そして無数の認知調整機能」という定式の下に捉え，さらに本章で，カオス論のさまざまな概念をこの「心という装置」の理解のために用いることによって，心理過程の時間的力動およびフラクタル構造を明らかにすることができた．このような議論は，根底的に新しい――「力動」的な――心理学と精神病理学の確立へと私たちを直接導くように思われる．ここまでの議論によって，特定の制御パラメーターと秩序パラメーターの影響を受けて，他の複雑系におけるのと同じく，心理システムや心理社会システムにおいても突然に非線形的相転移が起こりうるという事情を，私たちはよく理解できるようになった．この非線形的相転移が心理システムにおいて生じた場合，具体的には，言わば「気が触れる」というようなことが起こるのであり，より一般的に言えば，それまでとはまったく異なる「感覚・思考・行動」パターンが出現するのである．心の領域ではエネルギーを担い運搬する役割を感情がほぼ独占的に果たしているということを前提にするのであれば，感情エネルギーに関する検討が私たちの考察の中心に置かれるべきだということになるだろう．カオス論の知識を利用しながらこの方向でさらに議論を進めることによって，先に述べた「感覚・思考・行動」パターンを，包括的なエネルギー配分パターン（認知機能領野への感情エネルギーの備給の状況）として――言い換えれば，Prigogineの言う「散逸構造」として――理解することが可能になる．さらにこのことから，すでに述べたように，個々の感情状態が決定論的カオスの特性を備えたアトラクターとして作用することも，あらゆる種類の心理過程が典型的フラクタル構造をとることも，深く理解できることになるはずである．

　このような考え方に従って考察を進めていくことで，複雑系の非線形力動についての最近の知識を心理学および精神病理学にも応用できるようになるはずである．神経生理学的手法を用いて認知現象や感情現象を客観的に計測できるようにする努力がさまざまに積み重ねられており，こうした研究方向が確立され，精神神経生理学という分野として独自に発展していく可能性もすでに現実味を帯びてきている．これが本当に現実のこととなるべきであるとするなら，ここに紹介したような考え方が――もちろん，さらに深く吟味された上でのことだが――理論上の出発点となり，これを基盤にして，きわめて多様な心理社

● 第4章　フラクタル感情論理 —— 心のカオス論的理解

会過程を数学的に記述したり，コンピューター上でシミュレイションしたりすることが試みられるようになるのも当然のことである．このような研究の進行とともに，さまざまな領域への実践的応用の可能性も広がり，たとえば医学的治療や，一般的な心理学的ないし社会力学的な事象への応用も試みられるようになるはずである．

　まったく新種のこうした心理学および精神病理学が果たすべき役割は大きい．あるいは，想像もおよばないほど大きいのかもしれない．というのも，私たちの見方からすれば，これまで説明してきた「感情・認知」力動は，ありとあらゆる心理現象において少なくとも何らかの関与をしており，ミクロないしマクロ社会の領域にまでわたって広範に——自己相似的な様態で——作用していると考えられるからである．

　しかしながら，すでに最初の章で明らかになったように，私たちのフラクタル感情論理の構想は，それ自身のうちに，それ自身の方法論的制約と相対化の必然性を含んでいる．ここでもまず強調しておかなければならないのは，感情論理の構想は——それはたしかにさまざまな経験的な事実のうちにも根拠を見いだしうるものであるとはいえ——依然としてなお一つの仮説にすぎないのであって，個々の多くの点に関してまだこれから検証を行うべきものであるということである．さらに言えば，フラクタル感情論理は，明確に構成主義的な基盤の上に成立しているのであるから，その論理的な必然として，もともとそれ自身を一つの「構成物（つくりもの）」と見做さなければならないはずである．この構成物は，おそらくはある程度は存続可能であろうし，もしかすると非常に効率的なものかもしれない．またこの構成物を用いることによって，心というきわめて複雑な領域についての断片的な個々の認識——現在の知識発達の段階に応じて得られた知（「知」ではなくむしろ「誤謬」と言うべきかもしれない．論理的一貫性を求めるのならそう言わざるをえないはずである）——が，意味ある全体的関連のもとに理解されるようになるのかもしれない．だとしても，それはあくまで「構成されたもの」なのである．感情論理の構想は，この面からも相対化されることになる．さらにもう一つ，ここで思い起こしておくべきことがある．この本の最初のところでも断っておいたように，本書での私たちの関心の中心は，これまであまり研究されてこなかった「感情から認知へ向かう」作用（つまり，まさに「思考の情動的基盤」）にあり，この逆のよく知られている「認知から感情へ向かう」作用にあるのではない．このように私たちの注意の焦点は最初からすでに選択されたものなのであるから，そこから発展

するものの見方もまた当然ながら一面性を免れない．したがって私たちの見方は，この点においても，やはり相対化されることになる．

すでに本書の第1章で，私たちは，いかなる科学的認識も不可避的に一般的および個人的限界を持つという事実に直面した．流通している膨大な情報のすべてに対して適切に対処できる人などいないという今日の状況も，やはりそうした限界の一つであると言ってよい．そのような限界は，心の問題を取り扱う私たちの分野――自然科学と人文科学のさまざまな領域と複雑に交錯しながら発展しているこの分野――において，最も明確に見て取れるのである．さらにもう一つ，私たちの見方が相対化される理由を挙げるとするなら，私たちの感情論理そのものが主張するように，すべての科学的思考構築は――「イデオロギー」と呼ばれるものもまた同じだが――不可避的に感情的因子による影響を受けている．言い換えれば，文化や状況や人格によってそれぞれ異なる「感情・認知」レールを通ることなしには，そうした思考構築は成立しえないということである．そのように「構成されたもの」としての思考構築が普遍妥当性を持つということは，そもそもありえないはずである．そのような「感覚・思考」通路システムが，結局のところ，どれほどの存続可能性を持ち，どれほど効率的であり，また――私たちの感情論理の言い方からすれば――どれほど「快い」（最も広い意味において）ものであるかということは，したがって，それがどのような批判を受けるのか，どれほど実際に役立つのか，競合する他のシステムと比べてどちらが有利か，などといった観点からしか評価できないことになる．つまり，そうしたシステムが，それ自体として真だとか偽だとかいった評価はできないのである．

しかしそれでも，フラクタル感情論理の仮説（あるいはヴィジョン）が私たちにとって非常に魅力的だと感じられるのは，この仮説が，心の感情成分と認知成分とを統合するばかりでなく，構造的カップリングや「生物・心理社会」的媒体（メディエイター）といった概念を通じて，心理現象と社会現象と生物学的現象を――それらの独立性を損なうことなく――効率的に一つの全体的な機能的関連のもとに置いてみせてくれるからである．フラクタル性という概念も，複雑さの低減に大きく貢献している．ノーベル物理学賞を受賞したGerd Binning (1989)の指摘によれば，フラクタル性という考え方は，学際的なメタ言語として機能していて，異質と見えるさまざまな現象を上位の視点から統合的に理解できるようにしてくれるものである．先に私たちが提出したアルゴリズムが示しているように，フラクタル感情論理の考え方を採用することによっ

● 第4章 フラクタル感情論理——心のカオス論的理解

て，他の自然現象とまったく同様に，心理に関わるきわめて複雑な現象もまた，かなり単純な一般的規則に還元することが可能になる．このアルゴリズムによれば，無限の複雑さを持った心理現象も，感情と認知の共同作用という単純な図式におさまってしまうことになるのである．ただしここで，心理現象の複雑さそのものが否定されるわけでは，もちろん，決してない．

　ずっと後のことであるが，私たちは（本書第3部の）「他の構想との関連」についての章において，心についてのさまざまな理論——見たところ互いに関連を持たないように見えるいくつかのアプローチ，主要なものを挙げるとすれば，精神分析，発生的認識論，「心理・社会」力動のシステム論，進化論的認識論など——のそれぞれ中心をなしている要素を取り出し，それらの間の関係を議論する予定である．ここでもフラクタル感情論理の構想によって，それらの要素間に関連が生じ，複雑性が低減されるということになるはずである．また，すでに強調してきたように，フラクタル感情論理の構想は，神経生物学のもたらす基本的認識とも十分に合致しうる方向にある．フラクタル感情論理にこういった発展の可能性があることを知っていただいた上で，私たちが提案するこの構想が，先に挙げたさまざまな制約を持つにしても，それでもなお未来において「存続可能」なものであるとするならば，この私たちの理論が「新たな力動的な心理学および精神病理学」に対して将来へのいかなる展望をきりひらくことができるのかということが問われることになるだろう．

　将来の心理学および精神病理学は，感情論理とカオス論の想定するような「感情・認知」相互関係と線形および非線形の力動に関する認識を出発点とすることになるはずである．まず目指されるべきことは，すでに紹介したような「感情・認知」路（レール）についての体系的な研究である．この路線に沿ってさまざまな「感覚・思考・行動」様式（スタイル）が感情論理の諸規則に従いながら発展し，その結果，個人または集団によってそれぞれ異なる「固有世界」がつくりあげられる．こうした動態は，植物や動物の形態的成長の過程とよく似ているように見える．感情エネルギーという視点から見ると，それぞれの「感覚・思考・行動」様式は，力学的な意味での流動平衡あるいは「散逸構造」として理解されることになる．このようなシステムは，短期的には安定しているが，長期的には変化していく可能性がある．その安定性や周囲環境との関係といったシステム特性は，制御パラメーターと秩序パラメーターによって決定されている．これらのパラメーターを同定することが今後の研究の大きな課題である．「フラクタル感情論理」的な事象は，ミクロであれマクロであれ，現実のさま

ざまな水準において観察可能であり、そうした事象の現象学的分析が現在行われている。しかしそれとならんで、将来の新たな心理学と精神病理学においては、私たちの提出した力動的モデルを用いて、コンピューター上でのシミュレイションを行い、その結果を現実の事象に適合させていくという研究が重要度を増していくことになるはずである。さらに、フラクタル感情論理の基本的見解を検証していく過程の中でぜひ必要な課題として、さまざまな規模の心理社会現象において自己相似的な「感情・認知」相互作用が認められるという根本的な点について、さらに実証的に綿密な検討を行っていく必要もある。フラクタル感情論理の構想の根本には、統合を推し進めていくという目標が置かれているのであるから、こうした研究において、心理的・主観的な現象や社会的現象だけでなく、神経生物学的な側面にもつねに注目していくべきであるということは、言うまでもない。このような方向で特に重要な意義を持つだろうと思われるのは、生物学的、心理学的、社会的な各現象領域の間の相互的構造カップリングについての体系的な観察研究と、その応用可能性の検討である。

　私たちの専門領域である精神病理学との関連で言えば、さしあたり重要な課題は、すでに確立されている心理学と精神医学の知見を、いまやカオス論の基礎づけを持つようになった感情論理の構想の中へ——今まで考えていたよりも、もっと緻密なかたちで——統合していくという作業であるはずである。この作業に先立って、フラクタル感情論理の構想を基盤に置いた一種の現象学をつくりあげておく必要がある。このような現象学によって、正常心理学および精神病理学の領域のあらゆる現象——心因反応性または神経症性の障害にはじまり、いわゆるボーダーライン状態（神経症と精神病の間に位置する境界現象）を経て、統合失調症、躁うつ病、脳器質性障害における精神病性の状態像にいたる、さまざまな現象——に認められるさまざまな典型的「感情・認知」パターンがこれまでより精密に記載されることになるだろう。さらにまた、さまざまな日常的心理現象の発生や構造、それらの安定性と不安定性といったことも、できるだけ詳しく研究していく必要がある。そうした日常現象は、感情論理の構想から見ると、不安論理、怒り論理、悲しみ論理、喜び論理などを典型とする「感覚・思考・行動」習慣であると考えられる。このような日常現象の研究は、精神病理現象の理解を深めることにも役立つはずである。こうした研究の目標は、日常現象において作動している制御パラメーターと秩序パラメーターを同定し、さらにそれらのパラメーターがシステム（つまり心）を逸脱へ導くための条件を推測するということに置かれるだろう。このようなことが達成できれば、心

● 第4章　フラクタル感情論理 —— 心のカオス論的理解

理状態の逸脱を予防したり治療したりするという行為を従来よりずっと精密に根拠づけることが可能になる．

　さらに，これまで私たちには理解できないとされていたさまざまな特殊な現象を解明していくことも，フラクタル感情論理に基づく「新たな心理学，精神病理学，社会病理学」の課題となるだろう．そうした特殊な現象とは，たとえば，個人または集団がきわめて独自な「感情・認知」固有世界をつくりあげるといった場合を指している．私たちの見るところでは，思考に対する感情の「組織化と統合」の作用というものがこれまで適切に認識されていなかったために，こうした現象も十分に理解されなかったのである．そうした現象は，広い範囲にわたって観察できる．個人の日常論理的な「感覚・思考」習慣のうちにも，かなり常軌を逸したものが認められることがあり，そうしたものは正常から病気への連続的移行系列の中のどこかに位置づけられるだろう．あるいは，政治的または宗教的な確信——比較的小さな集団に共有されるものもあり，国や民族全体に共有されるものもある——が，「感覚・思考」レールに沿って動いていくうちに，知らぬ間に標準的な思考や感覚から著しく逸れてしまっているということもありうる．そうした変化は，線形の過程によって引き起こされるばかりでなく，非線形の突然の跳躍というかたちをとる場合もある．この場合，そのシステムの状態は，それまでとは質的にまったく異なるアトラクター領域の中へ突然入り込んでいくことになる．たとえば，愛を根本的教義としていた教団において，あるとき突然に，その内部で，あるいは外部に対して，信じがたいような残虐な暴力行為が発生したといったことが，近年しばしば報道されている．これと同じようにしてカオス論的・感情論理的な見方から，さまざまな領域の事象を分析していくことができるだろう．たとえば，歴史上の出来事や社会文化現象，民俗学的および文化人類学的な事象，系統発生的および個体発生的な意味での進化の過程なども，すべて私たちの分析の対象となるはずである．

　そのような壮大なプログラムを実現するためには，言うまでもないが，さまざまな方面の多数の専門家たちの長期にわたる努力が必要になる．不可避的な「地平の制約」という私たちの根本的な前提からしても，このことは当然である．私たちが直面しているこの状況を比喩的に表現してみるなら，次のようなことになるかもしれない．はかり知れない規模の未知の鉱脈——これまたフラクタルな構造を持っているにちがいない——を求めて私たちは山に入り，すでに何年間も試掘を繰り返してきた．しかしその全容を明らかにするなどということ

は，とても個人の力でなしうるものではない．すでに見てきたように，私たち以外にも非常に多数の学者たちが，私たちとは別の坑道を通って，その未知の鉱脈に迫ろうとしている．ただ，彼らは，それぞれ互いのことを知っているわけではなく，またもし互いに知っているとしても，彼らは，自分たちがある一つの巨大な「アトラクター構造」に属するそれぞれの個所で仕事をしているのだということをわかってはいないのである．

　本書の第2部と第3部では，具体的な例を挙げながら，私たち自身の坑道をさらに掘り進めていくことにしよう．ただしそれは，巨大なフラクタル構造をなしている鉱脈の中のわずかいくつかの支脈——私たちが比較的よく知っており，しかも私たちの興味を引きそうな限られた範囲——を探ってみるというだけのことでしかない．その限られた領域において私たちは，たとえば，先ほども私たちの目標として置いた「さまざまな感情状態における思考（または論理）の現象学」の確立に向けてのさまざまな検討を行い，ミクロな個人的事象とマクロな集団的事象が自己相似性を持つという私たちの仮定をより詳しく検証していくほか，個人および社会におけるさまざまな病的な事象（精神病理と社会病理）の問題についても分析していくつもりである．そして本書の最後のところでは，私たちの構想から帰結する実践的，理論的，さらには倫理的なことがらについて議論することになるだろう．

◆第 2 部　フラクタル感情論理の諸相、さまざまな例

第 5 章
感情・認知「レール」と感情・認知「固有世界」の発生について

> いかなる気分も，それ固有の現実（リアリティ）の形式を持つ．
>
> O. F. Bollnow(1956, p.118)

誰が斧を盗ったのか？

「むかし斧を失くした男がいた．彼は隣家の息子を疑い，その様子を窺っていた．その息子の様子はまさしく斧泥棒のそれであった．顔つきもそうだ．言うこと為すこと，どこを見ても斧泥棒だ．しかしある日，男はたまたま土を掘り返していて自分の斧を見つけだした．翌日，隣人の息子を見かけたが，その息子の動作にも人柄にも斧泥棒の片鱗はもはや窺われなかった．」

中国の Liä Dsi（列子）という名の賢者のものとされるこの小咄には，その核心にすでに完璧な感情論理が含まれていると言えよう．少なくともこの小咄には，本章で検討するようなアトラクターとしての性格を持った「レール」や「固有世界」の起源が描かれている．それらが発生する様子や状況を，私たちの仕事や日常生活の場面，あるいは文学作品からの引用を例に挙げながら，詳しく検討していくことにしたい．まずはじめに，不安と不安論理の例を見ていくことにしよう．

不安と不安論理

「不安 Angst」という語は，語源的に「狭い eng」という語と関連している．不安なときに首あるいは全身に「圧迫感」が起こるから，そのような語源的関連が生じたのである．感覚・思考が「おさえつけられた」かのように狭窄し，萎縮してしまうということが，「不安論理」の本質的指標であるとも言える．ただし不安が極限にまで達すると，一時的にそれとは反対の状態，つまり「溺

● 第5章 感情・認知「レール」と感情・認知「固有世界」の発生について

れる者はわらをもつかむ」といった注意の過剰な拡散が認められることもありうる．

　不安には，正常心理学的反応から神経症性および精神病性の極端なものにいたるまで，数えきれないかたちがある．人間の行う高度に知的な活動や知の体系さえも，日常生活の陰に深く隠れた「実存の不安」から生じていることは，KierkegaardやHeideggerが推測しているとおりである（Freudもやはり似たような立場をとっている）．一見，日常的な不安としか見えなかったのだが，よく見れば実存の不安と言うべき状況が存在していた——そしてそのために私たちの社会精神医学的な援助が必要となった——例を以下に紹介する．

　　85歳になる資産家の未亡人は，記憶力が衰えつつあるにもかかわらず，孤独に耐え何とかひとり暮らしをつづけていた．庭つきの豊かな，昔からある3部屋の住まいで，彼女はもうここに生涯の半分ほどを過ごしていた．侵入者をことのほか怖れ，夜ごと7回も戸締まりを確かめ，鎧戸やカーテンのわずかな裂け目さえも目張りをし，自分がひとりであることを知られないようにしていた．寝室でなく客間のソファーで眠っていたが，それも万一誰かに襲われれば，階上の借家人に察知してもらえるためであった．一日中，ワイングラスを片手に，テレビの前に坐っている．彼女の唯一の支えであり伴侶だったのは，誰からも世話されることのない獰猛な老ダックスフントであるが，この犬は，絨毯の上に大小便をたれ，訪ねてくる人たちに襲いかかったりする．遠くに住む娘から毎週訪ねるよう依頼された家政婦も，追い返される始末であった．状況は日に日に耐えられなくなっているのに，この老婦人は，いろいろと言い逃れをして，それを認めようとはしない．記憶障害に加えてすぐにもそれとわかる勝手な「忘れっぽさ」によって，現状についての検討をどれも巧みに避けようとしていた．しかし，彼女のすべてを制約する個々の不安の背後には，当然とも言える根源的不安があり，それらはときどきはっきりと窺い知ることができた．それは，いずれほどなく自分のこれまでの生活全体が，いや生命そのものが，終わりになるという不安である．

　ここでは，境遇や生活から募りくる不安と同時に（ときどき自覚されるようになった）記憶障害に結びついた不安とが認められる．この婦人を娘のもとへ転居させるのには，多少の策略といくぶんかの強制手段も必要であったが，転居した後にはこうした不安は消え，彼女はほとんどつねに穏やかな快い気分のうちに生涯を終えることができた．

　こうした例とは反対に，神経症性の不安は，現在の状況に根ざしているわけではなく，過去——たいていの場合，幼い子どもの時期——に根ざしている．その例を，私たちは最近出版されたChristian Müllerによるテクスト集の中か

Kapitel 5

ら引用することにしよう．ここには精神病理学的に興味深い文章がいろいろ収められているが，ここに紹介するのは，Hermann Hesse が自分の青年時代について語った言葉である．

「いろいろな感情と苦悩に満ちた葛藤とを一つの基本的感情に還元し，それに唯一の名を与えなければならないとすれば，私には不安という言葉しか浮かばない．まさしく不安である．不安と不確実，それらを私は子ども時代の不幸のあらゆる場面で感じてきた．懲罰への不安，自分の良心への不安，湧き立つ自分の心の動きへの不安．そうした心の動きさえ，私は，許されないことだと感じていたのである」(Müller 1992, p.144)．

この種の不安の痕跡は，Hesse の作品のほとんどにおいて見いだされる．それは，とりわけ「荒野の狼」において明らかである．同様に長期にわたって苦しめられた子ども時代の不安について，スイス西部の著述家 Jacques Chessex は，生地ペイエルヌにおける 1942 年のユダヤ人虐殺後の「毒の雰囲気」を次のように記している．

「私にとって，ブロッホ殺人事件は不安を強め色濃いものにした．野山に，家々に，町に，重いものがのしかかっていた．この恥ずべき犯罪，それはペイエルヌにおける戦争そのものだ．あらゆるものが脅威となる．人びとは陰で何をたくらんでいるのだろうか？ 父は事務所に行く暗い道で待ち伏せされ，棍棒で意識不明にされた．（不思議なことだが，私は父のことではいつも不安を抱いていた．父がいつも脅かされ攻撃されているように私には思えたのだ．それに比べ，母は確実さと持続力と不屈の精神を備えていた．父は精神の力であり，高潔だが危険にさらされていた．母は大地，深い緑の大地であった．）

ある人びとの影を避けるために，私は回り道をとらねばならなかった．彼らの影が私の通る道からなくなっても，それだけいっそう私の想念に迫ってくる．死刑執行人はどこにでも待ち伏せしている．彼らのまなざしが，私たちの奥深くまで刺し貫いてくる．彼らから逃れるためには，キツネにならねばならなかった．彼らから逃れ，迷宮の中に，夢の森，恐怖の森，夜と木々とが密かに混ざり合う見通しのきかない森に．誰が緑の中を歩めようか．私はこの歩みを知っている．それは安全だ．夜が遠のいてゆく．そして敵と殺人者とが姿を現す．町には上から蓋いがのしかかり，それが町を閉鎖し孤立させている．見た目にはたしかに，陽の当たる道があり，家畜のつながれている歳の市があり，野菜や果実，肉，卵などを並べる楽しい市場ある．しかし私の目や耳には，目に見えない蓋いがのしかかっているのがわかる．この脅かされた場所では，すべてが悲劇的な意味を帯びる．市場も以前のように危険のない場所では

● 第5章 感情・認知「レール」と感情・認知「固有世界」の発生について

なくなっている．どの店も，どんな群衆も，呪いから逃れられない．ブロッホ殺人事件は空気を汚染してしまった．その呪いによって，生活のすべてが穢れた層で覆われてしまった．たとえ人びとが気づかなくても，私にはその層がはっきりとわかる．そう，私は知っている，この町そのものが罪を負っているのだ．それは道徳の問題などではない．何か別のもの，そう，それは町が示している危険なのだ．私は不安だ．陽が射そうが，雨が降ろうが，赤や黄色に色づいた秋が訪れようが，そんなことはどうでもよい．私は何かの悲しみを感じている．その悲しみが私から離れない，このブロワイエ地方に住む限り」(Chessex 1995, p.70; ドイツ語訳は Ciompi による)．

　今ここに挙げた三つの例に認められた不安は，その質から言っても，持続の長さから言っても，それぞれに非常に異なっている．また同様に，その不安が思考に対しておよぼしている影響——それを私たちは前に，危険への警告とか注意喚起として，あるいは「～から離れて」とか「～から距離をとって」という方向の運動衝動として理解しておいた——のあり方もそれぞれに異なっている．思考や知覚に対するこうしたオペレイター作用は，最初の例では明らかに見てとれるが，後の二つの例では背景にとどまっていて，何らかの固定した対象（最初の例では，侵入者，あるいは侵入者が入ってくるかもしれない扉や窓であった）に結びつくことはなく，まるで目に見えないヴェールのように，語り手と外部との間を不十分に隔てて——つまり「距離」と「寄る辺なさ」とをつくりだして——いるだけである．今挙げた例から分かるもう一つのことは，彼らは不安だけにとらわれているわけではなく，他の感情も併せ持っているということである．不安は，彼らの感覚と思考を規定するさまざまな感情——言い換えれば，さまざまなアトラクター——のうちの一つにすぎないのである．たとえば孤独な老婦人の例で，訪問者があって昔話の雑談をするときなどは不安や恐怖は消退する．そのようなとき彼女は突然かつてのようなもてなし上手な人に戻り，庭の手入れをするときなども明るく満足げな老婆に戻る．Hesse や Chessex の自伝的な文章にも，当然ながら，不安以外のさまざまな側面が見いだされる．しかし特定の時間には——老婦人の場合，夕刻や夜になると——不安アトラクターが優勢となる．象徴的に言うなら，昼間の彼女の行動を特徴づけている起伏なだらかな「感情・認知」ポテンシャル地勢図の中に，夜になるときまって深い不気味な漏斗状の窪みあるいは深淵が口を開き，それが彼女の感覚・思考をすべてのみ込み，ただ不安だけに彩られた通路へと押し込んでしまうのである．

　ここに挙げた三つの例において典型的な感情論理を形成せしめた共通の要素

ないし様式は，Chessex の叙述に特にはっきりと窺われるように，不安に彩られた認知内容だけを知覚しそれらを結びつけるということにある．認知内容のうち不安気分に合致しないものは，しだいに無視されるか，あるいは新しい解釈を施されることになる．ふだんは感情を呼び起こさないような中立的な知覚内容や，それどころか（ペイエルヌの市場のように）以前はいつも楽しさに満ち満ちていた知覚内容も，ことごとく黒々とした色彩を帯びるようになる（Chessex がうまく表現しているように，「穢れた層にすっかり覆われる」）．同時に，類似の要素が何度もくりかえし反復されることによって（カオス論の用語で言えば，自己相似的軌道の集積によって），感情特異的な「感覚・思考」路（レール）がしだいに細かく網目状につくりあげられる．この網目状の通路は，やがて確固とした固有世界——固有な内容によって特徴づけられる「感覚・思考」の様式——へと凝縮し，その内部ではそれ以外の別のしかたでは現実を捉えることができなくなっていく．Hesse や Chessex の自伝的な文章から明らかなように，そのような不安アトラクターは，ひとたび形成されると何十年にもわたって作用しつづけることがある．

怒りと怒り論理

　怒り論理，激怒論理，攻撃論理もまた，個々の軌道が繰り返されしだいにその幅を広げて通路ないしレールとなり，ついにはただ一つの感情——たとえば憎しみ——に支配された「感情・認知」固有世界にまで発展することがある．私たちが日常経験しているように，攻撃性に決定づけられたアトラクター核は，そのヴァリエイションも強度もさまざまながら，どこにでも作動している．しかし，怒りや憎悪をはらんだこのアトラクター核も，異常な条件下では，竜巻のように膨張し大きな破壊を引き起こす．その個々の例は毎日大衆新聞の記事に見ることができるし，集団的な，激怒や憎悪に支配された大規模な展開の例は，いつの時代にもこと欠くことはない．20 世紀の最も大きな恐ろしい出来事はドイツ国家社会主義（ナチズム）であったが，1990 年代前半だけを振り返っても，イラク，ルワンダ，旧ユーゴスラヴィアなどでの典型的な怒り論理・不安論理に導かれたおそるべき集団的発展を挙げることができる．それと同じプロセスは，文学作品にもしばしば姿を現している．今ここでは，Shakespeare の悲劇を挙げてみたい．憎悪と復讐の論理がしだいにエスカレートして最もおそろしい文学的例証となっているのは，私の知る限り，「タイタス・

● 第5章　感情・認知「レール」と感情・認知「固有世界」の発生について

アンドロニカス」という悲惨なローマ悲劇であろう．

　この作品は，長年にわたるゴート族との戦争で無敵を誇る将軍タイタス・アンドロニカスが，美しいゴートの女王タモーラとその3人の息子とを捕虜として，また戦場で倒れた自分の息子の柩を伴って，ローマに凱旋するところからはじまる．タイタスは，25人の息子のうちすでに21人を「名誉をかけた戦いの場」で失っている．彼は，タモーラの懇願に耳を傾けず，ローマの慣習にならってその長男を生け贄の刑に処す．このような状況にはじまって，Shakespeareが息づまるようなテンポで展開させている復讐と恐怖の悲劇は，その陰影において現代の暴力作品をはるかに凌いでいる．狡猾な女王タモーラは，彼女の隠れた恋人であり残虐さの見本でもあるムーア人アーロンの助けを借りて，すばやくタイタスの娘ラヴィニアを皇帝の寵愛からしりぞけ，自分自身が王妃となり，同時に，タイタスがその愛する4人の息子のうちの一番下の子を「名誉のため」殺してしまうように謀る．つづいて彼女は，アーロンの計画に従って狩の最中に皇帝の弟を殺害し，巧みにその罪を犯行現場におびきだされたタイタスの息子2人に被せる．その同じ場所で，ラヴィニアもまたタモーラの息子2人に，タモーラの同意のもと，残酷な凌辱を受け，両手まで切断される．欺かれた老タイタスが，有罪とされた息子たちを救うために自分の右手を献上しても，無駄であった．タモーラは，献上されたタイタスの右手を，虐殺した彼の2人の息子の屍体を添えて，送り返してくるのである．．．．限りない痛みと憎しみから，しかしタイタスには，タモーラに復讐しようとする力が湧いてくる．老将軍は，卑劣な策略を弄して，タモーラを招き，彼女の2人の息子を殺してつくった肉を饗宴の料理として，母たる彼女と皇帝であるその夫とをもてなすのである．この凄まじい惨劇の結末では，タモーラもラヴィニアも，タイタス自身も皇帝も，次々と死を迎えることになる．ムーア人アーロンもまた，地中に身体の中ほどまで埋められ，苦しみながら死んでゆく．そしてタイタスの息子リューシアスだけが生き残り（いつまでのことか？），混乱極まったこの国に秩序と正義とを取り戻す．

　残酷なこの殺人物語が私たちの関心を引くのは，まずそこに暴力，憎悪，残虐などの厳然とした論理が見いだされるからである．Shakespeareはこの論理を私たちの前に一つ一つ明確に提示していくことによって，サディスティックな悪意，偽善，誹謗，悪辣な計略，限りない欲情と権力欲といった現象学的なアンソロジーからなるこの5幕の戯曲をつむぎだす．この憎しみと復讐欲からなる糸が網の目のように張り巡らされ，次々に人が死に追いやられる．登場人物たちは，この特異な感情の網から誰一人として逃れられない．彼らが何を思い，何を行うにしても，それは止めようもなく攻撃へと向かっていくのである．

Kapitel 5

「いつの日か必ずあの連中を皆殺しにし，一家眷族ことごとく根絶やしにしてやります，この私が大事な息子のいのち乞いをしたにもかかわらず，殺してしまった残酷な父親も，裏切り者の息子たちも．そして女王の身を街なかでひざまずかせ，その願いを無にした報いのほどを，きっと思い知らせてやります」と，すでに第一幕でタモーラは予告し，第二幕では「アンドロニカスの一家を一人残らず滅ぼすまで，私の心はほんとうの楽しさを味わうことはない」と述べる．そして，アーロンは「さあ，この計画を皇后様にも知らせましょう，なにしろ神聖なる悪事や復讐にかけては，神のような知恵をお持ちのかただ．きっとあたしたちの計画に磨きをかけてくださいます」と，火に油を注ぐ（Shakespeare：Titus Andronicus，Ⅰ，1，Verse 450-455；Ⅱ，2，Verse 488-489；Ⅱ，1，Verse 120-125. 邦訳は，小田島雄志（訳）「タイタス・アンドロニカス」，白水社による）．

　この作品でもう一つ興味深い点は，個人の「感覚・思考」と集団のそれとが平行して緊密なアマルガムが形成されているという点である．このことについては，ミクロな感情論理とマクロな感情論理との自己相似関係を分析する際にさらに検討することにしたい．このようなマクロとミクロの平行関係は，世界文学史の上でよく知られているもう一つのテクストにも見いだされる．それは，中世高地ドイツ語で書かれた「ニーベルンゲンの歌」である．この作品に描かれた出来事は，6世紀ないし7世紀のことであると言われているが，そのテクストは，西暦1200年頃，今日でいう高地オーストリア地方の知られざる作家によって書かれた．ここで中心に描かれているのは，私の見るところでは，国家社会主義（ナチズム）信奉者たちが（ゲルマン精神を称揚した19世紀の国家主義者たちと同じように）彼らの目的のために重んじた「ニーベルンゲンの誓い」にまつわることがらよりも，むしろ，復讐を旗印として燃え上がった無類の激怒論理，攻撃論理そのものである．その論理は，39の歌章に沿って，何ら危険のないかに見えるきっかけ——クリームヒルトが嫉妬深い姉ブリュンヒルトに夫ジークフリートの秘密を打ち明けたこと——からはじまり，ついには，数十年後にクリームヒルトの傭兵によって，12000人ものブルグント騎士団が殺戮されるという終わりなき恐怖へとしだいにエスカレイトしていく．ここには，不安と不信の色づけを持った怒り論理の一つのヴァリエイションが生みだされている．というのも，考えられる最もおそろしい結末へと物語を導いているのは，一貫して，「トロニエの謀臣ハーゲン」の疑い深い攻撃的な思考路だからである．ハーゲンは，ライン河畔ヴォルムスのブルグント王グンターの重臣であったが，彼こそ，その後に起こる数々の事件の推進者であった．

● 第5章 感情・認知「レール」と感情・認知「固有世界」の発生について

　事件は，ジークフリートの高まる人気に不安を感じたハーゲンが，その主人であり国王であるグンターに，ジークフリート――王の忠誠の友でありその危険を救い，その恩賞として義妹クリームヒルトを与えられたそのジークフリート――を裏切りと暗殺により亡き者にしようと勧めることからはじまる．ほどなくこの卑劣な行為――ニーベルンゲンの誓いとはまったく正反対なこの行為――は，謀略と奸計のもとで成し遂げられ，その妻クリームヒルトと，グンター，ブリュンヒルト，ハーゲンはじめブルグント族の人たちとは，相互に不倶戴天の敵となる．ニーベルンゲンの宝とともに，ハーゲンの周到な監督下に置かれて絶望の日々を送るクリームヒルトは，虚しく復讐をもくろんでいたが，ハーゲンの反対にもかかわらず義兄グンター王によって自由を与えられ，遠いフン族の国王であり妻を亡くしたエッツェルと再婚する．クリームヒルトは感謝と愛とを装ってはいたが，実際は，かつての友や一族に対する復讐が彼女の行動規範かつ人生目的でありつづけた．13年の後，かつてジークフリートと自分とを罠に誘い込んだのと同じ口実をつくって，自分の計画を実行に移し，エッツェルスブルクで，すでに述べたような凄惨な結末に導いたのである．

　この壮絶な叙事詩の中にある次の重要なエピソードは，ハーゲンの激怒論理が具体的に実行される様子をみごとに描き出している．

　　12000人からなるブルグント騎士団が，今日のハンガリーにあるエッツェルスブルクで行われる饗宴に招かれ，ラインの道を進みドナウ川の橋のない岸辺にさしかかったとき，ハーゲンは，自分の任務に従っただけの罪のないただの渡し守を残酷にも殺してしまう．その後にも，「ブルグントの人たちのうちグンターの司祭だけがヴォルムスに帰国できるだろう」という3人の水の乙女の予言をくつがえすため，彼はこの同国人の司祭を溺死させようとする．しかしその司祭は――乙女たちの予言どおり――泳いで対岸に辿りついて故国に帰ることができる．さらにハーゲンは激怒と不安に駆られて，（象徴的な）ただ一艘の小舟――ニーベルンゲンの人たちを故国に連れ戻すことができたかもしれない小舟――を，自らの手で粉々に打ち壊す．つづいてハーゲンとブルグントの騎士たちは，渡し守を殺した犯人を探していたバイエルン人の辺境伯ゲルヴァルトとその100人の随員までをも殺害する．

　この一見意味なく並べられている出来事も，それら一つ一つが筋の通った激怒論理，不安論理，不信論理に基づいているからこそ，仮借のないつながりを増していくのである．高度な文学的リアリティーから身近な現実に引き戻せば，日常でこのような荒々しさに出会うことはほとんどないであろう．しかしこれほど露骨ではないにしても，その構成原理という点で同じような激怒論理，

Kapitel 5

　憎悪論理，怒り論理はいたるところで見いだされる．身のまわりを見わたせば，程度はさまざまであるにせよ——稀ならず悲劇的な結末を導くこともある——夫婦間や職場で，あるいは地域で，些細ないさかいや争いごとはどこにでもある．そのような日常生活の葛藤でも，相手の言うこと為すことをすぐにも否定的な側面から捉え，あら探しをし，場合によっては数十年にもさかのぼってそのすべての欠点を拾い集め，ついにそこから，「（形式）論理的」にみごとな一貫性が生まれるのである．同じように，高速道路で，スーパーマーケットで，あるいは路上などで見られる都会人のマナーから窺われる潜在的攻撃性にも，怒り論理，激怒論理の特徴が明らかに備わっていると言うことができるだろう．そのように考えるのでなければ，ほんのわずかなきっかけで激しい怒りの視線や言葉のやりとりが——あるいはもっと恐ろしい事態さえ——生じてしまうということを説明することはできないのである．世界的に見れば，すでに述べたように，この50年以上にわたるイスラエル・パレスティナ戦争が，そしてこの数年のユーゴスラヴィア戦争があり，そこにも憎悪論理，攻撃論理が働いている．それらの問題解決を困難にし，ほとんど不可能にさえしているものは，個々の具体的な対立点だけでは決してない．むしろそれは，目に見えるいろいろな事実からいくつかを選び出し，それらを一つのまとまった論理へと結びつけてしまうような典型的な感情論理的「自明性」なのである．そしてこの論理全体の内的秩序は，まさに否定的な感情によって規定されているのである．

　このような激怒論理や攻撃論理は，どう見ても理屈に合わないおかしなものだと感じられるのであるが，しかし，前にも指摘したように，思考を攻撃的に方向づけることもまた，場合によっては，意味を持ち，また必要であるということを見過ごさないようにしたい．別の視点に立って進化論的に見れば，怒りと攻撃性は，境界線の設定と防衛に役立っており，いかなる生物にも備わっている——これも進化論的に意味を持つ——勢力拡大へ向かうという傾向を一定のところで抑止するという役割を持っている．そのように考えるのであれば，怒りや攻撃性は，全体としては，単に破壊的な力であるばかりではなく，生存に必要な境界と構造をつくりだす建設的な秩序づけの力ともなっているのである．

　個体の同一性（アイデンティティ）を基礎づけるという，こうした怒りおよび攻撃性の機能は，ここに紹介した凄惨な例においてさえも——よく観察してみれば——作動しているということがわかるはずである．あのShakespeareの

作品でタモーラやラヴィニア，タイタスばかりでなく，登場人物のすべてが闘っているのは，侵害された個人の境界——言い換えれば，いたく傷ついた尊厳あるいは名誉——を守るためなのである．その点では，肌の色ゆえに軽蔑され，（自分の子を腕に抱くまでは）ただただ邪悪な行為にのみ一種の「否定的アイデンティティ」を見いだしていたムーア人のアーロンとて同じである．これとほぼ同じことが，「ニーベルンゲンの歌」のクリームヒルトやブリュンヒルトにも当てはまるし，さらに細かく見ていけば，他の登場人物すべてに当てはまるということがわかるだろう．彼らはみな，それぞれ至高の財産としての「名誉」（言い換えれば，個人として同一性を持ち，統合された状態にあること．さらに言い換えれば，社会的「体面」や「体裁」といったもの）のために闘っており，ただ闘いの中でのみ，そしてただ闘うことによってのみ，それを獲得しているのである．したがって，「ここまでは近寄ってもよいが，それ以上はだめだ」（ヨブ記 38:11）という彼らの激しい——あまりに激しすぎる——怒りに満ちた闘いのうちにも，あるべき均衡を希求する社会的調整の機能を私たちは見て取ることができるのである．

そうであるとすれば感情論理の視点から問題にすべきことは，私たちが攻撃性を持つべきか否かということにあるのではなく，私たちが「いかに」（どのようなかたちで，そしてどの程度まで）攻撃性を持つべきかということにあることになる．攻撃性はこの世のどこにでも生まれる．それをすべて根絶やしにしようとしたり，その存在を否認しようとすることは，大切な問いを逸らそうとする危険な幻想でしかない．しかしこの倫理的な問題は，先にも触れたように，本書の最後のところで的を絞って取り上げることにしたい．ここでは次のことだけ指摘しておくことにする．それは，ユーゴスラヴィア内戦に際して教皇もまた私たちと同様の結論にたどりついたということである．すなわち教皇は，1995 年の夏に——私たちの知る限り，私たちの時代になってはじめて，そしてただ一回だけ——サラエヴォにおいて回教徒たちに加えられた暴力に対して，対抗的に暴力を行使することを公式に承認したのである．

悲しみと悲しみ論理

悲哀（悲しみ）の最も本質的な一般的機能は，すでに述べたように，喪失をのりこえ，克服することにある．言い換えれば，悲哀の感情は，ある特定の認知対象への結びつきが機能不全に陥っている場合に，それを解消するという機

能を持つ．さらに精神分析的および感情エネルギー論的に表現すれば，Freud の言うように，失われた対象から陽性の感情備給を撤収し，それを新しい対象に向けることができるようにするという機能が悲哀／喪 Trauer には備わっている．ここで再び世界文学史上の作品からその一例を挙げて，このことを検証してみたい．

「タイタス・アンドロニカス」で Shakespeare は，事件の速いテンポを極度に緩めながら，一つの典型的な悲哀プロセスを描き出している．真の悲哀はとりわけ時を要する．タイタスの屈辱の深さを描く第3幕第1場は，そのとおり長くゆっくりとしており，その場面はまことに喪の作業に捧げられていると言える．不運なタイタスは，順々に，自分の失われた力と若さを，ローマのために闘ってきた虚しさを，すでに死んだ22人の息子たちを，そして追放によって23番目の息子を失おうとしていることを，さらに元老院の人たちが耳を傾けてくれいないことを，そして何よりも，愛する娘ラヴィニアが凌辱され手までで切断されたことを，嘆く．

> 「これはおれのいのちよりも大事なかわいい子鹿だった，この子を傷つけたやつはおれを殺すよりもひどいめに会わせたのだ．いまのおれは，荒れ狂う海原に四面をとりかこまれた岩に立つ男のようなものだ，一波ごとに高まっていく潮を見つめながら，悪意に満ちた大波がその塩からい腹のなかにおれをのみこむときがくるのを待っているのだ．かわいそうなおれの息子たちはむこうに死にに行った，もう一人の息子はここにいるが，それも追放の身だ，そしてここにいる弟はおれの悲運に涙を流している．」
>
> 「うち続くこの不幸に理性が納得しうる理由があれば，おれの悲しみをある限度内におさえることもできよう．だが天が号泣すれば大地に水があふれるではないか？風が激怒すれば海も狂い立ち，大波逆巻くその顔をもって大空をおびやかすではないか？おまえはいまの騒ぎの理由を知りたいのか？おれは海だ．あれの溜息は吹きつのる風だ．あれが号泣する天であれば，おれは大地だ．おれの海はあれの溜息で荒れ狂うほかあるまい．おれの大地はあれのたえまない涙で氾濫し，あふれる水にのみこまれるほかあるまい．おれの腹はあれの悲しみをしまいこめはしない，悪酔いした男のように吐き出さずにおれないのだ．だから許してくれ，負けたものには毒舌を吐いて腹の虫をなだめることぐらいは許されるだろう」(Shakespeare: Titus Andronicus, III, 1, Verse 91-99; 219-233. 邦訳は，小田島雄志（訳）「タイタス・アンドロニカス」，白水社による）．

力なく憔悴したこの悲哀者タイタスは，己れの不運の数々を詠いあげている．自分の不幸を投影して，全世界（天と地，空と海）までもが陰鬱だと感じ，こ

●第5章 感情・認知「レール」と感情・認知「固有世界」の発生について

れらの認知内容を互いに結びつけて，一つの一貫した「悲哀の論理」をつくりあげる．さらに同じ場面において，彼はおぞましい嘲笑を浴びせられ，切断した自分の手が何の役にも立たなかったことを知り，殺された2人の息子の生首に対面する．しかし，まさにこのようなどん底の状態が転機をうむ．ちなみにここで注目すべきことは，物語のテンポが緩やかになった直後にこの転機が訪れているということである．これは，Hakenがカオス論的に解明した，跳躍的相転移に先立つ臨界減速という現象を思い起こさせる．タイタスは，愛するローマが「虎ののさばり歩く荒野」でしかないことをはっきりと認識し，弟にも自分たちの不幸に毅然と目を向けることを勧め，深い悲しみの底から最後の力をふりしぼって，息子リューシアスを以前の敵国ゴートに送り出し，そこで援軍を組織させる．これが後にローマへ攻め入り，癌のように腫れあがった悪の連鎖からこの国を救うことになる．このように，Shakespeareの悲劇は，すでに述べたような意味での「苦悩を通じて浄化あるいは認識にいたる」というプロセスを感動的に描き出しているのである．

　この「タイタス・アンドロニカス」という物語を支配する憎悪論理や激怒論理にならんで——あるいはむしろ，それらの論理の「内部に」——それらとはまったく別ないくつかの色調（トーン）を読みとることができる．それは，いま指摘したように闘いと苦痛とを通してアイデンティティを見いだし名誉を回復するということだけではない．危機に陥った国家の再生．深い悲しみの持つ癒しの力．そしてとりわけ，苦痛を打ち明け，それを分かち合うこと——つまり苦痛を「吐き出し」，毒舌をもって「腹の虫をなだめる」こと——によって生じる救済の効果．このようなさまざまな色調がこの作品の中に隠されている．真の悲しみは，深い憎しみと同じく，何らかの対象との緊密な結びつきを——つまり愛を——その前提条件としている．さらにこの悲劇には，やさしさへの渇望，性的な欲情，権力へのあくなき欲求，不安，絶望などが渦巻いているということは，すでに示唆した．人間というものに対する深い洞察力を持っていたShakespeareは，この「タイタス・アンドロニカス」において憎しみと復讐とを前景に押し出しながらも，その前景に立っている感情には他のすべての基本感情もまた「フラクタルな様態で」付随しているという事実を，私たちに教えてくれるのである．これと同様のことは，このほかのほとんどすべての彼の作品についても当てはまるだろう．

　ほかの基本感情と同じく，悲しみにも無数の形式と段階がある．たとえば，喪失体験にひきつづいて行われる「喪の作業」が正常に進行し，成功する場合

もあるが，その作業に失敗し病的な状態に陥ってしまうこともある．この失敗は，反応性うつ病ないし神経症性うつ病と呼ばれるさまざまな状態にとどまる場合もあり，さらに精神病性のメランコリーの状態にまでいたる場合もある．これらは全体として，連続的な移行系列をなしている．その系列の上に位置づけられる例として，現代のスイスの作家が書いた文章を二つここに挙げておきたい．これらは，前にも紹介した Christian Müller のテクスト集に収載されており，抑うつ状態で書かれた文章とされているものである．一つ目は，Max Frisch の小説「モントーク Montauk」にある次の箇所である．

> 「長いなんでもない午後．世界は私なしに未来へと遠ざかってゆく．私に覆い被さった収縮．私は未来の共同性から排除されているのがわかる．たしかに女性への抑えがたい欲望は残っている．だが空虚だ．この 15 分が，過ぎ去った一年よりも長いように思える．それでもまだ何かを待っているのだろうか．私の中の病人，彼は死のうとしており沈黙している．彼は，私の頭を近くの壁に投げつけることを静かに求めている」(Müller 1992, p.101).

二つ目は，J.E.Meyer の小説「帰途 Die Rückfahrt」である．ここに描かれる悲哀の感情は，先のテクストと比べて目立たないが，しかしやはり普遍的に存在するような性質のものである．

> 「公園を眺めているベルガーには，一種の悲しみの感情が湧いてきた．しかしそれは，これまでもしばしばスポーツ広場やお祭り広場を眺めているとき，ことにそこに人たちが満ちあふれているときに，湧き起こってくる感情であった．そのような人びとの活動が，人間存在の根源的な喪失と孤独とに目を向けまいとする試み——救いようのない耐えがたく苦痛な試み——のように思えたのである．それは，祭の愉しさに浸っていた彼を完全にかつ決定的にその愉しさから，唐突に——驚くほどの唐突さで——引き離すものであった」(Müller, 1992, p.99).

失われゆくものや失われたものだけに注意が向けられること，緩慢になること，陰うつになること，希望が持てなくなること，さらには自己自身へ攻撃性が向けられること（精神分析では，メランコリーの本質は，喪失に対する怒りが自己に向けられることにあると考えられている）．これらのことが，抑うつや悲哀の場合に発展する「感情・認知」固有世界の一般的な特徴である．そうした固有世界が発展してくる過程は，他の基本感情が優勢になっている場

● 第5章 感情・認知「レール」と感情・認知「固有世界」の発生について

合と同様である．すなわち，つねに同じ自己相似的なテーマをめぐって旋回する――周回ごとにわずかな変化を伴う――無数の軌道が集積して，ついには広い舗装道路にも似た「感覚・思考・行動」路線（レール）ができあがるのである．場合によっては「感覚・思考・行動」のすべてが，強力なアトラクターとして機能するこの陰うつな典型的「固有世界」に数日間，数週間にわたって捕らえられたままになってしまうことがある．この抑うつのアトラクターから脱出するのには，抑うつ的な思考内容を打ち消すような現実の出来事がきっかけとなって「気分が変わる」というようなことが必ずしも起こる必要はない．悲哀や抑うつが強いときには，そもそも現実の出来事などには気づくこともないのである．Machleidt (1992) によれば，そうした気分や感情の転換は，前にもすでに述べたように，通常は何のきっかけもなしに自然に起こってくるのである．しかも，彼によれば，気分の転換の流れは――状況や人格にかかわる非常に多数のヴァリエイションが存在するにせよ――少なくともある程度は規則性を持っており，関心にはじまり，不安，攻撃，悲哀を経て，快を伴う緊張緩和へといたる，いわゆる「基本感情のスパイラル」に沿って進むとされている．しかし，病的な抑うつやメランコリーの場合には，このプロセスが滞って，何週間にもわたって同じ状態が続くことがある．自己破壊的な傾向を持つ抑うつ気分を，治癒力を持った悲哀へと――つまり愛や痛みへと――転換させることは，かなり困難なことである．重篤なうつ病の場合，その緩和をもたらしうるのは，せいぜい強力な薬物療法や，電気衝撃療法，断眠療法，光照射といった生物学的な治療だけである．

　私たちは，Machleidt の提案した感情動態の図式に対して全面的に賛同するわけにはいかないが，ここではもう少し彼の言う「感情スパイラル」に従って話しを進めていくことにする．それゆえ次は，悲哀や抑うつとは逆に，「ポジティヴな」感情，「高揚した」感情，つまり快感や喜びに満ちた感情について，例を挙げながら詳しく分析し，それらが思考や認知に対して多様な影響を与えていることを確認していくことにする．

喜び，快感論理，愛情論理

　この節の表題として「喜び」，「快」，「愛」といった言葉を用いたが，それらは，ポジティヴな感情というごく一般的な共通の属性によってここに並べられたにすぎない．より細かく見ていくのであれば，不快とか沈うつな気分の対極

Kapitel 5

にあるこれらのポジティヴな感情にも，見通せないほど多くのヴァリエイションがあり，それらは思考に対してもそれぞれ少しずつ違ったかたちで影響をおよぼしている．私たちは第2章の「感情目録」において，喜び，幸福，至福からはじまって，爽快，喜ばしさ，放恣を経て，情愛，愛，慈悲にいたる70以上の快に関連した感情——さまざまに重なり合ってはいるが——を挙げることができた．これは，不安，怒り，悲しみのさまざまな変種として挙げた感情の数の総和にほぼ匹敵する．

　まずはじめに，そのポジティヴな気分のいくつかの変種を，文学や日常的な観察の中から取り出して，検討してみよう．Peter Handke は「充足した一日についての試論」という本で，「君には充足した一日があったか？」「その第一印象を語ってくれ．その充足した一日のことを話して聞かせてくれ」と訊ねている．彼はさらに問う，それは厳密にはどんなものか，想像の上でもよいがそれは厳密にはどんなものなのか，と．単なる幸運な一日でもなく，ただ幸運な一瞬でもない，充足した一日とはどんなものか．Handke は，そのような充足の時の周辺を念入りに巡っていく．そしてついに——さりげなく，また幸福感を強く意識させることもなく——次のような一節のうちにそれを捕らえるのである．

「姿は見えないが，犬が吠えていた．その白い鼻息が垣根の裂け目から漏れてきた．一対の枯れ葉が霧の中で揺れていた．郊外の駅の向こうに森がはじまっていた．電話ボックスを洗う二人の男，外は白い人，内は黒い人．．．．」

「充足した日．その一日を辿ってみよう．．．．カラスの羽根に小さな露の水滴がついていた．いつものように新聞販売店には年老いた婦人が立っていた．昨日とは違った人だ．買い物をすでにすませ，おしゃべりをしていた．庭に立てかけてある梯子は，自分から抜け出して上っていけとでもいうかのように，七つの段を持っていた．場末のトラックに積まれた砂はサンジェルマン・デプレの教会のファッサードの色だった．ブドウを摘む若い女の顎が首に触れていた．ブリキのバケツはそれらしいかたちをしていた．郵便受けの支柱は黄色だった．市場の女が手のひらに書いて代金の計算をしていた．充足した日には．．．．タバコの吸い殻がドブの中を転がっていき，切り株の上に置かれたカップから湯気が立ち昇り，暗い教会の中の椅子が陽差しに照らされて明るく輝く．カフェの二人の男は，いつもやかましいが，しばらくの間黙りこんでいる．もう一人の見知らぬ男も彼らと一緒に黙ってすわっている．

　仕事のために鋭敏になった私の耳は，周囲のざわめきを捉えている．君の一方の目は，もう一方の目より小さい．森の灌木の向こうでツグミが飛び立つ．下の方の枝がなびくとき，上昇気流という言葉が浮かぶ．そうしたことが次々と起こって．．．．そ

● 第5章　感情・認知「レール」と感情・認知「固有世界」の発生について

してついには何も起こらないということさえある．充足した日には．．．習慣も消え去り，考えも浮かばないだろう．私は，彼に，君に，そして私自身に，驚かされることになる．『ミット Mit（ともに）』と並んで『ウント Und（と）』という第二の名詞が支配することになるだろう．家では，これまで見過ごしてきた一隅を発見するだろう，そこに『住まうことができる！』一隅を」(Handke, 1991; p.36 u. 72-73)．

　テクストの行間に漂っているようなこの「充足」をつくりあげているものは何なのだろうか．最も日常的なものの中に——息を呑ませるような——ただ一つだけのかけがえのないものを感じ取るということを可能にしているものは何なのだろうか．．．．それはある種の輝きである．輝きのない日常の習慣を超えたところに横たわっている輝き，バラバラなものをすべて一挙に一つの持続へと結びつける輝きである（「石のように不朽にして時間を超越したもののうちに持続があるのではない．持続は，時間的なもの，柔らかなものの中にこそある」と Handke は言う．Handke：「持続への詩 Gedicht an die Dauer」(1986, p.56)）．同じことが充足や幸福についても言える．輝きとは，内的な開けと広がりの体験であり，全体への結びつきの体験である．その結びつきの中で Handke が言うように——そしてこれこそ，喜びや快感に導かれる思考の本質をなす点であるが——突然に「ウント」が可能となり，まさに「住まうことのできる一隅が見いだされる」のである．

　いま一人の作家 Robert Walser も，そのような「住まうこと」に生涯ひたすら憧れつづけていた．彼は，明るい気分を描くことに長じていたが，よく知られているように，ついには精神病となった人である．そのことと関係しているのかどうかはわからないが，彼の作品には，いつもかすかな不気味さと壊れやすさとが同居しており，それらが——たとえば1913年の「小品集」(Walser 1971, p.41 u. 94) において——軽やかな叙述にもかかわらず，私たちの心に風を吹き込んでくる．しかし，典型的な喜び論理や快感論理の本質的な特徴は，この作品にもはっきりと現れている．

町（1）
　「旅人が鉄道でその町に着いたのは，太陽のふり注ぐ冬の日だった．誰かが迎えに来てくれたというのではないが，この町のすべてがこぞって彼を歓迎しているように感じられた．家々は明るく，空も青々としている．駅のレストランの食事は，羊のローストもまずく，野菜も萎れてはいた．しかし，旅人の心は独特の喜びで満ちあふれていた．それをうまく説明することはできない．駅のホールは大きく明るく，トラ

Kapitel 5

ンクを運んでくれた貧相で年老いた男は，弱った足腰ながらもきっちり仕事をこなし，皺の多い顔つきながらも礼儀にかなっていた．すべてが美しい，すべて，すべてが．．．．窓口での両替さえも，言うに言われぬ魅力的なものだった．旅人は，もの悲しくも暖かい光景すべてを前に，思わず微笑んでしまった．見るものすべてが美しく，自分自身もすべてのものから微笑みかけられているように感じていた．．．．」

愛し合う二人
　「彼女と彼は一緒に散歩していた．いろいろ素晴らしい考えが二人に湧いてきたが，二人ともその想いを口に出すことはなかった．その日は美しかった，まるで揺り籠か母の腕に横たわり微笑んでいる子どものように．世界はただ，明るい緑と明るい青，そして明るい黄から組み立てられている．緑は草原，青は空，そして黄は麦畑，さらに青は，川の流れ．その流れは，遠くの美しい丘の麓から明るく甘美で暖かな平野へと蛇行してきている．それは，すでに触れたように，美しさと愛しさに包まれた子どもの微笑みに似ていた．．．．」

　この Walser の作品のわずかな引用からもわかるように，基底をなしている気分は，私たちが出会うすべてのものを，一つの美しく微笑ましい全体へと結びつける．その気分とは異質なことがらや対立するものごと（粗末なロースト，貧相な赤帽，味気ない両替窓口）さえも，そのような全体の中に組み込まれていく．Chessex がペイエルヌの市場の光景を，その本来の感情的色づけとは正反対の不安な色調で描き出したのと同じく，ここでもまた，作者の支配的な気分にそぐわないものはすべて，無視されるか，あるいは別の色に染め直されている．逆にまた Walser（あるいは話の語り手）は，その基底気分にふさわしい連想内容やイメージ（「愛し合う二人」に見られるように，母親の腕に抱かれた子どもや揺り籠など）だけを登場させている．ここで個々のものすべてを規定する上位の主題（論理図式）は，結合と結びつきなのであり，言い換えれば，「付け加えること」，「いっしょにいること」，「単独でないこと」なのである．Walser の作品の明るさの背後にある本来の悲劇的なモティーフである孤独ということさえも，次に紹介する一節からわかるように，明るいポジティヴな基底気分を何とか維持しようとする試みの中で，「花嫁」や「友人」，あるいは「愛し合う仲間」へと姿を変えられている．

　「夏には一つの詩も書いたことがない．花が咲き誇り，きらびやかな光景が支配する夏は，私には感覚的に耐えがたかったのである．夏になると私は悲しくなった．秋とともに，一つのメロディーが世界を覆った．私は，霧に，早く訪れるようになる夕

● 第5章　感情・認知「レール」と感情・認知「固有世界」の発生について

闇に，寒さに，こころ惹かれた．雪も神々しく見えた．しかし，暗く荒々しく熱っぽい早春の嵐の方が，私にはもっと美しく，神々しく思えた．冷たい冬の夜は，魔法のように輝いていた．物音が私を魅惑し，色彩が私に話しかけていた．私は永遠に孤独の中で生きてきたなどと言わなくてもいい．孤独とは，私が愛を捧げた花嫁であり，大好きな友人であり，愉しいおしゃべりであり，私を満たしてくれる美であり，そして私と一緒に生きている仲間だった．．．．」

さて文学の世界を離れて，しばらく私たち自身の「高揚した」体験を眺めてみよう．最近のことであるが私は，日曜日に友人や知人やその家族といっしょに，レマン湖を見下ろす丘にピクニックに出かけ，そこで子どもたちの誕生日のお祝いのパーティをした．

　それはあの不思議に暖かくこの世にはないような明るい秋の日だった．街や湖の靄はなく，色とりどりの森に囲まれ，その向こうには雪をいただく山々がある．前アルプス山脈を目の前にした，収穫のあとの牧場には，昆虫が飛び交い，牛が鳴いている．10月の終わり，この山麓ではこんな季節を体験することができる．私たちは，深々としたコケの絨毯と草の少なくなった錆色の湿原に渡した丸木の道を，三々五々に散歩し，おしゃべりし，はしゃぎ，神様や世界のことを考える．若い人たちによって周りのモミの木につるされた小さな贈り物が，誕生日を迎えた二人の子どもにクイズ解きの誘いとなっている．そのあと，木ぎれを集め，火を熾し，みなが持ち寄ったジャガイモや魚，トウモロコシなどを焼く．そのどれも，ワインさえも，すばらしく，家庭やレストランよりも数段おいしい味がする．可愛い二人の子どもたちは，転げ回り，からかい合い，草の茎でくすぐり合っており，たわいのないことを話し，いろいろな計画を練っている．昼食のあと，誰かが突然歌を歌い出す．その歌は，私たちが昔こうした機会によく口ずさんだ歌だ．幾段もからなるブルターニュ地方の漁師の歌で，たしか20年以上も前に聞いたにもかかわらず，次々と私たちの口をついて出てくる．別の歌がつづき，同じことが繰り返される．老いも若きも過ぎ去った日々を語り，家族の楽しい逸話などが披露される．私たちは皆互いに仲がよく，笑顔を浮かべ，写真を撮る．二，三時間，別の世界に遊ぶ．日々の心配事，ときどき谷の方から上がってくる高速道路の騒音，モミの木の梢に読みとることができるかもしれない森林の危機，暗い世間の出来事などは，ほとんど忘れ去られている．夕方，谷から冷たい霧が立ち上ってくるころ，私たちが日常に戻り，いつもの煩わしさに出迎えられ，それらに巻き込まれるまでは．．．．

このように明るく寛いだ気分の中で，上位の「論理」が思考を規定する．それは，情動的にポジティヴな認知内容（すばらしい天気，おいしい食事と飲

Die emotionalen Grundlagen des Denkens

み物，親しい人たち，愉しい会話など）が，ある喜びに満ちた一つの全体へと結びついていくところからも窺うことができる．意識の焦点は，戯れるように広く流動的であり，しかも創造的であり，体験は，現在からだけでなく，心地よい思い出からも希望ある未来からも方向づけられている．現在の情動状態に応じた知覚がなされ，過去に同じ情動を伴って体験された記憶内容（突然口から出る数々の歌，よく似たパーティの思い出，家族の楽しかった出来事など）が想起され動員される．これらのことによって，私たちは世界や人間をその連続性において捉え，さらには世界や人間が美しい存在でありうるということを理解する．ポジティヴな情動の持つ社会的「接合・結合」作用——とりわけ Bollnow (1956, p.103) のいう「笑いの共同体形成力」——は，この場合にもきわめてはっきりと見て取れる．長い間会わなかった人たちが，ある日再び突然に一堂に会し，共通のルーツや価値，興味などを見いだすということがある．そして，このようにすばらしい体験の余韻は何日もつづき，仮に私たちの日常というものがそのような愉しく喜ばしい考え（「快・喜び」思考）を早々にかき消してしまうことになるのだとしても，この体験の影響はおそらく心の奥深くではずっと持続していくことになるだろう．

　この種のグループが愉しい集まりを持てるのは，ひとえに，長期にわたって喜び論理や愛情論理が優勢であったことによる．こうした上位の論理によって，近い間柄の人間どうしでは必ず起こるさまざまな困難がくりかえし克服されてきたはずである．したがって，私たちのピクニックのような平凡な出来事もまた，特有の「感情・認知」レールによって強く規定されていることがわかる．そのレールに沿ってグループ全体が無意識のうちに進んできたし，今後も進んでいくであろう．さらにまた，このレールは，特別な固有世界へとつながっている．すなわち，個人間の違いを超えて人々を結びつける共通の価値や志向や体験からなる精神複合体が形成され，場合によっては現実に実体的な組織ができることもある．互いに同じ方向を持ったさまざまな「感情・認知」的照合システムから形成されるこのような共通の固有世界があってはじめて，その人たちはともに祝い，同じ思い出を語り，おしゃべりをし，歌を歌うことができるのである．ただし，もう少し厳密に——特に精神分析の立場から——見るのであれば，長年にわたってできあがった複雑な関係の網目の中では，優勢であるポジティヴな感情ばかりでなく，同時にそれと正反対の感情やアンビヴァレント（両価的）な感情もまた，あらゆるかたちでつねにうごめいているということは当然のことである．先に述べた「感情・認知」レールも，このように

● 第5章　感情・認知「レール」と感情・認知「固有世界」の発生について

微視的に見るのであれば，そうした複雑な関係から生み出されてくるのである．
　高揚した感情のさらに別の変種も，思考や行動に対してそれ独自の作用をおよぼす．ここでとりあげるのは，一つには激しい恋愛（熱愛）であり，もう一つには，そうした恋愛とははっきり区別されるごく一般的な意味での愛である．この二つの感情は，他のいかなる種類の感情よりも，作家や思想家たちを強く魅了し，鼓舞してきた．

　　「驚くべき明るさが魂の中に入ってきた．甘い春の朝に似て．私は心からそれを享受する」．ロッテと最初に出会ったあとのウェルテルに，Goethe はそう語らせている．しばらくあとでウェルテルが友人に宛てて書いた手紙には次のように書かれている．
　　「なんてことだ！私はバカではないのか？自分を欺いているのではないのか？この死ぬほど果てしない苦しみは何なのか？彼女への祈りのほかには何の祈りもない．私の想像力は，彼女の姿以外のどの姿をも映し出さない．周囲の世界を彼女と結びつけずに見ることはできなくなっている．」
　　「その姿は私に迫ってくる．寝ても覚めても私の魂をいっぱいにする．目を閉じれば，心が目となって頭の中に彼女の黒い瞳が立ち現れる．それをどう表現してよいのかわからない．目を閉じると彼女はそこにいる．海のように，奈落のように，彼女は私の前に立ち現れ，頭をいっぱいにする．」

　男も女も激しく恋する者は，Goethe の名文句さながらに，あるときは「天にも昇るほどの歓声をあげ」，あるときは「死ぬほどまでに悲嘆にくれる」．彼らの思考内容は，最も崇高なところから最も陳腐なところへと唐突に変化する．意識の焦点は，一方では，恋愛の相手とそれをめぐるものだけに狭められ，他方では，同時に世界全体や，ふだんなら決して目を向けないようなほんの些細なものごと——たとえば，恋人の髪に落ちる雨の一滴，恋人の顔を照らす陽光，恋人の視線を魅力的に見せる虹彩の中の小さな斑——にまで最大限に広げられる．事実，恋愛の頂点では，出会うものすべてが恋人に結びつけて考えられる．恋する者は恋人にたえず新しいものを見いだし，それに圧倒され魅了される．構造主義者 Roland Barthes は「恋愛のディスクール・断章」で，文学上のテクストや彼自身の観察事実——鋭敏に，しかも愛をこめて巧みに観察がなされている——を例に挙げて，恋する者にとっては，どんなものでも——たとえば，何らかの衣服，場所，メロディーも——自分の関心の唯一の対象である恋人に考えが戻る契機になる，と分析している (Barthes 1977)．さらに Ortega y Gasset (1950, p.151) は，有名な「愛について」の省察において，次のように記

している.

「意識は狭くなり，その内容はただ一つの対象だけに限られてしまう．注意力は麻痺する．注意がある対象から別の対象へと移行することはない．注意は動かず，固定し，ただ一つの存在に捕らえられてしまう．．．．それでも恋する者は，自分の意識の活動が以前より豊かになったという印象を抱く．」

熱愛状態（惚れ込んでいること）を言い表すとき，妖術 Verhexung，魔法 Bezauberung，幻惑 Betörung，催眠 Hypnose，さらにしばしば憑依（憑き物）Besessenheit といった言葉が使われる．すでに Platon は，恋愛を「神聖な狂気 deia mania」と呼んでいた．実際，恋愛の「感覚・思考」構造は，病的な「感情・認知」的な「狂い」——つまり，真正の精神病——の構造と一致するところがかなりある．なお精神病の「感覚・思考」構造については次章で詳しく検討する予定である．ある種の精神病の場合と同じように，激しい恋愛の場合，感覚と思考は，高度に不安定でしかも発揚した状態となる．しかも恋する者は，ときには精神病患者とほぼ同様に，現実との接点を失い，まるで雲の上をさまようかのようである．Ortega y Gasset (1950, p.161 ff.) も，愛の恍惚や宗教的恍惚ないし神秘的一体感 Unio mystica は，通常の自我境界が——精神病のときのように——破棄されることによって起こるのだということを指摘している．ここにも見られるように，恋愛における熱愛状態と宗教的な恍惚（エクスターゼ）の状態は，きわめてよく似た言葉で記述されることが多いということにも注目しておきたい．精神病の場合の異常な（妄想的な）意味体験にも近い現象が，先に述べたような象徴的な関係づけというかたちで熱愛状態においても起こってくることがある．つまり，恋する者は，恋人にまつわるあらゆるものから象徴的な意味を読み取るのである（一種のフェティシズム）．Roland Barthes は，熱愛状態においては「永続的な期待」というものが重要な役割を果たしていることを強調した．すなわち，激しく恋する者は，恋人と別れたばかりなのに，すぐにも次のデートを待ちこがれ，それが実現しないにしても，それが実現する予兆（サイン）さえ心待ちにする．「私は，到着を，帰還を，そして約束のサインを待っている」ということを Barthes は「期待．恋人を待つことが惹起する不安げな混乱」というタイトルの下に書き記している（1977, p.47 u. 49. ドイツ語訳は Ciompi による）．さらに彼は，「私は恋しているのか？ そうだ．私は待っているのだから！」とも書いている．ある種の精神病状態

● 第5章　感情・認知「レール」と感情・認知「固有世界」の発生について

においても，妄想的に何か喜ばしいことを期待したり，妄想的に不安に満ちた予想をしたりといったことが観察される．そうした妄想的な期待ないし予想が精神病の病像全体の主軸となっていることも稀ではない．恋愛という感情が人を「狂わせる」性質を持っているということは，性（セックス）という側面（次元，「レール」）において，さらにはっきりと見て取れるだろう．人の感覚と行動がただただエロティックな刺激や観念にのみ向けられるようになってしまうこともあるが，これは動物の発情とほとんど同じであると言わざるを得ない．とはいえ，人間の恋愛に伴うさまざまな複合的な現象は，進化論的に見れば，そうした動物の発情期の行動に由来することも，また確かなことである．

　私たちは，先ほどから熱愛状態と精神病の類似点を述べてきたが，ここに指摘した恋愛現象の進化論的なルーツという点から見てもわかるように，熱愛状態は決して本当の精神病ではない．熱愛状態は，きわめて目的に適った心身全体の一つの状態であり，思考および行動への特異的アトラクター作用を伴っている．つまり，熱愛状態は，私たちの感情の定義に完全に合致していることになる．この状態が，精神病と類似点を持ちながらも，やはり異なるものであるということは，量的な側面からも説明できる．熱愛状態でも，発揚，混乱，常態からの偏倚など——要するに，現実（リアリティー）の喪失——が認められるものの，それらが，精神病に見られるほどの程度，持続，範囲にまで達することはまずないと言ってよい．質的に見ても，両者の間にははっきりとした違いがある．熱愛状態では，自我の境界が全般的に失われるということはなく，恋人との関係の中でのみ自我境界が危うくなっているにすぎない．現実意識も——激情にかられるような瞬間を除けば——十分に保たれており，恋愛以外の日常的なことがら（たとえば仕事など）にも携わる余地が残っている．しかし特に重要なことは，熱愛状態は，精神病とは異なり，他人にも容易に理解（了解）でき，言葉として伝えることができる現象であり，しかも（原則として）一般に受容（許容）されている現象であるという点である．逆に精神病は，どこまでも了解不能にとどまり，その患者を共同体において孤立させ，患者に孤独な生き方を強いる．一般に愛情がそうであるように，恋愛もやはり，その目的と本質とにおいて，共同体形成を志向する建設的な性格を持っているのに対して，疾患としての精神病は，共同体との接触を妨害し，最悪の場合には，一切の接触の可能性を破壊してしまう．

　この点に私たちは，精神病と熱愛状態の最も本質的な違いを見いだすことができる．つまり，一方に不安あるいは怒りが優勢な精神病性の変調気分があり，

Die emotionalen Grundlagen des Denkens

他方に愛情に満ちた気分とその思考・行動への作用があるとすると，この両者の本質的な違いを私たちは，今述べたように次の点にあると考えている．すなわち，後者は，人間の建設的で創造的な認知能力を——場合によっては劇的に——高めるが，前者は，それが持続するとほぼ必ずそうした能力をしだいに減弱させていくのである．ただし精神病のはじまりにおいて，才能に恵まれた人びとでは（Hölderlin, van Gogh, Strindberg, さらには Nietzsche らがその良い例である），一時的に並はずれて創造性の高揚する時期があるということは認めておかなければならない．熱愛状態に関して言えば，愛の翼に煽られて，ミューズ（芸術の女神）とは縁がない凡人も一時的には霊感を持った詩人になるし，ありきたりな俗人も才気煥発の話し手や書き手になる．真の芸術家では，愛はいっそう彼らに傑作をものすべく刺激を与えることになる．

「愛は盲目」と言われ，精神病に近い熱愛状態では視野が著しく狭くなると考えられている．しかし，真の愛は目を開かせ視界を広くする．この最も深い意味での愛という無類の人間的現象は，思考や行動への作用において熱愛を大きく凌ぎ，他の感情状態においては隠されたままとなっているような，現実のいろいろな次元を照らし出してくる．愛は，何よりもまず，あらゆる事物の中心としての自己自身の立場を度外視する能力であり，Piaget のいう意味での脱中心化の能力であり，また精神分析のいう意味では，自己愛期を過ぎた後の成熟した対象愛の能力である．愛は，他者の世界を——他人の見ている世界ばかりでなく，ある動物が見ている世界，ある植物が見ている世界，さらには何らかの物が持っている世界，何らかの関心や理想から照らし出される世界をも——自分本位の立場からではなく，まさに他者自身の立場から理解するという人間だけに与えられた能力である．この場合，その他者が，活動と関心の中心となっている．したがって，愛とは，本質的に，その言葉の最も深い意味における「自己の放棄」，あるいは「帰依」である．この意味での愛は，熱愛（恋情）と異なり，注意の狭窄とは何の関係もない．むしろ愛は，最大限の拡大であり，全体との結合であり，神秘的合一 Unio mystica と構造的に関連する一種の信仰である．ただし，恍惚（エクスタシー）とは異なり，愛は持続するものである．愛するということは，その究極において，他者のうちに——つまり，自分とは異なるもののうちに——美を見る能力でもある．Platon においても，愛とは「美における産出」であるとされており（Ortega y Gasset 1950, p.133 からの引用），そして美というものは，その本質において，時間を超えている．おそらくこのようなわけで，私たちは，私たちがかつて本当に愛した人を，いつまでも愛し

ているのである．これとまったく同じ理由で，かつて愛した女性たち（男性たち）すべてが，無意識のうちに，ただ一人の女性（男性）へと融合するということがある．それは，Freudが指摘したように，かつて大切に思っていた女性たち（男性たち）が，私たちの行動のすべてを規定するような，多くの顔を持ったただ一人の想像上の人物（あるいは，ただ一つの審級）へと圧縮されるということと同じである．ここで，私自身の経験から簡単な例を挙げておきたい．

> 若い学生だったころ，私はギリシャへ放浪の旅に出た．村の靴屋に招待され，その質素な家で一夜を過ごした．その夫人の笑顔はこれまで見たうちでもっとも美しく，彼女の年老いた母親の笑顔と同じであった．この老婆は，次の日，早朝の光の中で，井戸から汲んだ水を瓶(かめ)から私の手に注いでくれた．「さあ水をかけてあげるよ」とだけその小さな老婆は言って，皺だらけの顔で下から見上げながら，まばゆいばかりに私に微笑みかけていた．．．．もう40年以上も前のことだ．しかし今でも，陽の光に照らし出されたあのギリシャの老婆の皺だらけの顔は，私が女性の笑顔を見るときには，その背後にきまって浮かび上がってくる．そして私の心を動かす．

快い感情とはどのようなものであり，どのように作用するのかということの考察にかけては，Otto Friedrich Bollnowの右に出る者はいない．Bollnowは，Heideggerに続いて，すでに数十年も前に，感情や気分が思考に対しておよぼす影響について検討を行っているが，このようなことをした哲学者は，私の知る限り，きわめて少ない．Bollnowは，彼の現象学的人間学において，私たちとは異なる視点からではあるが，私たちが本書でとっている見解とほぼ一致するような見方に到達している．たとえば彼は，「気分と結びついた認識」ということを考えているばかりでなく，状態依存性の想起の現象についても非常に精密に記述している（何と1956年のことである）．．．．「この種の想起においては，独自な法則が働いている．この種の想起は，過去に起こった出来事の中から，特定のものを取り出すことによってなされるのであるが，その選択される一連のものは，『中立な（色づけのない一様な）』あるいは『知性的な』記憶機能が出来事の内容そのものの合理的な関連に従って結合させたようなものではない．想起の際に選択される一連のものは，実際の出来事の関連と対応するのではなく，ただ付帯する気分の共通性によって互いに結びつけられているさまざまなものごとなのである．そのようなしかたで，想起はものごとをまとめるのである」（Bollnow 1956, p.206 u. 241）．Heideggerは，私たちの世界理解と人間理解の総体——Heideggerの用語では，現存在——にとって，「実存の不安」と

いう気分が基礎的な意義を持つということを指摘したが，Bollnow は Heidegger の哲学を批判的に検討する際に，この Heidegger のテーゼから出発しながらも，さまざまなテクスト（Nietzsche, Proust, Huxley, Rümke, Binswanger など）と彼自身の行った観察とに基づきさまざまな例を挙げて，不安や憂慮の気分——あるいは，それ以外の「重く圧迫された」気分——だけを前提にしていては，ただ現実の一部しか認識可能にならないということを示した．美はたしかに存在しているが，心配や憂慮だけでは，美への通路は開かれない．心配や憂慮は，むしろ美への通路を閉ざしてしまう（「心配 Kummer」は，文字通り，接近を「妨げる verkümmern」）．なぜなら，「いかなる気分も，それ固有の現実（リアリティ）の形式を持つ」からである．そして，いかなる気分も，それ固有の時間構造の上に基礎づけられているからである．至福（恍惚）体験—— Nietzsche の「大いなる正午」——は，時間を超えており，「永遠」である．幸せな気分は，「ものごとの持続する本性」(Proust) への通路を開き，生の全体にとって決定的な意味を持つかもしれない「創造的瞬間」を私たちが受容することを可能にする．だからこそ Bollnow は，Becker や Binswanger と同じく，Heidegger の「被投性（投げられてあること）Geworfenheit」と並べて，幸せな気分においてのみ到達可能な存在様式である「被担性（担われてあること）Getragenheit」を置いたのである．そして，この「被担性」により「愛し合う相互存在」というあり方が可能となり，さらにこのあり方を通じて，「被担性」もまた——不安におとらず——「本来的なもの」へと私たちを導くのであると Bollnow は考えた．彼は，Heidegger のいう意味での不安が深い実存的意義を持つことを否定してはいない（「高揚した気分は展開という働きを持ち，重く圧迫された気分は試行という働きを持つ．前者においては生の充溢が，後者においては形式の安定が，形成される」(Bollnow 1956, p.143)）．したがって当然ながら彼は，「憂慮に対する愛の現象学的優位（愛が憂慮に先立つ）」という Binswanger のテーゼを完全に受け入れることもない．結局のところ彼は，愛と幸福に規定された思考にも，(不安や憂慮に規定された思考と）同等な正当な認識論的意義があることを強調しているのである．この意味で，Bollnow は，ポストモダンを先取りするようなかたちで，(複数の真理を許容する）多元論的な世界理解および人間理解を擁護していることになる．

　同時に Bollnow は——奇妙なことに，補足のようなかたちで書かれているにすぎないが——私たちから見るところではきわめて重要な普遍的意義を持つ一つの認識に到達している．その認識とは，重く圧迫された気分から生じる「現

実の見方」と高揚した気分から生じる「現実の見方」は互いに相容れないという認識である．このことは，一方に不安論理，怒り論理，悲しみ論理を，他方に喜び論理あるいは幸せ論理を置いて，この両者を対比してきたこれまでの私たちの議論の過程からも，すでに当然予想されてきたことである．彼は（Goetheの言葉にも触れながら），「複数の対立する感情の動きは，互いに相容れないという先験的（アプリオリな）法則」（Bollnow 1956, p.107）について述べているのだが，私たちから見てもこれは正しい．この両立不可能性は，先にもすでに述べたように，神経生理学的にも説明できる．というのも，私たちは，当然ながら，二つの互いに対立する心身状態に「同時に」あることはできず，ただこの二つの状態に「相前後して」なることができるだけだからである．カオス論的感情論理の視点から見ても，「感情・認知」的に対立する二つのアトラクターの中に同時に存在するということはありえないことである．それは，たとえば同時に戦争と平和のもとにあること（あるいは，すでに述べたように，「一度に何足ものわらじを履く」こと）が不可能であるのと同じである．たしかにその二つの状態の間には，不確かに行ったり来たりする「揺れ」を持つ不安定な領域があり，その領域自体も，ある特定の気分に対応している．しかしそうした場合であっても，精密に観察すれば，その対立する二つの「感覚・思考」様式は，同時に現れているというよりは，むしろ迅速な交代というかたちで相前後して現れているのである．いずれにしても，複数の対立する気分を一つに統合できないというこの事実からも，多元論的で構成主義的な世界像および人間像が導き出されることになる．

関心論理，日常論理，学術論理

　これまで例示してきた不安，怒り，悲しみ，あるいは喜びによって規定される思考が，感情的色彩のさほど濃くない日常論理，あるいは学術（科学）論理とどのような関係にあるのかということについて，ここでさらに深く検討していく必要がある．さらにまた，日常論理と学術論理は，すでに基本感情の一つとして挙げてきた「関心（興味）」（あるいは，「飢餓 Hunger」，好奇心，要求といった現象）——他のほとんどすべての感情の中にも目立たないかたちで存在しているが，これまでのところまだ十分には検討されていない基本現象——と，どのような関係にあるのだろうか．理論面からはすでに何回か検討に着手してきたこうした問題を，ここでは，具体的な例を通じてさらに深く検討する

Kapitel 5

ことにしよう．

　私が昔学んだスイス南部のギムナジウムの学級で，野外活動が行われた．クラウディオという生徒が計画をつくった．ほとんどの者が予想しなかったことだが，クラウディオは郷土のことについてまるで専門家のようによく知っていた．2日間にわたって彼は，次から次へと隠れた名所を案内してくれた．．．．立派なフレスコ画のある人里離れた小さな教会，おもしろい博物館や美術館，いろいろな城，眺望の良い場所，旧跡などを私たちは訪れた．どこへ行っても即座に彼が，機知と才気にあふれたようすで，その場所の歴史的な背景を私たちに描いて見せてくれたのが印象に残っている．さらに，さまざまな逸話も語ってくれた．汲みつくせぬほどの知識からさまざまなことを即興で話し，私たちが聞いたこともない多くの名前を口にし，世界史，文化史，哲学のみならず，博物学や気象や地質に関することがらにいたるまで，さまざまな事象を縦横無尽に話題にし，しかもそれらの相互の関連も見失わないように解説するのであった．私たちは驚き感激した．それまでもクラウディオはたしかに皆に好かれる存在ではあったが，当時のギムナジウムにおける成績評価という点から見れば，クラスの中で特に優秀な生徒というわけではなかった．この彼の変貌ぶりをどう説明したらよいのだろうか．

　関心（興味・利益）Interesse とは，一見したところでは，何かを呼び出す「呪文（魅惑し惹きつけるキャッチフレーズ）」のようなものとも見える．しかしもう少しよく見てみれば，関心とは「愛」でもある（事象への愛，土地への愛，周りの人への愛）．というのも，私たちが後に聞いたところでは，クラウディオはギムナジウム時代から秘かに，辺境に位置する彼の郷土に対して多大な関心を抱きはじめていたのだという．そして40年以上にわたってほとんど休むことなく彼は——文字通りの意味においても，比喩的な意味においても——まず狭い山道や岩山の小道を歩きまわり，それから徐々に複雑化する道路網（または「レール」）に沿って探索を重ねながら，彼の関心の対象であるこの地方のありとあらゆる面を目にしてきたのである．こうして彼は，いくつかの領域のことがらについては——学者たちの間でも——卓越した専門家として認められるようになった．最近彼が私に恥ずかしそうに告白したところによれば，彼は今自分の子どもたちのために，私たちの郷土の「ビッグ・バンから現在まで」という本を書いているのだという．私の推測ではあるが，彼の長年持続しているこの関心の背後には，すでに述べたような愛だけでなく，南スイスの人たち——アレマン人優位の北部では肩身の狭い思いをしている人

Zur Entstehung von affektiv-kognitiven »Schienen« und »Eigenwelten«

● 第 5 章　感情・認知「レール」と感情・認知「固有世界」の発生について

たち——に特有な憧れがあるのではないだろうか．それは，自分のルーツにあるラテン的なものへの憧れであり，自分の本来のアイデンティティの希求である．そうであるとすれば，そこには——もしそう言いたいのであれば——秘められた「実存の不安」も存在することになる．さらには，秘められた怒りあるいは悲しみもそこにあるのかもしれない．いずれにしても，そこに存在しているものは，さまざまな感情やそれらの感情に付随する思考路（レール）が互いに混ざり合って豊かな色合いをつくり出すパレットなのである．「関心」によって育まれた思考路は，日常的なものごとの中にまで入り込んでもいるが，それらをはるかに越え出て，個人の固有世界——それぞれ多様性と魅力を備えた世界——の中にまで達してもいる．

　関心という感情そのものには，あまりはっきりとした特徴が備わっていない．したがって，神経生理学的には，「アラウゼル arousel」と呼ばれているもの——エネルギー論的な意味での励起および興奮——と結びついており，注意および意識賦活の現象と近い位置にあると考えられる．今見た例からわかるように，関心は，他のさまざまな感情の活動を開始させる一種の起爆剤または燃料として働いている．しかし同時に，関心が向かう方向は，状況よりもむしろ個人の特性によって決定される傾向があり，こうして決定された固定的関心の方向が，次に挙げる例（極端な例かもしれないが）からもよくわかるように，その人のほとんどすべての思考や行動を規定している場合もある．

　　患者Ｓは，私たちの精神障害者社会復帰訓練施設の中で最も難しい——つまり最も無関心さが目立つ——参加者であった．年齢は 30 代半ば．診断は慢性統合失調症の残遺状態であり，陰性症状が前景に立ち，長期入院の弊害（ホスピタリズム）が顕著であった．彼は，周囲で起こっていることのすべてに対してまったく関心を示さず，作業療法士も施設長も訓練をあきらめかけていた．朝から夕刻まで誰と交わることもなく，ぼんやりと坐っているだけであり，自由時間にも寝入っているか，まどろんでいるばかりである．起きているときも，ただ無関心に虚空に目を据えているだけである．何かの作業や課題，薬剤，社会訓練，行動療法などでこの患者の無関心な態度を揺さぶろうといろいろな試みがなされたが，ほとんど何の効果ももたらさなかった．ところが，ある日，彼の生まれ故郷でもある山岳地帯へ遠足に行ったとき，私たちは，この患者が多くの山岳植物の名前とそれらの特徴を知っており，またそのあたりに生息する野生動物の生活について深い知識を持っていることを発見した．以来，私たちがこの種の話題で話しかけると，彼の目は輝くようになった．そのうち自分から話すようになり，子どものころのことを語った．その後この話題を手がかりとして接触を

続けていくうちに，それまで埋もれたままとなっていた感情エネルギーの一部を徐々に再活性化していくことに——果てしない努力と回り道を経た末にようやくのことではあったが——成功した．そしてついに彼は，このエネルギーを十分に利用することによって，パートの造園の仕事に就き，社会的能力を着実に向上させていくことができるようになった．

　ここでも私たちは，典型的な「感情・認知」レールに出会うことになる．この患者の場合，それは幼児期および青年期には，多量の感情エネルギーの供給を受けていたのであるが，慢性精神病による全般的な感情平板化の中で，見た目には完全に荒廃してしまっていた．そのような隠れた「感覚・思考・行動」レールが，長期の潜伏にもかかわらず，再活性化されえたということは，このような患者にも，無関心という鎧の下に，なおかなりの感情（エネルギー）の蓄えが隠されているということを示している．
　このような患者と比べてみると，健康な人は，その「日常的」な状態において，それまでの人生の中でつくりあげてきたきわめて多様な「感情・認知」ネットワークを，たいていは何ら抵抗なく，容易に利用できる状態にあるのだということがわかる．そうしたネットワークは，その人の置かれた状況に即して形成された一種の情報処理システムであると考えることができる．このシステムは，半ば自動化されており，ほとんど意識の関与なしにも作動しうる．そして，この情報処理システムは，緊張を発生させるような（ホメオスターシスを乱すような）さまざまな刺激を——最も効率的なしかたで——中和して，その影響を最小限にくいとめている．つまり，別の言い方をするなら，「刷り込み」によって成立した無数の「感覚・思考・行動」プログラムが存在するおかげで，私たちが「日常」の状態にあるときには，心理的な緊張が生じたとしても，比較的わずかなエネルギーを使うだけで，すぐに緊張は消失し，元の平均的な状態（基礎水準）に戻ることができるのである．仮に，感情の揺れが一定量を超えて，こうしたメカニズムが働かなくなってしまうとすれば，それはもはや「日常」の状態とは言えなくなる．．．．ところで，この「日常」とは，具体的にはいったい何なのだろうか．それは，私たちが日々かかわっていることのすべてであり，ふだん職場でしている仕事，余暇の活動，社会的接触，毎日のようにメディアをにぎわしている恐ろしい事件（ときには嬉しくなるような出来事も混じっているが）の報道などのすべてである．もちろんそこには，さまざまな濃淡のある対人関係——それぞれの関係

● 第5章　感情・認知「レール」と感情・認知「固有世界」の発生について

に応じて，認知内容と結びついた喜び，怒り，不安，悲しみの成分が入り込んでくる——も含まれている．つまり，ある意味で，「日常」とは「自明なもの」のことであり，それは誰でも自分の経験からよく知っているもの——道を歩いていても，店に入っても，酒場にいても，バスや電車に乗っていても，いつどこにいても，絶え間なく体験していることがら——のことである．しかし，そうしたことがらのうちのどれに私たちの関心（意識）が向けられるかを決定しているものが何かという問題は，それほど簡単ではない．すなわち，あるときには私たちの意識は，連想によって想起される互いに似たようないくつかの特定の日常的主題を循環するというかたちで流れていく．またあるときには，周囲からやってくる偶発的な刺激によってそれまでの流れが中断され，別の流れに移ってしまうことがある（意識の転導）．しかしそれでも，意識内容がまた元の「感覚・思考」路に回帰していくという傾向も，やはり決して失われることはない．さらに，強度の比較的低いさまざまな質を持ったいくつかの感情が次々と交代していくという傾向も認められ，その場合，感情の強度は，ある範囲内で動揺を示す．この動揺は，周囲の状況，偶然の刺激，およびそのときに優位になっている基本気分によって影響される．今挙げてきたようなこれらの日常論理の一般特性は，具体的には次のようなかたちで現れてくる．たとえば，私がいつものように仕事として何か考えごとをしているとする．最初は，中立な平均的な気分状態にあり，感情の揺らぎもわずかなままで，私は「思考・感情」の連鎖を穏やかにたどっていくであろう．しかしまもなく，何らかのおもしろい事実や着想につきあたって，わずかな時間ではあるが，かなり強い喜びに浸るかもしれない．ところが今度は，自分のミスに気づいて，徐々にいらいらしはじめ，ついには怒りが抑えられなくなったりもする．次には，また別の問題の方に頭が向いて，そのまま気分が落ち着いてしまうこともあるが，場合によっては，自分が誤りを犯したということから考えを逸らすことができなくなって，何時間もの間，不機嫌に過ごすことになったりもする．

　現代文学には，そのような日常の心理過程を精確に捉えようとする試みが数多くある．その最初にして，最も有名な試みは，James Joyce の革命的な小説「ユリシーズ」(1922) であると言ってよいだろう．この本には，ダブリンの広告代理店に勤めるレオポルド・ブルームの一日に生起する錯綜した思考の流れ，感情，体験が，おそろしく精密に，800ページにわたって記述されている．次の引用から，その記述が具体的にどのようなものかということが，概ねわかっていただけるものと思う．

Kapitel 5

「ミスタ・ブルームは管理人の恰幅のいい体つきに感心していた．みんながこの男とは仲よくしたがる．よくできた男，ジョン・オコネル，ほんとにいいやつだ．二本の鍵か，キーズ商店の広告みたいだ．誰も出て行く心配はない．出入りの検問もない．『人身保護令状』．葬式が終ったら例の広告の手配をしなくちゃ，あの封筒におれはボールズブリッジと書いたかな？ マーサに手紙を書いているとき，彼女が不意にはいって来たもんだからごまかそうとして．まさか配達返還不能郵便取扱課で処分されてやしないだろうな．ひげを剃ればこの男もましに見えるんだが．白髪まじりのひげが伸びて．これが最初の徴候で，頭も白髪まじりになる．同時に気むずかしくなる．灰いろのなかに銀の糸．この男の女房になるなんて大変だよなあ．よくもまあ女の子に結婚を申しこんだもんだ．さあいっしょに墓場で暮そうよ．これを餌にして女を釣る．はじめは女もスリルを感じるかもしれない．．．．」

「彼は，ウエストモアランドのボールトンの店の前を通り過ぎた．お茶．お茶．お茶．トム・カーナンにお茶を頼むのを忘れてたぞ．
　ススス．チッ，チッ，チッ！ 三日間も，どうだろう，酢を染みこませたハンカチーフを頭に巻いてベッドの上で唸りつづけて，腹はふくれあがって．ヒュー！ 恐ろしいことだよ，まったく！ 子供の頭が大きすぎる，鉗子だ．彼女の腹のなかで体を二つに折って，しゃにむに外に飛び出そうと突き立てる，出口をさぐりながら．おれだったらきっと死んでしまう．モリーのが軽くてすんだのは幸運だった．なんとかあんなことは無しですむ方法を発明すべきだよ．．．．」

「彼の微笑は歩いているうちに消えて行った．重苦しい雲がすこしずつ太陽を覆い，トリニティ・コレッジの無愛想な正面が日陰になった．電車と電車がすれちがった，行く電車，帰る電車，ちんちん鳴らしながら．無駄な言葉．ものごとはちっとも変化しない，今日も明日も．警官の列が出て行く，帰って来る．行く電車，帰る電車．うろつきまわる狂人が二人．馬車で運ばれて行ったディグナム．ベッドの上でふくれた腹をかかえて唸りながら子供がひきずり出されるのを待っているマイナ・ピュアフォイ．一秒ごとにどこかで一人生れる．一秒ごとに別の一人が死んで行く．おれが鳥たちに餌をやってから五分たった．三百人がこの世におさらばした．．．．」

「心臓の鼓動を早めたままで，彼はバートン食堂のドアを押した．強い匂いでふるえる息が詰まった．つんと鼻を突く肉汁，青菜の煮汁．がつがつ食らう動物たちを見ろ．
　人，人，人．
　バーの高い止り木に腰かけて，帽子を後ろにずらし，テーブルからは無料のパンのおかわりをくれと呼び立て，がぶがぶ飲み，水っぽい料理を口に詰めこみ，目を血走らせ，濡れたひげをぬぐい．．．．飲み助の悲しそうな目．噛みきれないほど大きな塊

213

● 第5章　感情・認知「レール」と感情・認知「固有世界」の発生について

を食いちぎって．おれもやはりこうなんだろうか？　人の見る目でおのれを見よ．腹がすけば腹が立つ．歯と顎を動かして．．．．」(Joyce 1956, p.125, 183, 187 u. 192. 邦訳は，丸谷才一・永川玲二・高松雄一（訳)「ユリシーズ」，集英社による)．

このような際限のない「内的モノローグ」によって，著者は，比類のない濃密さと繊細さとを備えた個人の「固有世界」をリアルに描きあげることに成功している．しかし，日常的なこと，自明なこととして現れるものは，その人その人によって，またそのときそのときによって，それぞれ非常に異なる．このことを明らかにするために，ここで，私の知っている若い自然科学者の，非日常的とも言える日常を一瞥しておきたい．これによって同時に，科学的（学術的）思考についても何か重要な示唆が得られることになるかもしれない．

　　それは，ティムという名の，まだ30代になったばかりの優秀な物理学者である．ティムは当地の工業大学で仕事をし，同時にヨーロッパ国際研究協会のコーディネーターとしても働いている．大学近くの小さな2DKの部屋に「シングル」で住んでおり，料理や家事は自分でやっている．余暇にはよく山に行くし，演劇にも参加し，さらに外国人グループのための情報誌の編集にも携わっている．いつも意欲的で，各地の研究所を飛びまわっているが，その合間にときどき私のところへも訪ねてくる．彼の友人（魅力的な女性もいる）を一緒に連れてくることもある．そして日ごろの楽しみや苦労を語ってくれる．今後の研究資金を調達するためにアメリカで会議に出席しないといけないとか，日本での講演はうまくいったとか，同僚に対して不満を持っているとか，自分の恋愛のことなどをはじめとして，過去にあったこと，スキーで膝をけがしたこと，保険についてのトラブルなど，あらゆることが話題となる．あるときティムは私を彼の研究施設に誘い，風洞や水路，巨大なタービンの試作機やずらりと並んだコンピューターなどからなる夢のような世界を案内し，流体の乱流に関する彼の現在の研究や，アメリカの巨大企業とのさまざまな共同研究について説明してくれた．私は，どのようにして彼が「新しいことを見つけ出すのか」ということを知りたいと思った．ものごとをよく考えてなのか，計算してなのか？　それとも何もしていないときに，何かが見つかるのか？　この質問にティムは驚いて，すぐには答えられなかったが，そのうちに次のようなことを話してくれた．．．．難しい問題に直面したときには，何日間もそのことばかり考えている．家に帰って料理したり，家事をしているときにさえ，その問題のことが頭にある．ときには研究所の実験装置に発生する渦をただ眺めていたりもする．もちろん，大掛かりな計測や計算もしてみる．しかしそういうときには文献はあまり読まない．窓の外を眺めていることも多い．そんなとき，突然に，問題がどこに隠れているのか，それを解けるのかどうかということが，彼にはっきりと「わかるようになる」．．．．そんなことを彼は答えたのである．私がさらに，

そうした着想は，それまでよりもさらに厳密に問いを立てることができたときに，浮かび上がってくるのではないか，と尋ねてみると，彼は「まったくそのとおりなんですよ！」と大きく頷いた．そして次のようにも言った....　窓の外を眺めるということ，文献を読まない（ふだんはもちろん多くの文献に目を通している）といったことは，演劇活動や山歩きと同じように，多分，うまく「距離をとる」ために役立っているのだろう，と．

　当然のことながら，このような断片だけで，日常論理の多面的な問題や，ましてや科学的思考の問題をかたづけてしまうことなど，とてもできるものではない．しかしそこから，いくつかの重要な点を見てとることはできるはずである．たとえば，日常的思考と科学的思考との間に明瞭な境界はなく，その二つは，かなり自由に交差しており，しかも，ある程度のところ，共通の本質を持っているということである．さらに──私たちは少なくともこの点だけは正しいと考えている──この二つのいずれの現象においても，感情的・直観的成分と論理的成分とがまったく同等の役割を果たしている．別の言い方をするなら，科学的創造──ティムの場合はこの創造という側面が非常にきわだっていたのだが──をもたらすものは，明らかに，ただ冷徹な論理だけではない，ということである．さらにもう一つ印象深いことは，ティム自身，自分がどのようにして「新しいことを見いだすのか」ということをはっきりとは言えないという事実である．そうした創造的瞬間において起こっていることは，大まかに言えば，無意識に進行する典型的な自己組織化のプロセスであるはずである．それは，（相対的な）明晰さへの突然の「量子飛躍 Quantensprung / quantum jump」とも言うべき過程であり，情動的な意味をも持った「解消／解決／解放 Lösung」という言葉で表現するにふさわしい過程なのである．それは，要するに，新たな「思考の散逸構造」への緊張解消的な反転なのであり，この新たな思考構造は，それが「存続可能 viabel」なものでありさえすれば，まもなく安定化し，さらに分化していくはずである．

　さらにもう一つ私たちの興味をひく点を挙げるとすれば，ティムの場合，非常に多数のさまざまな「感情・認知」レール（あるいは糸）が，彼の生活において──彼に限らず誰の生活においても──互いに交差しながら，ついにはその人に固有な一つの日常世界を織り出しているということである．さまざまな領域への関心や特別な活動──料理や家事，演劇活動，情報誌の編集など──のほか，仕事や趣味として行われるさまざまな領域のことがら，そして何より

● 第5章　感情・認知「レール」と感情・認知「固有世界」の発生について

も，人と交流するということが，彼において，独自な力動と特異な「情動・認知」結合を伴う個々の「感覚・思考・行動」レール（糸）となっているのである．また，ティムの日常を特徴づけている彼にとっての「自明なことがら」——習慣として，あるいは学術的に自明なことがら——も，かなり特殊なものである．たとえば，彼は毎日，e-メールや「World Wide Web」で世界中の学者や友人と連絡をとり，巨大な実験設備——普通の人なら，不安を感じるか，逆に強く魅惑されるであろうような特別な雰囲気を持つ場——の中をまったく冷静さを失うことなくあちこち駆け回っているかと思えば，今度は複雑な数学の式を前にして考え込んでいたりもする．他方で彼は，ごく一般的な人と同じく，料理や家事もすれば，趣味も持っており，ありきたりの日常を過ごしてもいるのである．彼の学術的な思考様式や彼の論理は，形式面，すなわち情動面から見れば，すでに「誰でも通行可能」となったさまざまな「感情・認知」道路網——言い換えれば，あらゆる種類の日常論理——と原則的に何も異なるところはない．これは，彼が他の人たちには（内容的に）まったく縁のないような路線上を動いているときでさえ，同じように言ってよいことなのである．

次の二つの章では，私たちがこれまで主に正常心理学的レヴェル，個人的レヴェルで考察してきた「感覚・思考・行動」レールと形式的にまったく相似のレールが，病理学的な領域においても，集団的社会的な領域においても，発展しうるものであるということを見ていくことになる．今私たちが検討した科学的（学術的）な思考過程も，まさに集団的な性格を持っている．科学的思考を規定している情動的および文化的な要素を同定するという課題は，私たちにとって特に興味深いものである．しかし，その問題に入っていく前にまず，この章で明らかになったフラクタル感情論理のさまざまな側面を総括して，いくつかのより一般的な結論を提示しておきたい．

さまざまな感情状態における「感覚・思考」の発展形態の具体例を分析してきて明らかになったことは，何よりもまず，個人や集団によってそれぞれ異なる「感情・認知」固有世界を十分に理解するためには，時間という次元を考慮に入れることがどうしても必要であるということである．つねに相似形をなすような「感覚・思考・行動」軌道を数え切れないほどくりかえし通過するという過程を経てはじめて，優勢な感情のオペレイター作用のもとに，徐々に幅広い「感情・認知」路線（レール）が形成され，それらの路線はやがて，機能的に自己完結した思考世界（あるいは「心性（メンタリティ）」,「イデオロギー」）へと凝縮していくことになる．そのような「感覚・思考・行動」プログラムが

実際にきわめて複雑なものである――私たちの記述では，大きく圧縮されてしまっているが――ということは，個々の具体例をよく観察したり，思い浮かべてみることで，はじめて明確に認識されるだろう．さらに，目下優勢となっている主導的な感情の背後に，その主導感情と対立する感情も含めてさまざまな別種の感情（言い換えれば，「副次的アトラクター」あるいは「副現実」）もやはり活動しているのだということが，そのような具体例の観察において明らかになるはずである．明らかに普遍的に認められるこの感情混在（「感情の中の感情の中の感情の....」）という事実を知ることによって，「（混合のない）純粋な」感情アトラクターを仮定するような図式的な見方を補い，現実をより深くかつ適切に捉える必要がたしかにある．そして，感情混在というこの事実は，前章で仮定した「感情・認知」現象の一貫したフラクタル構造（「構造の中の構造の中の構造の....」）が持つもう一つの側面として理解してもよいだろう．

しかし他方で私たちは，人は同時に複数の異なる感情状態（あるいは，気分，アトラクター状態）にあることはできないということ――そしてまた注意も，やはり同時に複数の焦点に向けられることはなく，ただ次々と焦点を変えることができるだけであるということ――を言ってきたし，強調もしてきた．同じことは，両価的（アンビヴァレント）と呼ばれるような極端な状態に対しても――よく観察してみれば――言えるはずである．互いに対立する二つの感情が共存すると言われるこの混合状態でも，その二つの感情は，同時に現れてくるわけではなく，急速な交代というかたちで相前後して現れてくるにすぎないのである．ただそれでも，それぞれの感情の影響力は，その交代の様態に従って――純粋な感情が持続的に優位になっている場合と比較すれば――独特な歪みをきたすことにはなるはずである．以上のような認識は，特に構成主義的な視点から見て重要な，次のような論理的帰結を導くことになる．すなわち，現実というものは私たちに対して，必ず（不可避的に）ある特定の感情的色づけを帯びて現れている，という帰結である．特に言っておくとするなら，緊張なしに周囲の事物へと向かっていくことを可能にするような「高揚した」感情――喜び，快，愛，思いやりなど――と，緊張の中で周囲の事物を忌避したり，周囲に対して境界を設けたりすることを強いるような「圧迫された」感情――不安，怒り，抑うつなど――との間の対立は調停できないものであるということが証明されたことになる．そして，互いに対極をなしているこの二つの行動様式と現実構成は，原則として，まったく同等なものなのである．このことを，哲学的および認識論的に最初に推論したのは，前にも述べたように，おそらく

第5章 感情・認知「レール」と感情・認知「固有世界」の発生について

Bollnowである.

　個々の具体例の観察によって，一般的な意味を持つもう一つの事実がしだいに明らかになってきた．その事実とは，ここで検討してきたさまざまな「感情・認知」固有世界は，ミクロな認知的要素が形式論理的に誤ったしかたで結びつき，それが積み重なっていくことによって，形成されるものではない，ということである．それぞれの固有世界は，そうした形式論理学的誤りの積み重ねによって形成されるものではなく，上位の「論理」（私たちが定義したように，「さまざまな認知要素が互いに結びついている様式」という広い意味での論理）によって形成されるのである．この種の上位の「論理」がどのような法則に従っているのかということは，私たちの知る限り，これまで体系的に研究されたことはなかった．この上位の「論理」は，かなり長期にわたるプロセスを通じて，マクロな認知的要素——つまり，固有世界の建築のために使われる既製の建材のようなもの——が，感情の影響のもとで，選択され，重みづけされ，互いに結びつけられていくことを指している．そこには形式論理学的な誤りや矛盾が含まれている必要はない．たとえ，急激な不安，怒り，悲しみ，あるいは喜びが存在するときに，形式論理学的に見て「筋の通らないこと」が起こってくることがたしかにあるにしても（その顕著な例を挙げるとするなら，「ニーベルンゲンの歌」の中でハーゲンは，不合理にも，自分たちの命の綱である，ドナウを渡るための小舟を打ち壊してしまう．こうして，たまたま耳にした水の乙女たちの不吉な予言を，覆すどころか，的中させてしまうという結果を自ら招くことになった），長期のプロセスを経て徐々に平均的思考からの著しい逸脱が起こってくるのは，そうした論理的な誤りによるのではなく，感情に規定されてくりかえし生じるつねに同じ傾向を持った小さな逸脱の集積によるのである．このプロセスは，カオス論でいう「バタフライ効果」と関連を持っており，また構成主義の立場から考えても注目に値する現象である．以上のことから私たちが読み取るべきことは，知性や論理的思考だけでは，ときに発生する高度に偏った固有世界の中に私たちを陥れようとする大きな力に対抗できない，ということにほかならない．それは一つの事実であり，それが正しいことを示す証拠は，個人のレヴェルであれ，集団のレヴェルであれ，いくらでも存在している．したがって，これを認識論の問題として考えるのであれば，主に個々の命題ないし言明のレヴェルを問題にする伝統的な形式論理学や陳述論理学およびそれらのヴァリエイションとは別に，階層的にはるかに高次のレヴェルに位置づけられるようなもう一つの「論理」がたしかに存在しているのだというこ

Die emotionalen Grundlagen des Denkens

とが言えそうである．その「論理」は，主に感情論理の法則に従っており，そのさらなる探究が求められている．

Kapitel 6

第6章
精神病理学──病的な感情認知的「狂い」について

感情を知ることが，精神病理学の基礎である．
E. Bleuler (1926, p.5)

　私たちが今から検討しようとしているフラクタル感情論理のもう一つの本質的な側面は，感情論理の構想全体の出発点であった精神病理学という広大な領域にある．ここでは，その中でも特に，主に精神病の場合にきわだったかたちで観察されるような，「感情・認知」平衡が全体として突然大きく「狂う」という現象について詳しく見ていきたい．感情論理とカオス論の見方は，心の病的な障害そのものの理解や──後に見るように──その治療に大きく役立つものであるが，そのこととは別に，正常状態からの著しい逸脱の状態を詳しく調べてみることによって，「心という装置」の正常な機能様式の中でも働いているにちがいない同様のメカニズムについてのより精密な理解が可能になるということも，私たちは期待してよいだろう．

　ここで紹介する症例は，神経症から依存症や精神病にまでおよぶ．これらの症例の多くは，精神療法の臨床から選び出されたものであり，したがってその一部は，あとで特別に論じるような治療的側面をも描き出している．このように治療的側面を見ることは，その疾患に対する理解をも深めてくれる．ここでの目標は，精神病理学という複雑な領域を包括的に論じることではなく，いくつかの障害像をもとに，本書第1部で得た「感情論理・カオス論」的理解を，さらに疾患領域にまでおし進めることである．それと同時に，少し前の章で提示したような新たな意味での「力動精神医学」の全体像が，よりはっきりとした輪郭を得ることになるはずである．なお，こうした見方から精神病理学上の個別の問題に対してなされた専門的な研究については，他の論文などを参照していただきたい*．さらに，ここでもう一度，Werner Janzarikの「構造力動論」について言及しておきたい．構造力動論では，私たちの構想と基本的に

● 第6章　精神病理学 —— 病的な感情認知的「狂い」について

非常によく似た基本的立場から——呼び方は違うものの，やはり情動性と認知の分かちがたい共同作用という仮定に基づいた基本的立場から——精神病理現象全体が照らし出されている．事実，Janzarik の「力動」の概念は，私たちの「感情」の概念と概ね対応している．同時に，「（力動的な負荷を帯びた）表象」という彼の記述は，私たちの認知についての理解と非常に近いものである．同様に，彼が「構造」と呼ぶものは，私たちが「感情・認知」的照合システムと呼んでいる機構（あるいは，統合された「感覚・思考・行動」プログラム）とほとんど一致する．あとの章で詳しく検討するように，発想の起源，概念，目標設定といった点で違いがあるけれども，基本的には，Janzarik の考え方の多くは，感情論理の考え方と著しく重なり合っている．私たちから見ても，またJanzarik (1988, p.21) から見ても，この二つのそれぞれ独立に発展した構想は，多くの点で互いに支え合い，補完し合っているのである．

これから精神病理学的な障害像の分析を行っていくのであるが，そこで前提とされているのは，「感情論理・カオス論」的な視点から見れば，一方の「健康な」，「正常な」，あるいは「日常的な」機能システムと，他方の「病的な」，「異常な」機能システムとの間に，（少なくとも）ある一つの本質的な構造的共通性があるという事実である．その共通性とは，どちらのシステムも，自己組織化的な流動平衡あるいは散逸構造として理解されるべきものであるということにある．すなわち，どちらのシステムも，利用しうる（感情）エネルギーを，与えられた状況において最も効率的なしかたで処理し，それぞれの認知要素へと適切に分配している——つまり，消散している——のである．まさにこの理由から，どちらのシステム状態も，（決定論的カオスの特性を持つ）アトラクター，あるいはエネルギー低地に相当していることになる．このような意味で，正常なシステムと異常なシステムは共通の特性を持っている．しかしそれでも，日常会話で使われている「狂気／（位置が）ずれる verrückt, Verrückung」という言い方は，病的と呼ばれるシステムの機能のあり方の特質をうまく捉えている．なぜなら，精神の異常の特質は，感情要素と認知要素との間の通常の関係が維持できなくなり，その関係において——心（あるいは，気）を「狂わせる」ような——「ずれ」が生じることにあるからである．このような「ずれ」は，多くの場合，特定の感情，または特定の「感情・認知」結合が相対的に優勢になることによって生じる．そうした「ずれ」ないし「狂い」は，精神病の場合

---

* : Ciompi 1982, 1986, 1991a, 1991b, 1994, 1996a, 1996b, 1997a, 1997b, 1997c; Ciompi et al. 1985, 1991, 1992a, 1992b, 1993a, 1993b.

に限って発生するわけではなく，目立たないかたちでは健康な人の日常の中でも起こっている．たとえば，すでに見たように，一時的な「狂い」は，誰かに惚れ込んだ人（熱愛者）や激怒した人にも認められる．また，何らかの限定された範囲での「狂い」は，健康と病気の間の境界不明な移行領域である神経症というかたちで，非常に多数存在する．私たちの症例提示も，まずこの移行領域の例からはじめることにしよう．

決して「ノー」と言えなかった男

　精神医学は，「神経症性の発展」を，「精神病性の過程」と区別してきた．神経症性の発展とは，何らかの「歪み」を持った無意識的な持続的態度と行動様式を指すが，しかしそこで，日常的な意味での「現実（リアリティ）連関」が失われることはないとされている．このような発展の起源は，通常，幼児期の早期にあり，それゆえたいていの場合この発展は，当初は目立たないままゆっくりと進行していく．たしかに神経症の範囲内でも，あとで詳しく検討していくような，「感情・認知」平衡全体の非線形的で跳躍的な「狂い」や「ずれ」が起こることがある．それはたとえば，急激な不安発作，強迫，ヒステリー性の転換症状（麻痺，言語障害，興奮状態など）といったかたちをとる．しかし，何十年にもわたる神経症性の発展の中で，ごく短期間のうちに，決定的な転機——しかも良い方向への転機——が生じるということは，大変稀なことである．これから紹介するのはその一つの例であるが，私自身もこれほどまでに劇的な変化を目にしたのは，私のこれまでの臨床経験を通じてこの一度だけである．私がこの例をここに挙げるのは，この種の反転が生じる際に必ず観察されるような，「感情・認知」価の全体的な再分配という現象が，この症例ではっきりと確認できるからである．

　　今からおよそ 15 年前のある日，ある男性が突然に私の精神療法の援助を求めてきた．ごく簡単に要約するなら，この患者の問題は「決してノーと言えなかった」というところにあった．その日，私は外国旅行に出る直前だったので，彼のために 30 分しか時間を割くことができなかった．このわずかな時間の間に，次のようなことが起こった．．．．
　　私のオフィスに，親しみやすく誠実そうであると同時に深く思いつめた顔をした 50 歳前後と見える男性が入ってきて，いきなり次のようなことを，何も包み隠さず打ち

◉ 第6章　精神病理学——病的な感情認知的「狂い」について

明けはじめた．彼は，30年も前から——正確には11歳のときから——父親や他の肉親たちとともに，「とんでもない状況」に置かれていて，これ以上はとても耐えられないという．．．．あのとき彼は，社会的信用が必要な立場にいて権威的にふるまっていた父親に，あろうことか秘密の愛人がいることを偶然に知ってしまった．これがばれたら，社会的にも，また家庭の中も，大変なことになると思われた．この瞬間から今まで，彼はこの事実を——そして，その後も父親がこれと似たような行いを続けていたことを——病弱な母親と彼の兄弟たちには黙っていた．その上彼は，父親から秘密の連絡や用事を頼まれると，その裏に何があるかわかっていても，何も知らないことを装って，すべて引き受けていた．父親の頼みを断ったり，まして自分の考えを述べることができなかったのは，強圧的な人物であった父親を恐れていたからだけでなく，この老いた父親が数年前に心筋梗塞を患い，父親が言うにはつねに厳重な注意が必要だとのことだったからでもある．「決してノーと言えなかった」彼は，いつでも誰に対しても人あたりがよく，親切だったので，就職してしばらくは仕事も非常にうまくやっていたのだが，何年かたつと，大量の薬物や，ときにアルコールに依存するようになり，仕事の面でも，それ以外の生活の面でも，ほとんど破綻したと言ってよいような状態になったらしい．彼が私に話してくれたことから，彼の生活が，外面的にも内面的にも，ほとんどすべてその複雑な父子関係を中心にしてまわっているのだということも明らかになった．

　この患者は現にたいへん困難な状態にあるようだったし，初めて会った私にすべてを打ち明けてくれたという事情もあったので，私は，いつもの診療のスタイルとはまったく異なることを行った（これもまだ30分の間に起こったことである）．彼の話が終わると私は，ためらうことなく彼にはっきりとこう勧めたのである．．．．このまますぐにお父さんのところへ行って，あなたが30年前から秘密を知っていたこと，そのことでずっと苦しんできたのだということを，打ち明けなさい，と．彼は，ひどく驚き，激しい不安をあらわにして，この提案を断固として拒んだ．彼は，そんなことを打ち明けたら父親はたちまちのうちに死んでしまうだろうと思い込んでいたばかりでなく，自分自身の性格からしても，この恐ろしい老人にそのようなかたちで立ち向かうことはまったくできないと考えていた．

　しかし彼は——私の提案に従えば絶対にうまくいくようになるのか，万一の場合には父親の治療も引き受けてくれるのか，ということを私に確認した上で——結局，数日後に私の勧めに従って，父親と話をすることとなった．この話し合いがどのようなものであったのかについては，ここで紹介できないが，これを機に，父子関係が対等なパートナーとしての関係へと根底的に変化していったばかりでなく，患者自身の行動パターンや生き方も全般に変わっていくこととなった．ただし，この変化の歩みは，その後およそ3年間にわたって不定期に続けられた精神療法によっても支えられていた．彼は，アルコールや薬物の濫用をやめ，仕事の上でも，わがままな顧客の要求をうまくはねつけられるようになり，そして，他の多くの生活上のことがらにおいても

以前よりずっと精力的に自分の考え通りに行動するようになった．最も象徴的なエピソードを挙げるとすれば，彼は自分の飼い犬——それまでは恐ろしいうなり声を上げ歯をむき出して命令に抵抗していた大型犬——に，檻に入るよう命じ，それまでいつも思いのままに広い場所を陣取っていた夫婦のベッドや居間のソファから立ち去らせることに成功した．同じように，数年前から彼の家の土地に建っている小屋を勝手に占拠していた浮浪者——やはり限度をまるで無視してほしいままにふるまうようになっていた男——に，別の宿泊所を見つけてやり，自分の土地から立ち退かせることにも成功した．

このように，何十年にもわたって慢性に経過していた神経症性の発展において，ただ一回きりの（その後もかなりの期間，回復を支えるための治療が続けられていたとはいえ，実質的には一回だけの）介入によって，ここまで大きな効果が得られたのは，先にも述べたように，私の経験ではほぼこの例だけに限られる．しかし，きわめて小さなきっかけから——良い方向にであれ，悪い方向にであれ——思いがけないような大きな変化が生じることは，稀ではない．これは患者が，ある種の「臨界（危機）状況」にあるときに，しばしば起こることである．たった一言の発言が，そのような状況を，良い方向にも，悪い方向にも，大きく転換させてしまうことがある．

　もう20年以上も前のことになるが，私が指導していた統合失調症患者の治療グループに，非常に感受性の強いある若い女性が参加していた．彼女のことを思い出すとき，いまでも私は罪責感を感じずにはおれない．彼女は，回復の途上にあり，さらに改善が見込める状態にあった．その希望に溢れた回復期のまっただ中にありながら，話し合いが難航したあるミーティングの翌日に彼女は突然自殺したのである．今でも私は次のように推測している．…このミーティングのとき，私はグループ全体に対してやや批判的な意見を述べて，そのままそのセッションを終わりにしてしまった．この私の発言こそが，あたかも天秤の指針のように作用し，メンバー全員にとって大きな心痛（トラウマ）となったこの出来事を引き起こす一因となったのである．
　これとは反対に，やはりわずかばかりの言葉が，不安定な状況において，良い方向への転換をもたらすことがある．その例として，別の若い女性を紹介しておきたい．彼女は，その数年前に結婚にも仕事にも挫折し，入院直前には本気で自殺を試みるということがあり，深い絶望の状態で私たちの病院の危機介入病棟に入院してきた．私は週に一度の回診のときに，彼女が，枯れかけて命の水を今すぐ必要としている小さな花のように思えるという意味のことを，彼女に言った（らしい）．私はそのことをあまり気にもとめずにいた．その4年後，私は町で偶然，生き生きとしたようすの彼女に出会った．彼女は自分から私に話しかけてきて，私が彼女に言ったあの言葉を思

● 第6章　精神病理学 —— 病的な感情認知的「狂い」について

い出させてくれた．そして，私にこう語った．．．．あのとき悲しみに沈んだ状態にあった彼女を私が一つの花に喩えたことが，彼女を大きく揺さぶり，その瞬間から彼女は，病棟でのいろいろな治療プログラムを有効に利用することができるようになった．そして今でも，困難なことに出会ったとき，この喩えを思いだせば，勇気と力が湧いてくるのです，と．

　これらの例は，カオス論の中で有名になったバタフライ効果を私たちに思い起こさせる．しかしこれらの例が示している特に重要なことは——これもカオス論によって説明がつくことであるが——ある心理社会システムが何らかの不安定な「臨界状況」にあるとき，個々の「感情・認知」要素（一つの言葉，画像，動作，表情など，それ自体としてはあまり大きな意味を持たないもの）が，そのシステム全体（あるいはその意識野全体）をまさに「支配／隷属化」し，根底から再編してしまうことがある，という事実である．私の解釈では，こうした場合に，単に特定の認知要素が全体を支配するというよりは，その認知要素と分かちがたく結びついている感情の効果こそが決定的に重要である．ある特定の感情的色彩——今続けて挙げた二例のうち，先の女性ではネガティヴな，後の女性ではポジティヴな感情的色合い——が，徐々に心理野全体に浸透し，強大なアトラクターとして機能して，この色彩に適合する一連の「思考・行動」様式を引き出している．これと同時に，その優勢な気分と適合しない事実や思考内容は，心理野から遠ざけられることになる．私たちは，このような「支配／隷属化」の現象において認知内容（つまり，何らかの言葉などの内容）だけに目を奪われやすいが，認知内容は，言わば，そのような効果が発現するために必要な「定点」を提供するだけであり，この効果を発現させる動力を提供するもの（つまり，エンジンおよびオペレイター）は，つねに感情なのである．本章のエピグラフとして引用したBleulerの言葉も，このことを示唆している．
　ところで神経症性の発展とは，一般的に言って，「感覚・思考・行動」が全体としてしだいに「支配／隷属化」され，しだいに（正常の範囲から）「ずれて／狂って」いくという状態の一種であるが，神経症の場合，たいていの場合，この進行は跳躍的に進むことはなく，むしろ逆に長い年月をかけてゆっくりと連続的に進んでいく．このことは，間違いなく神経症圏の病態にあったあの「決してノーと言えなかった男」において明らかに見てとれるばかりでなく，最後に挙げた危機介入病棟の「花に喩えられた女」においても確認することができる．彼女の病態は，反応性の発展と言うべきではあるが，そこに神経症の要素

もかなり混入していたからである．健康と病気（精神病）の間の移行領域に位置する反応性および神経症性の病態は，結局のところ，心理社会的なレヴェルにおける流動平衡ないし散逸構造として理解され，しかもそれは，ある時期には長期間安定的に推移し，ある時期には突然に別種のアトラクターへと飛び移るような特性を持っていると言える．第4章で説明したように，この種の発展の力動は，その人の人格と結びついたかなり恒常的な「感情・認知」ポテンシャル地勢図によって描き出すことができるが，しかしそこに描かれた地形がかなり大幅に変化するということも，場合によっては起こりうるのである．

依存症，あるいは「心の癌」——感情認知的「狂い」のもう一つのかたち

「感情・認知」平衡の全般的な「狂い」のうち特に悪性の変種と考えられるのは，さまざまな依存症（嗜癖性疾患）Sucht である．アルコール，麻薬，薬物への依存がその古典的なものであるが，広い意味では，過食癖 Freßsucht, 所有癖（物欲）Habsucht, 賭博（ギャンブル）癖 Spielsucht, 嫉妬 Eifersucht などの多くの日常的行動様式もここに含まれる．したがって，日常会話で使われる語が精神医学でもそのまま使用されることが多いのは，偶然のことではない．これらの多くの依存症（嗜癖）の形態は，あらゆる点で，癌（悪性腫瘍）の増殖に喩えることができる．それは，「心の組織」の中に徐々に浸潤して（入り込んで）いき，最後にはこの組織をすっかり破壊してしまうこともある．その例を挙げよう．

1970年代に，外国のある有名な外科医の19歳になる一人息子が，入院治療目的で私たちのもとに紹介されてきた．両親はたいそう驚いたのだが，その息子は，当時彼らの町でちょうどできあがりつつあったドラッグ社会に足を踏み入れ，自分から「試しに」何度もヘロインやLSDを使用していたのである．父親は，理性的で繊細な人物であり，自ら何度も私たちのところにやって来て，今まさに嗜癖と放埒へと堕落せんとしている息子を救い出すために，考えうるあらゆる努力を行った．息子は，知的な青年で，高校卒業試験を目前に控えていた．人の良さそうな印象を与えたが，しかしそれまで過保護に育てられたせいか，軟弱だった．彼の言うところによると，彼はただ好奇心と，当時流行であった冗談半分の「ブルジョワ階級への反抗」から，薬物に手を出しただけだった．その危険についてもよく知っており，いつかすっかりやめてしまいたいし，またやめられるはずだという．それでも，一度知ってしまった薬物

● 第6章　精神病理学 —— 病的な感情認知的「狂い」について

による快楽への誘惑が入院後の彼にも依然として潜んでいることを，私たちは気づいていた．数週間の入院期間の間，何も問題は見られず，精神療法によるサポートもうまくいっているように見えた．こうして，彼は卒業試験のために自宅に戻っていった．3ヶ月後，彼は試験に合格したにもかかわらず，重篤な再発のために再入院した．治療を初めからやり直し，またうまくいったように思われた．しかしそれから数年の間，同じパターンが何度も繰り返されたのである．薬物療法——とりわけ（麻薬の）代替薬物である Methadon を用いた治療——が試みられたが，持続的な効果はなかった．希望を抱いて何度再出発しても，必ずまた薬への誘惑に陥り，しばらくは脅えながらも周囲に隠していられたが，やがて発覚するというパターンをたどる．そのことがまた，心理的な外傷体験として彼の中に蓄積していくのであった．やがて社会的なドロップアウトをくい止められなくなった．始めかけた大学での勉強も，以前に築いたあらゆる交友関係も，途絶えてしまった．長い間続いていた，ひとりの女性の同級生との行き来さえもなくなった．この男は，徐々に世間から忘れ去られていき，せいぜい緊急に金が必要になったときにだけ家族と連絡をとるのみとなり，そして時とともに，いかなる治療もまったく受けようとはしなくなった．私たちもついには彼の姿を見ることはなくなり，そして数年前，彼が最近ヘロインの過量摂取で死亡した，という悲しい知らせを受けた．

　この種の悲劇的な発展を理解するために，「感情論理・カオス論」的な見方はどのような貢献ができるのだろうか？　この見方は，すでによく知られた精神分析的，社会力動および家族力動的，あるいは行動主義的な説明（もちろんこれらの説明は，それぞれに有効な範囲をあくまで保持している）に対してどんな利点があるのだろうか？　私たちの見方から最も重要だと思われるのは，こうした依存症の場合でもやはりまず，感情と認知内容が特異的に組み合わされた「感覚・思考・行動」レールが徐々にできあがっていくという過程である．依存症の場合，このレールは，そこに封じ込まれている快感によって急速にアトラクターとしての作用を強めていき，ついにはそこから逃れることが不可能なほどの強大なアトラクターをつくりあげる．すでに Freud が強調していたように，ひとたび経験された快は必ず反復を迫るものである．日常の「感覚・思考・行動」さえも，結局のところ，隠れた反復的な「快の通路」なのである．つまりそれは，緊張の解消によって快を獲得し，不快を回避するように導いてくれる道であり，きわめてさまざまなしかたであらゆる方向に向けて連絡路が形成され（ネットワーク化），また徐々に自動化されること（意識されることなく通行可能になること）によって，できあがったものである．依存症の場合にも，特定の感情（快感）が特定の認知内容と結びつくことで，ある新

しいシステムが発展する．すなわち，ある種の化学物質が少なくとも最初のうち瞬間的に引き起こすような強力な快感や緊張解消（リラックス）感が，特定の認知内容（薬物濫用や依存症に親和性を持った人たち，場所，観念，「心性（メンタリティ）」，さらには特定の話題，そして独自の会話スタイルや交友スタイルを伴う特殊な雰囲気など）とくりかえし結びつくことによって，それ自身で完結した新たなシステム（「感情・認知」道路システム，あるいは「感情・認知」的照合システム）または新たな「感情・認知」固有世界が発展してくるのである．しかし，この新たなシステムは，あらゆる価値の「ずれ／狂い」をとどめなく進行させ，その強大なアトラクター作用によってその人の「善良なる意志」さえたちどころに消し去ってしまう．ここには一種の悪循環がある．というのも，強力な快感に基礎づけられた強大なアトラクターが成立すれば，従来の社会的・職業的な通路（あるいは迂回路）において快を獲得する可能性は減少してしまうし，逆に，この従来の「快の道」がほとんど通行できなくなれば，あの強大なアトラクターはますます支配力を強めることになるからである．依存症が進行していくにつれて，「正常な」快獲得行動への閾値が上昇し，逆に薬によって快を得るという短絡行動への閾値は低下する．つまり，ほんのわずかなフラストレイションがあるだけで，すぐに薬に手を出してしまうという状態になる．この結果，その人にとっては，薬を手に入れるためのさまざまな不快なことがらなどはもはや問題でなくなり，薬を使うという快獲得の安易な近道が「あたりまえのこと（自明性）」となってしまう．一見逆説的とも思われる「障害のうちに庇護されている状態」（Janzarik 1988, p.122）というもの——ちなみに，薬物依存症患者の場合には，しばしば「患者の周囲の人々のうちに強く庇護されて」もいる——も，このようなメカニズムを考慮することによって，よく理解できるようになる．

　依存症ではさらに，次のような事実が決定的な役割を演じている．すなわち，薬によって人為的に引き出されるような強い快感（その強度と社会的破壊力という点で，これに匹敵するものは性的な快感——オルガズム——だけである．しかし性的快感は，生殖行動を促すという目的のために，自然によって——つまり，進化における選択のメカニズムによって——維持されているものである）は，いつまでも持続するものではありえず，慣れ（耐性）によって急速に弱まっていくという事実である．その結果として，依存症（嗜癖）の一般的特性でもあるような欲求の限りない増大ということが生じることになる．すなわち，同じ快感を得るためには，急激に服用量を増やしていかなければならない

● 第6章 精神病理学 —— 病的な感情認知的「狂い」について

ということになる．こうして，状況はさらに悪化するばかりとなり，対人関係の問題が生じたり，場合によっては犯罪がなされたりもする．このことによってまた新たなフラストレイションが発生し，「薬物依存アトラクター」の害悪はさらにとめどなく広がっていく．

　依存症の力動の特徴を示すもう一つの現象は，先に紹介した例にも見られたように，患者がいかに「善良なる意志」を持っていても，周期的に突然「転落」してしまうことが避けられないということにある．この現象も，私たちの「感情論理・カオス論」的な見方によって，非常にうまく説明がつくようになる．すなわち，私たちの見方からすると，そのような「転落」は，状態（位相）空間内での軌道の分岐に相当するものであり，ポテンシャル地勢図において深く穿たれた深淵（きわだって深い「感情・認知」アトラクター盆地ないしエネルギー低地）への「球」の落下として理解できるのである（第4章参照）．地勢図におけるそのような窪みは，薬物使用の快感によって形成され，使用が繰り返されるたびに深くなっていく．いったん形成されたこのような「窪み」あるいは「切れ込み」は，その後もつねに口をあけて待ちかまえており，条件がそろいさえすれば再び強力なアトラクター作用を発揮するようになる．システムがアトラクター軌道に陥るための閾値を大きく低下させる制御パラメーターとしては，この場合，まず第一に心理社会的な緊張を挙げるべきである．しかし場合によっては，（たとえば，禁断症状としての）身体的緊張もそうした制御パラメーターとして機能することがある．他方，秩序パラメーターとして作用しているのは，快の感情が負荷された認知成分（たとえば，快感を伴って体験された場所，画像，人物，観念，あるいはその他の楽しい記憶内容）であるが，これらは依存症と関連したさまざまな「感情・認知」プログラムの中にすでに蓄積されていて，時に応じて秩序パラメーターとして機能しはじめるのである．言い換えれば，薬物使用と結びついた——患者にとってまさに「アトラクティヴ」な——「感情・認知」的照合システムは，ある臨界点を過ぎると，突然に，患者の動機や行為のあり方をすべて「支配／隷属化」し，まったく新たな秩序のもとに再編成してしまうのである．同時に，このようにして発動する——内的には一貫性を持った——「感覚・思考・行動」パターンは，あらゆる「理性的な」選択肢を，徹底的に抑圧し，浮かび上がってこないようにする（つまり，「転落」させる）．ここでもまた決定的な役割を演じているのは，人は同時に複数の異なる気分の中に——したがって，気分と対応する複数の異なる「思考・行動」システムの中に——存在していることはできないという事実である．こ

のため，依存症（嗜癖）における主導感情，すなわち「薬に引きつけられる気分」がひとたび優位になってしまえば，これに対抗しうるはずのいかなる理性的な観念も，力を失ってしまうのである．

　原則としてまったく同様のメカニズムが，薬物依存以外の依存現象——社会的にはあまり目立たないところで起こっている現象も含めて——においても作動している．特に，性や暴力に関連するような，強い要素的情動を伴って現れてくる依存現象においては，今見たようなメカニズムがはっきりと確認される．強力な快の感情と認知的刺激との間にカップリングが生じてしまえば，その後何も起こらないということはないはずである．したがって，あまり意識もせずに刺激的な暴力やホラーの場面を見て楽しむというようなことを続けていれば，そうした場面への欲求が——薬物依存の場合に服用量が増えていくのと同じく——増大していくことになる．本人は害がないと思っているそのようなカップリングが，暴力行為への背景を準備し，場合によっては，恐ろしい事件へと発展してしまうことさえあるということは，毎日のように報道されている実例からも証明されている．これとまったく同じように，何の恥じらいもなく日常生活の中に侵入してくるようになった性的描写（ポルノグラフィー）——はっきりとした暴力と一体化しているものもあり，そうでないものもあるが——もまた，当然のこととして，新種の「感情・認知」固有世界を生み出している．そしてこうした固有世界は，基本的な快のアトラクターである性（セクシュアリティ）と結びつくべきであった分化した感情——やさしさ，尊敬，愛情といった繊細な感情——を，まるで癌細胞が正常組織を侵していくように，抑圧し破壊している．違法なヴィデオなどでは，抵抗できない子どもや女性へのサディズム的暴力，性的暴行，あるいは動物虐待行為などが描かれ，これらが性的快感と意図的に結びつけられている．こうした状況が，やはり毎日のように報道されている倒錯的な犯罪の温床となっていることは，言うまでもなく明らかである．

解離性障害，多重人格

　強固な「善良なる意志」と反復する「転落」とが交代するという——「冷温交互浴」とでも形容すべき——現象は，薬物依存やその他の依存症（嗜癖）の経過に特徴的なものであるが，これと近い位置にあるのが，いわゆる解離性障害（人格の解離が起こる障害）である．「多重人格」と呼ばれている現象も解

● 第6章　精神病理学 ── 病的な感情認知的「狂い」について

離性障害の一種である．この多重人格では，あるひとりの人において，著しく異なる複数の──情動面でも知性面でも互いに相容れないような──「感覚・思考・行動」様式ないし人格状態が交互に優位になるということが起こる．文学の世界での有名な例としては，R. L. Stevenson の「ジキル博士とハイド氏」がある．ひとりの人においてさまざまな「感情・認知」レールや「感情・認知」固有世界が別々に発展すると考える私たちの見方からでないと，人格の連続性や同一性を侵すこの解離現象を説明するのは不可能である．解離性障害は，おそらく，先天性の素質あるいは生活史によって規定される自我および同一性の脆弱性を基盤として発生するのだろう．しかし──私たちの精神療法の臨床経験から選び出して次に紹介する症例のように──それ以外の面ではまったく健康で生活力のある人でも，特殊な境遇の中では解離性障害が生じることがある．そのような場合，愛や性などを中心とする基本的な感情的欲求が，作動因として中心的な役割を果たしている．

　まもなく50歳になる男性の法律家は，仕事の上ではうまくやっていたが，以前から夫婦関係に問題をかかえ，内面的には孤独に暮らしていた．一時期，強い情動的緊張の状態が続いたあと，彼は，しばしば出張のために滞在していた遠くの町で，ある女性と不倫関係に陥る．この女性は，彼より20歳若く，離婚したあと3人の幼い子どもと暮らしていた．彼はこの女性に，葛藤に苛まれながらも，激しい恋愛感情を抱いた．この愛人と最初に夜をともにしてまもなく，彼はいくつかの夢を見た．最初は，彼が海を泳いでいて，大きなノコギリザメに襲われ，そのノコギリでまっぷたつに切り裂かれるという夢であった．その後見た二つ目の夢では，彼は自宅のすぐ近くで放火して大きな火事を起こし，さらに第三の夢では，恐ろしい悪魔が彼に何時間も馬乗りになり振り払うことができなかった．それでも彼は，愛人のそばにいるときには，彼にとってまったく新しい魅惑的な世界に引き込まれ，そこに浸りきりとなった．そこには，それまで経験したことのないようなぬくもりと性的な充足があるように感じられた．彼は，妻と離婚して新たな結婚生活を始めることを真剣に考えるようになった．そのことを愛人の前で口にもした．彼女や彼女とともに過ごす未来について考えるとき，それらのあらゆることがらはバラ色に見え，逆に，妻と過去に関するあらゆることがらは，灰色に見えるのだった．しかし，彼が自宅に戻って数日もたつと，この魅惑的な世界は，それが現れたときと同じくまったく突然に，正反対のものへと逆転する．愛人は，心やさしい妖精から，狡猾な妖婦あるいは魔女へと変わった．妻は，嫉妬にもえる邪魔な女（ちなみに，妻はすでに夫の浮気のことを知っており，夫の気持ちがたえず反転するのに耐えかねて，自分から彼に離婚を迫っていた）から，すべてを理解し許してくれるやさしい母親へと変わった．そして彼にとって大切なものは，

やはり自分の妻と家族であり，家族と過ごしてきた日々であり，かつて家族とともに希望を抱いて建てたわが家である，と思えるようになった．彼は，なぜ自分が離婚などということを考えていたのかわからなくなり，妻と和解しようとし，これまでのことを悔い，自らを律し，無理矢理にでも愛人から離れようと何度も試みた．．．．ところが，そうした決心にもかかわらず，愛人の住む町に出張すると——あるいは，逃げるようにオーストラリアへと旅行し，愛人からずっと遠くにいたときも——たちまち，妻や家族のことは吹き飛んでしまうのだった．彼は，文字通り，引き裂かれた状態にあり，あらゆることがらを決心してはまた一からひっくり返して考えるということを繰り返し，内面的にも外面的にも著しい混乱に陥り，ほとんど眠れなくなり，その状態から逃れるためには自殺するしかないと考えるようになっていった．精神療法も，夫婦問題のカウンセリングも，友人への相談も，すべて彼の助けとはならなかった．．．．こうしてまる3年が過ぎたとき，彼はある奇妙な決心をした．どんな天候の日でも毎朝着替える前に15分間，庭か窓際にゆっくりと座り，自分自身と周囲の世界を眺め，感じとり，聞きとるようにしたのである．すると，ある変化が生じた．この自ら編み出した瞑想法を通じて，彼は突然に「われにかえった」．言い換えれば，安定的な内面の統一性を回復したのである．その結果彼は，愛人からも，愛人に関わるあらゆることがらからも，完全に離れ，すでに成立しかけていた離婚をとりやめ，その後2年間ひとりで生活し，そしてついには，心理的に成熟した人間として，妻との間で，新しくより良い関係——少なくとも，相互に非現実的な期待を抱くことのない関係——を築きあげることができた．

このような夫婦関係の危機というものは，それほど珍しいことではないが，妻を選ぶか愛人を選ぶかという決断を前にして彼が陥った状態は，精神病理学的に見てかなり興味深い．それまで心理的には何の問題もなかった人に，何年間にもわたって解離性障害がきわだったかたちで持続し，そして最後には些細なことをきっかけにして回復への転機が訪れることとなった．このような現象を——その深層において——引き起こしたものが何だったのかということについては，私たちはただ想像をめぐらせてみることしかできない．確実に言えることは，人生の転機という要因，状況要因，そして幼少時にまでさかのぼる神経症的な要因が，複雑に絡み合っていたということである．形式的および「感情論理・カオス論」的に見て，まず特に注目すべき点は，感情的にも認知的にもまったく相容れない二つのアトラクター極（ないし二つの「感覚・思考・行動」世界）の間を行ったり来たりする突発的跳躍が繰り返されたということであり，そしてその際に制御パラメーターの役割を果たしていたのは，おそらく，全体的な心理的緊張の水準であったということである．心理活動の背景をなす

● 第 6 章　精神病理学 ── 病的な感情認知的「狂い」について

緊張水準が上昇して，臨界点に達したとき，まったく別の「照合システム」ないし「アトラクター盆地」への跳躍のために必要な情動エネルギーの供給が可能となった．しかしその後も，緊張水準が低下せず，高いレヴェルを保っていたため，システムは一つの「散逸構造」のうちに安定することがなく，行ったり来たりという跳躍を繰り返していた．あの当時，彼に対するいかなる治療も助言も効果がなかったのは，このためである．その後彼が自力で見いだしたのは，緊張解消（リラックス）と精神安定のための平凡な方法であったが，これが結局は功を奏して，彼を完全な回復へと導くこととなった．

精神病状態の際の感覚および思考の跳躍的「狂い」

　平均的な日常の体験からさらに隔たったところに独自な固有世界が構築される場合がある．それは，「内因性」と呼ばれている精神病──すなわち，はっきりした外的な契機なしに「内から」生じてくる精神病で，躁うつ病と統合失調症がこれに含まれる──において構築される固有世界である．これらの精神病の発生には，遺伝因子と環境因子が関わっているが，個々の症例を検討してみても，どちらの因子がどれだけの役割を果たしているのかを見きわめるのは難しい．しかし，つねにこの二つの因子が，ある臨界点において，あらゆる通常の「感覚・思考・行動」パターンの全体的な再編成を引き起こし，同時に，全体的な生化学的な変調をも引き起こしているということは，間違いないと言ってよい．これらの変化は，大抵の場合，跳躍的に遂行されるが，おそらくそれは，これらの変化が全般的なものであるという理由によっている．

　特に躁うつ病の場合には，一夜にしてそうした全般的で跳躍的な反転（急変）が生じることがあり，また治療を受けても受けなくても，数週間ないし数ヶ月後に，やはり突如として消失してしまうことがある．薬剤によって，病相期の症状を軽減したり持続を短くしたりすることはできるが，これまでのところ，病相期の出現を完全に抑え込むことはきわめて難しい．たとえば，次のような患者を見てもそのことがわかる．

　　　現在およそ 50 歳になるある女性は，思春期の頃より，数ヶ月間にわたってふさぎこむ時期と，さかんに動き回る気分高揚の時期とを交互に繰り返していた．その二つの時期の間に挟まって，持続期間はさまざまだったが，平均的な気分を示す時期も見られた．年齢を重ねるにつれて，気分変動はだんだんと強くなり，また当初は外的な

負担の増減と密接に関連しているように見えたこの気分変動が，実は，外的要因とはほとんど関係なく，独自な法則に従って進行しているということが，徐々に明らかになった．また，この気分変動に対して，薬剤はある程度有効であったが，精神療法はほとんど効果がないこともわかった．こうしてこの患者の病気が（軽）躁と抑うつとからなる精神病（躁うつ病）であることがはっきりしたのであるが，その徴候は，家系を遡ってみれば，父親や他の何人かの親戚にも，不明瞭ながら認めることができた．

まさに「軽躁」状態（正常の状態でもなく，現実を見失ってしまうような完全な躁状態でもなく，この両者のちょうど境目にある状態）と言い表すべき高揚期には，患者は活力と生の悦びに満ち溢れていた．彼女は，たくさんの計画をたて，大旅行をいくつも行い，途方もない実行力を発揮し，たいていのことは成功させた（このことからも，彼女が完全な躁状態ではなかったことがわかる）．地域の自治会ではさまざまな有益な活動を提案して実現させ，劇場の舞台監督と重要な政策委員会の議長としての仕事を同時にこなし，いろいろな教科の家庭教師をし，さらには大きなパーティを催して，そこでの生き生きとした振る舞いが招かれた客たちの目を惹きつけた．…しかし，この高揚した状態が一夜にして消え去ってしまうこともあった．すると，軽躁の代わりにメランコリーが出現し，つねに疲れた感じがとれず，会話や思考の流れがひどく淀んでしまうようになった．考えたり話したりする内容も，自責的な懐疑と果てしない罪責感ばかりとなった．過去も現在も未来も，彼女にとっては，不毛で空虚なものと感じられ，生活状況や家庭状況のすべてが救いようもなく暗いものに思えた．彼女が望むのはもはや死ぬことだけであり，たえず自殺することを考えるしかなくなってしまった．不気味な悪夢――たとえば，悪臭を放つ巨大な沼に彼女が沈んでいくという夢――によって睡眠も妨げられた．そして彼女は，良心の呵責にさいなまれながらも，一日中チョコレートを貪り喰い，体型がすっかり変わってしまった（抑うつ状態では，まったく食欲を失ってしまうことが多いが，ときにはこうした現象が観察されることもある）．

この症例でまず特に目立つのは，必ず感情状態と平行して，思考の内容および形式も変化しているという点である．すなわち，軽躁の時期には，「速く，流れるような，楽しげで，未来に向かう，発想豊かな」思考が，うつの時期には逆に，「遅く，粘着的で，悲しく，過去に向けられた，狭窄した」思考が認められる．行動全体も，やはり感情に同期して変化している．つまり，躁と抑うつという二つの対立的な状態は，どちらも，統一性をもって組織化されたシステムであり，それぞれ，それ自体として完結した――したがって，合理的な説得によっても決して変更されることのない――機能システムなのである．「感情論理・カオス論」的に見れば，これらもやはり，典型的なエネルギー散逸構

● 第6章　精神病理学 —— 病的な感情認知的「狂い」について

造（あるいは，感情によって統合された上位の「感覚・思考・行動」パターン）であると考えられる．また，この二つの状態は，それらにおける心理活動の速度と時間体験という面でも，きわだった対立を示している．すべての精神障害は時間体験の著しい変化を伴っていると言っても過言ではない．だとすれば，時間体験こそ，心理状態全体を最も深いところで基礎づけているものの一つであると考えてもよいはずである．事実，そのような指摘をした学者も少なくない (Gebsattel 1927; Straus 1928; Binswanger 1960; Tellenbach 1983; Ciompi 1961, 1988c, Ciompi et al. 1990).

　個々の感情は，オペレイターおよびアトラクターとして思考と行動の全体に作用し，思考と行動を組織化し統合している．こうした感情の作用は，今紹介した症例のような病的な気分変調（躁うつ病）の際に，最もはっきりと見てとることができる．この症例で特に印象的なのは，感情と「思考・行動」様式の結びつきが，ひどく単調で，硬直しているという点である．すなわち，躁状態の楽しく高揚した感情とうつ状態の悲しくふさぎこんだ感情は（それに伴って生じる自律神経性の身体現象も含めて），いずれも，それに応じた「思考・行動」様式と固く結びつき，この結合は，数週間から数ヶ月にわたって，合理的な説得によってもまったく変化することなくそのまま持続したのである．

　しかし統合失調症の場合には——少なくとも，その急性期においては——そのような単調で硬直した結合はまったく見られない（ところで私たちは，ここでようやく，今なお多くの謎に包まれている統合失調症について検討していくことになったのだが，統合失調症の検討を後回しにしてきたのは，それが非常に重要な病気だからである）．統合失調症の場合，その「感情・認知」結合には，躁うつ病で見たような過度の単調さや硬直はまったく見られず，その特徴をなしているのは，むしろ逆に，過剰な易変性（変わりやすさ）と不安定性である．これから紹介する急性「統合失調症様」精神病の例が，このことを明らかにしてくれるものと思う．なお，私たちが，機能的に統合された「感覚・思考・行動」プログラムという仮説を提出している以上，感覚 Fühlen や感情 Gefühl / Affekt だけでなく，思考と行動にも同時に注意を向けながら検討を進めていくのは当然のことである．

　　この 35 歳の独身女性は，どちらかといえば「型どおりでない（オルターナティヴな）」生活を営んでいた．芸術的な才能があって，作曲したり，絵を描いたり，テレビ番組の制作にも携わっていた．あるとき彼女は，数日間にわたるアフリカの Djembe 太鼓

の講習会に参加した．この集まりは，独特の熱気を帯び，参加者の間に敵対的あるいはエロティックな感情が呼び起こされるかのようであったという．敏感な性格であった彼女は，最初は幸福な気分を感じていたが，連日の太鼓練習が続くうち急に，強い不安と恍惚感との間を激しく揺れ動く心理状態となった．突然として，太鼓の音にまじって，自分を馬鹿にするような声が聞こえてくる．歪んだ顔がいくつか見え，ロシアのスパイに追われていると思い込む．彼女の状態は，刻一刻と変化していった．驚いたように部屋の隅をじっと凝視しているかと思えば，突然大声で叫び，パニック様の不安に体を震わせる．機嫌が良くなったかと思うと，またすぐに，人に対して疑いを抱いて怒り出したりもする．またふいに──ほんの一瞬ではあるが──まったく正常に戻ったように見えたりもする．しかし，混乱はしだいに深まり，逃げ出そうと走り出したり，わけのわからないことを口にし，ついに仲間たちの手で精神病院に運び込まれることとなった．このときも彼女はひどく興奮したままであった．この病院で，急性「統合失調症様」精神病と診断され，ただちに鎮静作用の強い抗精神病薬により治療が開始された．

　それから彼女は，急性精神病に特化した治療を行うために私たちが設立した環境療法共同生活施設「ソテリア・ベルン」に入所した（これは，1980年代から続けている先端研究のためにつくった施設である．ここでは，スタッフと入所患者が互いに密接に協力しながら，うちとけた庇護的な雰囲気をうまく保つことで，薬剤をできるだけ使わずに治療が行われている (Ciompi et al. 1991, 1992a, 1992b, 1993a, 1993b; Aebi et al. 1994))．恍惚と不安が交代する彼女の不安定な状態は，入所後も数週間続いたが，徐々にそれほど激しい変化は見られなくなっていった．この間彼女には投薬を行わなかったが，比較的落ち着いた様子でいられるときがしだいに多くなり，またその状態が長続きするようになっていった．こうして彼女は以前の彼女に戻り，意味のある会話が成立するようになった．担当スタッフと彼女との間で緊密な接触が続けられるうちに，入所当初にはまったく無意味と思われた妄想観念の中に，了解可能な要素──このあと明らかになるように，彼女の生い立ちや過去の家族関係の中で体験され，その後もほとんど克服されぬまま残存していた心的外傷（トラウマ）に関連する要素──が含まれているということが担当者たちにはわかるようになった．最初のうちは，いくつもの意味水準が，それぞれ──夢におけるのと同じように──揺れ動き，そして互いに入り乱れていた．そこに現れていたのは，抽象的象徴的な意味において言えば，患者をまさにのみこもうとしている大量の汚物や排泄物の氾濫である．そのような汚れた流れが，神話的な深層から噴出しているのであった．彼女はそうした「汚ないもの」を，抽象的な言葉で表現するばかりではなく，具体的なかたちとして視覚的に体験してもいた（幻視）．別の水準で言えば，この「汚ないもの」とは，幼児期の家族内での外傷体験に対する憎悪や嫌悪の感情である．さらに別の──やはり著しい退行によって明らかになった──水準で言えば，両親（現在の両親というよりも，むしろ記憶の中における両親）から無視され見捨てられているという思いと，両親にひいきされ

● 第6章 精神病理学――病的な感情認知的「狂い」について

ている妹に対する嫉妬の感情が，精神病体験のうちに表現されているとも言える．しかし，もう少し高い発達段階の水準――精神病体験の中に表面化してはいないが，背景にはつねに存在している水準――において解釈するならば，彼女の急性精神病（クリーゼ）は，全体として，彼女を押しつぶそうとしていた家族の拘束から内面において完全に解放され，成熟した大人の女としての完全な姿を獲得するための大切な闘いであったとも言えるのである．

その後，全部で約20回，それぞれおよそ1時間の集中的に行われた精神療法的面接の過程で，今挙げたすべての水準は，かなり統合的に理解できるようになり，患者との間でそのことについて話し合いが持てるようにもなった．そうする中で，うちとけ，信頼しあえる関係，そしてまた相互に共感をもって話し合える関係が築かれていった．その後も1年以上にわたって，離人症（自分自身あるいは周囲世界が変容し，よそよそしく感じられるという病的な主観的体験）を伴う不安発作が，治療中にも，そのほかのときにも，突然に出現するということがあり，私もしばしばその対応に追われたのであるが，こうした精神病に近い発作状態は，先に述べた（家族の拘束からの）解放へ向かうプロセスの一時的な停滞を意味するにすぎないということが私には理解できた．そしてこうした発作も，しだいに消失していった．私にいつも強い印象を与えたのは，この患者が，治療的対話において，不安によって切り刻まれたような「感覚・思考」レジスターから，ほとんど一瞬にして，とらわれのない正常な「感覚・思考」レジスターへと跳びうつることがあるということである．つまり，今述べたような信頼しあえる治療関係が成立していたからこそ，彼女は，精神病に近い退行的な機能システムに陥ることがあっても，再び現実に即した発展的な機能システムへと戻っていくことができたのである．喩えて言えば，彼女は脱臼した関節を自分で整復することができるようになったのである．この回復メカニズムを作動させる秩序パラメーターの役割を果たしていたのは，彼女の夢に登場してきた一人のたくましい中年の女性であった．この夢の中の女性――彼女自身がそうありたいと願っていた理想の人物像――が彼女を導くことで，彼女はいつでも危機を脱することができるようになったのである．これ以降，彼女が精神病状態に陥ることはなかった．彼女は自分の芸術的才能をいかした仕事をし，対人関係も安定しており，内面的にも外面的にもそれまでよりずっと自律的な生活を送っている．治療終結にあたって私は次のように考えた．もともと繊細な感覚を持ってはいたが，同一性（アイデンティティ）の確立に問題を抱えたまま30代半ばを迎えた彼女は，急性精神病（クリーゼ）の

体験とそれに続く精神療法を通じて，それまでの自分自身および自分の生活状況との厳しい対決を迫られることとなった．そしてこの闘いを経ることによって，彼女は，明らかな人格の成熟と安定を獲得したのである．．．．のちに彼女から知らせてもらったのだが，彼女は何年かしてから，今度は重篤な抑うつ状態に陥り，数ヶ月の間仕事ができない状態にあったという．しかしこのクリーゼの際にも，彼女の同一性の問題が——先の急性精神病のときとは異なる側面から——浮かび上がり，やはり精神療法の場面でこの問題を取り扱うことによって，回復が得られたとのことであった．

統合失調症性の精神病は，多くの場合，これほど良好な経過をたどることはない．急性精神病の症状（妄想，幻覚，思考障害，被影響体験など）が，完全には消退しなかったり，消退したとしても再び現れて，くりかえし患者を混乱に陥れるといったことも稀ではない．もはや二度と「元の自分に戻る」ことができない患者もいるし，戻れたとしても一時的なことにすぎないという場合もある．こうした経過に対して，抗精神病薬が良い方向の影響を与えているのかどうかは疑問である．多くの患者は，抗精神病薬によって長期にわたり強く鎮静されており，このため自我構造も変形を受けている．この薬物の作用が，「元の自分に戻る」ことを妨げているように見える場合もしばしば見られるのである．いずれにしても，感覚と思考と行動は，さまざまなかたちで歪んだり乱れたりしてしまうので，以前の患者ならやすやすとやり遂げたような（たとえば普通に，往来の多い道路を通ったり，買い物をしたり，誰かとしゃべったり，役所に手続きに行ったり，仕事や住む家を探したり，といった）単純な課題が，ひどく困難なこととなってしまう．より大きな負荷がかかると，服薬を継続していたとしても，初発のときと同じような，不安に満ちた不安定な急性期の症状が再発しやすくなる．再発が繰り返されると，その再発による社会的，職業的，心理的なマイナスの影響もしだいに大きくなっていく．そうした影響は，病気そのものの経過にも不利に働き，さらに再発を容易にするので，ここには悪循環が生じることになる．したがって，このように慢性に病気が発展していく場合に，何が疾患の直接の結果であり，何が人為的な状況から結果したものか，ということを見分けることはほとんどできなくなってしまうのである（Ciompi 1980a, 1982; Schweitzer et al. 1995 を参照）．病気が長く続いていると，もともとあった情動の不安定性と過敏性が，しだいに，感情の平板さと無関心——これらは，ときに極端なかたちをとる——によって置き換えられていく．ここにはおそらく，ある種の防御的なメカニズムが働いている．さらに思考と行動の面

● 第6章 精神病理学——病的な感情認知的「狂い」について

でも，徐々に狭窄や荒廃といったことがきわだってくる．

　このように統合失調症には二つの極が存在する．すなわち，一方の極には，良好な条件下で急速に正常な行動様式へと回帰し，そのまま安定するというグループがあり，他方の極には，精神病という異常な機能システムの中にくりかえし迷い込んでしまい，しだいに慢性化したり，残遺状態に向かうというグループがある．この二つの極の間には，さまざまな組み合わせや移行のパターンがいくらでも想定できる．経過を長期的に見ると，数十年の経過を追跡した私たちやそれ以外の研究者たちによる最近の研究からもわかるように，比較的良好な転帰をとる患者と良好でない転帰をとる患者とがそれぞれ50パーセントずつであることがわかっている（もう少し詳しく見ると，25パーセントの患者は完全に治癒し，別の25パーセントの患者は逆に重篤な慢性化の経過をとっている．Bleuler 1972; Ciompi et al. 1976; Huber et al. 1979; Harding 1987a, 1987b; McGlashan 1988 を参照）．これは，以前考えられていたよりもかなり良い数字である．しかし，この病気のそもそもの原因については，依然として暗中模索の状態である．これまでのところ，はっきりした原因は解明されておらず，統合失調症性の精神病の発展を助長するようなさまざまな生物学的身体的因子および心理社会的因子の複雑な組み合わせがあるということだけがわかっている．そのような因子として，遺伝負因，妊娠中あるいは出産時に発生する損傷，調和のとれない人格構造，幼児期早期の外傷的な不安定な環境，社会適応性の欠如，現在抱えている生活史上の問題などが挙げられている．女性の平均発症年齢が男性より遅く，女性の第二の好発年齢が更年期に一致することから，内分泌学的因子も何らかの役割を演じていると推定される (Häfner 1993)．さらに，最も確実に証明されている影響因子——私たちの感情論理の構想から見ても非常に興味深い影響因子——として，いわゆる「情動表出過剰 high expressed emotion」を挙げることができる．これは，家庭環境が情動的な緊張感に満ちていることを指している．こうした状況が再発率を高めるということが統計的に示されている (Leff et al. 1982; Kavanagh 1992)．

　統合失調症という疾患（あるいは疾患群）ほど，錯綜した現象形態を示し，さまざまな経過をとる精神疾患（群）は，他にはない．実際のところ，その原因についてこれほど多くの仮説が出され，同じように多くの治療法が試みられた精神疾患も，統合失調症をおいて他にはないのである．これはつまり，統合失調症についてなお多くの問題が未解決のまま残されているということでもある．何よりも問題なのは，精神病理学的な現象という心理的な側面と，この疾

患の神経生物学的現象の側面とを，さらにはそれらの現象と社会的因子との相互作用という側面を，統合的に理解できるようにしてくれるような理論的な枠組みが依然として存在しないということである．本書で私たちが展開してきた考え方が，こうした問題の解明にも――少なくとも何らかのかたちで――役立つものであるということを，以下において示すことにしたい．

　精神病の発症時およびその後の経過において観察される「感覚・思考・行動」パターン全体の跳躍的変化は，私たちの「感情論理・カオス論」的な理論の立場から見れば，一つの「心理・社会・生物」学的機能システムからもう一つのまったく別種の「心理・社会・生物」学的機能システムへの非線形的相転移として理解できる．ここでその機能システムのことを，流動平衡または自己組織化的散逸構造と言い換えても同じことである．こうした病的な機能システムは，何らかの脆弱性を有する人たちにおいて，関連の制御パラメーターが急激に変化し臨界点に達したときに出現し，特定の秩序パラメーターの作用を受けながら新たに組織化されていくものであると考えられる．このような見方が正しいことは，通常の臨床的な観察からも確かめられるが，それとは別に，最近の研究による一連の知見もこの見方を支持している．特に私たちの研究グループは，精神病性症状の日々の動揺を経時的に分析することにより，統合失調症の経過の多数において決定論的カオスの特性を持った動態が認められることを証明した (Ambühl et al. 1992; Tschacher et al. 1994; Ciompi et al. 1992; Ciompi 1997a)．また，統合失調症患者では健康な人に比べてカオス的アトラクターの複雑さが有意に高いという興味深い結果も得られている．なお脳波の経時的研究でもカオス的アトラクターの存在が示唆されている (Koukkou et al. 1993)．統合失調症の経過をコンピューターによってシミュレイションするという試みも行われており，その結果は私たちの臨床的な長期観察と驚くほどよく一致するものであった．このシミュレイションでもやはり，突然の非線形的相転移がくりかえし現れるのが観察された (Schiepek et al. 1992a)．方法論的に見て，このような知見だけで，統合失調症についてのカオス論的仮説がすでに確実に証明されたと見做すことはまだできないだろう．とはいえ，この仮説は，臨床的に観察される複雑な動態をうまく説明できるという点で，現在提案されている他のいかなる理論よりも格段に優っている．ここで特に注目しておきたいのは，統合失調症についてのカオス論的仮説が，突然起こる非線形的相転移だけでなく，線形的な特性を持った長期にわたる安定期や，急性期と安定期の間に現れてくる多数の移行状態についても，適切な説明を提供できるという点である．したがって

● 第6章 精神病理学──病的な感情認知的「狂い」について

この仮説は，きわめて多様な統合失調症の経過を，システム論的な観点から統合的に理解できるようにしてくれるものであると言える．この仮説からすれば，統合失調症が多様な経過を持つのは，さまざまな力動状態とさまざまな影響因子との組み合わせからきわめて大きな幅を持った「一続きの可能性の広がり」が生じるためであると説明できる．そのうちのどの可能性が実現されるかということは，それぞれの症例において，特定のいくつかの制御パラメーターがどのように推移しているかによって決定されると考えられる．

最も重要な制御パラメーターが情動的緊張という因子であることは明らかである．情動的緊張は，外部からの負荷（ストレス）によっても，個体内部の特定の状態──内分泌的・生化学的な変動を含む──によっても発生しうる．情動的緊張が，発病や再発のリスクを有意に高めるということが知られている．このことは，特に思春期において顕著であるが，そのほか，妊娠中や出産の時期，あるいは更年期においても当てはまる．大麻やLSDといった精神作動性化学物質が，素因のある者には統合失調症と類似の精神病を惹起することがあるが，おそらく，感情的緊張の水準を高めるというこれらの物質の作用を介してそのようなことが起こるのだと考えてよい．事実，統合失調症の発病時の状況を詳しく観察した研究者は，ほとんど例外なく，極限にまで達するような感情的緊張の異様な高まりを指摘しているのである．たとえば，Klaus Conradは，1940年代から50年代にかけて，統合失調症の病初期に見られる症状発展の段階を記載した．それは，「トレマ（戦慄）」（緊張の強い前駆期）の段階からはじまり，次に「アポフェニー（異常意味顕現）」（さらに緊張が高まった妄想気分の状態）を経て，「アポカリプセ（異常意味啓示）」（患者にとって妄想的意味が明確なものとなり，緊張がいくぶん緩和される時期）へといたり，そこからさらに，残遺状態を形成するか，あるいは病態が固定化して，寛解期に入っていくというものである．また，Manfred Bleulerは，緊張の増大が「回帰不能点 point of no return」にまで達するという説明をし，さらにWerner Janzarikは，統合失調症に特異的な「力動の不安定性 dynamische Unstetigkeit」を基盤にして「力動の逸脱 dynamische Entgleisung」が生じるという見方をしている．こうした統合失調症の発症過程を印象的に記載した文献は英語圏にもあり，その例としてはSearles，Bowers，Wingなどが挙げられる（Conrad 1958; Searles 1959; Bowers 1974; Wing 1978; Bleuler 1984; Janzarik 1980, 1988）．

精神病発症における感情緊張の役割は，カオス論の立場から見れば，精神病のリスクを持つ人の脆弱な心的処理システムを平衡状態からはるかに引き離し

て臨界点へと駆り立てる（日常の言葉で言うなら，「狂気の淵に追いやる」）ために必要なエネルギーを供給するという点にあるとも言える．情動的緊張が，通常の「感覚・思考・行動」様式ではもはや解消できないほどの水準にまで達すると，システムは新たな散逸構造への反転を強いられることになる．こうして感情エネルギーの認知要素への配分のあり方が根底から変化する．このエネルギー配分のパターンが，精神病的な「感覚・思考・行動」パターンとして表面化し，私たちに観察されるのである．このようなシステム反転の結果として，緊張は──病的なかたちにおいてであるにせよ──ある程度まで解消されることになる．しかし，こうして緊張の「解消」がなされた以上，精神病的なシステムは安定化してしまい，いったん安定化したこのシステムは，それ以降，脱出困難なアトラクターとして作用しつづけることにもなる．ある女性患者の書いた次の一節が，このような説明を裏づけている．

> 「私にとって精神病とは，緊張がしだいに増していくことです．まるで，ぜんまいが果てしなく巻かれていくようなものです．そして，その緊張が解消されたと思ったとたん，精神病になっているのです．そうなると，とてつもないエネルギーが放出され，信じられないような強い感情に捕われてしまうのです」(Buck 1994).

　もう一つ，「感情論理・カオス論」的な立場から見て重要なのは，こうした精神病発症の過程において秩序パラメーターの役割を果たしているものが何かということである．秩序パラメーターは，システムの反転に際して，心理野を，内容的に規定し（言い換えれば，Haken の言うように「支配／隷属化」し），全体的に再編するという機能を持っているはずである．精神病発症における秩序パラメーターとして，まず第一に挙げなければならないのは，妄想的な支配観念であると思われる．システムが臨界点に到達すると，それ以降，ほとんどすべての感覚と思考は，一定の支配観念の下に置かれることになる．このことがはっきりと見てとれるのは──やはり Conrad が迫真的な記載を行った──統合失調症の初期に現れる急速に進行する移行過程においてである．これは，はっきりとした対象を持たない全般的な妄想気分の段階から，個々の妄想着想（たとえば，いままで自分を苦しめてきたあらゆることがらは，KGB なり，フリーメイソンなり，ユダヤ人なり，誰か特定の人たちによる陰謀だったのだ，という突然の思いつき）が出現する段階を経て，妄想が徐々に体系化していく段階へといたる過程である．支配観念ほどには目立たないが，ある種の常同症的な行動様式も，心理野全体を長期にわたって支配することがある．そ

● 第6章　精神病理学 —— 病的な感情認知的「狂い」について

れは，たとえば緊張病性の常同症（動きの停止または激しい動きを特徴とする）や破瓜病性の常同症（子どもじみた行動，サーカスの道化のような動きなど）において観察される．

　フラクタル感情論理の構想は，さらに別の面からも統合失調症の理解に貢献することができる．というのも，統合失調症の長期経過には，心理学的，社会学的，生物学的な影響因子が非常に複雑に絡み合って関与しているということが経験的にわかっているが，私たちの構想は，それらの因子の影響を統合的に理解することを可能にしてくれるからである．心というものを，活動によって発生するさまざまな「感情・認知」的照合システム（言い換えれば，機能的に統合された「感覚・思考・行動」プログラム）の織り成す複雑な階層構造であると考える私たちの立場から見れば，生物学的，心理学的，社会的な因子は，最終的にはすべて，一つの共通の作用点において影響を与えているはずである．その共通の作用点とは，とりあえず，そうした「感覚・思考・行動」プログラムの基盤をなす生物学的基体のことと考えておいてよいと思われる．これはつまりニューロンのネットワークのことである．このネットワークは，神経可塑性という現象を介して，活動によって結合路が整備されていくというかたちで成立する．そしてこのネットワークは，その形成に関与した感覚運動性成分，感情的成分，認知的成分，さらには内分泌学的成分を，機能的に統合された一つの全体へと収束させる．言い換えれば，このネットワークの構造は，これまでその個体にさまざまなかたちで与えられてきた影響——遺伝およびその他の生物学的因子，心理学的因子，家族や社会といった状況的因子の影響——をすべて反映しているのである．遺伝的因子と生物学的因子は，このネットワークの基本的な編成と機能様式を決定し，これに対して，状況的因子は，その個体の経験——特に対人関係における経験——に応じて，このネットワークを分化発展させる．このような観点から統合失調症を見ることによって，多様な発生条件を考慮する統合的な「心理・社会・生物」学的なアプローチが可能となり，またそれに応じた多面的な治療への道も開かれるはずである．こうした見方は，心理学的，社会学的，生物学的な三つの現象領域の間の相互的な構造的カップリングを想定する理論を参照することによって，さらに深化し，より厳密なものとなっていくだろう．

　私たちは前に「感覚・思考・行動」プログラムを「心の礎石」と位置づけた．ここでは統合失調症の症状発生についての私たちの見解を述べてきたが，統合失調症の病前に存在すると言われている——今日でもなお謎につつまれてい

る——「脆弱性」というものをどのように理解すべきなのかという問題も，この「心の礎石」を注意深く観察することによって，解明していくことができるだろう．統合失調症患者にはさまざまな精神病性の異常現象が起こってくるが，そうした逸脱を起こしやすくしている素因として，1977 年に Zubin と Spring は何らかの「脆弱性」が存在するということを仮定した．この「脆弱性仮説」は今日，精神医学者の多数の支持を集めている (Zubin et al. 1977; Ciompi 1982; Nuechterlein et al. 1984)．脆弱性をつくりあげているものとして，心理学的研究によって明らかにされた限局的な認知障害（特に，注意能力と，複雑な課題をこなす際の順序づけ能力の障害），自律神経系の過剰反応，さらには，より全般的な障害としての——「自我の弱さ」とか「自己同一性の弱さ」と一般に呼ばれているような——対人関係能力の障害といったものが挙げられている．これらの障害に共通して認められると言われているのは，重要な認知「ゲシュタルト」（たとえば患者にとって重要な人物）とそれに結びつくべき感情との間のカップリングが，独特な脆さを持ち，一貫性がなく，不安定であるという点である．したがって，私たちの感情論理の見方からすれば，統合失調症を引き起こす「脆弱性」とは，一般的に言えば，「感情・認知」結合の特殊な不安定性にほかならないのではないかという推測が成り立つことになる．この推測はさまざまな臨床的観察事実によって裏づけられるが，さらに，最新の方法を用いた研究によれば，「感情・認知」結合と関連すると言われる辺縁系・前頭葉間の神経路（連合路）の領域に，統合失調症患者では解剖学的および機能的な異常がかなりの確率で認められるとされており，このこともまた私たちの推測の正しさを示唆するものと言える (Eggers 1981; Bogerts 1985, 1995; Buchsbaum 1990; Shapiro 1993)．私たちの推測のもう一つの根拠として，統計的に証明されているように，幼児期早期における養育環境の重大な変化，家庭内での不和，家族間のコミュニケイション・パターンの矛盾や混乱が統合失調症のリスクを高めるという事実を挙げることもできる (Mednick et al. 1975, 1978; Singer et al. 1978; Tienari et al. 1985)．こうした環境因子が統合失調症の病因として作用する理由を説明することは，私たちの見方からすれば，何も難しくない．つまり次のように考えればよいのである．．．．周囲の環境から与えられる刺激が，一貫性を欠き，信頼に値せず，混乱や矛盾や対立を多く含んでいるという条件の下では，当然ながら，感情と認知内容の対応のあり方もまた一貫性を欠くことになるはずであり，周囲の世界についてのさまざまな表象内容（人物，場所，活動，状況など）も明確には構造化されず，互いに十分に分離されないままに

● 第6章 精神病理学——病的な感情認知的「狂い」について

とどまる．このようにして成立した不明瞭にしか構造化されていない「プログラム」は，やがて，行動面での障害を発現させることになるはずであるが，その場合，特に——統合失調症患者に観察されるような——同一性や境界づけという面で問題が生じることになり，またその結果として，感情緊張の水準が高まり，その解消も困難なこととなってしまう．．．．このように考えれば，先に述べた環境因子が病因的作用を持つことは明らかである．

　最後にもう一つ，フラクタル感情論理の観点から見てきわめて重要なのは，感情機能と認知機能とがつねに平行するかたちで作動しているということである．この平行関係は，躁うつ病においてもそうであったように，すべての統合失調症性の障害において原則としてつねに同様なかたちで観察される．たとえば，急性精神病の時期に見られる著しい感情不安定と感情的両価性（アンビヴァレンツ）は，思考と行動におけるまったく同様の不安定さと跳躍的変化とを必ず伴って現れる．他方，慢性期においても，あらゆる思考と行動の狭窄や貧困化は，情動の平板化や狭窄と完全に軌を一にしている．以前から統合失調症において中心的な意義を持つと見做されている認知的中核症状，すなわち，特徴的な思考の分裂傾向や滅裂思考をはじめとする思考障害のみならず，妄想や幻覚，自閉的固有世界，常同症，さらには先に述べた緊張病性および破瓜病性の障害も，すべて例外なく，それらと同方向の感情成分を伴っている——より適切に言い換えれば，同方向の感情成分によって支えられ，規定されている——のである．気分倒錯 Parathymien と呼ばれている現象——すなわち，そのときの認知状況とは一見矛盾するような感情反応（たとえば，悲しい報せを聞いて笑い出すといったこと）——においてさえ，ずっと以前に Eugen Bleuler (1926, p.6) が強調したように，表出された情動は，実は，「（本来の位置から）ずれた」副次思考や「副現実」との間に隠れた平行関係を保っている（統合失調症患者ではしばしば，「副現実」が「主現実」を支配していることがある）．しかし，統合失調症におけるこうした感情成分の意義は，20世紀の初めには——特に名前を挙げるとするなら，今日の統合失調症概念をうちたてた Eugen Bleuler と，彼の共同研究者であり弟子でもあった Carl Gustav Jung によって——なお重視されていたにもかかわらず，時を経るにしたがってしだいに忘れ去られていってしまった．結局のところ，統合失調症は単なる「思考の病」であるという誤った認識が支配的となり，そのため統合失調症は，典型的な「感情の病」である躁病とうつ病からはっきりと区分されたのである．しかし，私たちはこの区分の根拠を，今日もう一度，真剣に問い直してみる必要がある．

その手がかりは，私たちが本書で展開してきたさまざまな構想にあり，近年報告されたさまざまな研究成果もそうした問い直しの動きを助長することになるはずである．

統合失調症もまた「感情病」の一つか？

統合失調症においても感情は，思考を動員し組織化する（場合によっては，解体する）という作用を持っており，この作用は，その病態の中でも中心的役割を果たしているのだということが，これまでの私たちの分析から明らかになった．であるとすれば，やはり次のように問わなければならない．．．．内因性精神病という大きな領域を，感情が特異的に病むとされる「躁病およびうつ病」と，感情の病ではないとされる「（Kraepelin の）早発痴呆または（Eugen Bleuler 以降の）統合失調症」との二つに分ける旧来の Kraepelin 的な分類体系は改訂を必要としているのではないか？ 言い換えれば，統合失調症もまた，実は，感情病の一つ——その中で特にきわだった特性を持つものであるにしても——ではないのか，ということが問われるのである．

Kraepelin による古典的な分類は，症状と経過に基づいてつくられたものである．前にも紹介した内因性精神病の長期経過研究では，統合失調症の予後がそれほど悪くないということが示されたとはいえ，しかし躁うつ病と比較すれば，なおはっきりと統合失調症の方が予後不良であるとされている (Tsuang et al. 1979; Marneros et al. 1988; McGlashan 1988)．症状についても，両者がかなりはっきりとした違いを持っているということは，誰も疑っていない．躁病とうつ病では，あらゆる感覚と思考がつねに多幸的または悲哀的な感情によって支配されつづける．これに対して，統合失調症性の急性精神病では，多様な思考障害とならんで必ず感情の障害も観察されるものの，この感情成分は，躁うつ病の場合と比べると，ずっと変化しやすく，一貫性やまとまりを欠いている．また統合失調症の慢性期を見ても，そこでは「感情の平板化」が目立つようになることから，そこに感情はほとんど存在しないとさえ言われている．

しかし，もう少し細かく観察してみれば，統合失調症性の急性精神病でも感情の障害が，たとえば強い不安，緊張，興奮というかたちをとって，また場合によっては，多幸的な恍惚感，悲哀，あるいは怒りというかたちをとって，認知障害に劣らず大きな役割を（ときには，認知障害よりずっと大きな役割を）演じているということがわかるはずである．さらに，「感情の平板化」と呼ば

● 第6章　精神病理学 —— 病的な感情認知的「狂い」について

れているものも，全体的な心身状態の一つの特殊なあり方であることに間違いないのだから，私たちの感情の定義と合致しており，そこに感情が存在しないと言うのは誤った見方である．つまりこの状態は，高度な関心喪失とアパシーを特徴とする一種の気分と対応しているのであり，そこには当然ながら，精神運動性および自律神経系の随伴現象が認められる（動きの鈍さや緩慢さ，生気のない表情，筋緊張の低下，小さな声，冷たい皮膚，力ない眼差しなど）とともに，思考もまた——感情のあり方とまったく一致して——その形式と内容の狭窄をきたしていることが観察されるのである．ちなみに，慢性の統合失調症の患者は，特定の刺激——たとえば，毎日，日課のように行っている行動パターンが変更されること——に対して，予想もしなかった激しい唐突な反応を示すことがある．このことは，長い経過をとった慢性の統合失調症患者の無関心と見える態度が，実は，防御のための鎧にしかすぎないということを明らかにしている．この鎧の内側には，不安に怯え，ひどく多感な人間が隠れている．患者は，特定の刺激から自分をまもるために一種の擬死反応（何らかの危険に際して死を装うという，動物にも起こる反射行動）を起こし，そのまま硬直を続けている．それが，統合失調症慢性患者の無関心な態度として記載されていることがらの実体なのである．

　統合失調症患者に見られる思路の混乱，妄想的な関係念慮や迫害念慮，衒奇症，常同症やその他の異常な行動様式の背後に，精神病性の激しい不安が——ときには，また怒りや攻撃性が——隠されているということを，一部の精神科医や精神分析家はずっと以前から強調していた．こうした人たちは，統合失調症患者の感情のあり方を臨床的に深く探究していくことによって，このような洞察を得るにいたったのである（たとえば，Bleuler 1926; Conrad 1958; Bowers 1974; Benedetti 1983; Arieti 1985; Scharfetter 1976, 1986 などを参照）．こうした臨床的観察と完全に一致するかたちで，すでに何回か紹介した Machleidt らによる情動の脳波研究は，統合失調症患者において，不安が——それが直接表出されるかどうかは別にして——ほとんどつねに中心的な役割を演じているのだということを証明した．この研究結果に基づいて，Machleidt もまた，統合失調症が一種の感情病であるかもしれないという仮説を数年前から提出している (Machleidt et al. 1989; Machleidt 1992, 1994)．

　しかしながらここで Machleidt は，私たちの主たる論点をあまり重視していない．私たちの主たる論点とは，言うまでもなく，思考に対する感情のオペレイター作用を，あらゆる「感情・認知」相互作用の最も中心的な働きと見做す

ことにある．しかも Machleidt は，躁病およびうつ病と，統合失調症との間に──私たちの見るところでは──はっきりと存在している違いを，ほとんど無視してしまっている．私たちの見るところ，両者の間には，症状の面でも，予後（経過）の面でも，さらには病態発生（病因）という面でも，やはり大きな違いがあると言うべきなのである．私たちの考えからすると，両者を根底的に隔てているのは，「感情・認知」相互作用の病的変化のあり方が──よく見れば明らかに──異なっているという事実である．すなわち，躁病とうつ病では，感情と思考の結合が，数週ないし数ヶ月の期間，明らかに硬直してしまい，きわめて一面的なものとなっている．感情のオペレイター作用を介して規定される思考内容は，一方的に多幸的な色彩の内容であるか，あるいは逆に，一方的に悲哀的な色彩の内容であるかのどちらかである．そのような一方的な思考内容が，躁病およびうつ病の病像をはっきりと特徴づけている．これに対して，統合失調症の場合には，少なくともその急性期においては（さらに，統合失調症発症前の前駆期においても，たいていの場合は），感情と認知の結合が，健康な人と比べて，あまりに不安定で，一貫性を欠いている．これは，すでに脆弱性についての議論の箇所でも強調しておいたことである．こうして，統合失調症の患者では，思考や行動もやはり不安定で，一貫しないものとなる．すでに Bleuler と Jung が「連合弛緩」のうちに統合失調症の中心的特徴を見ていたことは，ここであらためて指摘するまでもないだろう．ただし，慢性期になると，この不安定性は，ある種の硬直性へと逆転してしまう．これは，すでに述べたように，おそらく過剰な防御反応ないし反動として理解できる．こうして慢性の統合失調症患者も，躁病およびうつ病の患者と同じように，明らかに一面的で硬直した「感情・認知」結合をつくりあげ，すでに述べたような感情の平板化や認知の狭窄という特徴を示すようになり，慢性期に挿入される──突然再び生き返ったかのように活動的になる──急性の不安定期を除けば，こうした硬直という側面が徐々に病像を支配するようになっていく．とはいえ，統合失調症慢性期におけるこのように硬直した「感情・認知」相互作用のあり方は，躁病やうつ病におけるそれとは──少なくとも感情の質という点において──やはり明確に異なっていると言わなければならない．

おそらくこれと同様の問題を意識しながら，Janzarik (1988, p.103 ff.) は，統合失調症の急性期を「力動の不安定」，その慢性期を「力動の不全」という用語で特徴づけしている（ここでもう一度確認しておくが，Janzarik の言う「力動」と私たちが「感情」と呼んでいるものとは，ほとんど同じである）．彼はさらに，

● 第6章　精神病理学 —— 病的な感情認知的「狂い」について

躁状態およびうつ状態を「力動の膨張」および「力動の縮減」によるものと考えており，これは現象面から見れば，たしかに適切な捉え方である．しかしながら，私たちから見ると，Janzarik のこうした用語では，古典的な感情精神病と統合失調症との間に存在する病因（病態発生）の決定的な違い——つまり，統合失調症患者における「感情・認知」カップリングの独特な不安定性——を十分に捉えているとは言えないと思われる．

　統合失調症という精神障害は，もともとは感情の障害であり，ただ二次的に認知の障害が引き起こされるだけであるという想定を支持する重要な証拠をもう一つ挙げておくことにする．これまでのところ統合失調症の症状に対して唯一有効な向精神薬であるとされている抗精神病薬（ニューロレプティカ）と呼ばれるさまざまな薬剤は，感情を支配している大脳辺縁系（ここには D_2 レセプターが多く存在する）を，おそらくその主要な作用部位としているという事実がそれである．臨床的に見ても，抗精神病薬の最も明瞭な効果は，感情的反応の強度を大幅に抑制するという点にあると見て間違いない．これに対して，妄想，幻覚，思考障害，あるいはその他の主として認知面の異常に対する抗精神病薬の効果は，かなり長い時間たってから現われてくるものである．あるいは，こうした認知面での症状に対して，抗精神病薬がまったく無効であることも多い．前に述べたことをもう一度思い出していただきたいのだが，脳の中で，主として感情を支配する部位と主として認知を支配する部位とを連絡している辺縁系・前頭前野間の神経路の領域に統合失調症患者で神経解剖学的および神経生理学的な異常が高率に認められるという報告がある．この所見もやはり，統合失調症を純粋に認知面の障害と見做すよりも，「感情・認知」相互作用の障害と見做すべきであることを示唆している．

　これまで議論してきたことから考えて，結局のところ私たちは次のような結論に到達することになる．躁うつ病にしても統合失調症にしても，おそらくその根底にあるのは感情の障害——より正確に言えば，感情機能と認知機能の共同作業の障害——である．したがって，これらの精神病の病像はすべて，広義の「感情精神病」と見做すことができる（あるいは，見做さねばならない）．しかしながら，よく見るとこの二つの疾患群は，「感情・認知」カップリングの障害のあり方において，根本的に異なっている．おそらくこのことが，この二群の精神病の間に症状の違いを——また，おそらく予後（経過）の違いをも——もたらしているのである．

　このあと，感情論理の理論構想の実践への応用をテーマとした章（第9章）

の中で，ここでの疾患分類をめぐる考察が単なる机上の議論にとどまるものではないということを示すことにしたい．特に，統合失調症がおそらく，もともとは，感情性の障害であるという認識を持つことによって，患者の基本的な感情状態に向けて環境療法的，精神療法的な働きかけを行う新たな可能性が開かれることになるだろう．このような治療による効果は，後に見るように，向精神薬の効果を凌ぐとまでは言えないにしても，それに十分匹敵するものである．

まとめと展望——精神病理学において感情の果たす重要な役割について

　さまざまな精神病理現象について議論してきたこの章のしめくくりとして，より一般的な視点から，精神病理学において感情がどのような役割を果たしているのかということを少しだけ考えてみたい．精神病理学の領域で感情を重視する立場は，20世紀の初めにはかなり有力視されていたが，その後，Janzarikの「構造力動論」を例外として，不思議なことに，長い間ほとんど注目されぬままになっていた．その原因は，すでに何回か述べたように，感情機能と認知機能とが徐々に別々の現象としてとり扱われるようになり，そのため両者の相互作用にも注意が向けられなくなってしまったということにあると考えてよいだろう．こうした相互作用が精神病理現象においてどのような意義を持っているのかということを本格的に探ろうとした研究は，私たちの知る限り，Eugen Bleuler以降なされていない．彼は，1926年の著書「感情性，主観性，パラノイア」の中で，感情の全般的「スイッチ機能」によって思考が支配されていることを指摘した．その結果，当時の精神医学界の長老格であった彼は，まさに感情こそが精神病理現象の鍵の役割を果たしているということを認識するようになったのである．すでに述べたように，このことはその後長い間忘れられていたのであるが，ようやく最近になって，情動による思考の制御という問題に再び取り組むようになった最新の脳研究にも影響されて，特に英語圏において，感情の役割に注目が集まるようになっている (Buchsbaum 1990; Derryberry et al. 1992; Izard 1993; Berman et al. 1994; Ciompi 1997b, 1997c; Flack et al. 1997)．ここでは，こうした最近の研究成果を私たちの立場から検討していくことにしたい．
　感情がつねに認知に対してエネルギー供給と組織化および統合の作用をおよぼしているという私たちの基本的な想定が正しいとするなら，すべての精神障害も感情によって規定されている——感情のみによって規定されているわけではないにしても——はずだということになる．精神病理学の領域で観察されて

● 第6章　精神病理学 —— 病的な感情認知的「狂い」について

きたさまざまな事実のうちに、私たちの基本的な想定と矛盾するようなものは何も存在しないし、むしろ精神病理学におけるあらゆる経験は私たちの想定の正しさを証明しているように思われる。この章で私たちがこれまで検討してきた精神障害は、心因反応、神経症、依存症、精神病などであったが、いずれにおいても日常論理的「感情・認知」パターンの「狂い／ずれ」が認められた。この「ずれ」を生じさせるエネルギーが感情以外のものから供給されるということは、まず考えられないことである。このことは、「多重人格」の例にも言えるし、ここではとりあげなかったが、それと近い位置にある「ボーダーライン障害」（神経症と統合失調症との境界線上に位置し、精神病類似の激しい状態変動を特徴とする人格障害の一つのタイプ）にも当てはまる。このように解離のメカニズムによって対極的な行動様式の間を揺れ動くことを特徴とする症候群はこれ以外にも存在し、たとえばヴィーン学派の Berner および Gabriel は、苛立ちと不機嫌を特徴とする「ディスフォリア dysphoria」と呼ばれる状態像について研究を行っている (Berner et al. 1987; Gabriel 1987; Musalek et al. 1987)。この症候群の記載からもわかるように、この不機嫌状態の「感覚・思考・行動」パターンを組織化しているのは特異的な感情状態であり、またこの状態の突発的な出現を引き起こす強大なアトラクターとして機能しているのもその特異的な感情状態である。さらにこの症候群においてもやはり、全般的感情緊張の水準が分岐点出現の重要な制御パラメーターであり、強い情動的な負荷を帯びた特定の「感情・認知」要素が秩序パラメーターであることが見てとれる。このような患者の場合、その「ポテンシャル地勢図」は、感情特異的な深い谷を持っているものと考えられる。

　しかし、精神病理現象のすべてにわたって感情が決定的に重要な作用をおよぼしているということを主張するためには、いわゆる脳器質性の精神障害の場合にもやはりそのようなことが言えるのかどうかを明らかにしておく必要がある。ここでは、老人性痴呆や動脈硬化性痴呆のことを考えてみたい。これらの痴呆でまず問題となるのは、当然ながら、認知面での重篤な障害である。たとえば記憶の欠落、作話（勝手に話をでっちあげること）、単語や物の意味を認識する能力の喪失（失語および失認と呼ばれている症状）といった知能面での典型的な障害が出現する。しかしこれらと並んで、ほとんどの場合、情動面でのきわだった変化も観察される。たとえば、感情の不安定さ、苛立ち、抑うつ、あるいは進行した段階では、内容のない平板な多幸感などである。私たちはずっと以前に、重症のアルツハイマー病患者に自由連想の検査を行い、連想によ

って浮かんでくる認知内容も，記憶の欠落も，ともに感情の影響を強く受けていることを証明することができた (Ciompi 1966). つまり，情動が認知に対して一定の組織化と統合の作用をおよぼしていることが，痴呆患者においても確認されたのである．しかしながら，一部の脳器質性精神障害においては，感情機能と認知機能とは完全に解離している場合がある．神経科医 Oliver Sacks は有名な著書「妻を帽子と取り違えた男」(1970) の中で，感情と認知が著しく解離してしまった例をいくつか報告している．このような症例では，脳の中の感情を支配する部位と認知を支配する部位とをつないでいる連絡路それ自体が，ひどい損傷を受けているか，あるいは破壊されてしまっているのだと考えなければならない．

　このような脳の損傷の場合には，当然ながら，感情が認知に対しておよぼす組織化と統合の作用も限られたものとならざるをえない．しかし，それ以外の場合には，病的な精神現象としての感覚・思考・行動の「狂い／ずれ」は，自己組織化およびエネルギー供給という感情の作用と切り離せない関係にある．私たちが本書第 1 部の終わりのところでおおよその構想を示した「感情論理・カオス論」的な基礎づけを持った「新しい精神病理学」は，さらにこの章でさまざまな例について検討を重ねることによって，ますます明瞭なかたちをとるようになったと言ってよいだろう．この来るべき「新しい精神病理学」の中心的課題は，あらゆる種類の精神障害の病像について，そこで支配的な役割を果たしている感情（あるいはそれに対応する神経生理学的等価物）と認知機能との間の相互作用をさらに解明していくこと以外ではありえない．「感情・認知」レールの共時的構造（横断面）のみならずその通時的構造（縦断面）を解明するためには，これまで以上に大規模で体系的な研究が——とりわけ経時的な分析が——必要となる．正常な発展にせよ，病的な発展にせよ，あらゆる発展のプロセスの背後に存在する「感情・認知」力動は，時代や文化や事象によって規定され，そしてある程度は個人によっても規定されている．ここで私たちが捉えようとしているのは，複雑な時間的「感覚・思考」ゲシュタルトなのであり，それを具体的なものに喩えるとするなら，交響曲やその他の楽曲の進行を考えるのがたぶん最も適切である．今述べた「感情・認知」力動の特性は，楽曲を展開せしめる力動（ディナーミク）にもそのまま当てはまる．さらに，精神病理学的発展の力動を理解するために中心的役割を果たすのは，精神障害以外のプロセスの研究においてもそうであるように，そこに働いているさまざまな力を線形または非線形的に駆動しているエネルギーのあり方の解明であるに

● 第6章 精神病理学 —— 病的な感情認知的「狂い」について

ちがいない．とりわけ今日急速に発展しているさまざまな画像診断や画像検査の技術によって，まもなく，感情の神経生理学的等価物が，質的，局在的なかたちにおいてだけではなく，量的，つまりエネルギー論的なかたちにおいても，把握可能になることが予想される．こうした技術的基盤の上に，これまでよりはるかに精緻な科学的基礎づけを持った新しい精神病理学や「力動的な精神医学」が登場してくることになるのかもしれない．

Die emotionalen Grundlagen des Denkens

IIIIIIIIIIIIIIIII **Kapitel 7**

第7章
集団のフラクタル感情論理

> 人間の心の構造，人間の社会の構造，人間の歴史の構造
> ——これらは，互いに分離できない相補的現象であり，
> 互いの関連の中でしか探究することができない．
> Norbert Elias（Wenzel 1997 より引用）

　私たちがこれまでに検討してきたのは，主に個人レヴェルでの心理現象であった．個人レヴェルで感情が思考に対してつねに影響を与えているということを私たちはすでに確認したのであるが，これと類似の感情作用が任意の規模の集団レヴェルでもやはり証明できるのかどうかという問題を詳しく検討することが，この章の課題である．この問題の検討は，単に私たちのフラクタル仮説が正しいかどうかという意味で重要だというわけではない．この問題は，もっと大きな広がりを持っている．任意のレヴェルの間にそうした共通性が認められるのだとすれば，その共通のものは，おそらく形式的で力動（力学）的な性格のものであろうと推測できる．だからといって，当然ながら，これとは別の（質的，量的，あるいは内容的な）側面がここで無視されてよいというわけではない．いずれにしても，個人から社会へと視点を移動させることによって事象のさまざまな部分が拡大されて見えるようになるのであるから，これまでには見えなかった何かが見えてくる可能性は高いはずである．ただし，私たちのできることは，心理学と精神病理学という「制約された地平」から社会学の巨大な領域を見渡すということにすぎない．したがって私たちに見えているのは，その巨大な領域の中の——どうしても恣意的に選択されたものでしかない——わずかな断面だけだということは明らかである．そのような限られた断面が，どれだけ普遍的な意味を持つのかということについては，今後あらためて検証されていく必要がある．
　このような観点から情動社会学的研究の文献を調べてみると，次のことがわかる．すなわち，社会学は，当初からさまざまな研究の中で，情動因子と社会との相互作用という問題を取り上げてはいるものの，しかし全体として見る

● 第7章　集団のフラクタル感情論理

と，集団思考に感情のさまざまな影響力がおよんでいるという事実をあまり重視してこなかった．特に，私たちの言う意味での「感情の特殊オペレイター作用」の面についての社会学的研究はほとんどなされていないのが現状である．私たちの構想に最も近い位置にあるのは，少しあとで検討するように，Ludwik Fleck と Thomas Kuhn の社会学的科学論の主張であろうと思われる．この二人はすでに何十年も前に――表現のしかた（用語法）は私たちと異なるにしても――集団思考が，感情成分を含むそれぞれの文化的環境から大きな影響を受けているということを主張していたのである．そのほか，アメリカで現在活躍している情動社会学者 Randall Collins の考え方や，歴史学的な「心性（メンタリティ）」研究などをはじめとして，今日のいくつかの社会学的研究の中にも，私たちの構想の方向とある程度一致する点が認められる．

今述べたように 19 世紀の古典的社会学の学者たちの記述の中にも，集団思考に対する感情のオペレイター的な影響を示唆している箇所が見いだされる．たとえば Emile Durkheim は，情動が社会的現実の構成における一つの基本要素であることをはっきりと述べている．すなわち Durkheim は，「．．．．個人を越えて（集団のレヴェルで）起こっているようなことがら，しかも他（の集団）からそれ自身を境界づけるようなことがらというものは，感情に支配され（備給され），象徴の中に保持され，儀式の中で生産され再生産される」と述べている（Gerhards 1988, p.33 ff. から引用）．またさまざまな宗教を研究する中で Durkheim は，社会空間が，それぞれ異なる感情の支配（備給）を受けることによって，分節化されることを見いだした．こうして，近いものと遠いもの，内と外，自分に属するものと属さないものといった分化が生じ，これとともに――社会的な分化の最も根源的なかたちとして――俗と聖の間の区別が成立してくるのだという．さらに Durkheim は，社会的状況と自殺率との関連を根拠として，感情に基づく個人の行為が，社会文化的な状況に強く左右されるということを証明した．Georg Simmel も，社会空間が情動的意味づけによって区分されると考えていた．たとえば，親密さや共感という感情は「．．．．共同体の連帯の絆をつくりだす．こうした連帯感に支えられた共同体は，外部の世界を自分の中に感情的に統合することがないので，集団の内部に対しては安定維持的に作用するが，同時に集団の外部に対しては排他的に作用する」のである（Gerhards 1988, p.37 u. 43 ff. から引用）．感情に社会形成の機能を認めていた Durkheim と Simmel とは逆に，Max Weber は，社会的行為を「目的に適った合理的」な行為と「感情的」な行為とに分けていることからもわかるように，

Die emotionalen Grundlagen des Denkens

Kapitel 7

情動には——特に，それが抑制を失っている場合——むしろ社会破壊的な作用があると考えていた．

現代の情動社会学の分野で最も重要な業績を残したのはおそらく Norbert Elias であるが，彼も情動を，Weber とほぼ同じ方向で理解している．Elias はまた，社会学において——心理学と同じように——長い間，感情的な因子が無視されてきたという事実を最も鋭く批判した人でもある．精神分析に基礎をおいた彼の主著「文明化の過程」(1939) では，社会的に望ましくないさまざまな感情がどのように制御されているのかということが議論の中心となっている．こ こで Elias は，中世の封建体制から宮廷貴族的社会形態を経て現代の民族国家にいたるヨーロッパ社会の発展を，社会的な複雑さが増大していく過程として描いている．彼によれば，それは，関係の鎖がますます長くなり，構造が分化し，権力が集中していく過程でもある．人口密度の上昇に伴う資源をめぐる闘争の激化という条件の下でこの過程が進行するためには，許容される情動を限定し社会的にコード化するという方法で感情をできるだけ制御するということが不可欠であった．かつて Freud が，「エスありしところに自我あらしめよ」と主張し，さらに「．．．．文化の進歩の代価は，罪責感の高まりによる幸福の減少というかたちで支払われる」と述べた（Freud 1952 [1930], p.119; Vester 1991, p.207 から引用）のとまったく一致する方向で，Elias は，情動の制御ということと，欲求を先延ばしにする術というものが，あらゆる社会的分化のための必要条件であると考えている．「それぞれの行為がその社会的機能を満たすためには，人々の行動が互いに調整されている必要があるが，（社会形態の発展に伴って）ますます多くの人々の行動の調整が必要になっていく．それぞれの人は，自分の行動を，ますます分化したかたちで，ますます他人と一致したかたちで，ますます安定したかたちで，統御していくように強いられていくことになる」（Elias 1939; Gerhards 1988, p.231 から引用）．私たちから見ると，感情の社会的な分化と馴化というこのような過程は，基底感情が認知的な調節を受けて，数限りない色づけを持ったヴァリエイションへと展開していく過程の一つの側面であると考えられる．さらに私たちのフラクタル仮説と関連して注目されるのは，Elias が，個人を対象とする科学的研究と集団を対象とする科学的研究との間に設けられている区別を——私たちの言い方では，個人レヴェルの「感覚・思考・行動」様式と社会レヴェルの「感覚・思考・行動」様式との間の区別を——人為的なものであると考え，個々の専門分野の境界を越えてさまざまな関連を理解することを妨げるものでしかないと見做しているという点で

Kollektive fraktale Affektologik

● 第7章 集団のフラクタル感情論理

ある．もう一つ注目されるのは，私たちと同じように彼もまた，感情的な相互依存の現象を「社会的接合剤」と考えており，これがさまざまなレヴェルで相似的に作用していると想定していたという点である．

しかしながら，感情の制御がしだいに増大するとした Elias の主張は，近年疑問視されるようになった．最近の社会における発展がこれとは逆向きの傾向にあるということがその理由として挙げられる．たとえば Jürgen Gerhards は，著書「情動の社会学」(1988) の中で，現代（ないしポストモダン）の情動文化に対して診断を行い，この文化の中では，自分の情動を制御するのではなく，むしろ自分の行動を情動状態に適合させることこそが社会の規範となっていて，ネガティヴな情動を回避し，快適な感情に到達することを追求する快楽重視の傾向が顕著であると述べている．「感情制御という原理は意味を失い，情動状態の発現と表出は受容されうるものとなり，羞恥や呵責の抑制の力は低下した」(Gerhards 1988, p.237 u. 241)．しかし私たちから見ると，こうしたことは一部の西側社会の内部での辺縁現象にすぎないのかもしれない．こうしたことを一般化するのに必要な経験的データがすでに揃っているというわけでは決してない．

感情と社会との間の関係を主題とする研究としてさらに，システム論を基礎においた Niklas Luhmann の構想を挙げることができる．彼の著書「情熱（パッション）としての愛」(1982) や，信頼と不信が複雑さの低減の機能を持つとしたこれより前の研究において明らかなように，彼にとって感情とは，自己組織化する社会的コミュニケイション・システムにおけるトランザクション（やりとり）のための一種の文化的コードである．「．．．．愛は一つの媒体であり，愛それ自体は感情ではなく，コミュニケイションのコードである．その規則に従って，人は感情を表現したり，形成したり，装ったり，他人に対して伝えたり，あるいは隠したりすることができる．いずれにしても，このようにして人は，そのようなコミュニケイションが実現したときに起こってくる結果に対して前もって準備しておくことができる」(Luhmann 1973; 1982, p.23)．このことからもわかるように，Luhmann は，集団思考に対する感情の作用を直接に問題にすることはない．彼にとってこの作用は間接的にしか問題にならない．彼にとって決定的に重要であるのは，社会システムがコミュニケイション・システムないし意味システム――言い換えれば，問題解決システム，つまり，複雑な状況に対して意味を付与しながら選択を行うことによって複雑さを低減することを可能にするシステム――として機能しているということにある．Luhmann にとって「意味」とは，システム合理性のことにほかならない．意味は，

「期待構造」の秩序を通じて，特定の人物，役割，プログラム，戦略，価値を同定することによって，自己言及的に構成されるものであるという (Luhmann 1982; さらに Käsler 1974, p.60 ff.; Mikl-Horke 1992, p.275 ff. も参照)．こうした Luhmann の構想は私たちの構想とあまり関連がないように見えるかもしれない．しかし，私たちの見るところでは，彼が「期待構造」と呼んでいるものは，私たちの問題にしている「感情・認知」的な照合システム（あるいは散逸構造，または「感覚・思考・行動」プログラム）と同じものである．この照合システムは，行為によって発生する——特定の認知内容と特定の感情との——カップリングに由来する．しかもこの照合システムは，明らかに，Luhmann の言う「意味システム」ないし「問題解決システム」として機能している（社会的なレヴェルに限らず，個人のレヴェルでも，そしてまた生物学的なレヴェルでも，そうである）．彼はまた，心理的領域，社会的領域，器質的・生物学的領域の三つの領域の間の「相互浸透」ということを考えてもいる．このことも含めて，彼のシステム論的で構成主義的な構想は，全体として，私たちの構想と大きく重なり合っていると言える．しかしそれだけに不可解なのは，彼が，あらゆる規模の社会システムにおいて感情が果たしている重要な役割——システム内部のあらゆる力動を作動させるエネルギーとしての，さらにはシステムを組織化する力としての感情の役割——を認識していなかったということである．

　Luhmann が認識しえなかったこの点をある程度まで認識していた社会学者の一人は Randall Collins である．Collins は，Durkheim, Darwin, Goffman を参照しながら，社会のミクロ構造もマクロ構造も，主に情動によって規定されていると考えている．Collins によれば，共感と反感，憎しみと愛，関心と無関心といった感情が，社会空間に，上と下，味方と敵，外と内といったさまざまな方向の分節化をもたらしている．同時に，連帯，所有，権威といった感情は，社会空間を安定させる働きを持つ．また情動は，「社会的エネルギーの一つの形態」であり，資源をめぐる闘争におけるあらゆる社会的行為の動力として機能している，と彼は見ている．彼が，比較行動学・人類学の視点から，種としての人間（ヒト）を二つの側面において捉えているということも，私たちの構想とやはり近い関係を持っている．彼によれば，ヒトは，一方で情動的な生物であるが，他方で，言語を使用できる唯一の生物でもある．つまり，ヒトは言語能力を持った情動的動物なのである．ヒトの特性を情動と言語に二分し，この二つが相補的関係にあると見る彼の考えは，感情と認知（あるいは論理）の相補的関係を考える私たちの立場とほぼ同じであると言える（Collins 1984; さ

● 第 7 章　集団のフラクタル感情論理

らに Gerhards p.61 ff. も参照).しかしながら,Collins の場合も——これまでに紹介してきた他の社会学者たちと同様に——感情(あるいは情動)および認知という中心的な概念の内容が不明瞭なままになっている.また,Collins には,思考に対する感情の作用についての詳しい分析や,私たちのカオス論的考察と比較しうるような感情力動理論も欠けている.ちなみに,このような欠落は,情動に関する包括的な社会学的理論をつくりだそうとしている最近のその他の試みにも認められる.たとえば,ドイツ語圏では,集団の中の「情動的環境(風土)」を精密に捉えようとした Heinz-Günter Vester (1991, p.124 ff.) の興味深い試みがあるが,これについてもやはり同じことが言える.

　社会学の分野で私たちの考え方と最も近い位置にあるのは,すでに述べたように,Ludwik Fleck と Thomas Kuhn の社会学的科学論(科学社会学)領域での論説である.時代の違いからしても彼らに,今日のようなカオス論的な考察を期待するのは無理なことであるが,それにしてもこの二人の議論は私たちの考え方と著しい一致を示している.二人とも(特に Kuhn は)感情という言葉を直接に使わずに,「非合理的」,「非論理的」な作用,あるいは「状況(コンテクスト)による」影響といったことを問題にしているにすぎないが,しかしその核心にあるのは——私たちから見ると——やはり明らかに情動の問題である.Kuhn がその著書「科学革命の構造」(1962) においてはっきり提示したように,あらゆる時代の科学的「パラダイム」においてこのような「不合理な」因子が重要な役割を果たしているという見方は,当時から広く注目され,今日でもよく知られている.彼のこのテーゼは,それ自体新たなパラダイムとして,科学的真理の認識論的位置づけをめぐる議論に今日なお大きな影響を与えつづけている.Kuhn よりも 30 年ほど前に出版された Fleck のいくつかの著作も同じテーマを論じていたのだが,時代や個人的な背景が異なったため,長い間ほとんど顧みられることがなかった.Fleck は,ポーランドに住むユダヤ人で微生物学が専門であった.彼は,ナチスの強制収容所での生活を強いられたが,チフスの予防接種の専門知識を持っていたおかげでかろうじて命を落とさずにすんだ.彼の論述には Kuhn の主張の重要な点が——Kuhn も,先述の著書の序文でさりげなくそう認めているように——すべて「先取りされて」いる.しかしそればかりでなく,Fleck は,情動因子の果たす重要な役割を,Kuhn よりも,すでにずっと明確に認識してもいたのである*.さらに彼は,論述の中で「思考スタイル(思考様式)」および「思考集団」と彼が呼ぶものに焦点を当てて検討を加えているが,これらの概念は,社会学的科学論の領域を越えて広く適

用しうる一般化可能な概念として重要な意義を持っている．Fleck の論述の一部をここに引用しておくことにする (1983, p.67, 75 u. 130)．

「同じ思考スタイルを持つ人々からなる共同体があるとする．．．．この思考スタイルは，ある特定の準備性（構え）をつくりだし，共同体の構成員たちに社会的経路を通じてこの準備性を付与し，構成員たちが何を，どのように，見る（べき）かを指示するのである．」

「あらゆるスタイルがそうであるように，思考スタイルもまた，ある特定の気分と，その気分を実現する遂行行為とから成り立っている．一つの気分は，互いに密接に関連した二つの側面を持っている．すなわち，気分は，選択的に感覚するための準備性（構え）と，そのようになされた感覚に対応する方向づけを持つような行為を行うための準備性（構え）という二つの面からなる．．．．したがってわれわれは思考スタイルというものを次のように定義できる．すなわち，思考スタイルとは，方向づけられた知覚をすることと，そのように知覚されたものを観念的および具体的に処理することである，と定義できる．」

「感情をまったく伴わない思考などという概念は，何の意味も持たない．感情を伴わないということそれ自体が存在しない．感情を伴わないということをいったいどうやって証明するというのであろうか？ 存在するのはただ，感情が一致しているということ，または感情が相違しているということだけなのである．ある社会において一様に感情が一致しているとき，その社会の内部では，それが，感情を伴わないということであるとされているにすぎない．」

思考スタイルおよび思考集団という社会レヴェルの概念によって Fleck が言い表そうとしていたものは，私たちが特異的「感覚・思考・行動」レール，あるいは「感情・認知」固有世界と呼んでいるものと完全に一致している．また，引用中にある「感情を伴わないということ」についての彼の考察は，日常論理の本質についての私たちの理解とほぼ正確に対応している．さらに，Fleck は，「集団内の思考交流」および「集団間の思考交流」とを分けて，それぞれの場合のコミュニケイションの特徴をなすような感情的なメカニズムを的確に記述している (1983, p.87)．

「物理学者，文献学者，神学者，神秘家は，それぞれ自分の共同体の内部では，互いにまったく問題なく理解し合うことができる．しかし物理学者が文献学者と理解し合うのは困難であり，物理学者が神学者と理解し合うのは非常に困難であり，物理学

---

* Fleck 1983, 1993; Schnelle 1982. 私が Fleck のことを知ったのは，主に，Elke Endert の論文 (1997) からである．この論文では，Fleck の考え方と私の考え方との比較もなされている．

● 第 7 章　集団のフラクタル感情論理

者が神秘家と理解し合うのは不可能である．．．．彼らの会話は，まともに通じ合うことはなく，すれ違うばかりである．彼らは，それぞれ異なる思考共同体，つまり『思考集団』に属しており，彼らはそれぞれ異なる『思考スタイル』を持っているのである．」

　Fleck は，自分の専門領域やその他の自然科学領域から多くの例を挙げて，認識する者と認識される対象との間にはつねに，第三のものが——すなわち，これまで述べてきた「思考集団」が——挟み込まれているのだということを，強い説得力をもって示している．．．．まだ駆け出しの専門家は，その専門領域への一種の加入儀礼の中で，自分がいったいどのように対象を見たらよいのか，その対象のうちの（たとえば，顕微鏡のプレパラートや，レントゲンのフィルムの中の）どの認知形態（ゲシュタルト）に注目し，どの認知形態を無視したらよいのか（私たちの用語で言い換えるのであれば，どの認知形態にどの感情を——関心，喜び，怒り，無関心などのうちどの感情を——重ね合わせたらよいのか），そして，どのような言葉でそれについて語ったらよいのか，ということを「思考集団」から学ぶのである．．．．ここで Fleck は，「言葉の魔力」，「思考の魔力」，「思考の強制」といった言い方さえ用いている．こうした力や強制から逃れられるのは，ただ次のような場合だけである．すなわち，集団間の思考交流がなされている際に異なる思考スタイルの間に衝突が起き，これによって根底的な「思考スタイルの変更」を余儀なくされるようになった場合だけである．

　ここで Fleck が考えているものは，後に Kuhn の論説の中心に置かれることになる「パラダイムの交代」の概念にほかならない．ただし，Fleck よりも Kuhn によって，以下のようなことがさらに明瞭に表現されるようになった．．．．そのようなパラダイムの転換点——カオス論の用語で言い換えれば，典型的な非線形的相転移——において，思考（および感情）全体を根底的に変更せしめるような不一致や矛盾は，ほとんどの場合，形式論理的な性格のものではない．圧倒的に多くの場合，そうした不一致や矛盾は，形式論理の上で生じるのではなく，新たな経験的観察事実を発見することによって生じるか，あるいは，思考をとりまく文化状況の影響を受けて観察者の見方や感じ方がゆっくりと変化することによって生じるかのどちらかである．．．．「彼らは科学者であった」(Kuhn 1979, p.28)——たとえば 19 世紀の光学分野の研究者たちは，それぞれ互いにまったく異なる説明モデルを提唱していたが，彼らはそれぞれ形式論理的には完全に正しい思考を積み重ねてそうしたモデルに到達したのであり，その

Die emotionalen Grundlagen des Denkens

意味で彼らは科学者であった——と Kuhn は見做している．つまり，科学者がさまざまな考察を進めるとき，形式論理とは別の意味での論理——純粋に論理学的な法則性とはまったく異なるしかたで組織化された上位の論理，すなわち，私たちが定義したように「さまざまな認知要素が互いに結びついているあり方と様式」という意味での論理——が作動しており，この論理のあり方に従ってさまざまな学説が導き出されるのだということが，ここでも示されているのである．

　これと同様の考え方は，社会学的科学論に取り組んでいたこれ以外の研究者にも見られる．たとえば Karl Mannheim は，やはりすでに 1920 年代に，社会生活の全般的な条件と深く結びついた——時代，文化，あるいは帰属集団に固有な——「思考スタイル」を問題にしている．純粋に感情的な成分については，保守的または進歩的な思考についての彼の考察の中で問題にされているものの，彼もまたそうした感情成分にあまり大きな注意を払っているとは言えない (Mannheim 1964, p.246 ff., 308 ff., 408 ff.)．同様に，1960 年代後半に書かれた Berger と Luckmann による「現実の構成」についての社会学的知識論（知識社会学）的な分析 (1980) においても，純粋な感情成分といったものについては，少なくとも表面的には，ところどころで（たとえば，性の問題や，死に対する原不安に関連して，あるいは，集団の同一性と個人の同一性との関係という問題に関連して）話題にされているにすぎない．ただし，彼らのテクストの含意するところからすれば，この論説のあらゆるところで感情成分が問題にされていると言うこともできる．いずれにしても，Berger と Luckmann は，日常思考における「社会化プロセスの感情圧 Affektdruck」という用語を用いて，刷り込みを受けた「感覚・思考・行動」レールという私たちの概念とほぼ同じものを表現しようとしていると同時に，「会話機械 Konversationsmaschine」と呼ばれるものについても問題にしている (p.155 u. 163-165) のであるから，彼らが日常的現実に対して構成主義的な見方をしていることは明らかであり，したがって，彼らがたどっている路線は，私たちが本書で主張している路線と非常に多くの部分で重なり合っていると言える．

　ここまで情動社会学と知識社会学の主要な文献について検討してきたが，私たちはそこに，私たちの仮説——個人のレヴェルでも集団のレヴェルでも，互いに相似するかたちで，感情が思考に作用しているという仮説——を支持するようなさまざまな要素を見いだすことができた．逆に，私たちの仮説とはっきりと矛盾するような知見には遭遇しなかった．さらに，Fleck の「集団思考ス

● 第7章　集団のフラクタル感情論理

タイル」という概念——Fleck はときおり「集団想念 Kollektivgedanken」という言い方もしている——は，私たちが推測しているようなことがらをより精密に吟味するための貴重な道具となることだろう．それではこれから，また具体例を挙げながら，そうした吟味を進めていくことにしよう．

社会空間における「エネルギー供給および組織化」の主体としての感情

　集団レヴェルでの思考や行為に対する感情のオペレイター作用の中で，私たちの目にとまりやすく，どこにでも必ず存在している作用は，社会的エネルギーの供給という機能である．つまり，感情は，社会のエネルギー源という役割を持っている．この役割についてまず最初に考えてみることにしよう．実例としてここに紹介するのは，中規模の集団での一つの出来事（サッカーの国際試合）であるが，この出来事は，社会の最小空間（家族など）にも最大空間（国家など）にも入り込んで，社会のすべてのレヴェルに影響を与えることになった．1994 年の秋，ベルンのヴァンクドルフ・スタジアムで行われたスイス対スウェーデンの試合である．私は，一人の観客として——情動的に関心を寄せつつ観察を行う者として——この出来事に加わり，この出来事を共に体験した．…

> 何日も前からあらゆるメディアがこの試合について詳しく報道していた．この日のスタジアムはほぼ3万の大観衆で埋めつくされていた．ヨーロッパ選手権への出場権をかけた試合である．そのこともあって人々の情動的緊張レヴェルは最初から高かった．両国の熱狂的なファンたちは，国旗の色である赤・白と黄・青の衣装やメイクという出で立ちで，スタジアムへと向かう道中からはやくも大きな国旗を振りながらシュプレヒコールを繰り返していた．そればかりでなく，普段は良き家庭の父と母であるような人たちも子供連れでこのイヴェントを見ようと大挙して試合場へ流れ込んでいた．観客は全員，スタジアムの入口で，バットのような危険な物品を隠し持っていないか警官のチェックを受けたが，そのようなことで高揚した気分がおさまるわけもなかった．試合が始まるや，情動温度は沸点に達し，そのまま試合終了まで冷めることなく沸き立っていた．試合経過もまた劇的だった．まずスウェーデンがリードし，次にスイスが逆転し，そのあと長く2対2の非常に緊迫した状態が続いた．残り数分というところでついにスイスが3対2，さらに4対2と得点を重ねて，これ以上望むべくもない完璧な勝利をスイス・チームは手に入れたのである．
> 　スタジアムはつねに大騒ぎで，そのつど沸き返ったり，荒れたり，嘆いたり，熱狂

Kapitel 7

したりした．ベンガル花火を伴って歌やシュプレヒコールが，沸き起こったり止んだりしながら延々と繰り返され，紙テープが舞い，そしてときには「ウェイヴ」が起こり，観客席を1周，2周と回った．このウェイヴというのは，1986年にメキシコで開催されたサッカー・ワールドカップのときに初めて演出されたもので，独特の声をハリケーンが近づくかのようにだんだんと大きくしながら，腕と体全体を上下させて波の動きをつくるのである．その日は，私のすぐ近くに陣取っていた，国旗を体に巻きつけた少人数の威勢のいい若者たちが，そのウェイヴを引き起こす役目を果たしていた．最後には歓声が響きわたり——言うまでもないが，赤・白のスイスの側だけのことで，敗れた黄・青のスウェーデンのサポーターたちは静かに立ち去っていった——とどまるところをしらなかった．．．．翌日には，スイス全土で——というか，少なくとも私の働いていた職場では——誰もが皆，この「偉大な出来事」の話題に夢中になっていた．大衆紙の記事や飲み屋での会話も，その後何日間か，このことでもちきりとなり，国民的な規模での上機嫌がしばらく消えなかった．

このような集団レヴェルの現場で起こっている凄まじい情動の動きは，テレビ中継などでとても伝えきれるものではない．放映画像では，表面的なものしか伝わらないからである．この出来事のいくつかの側面を私たちの「感情論理・カオス論」的視点から分析してみるとすれば，まず第一に，情動が人を動かしている——動員し動機づけるという——そのはかり知れない力を強調しなければならないだろう．この力が，試合中，スタジアムの隅々にまで作用しているのを私は見ていた．この大きなイヴェントに関わったすべての人を動かしていたものは感情エネルギーなのである．もちろん，感情エネルギーは何らかの（ここではサッカーの試合という）認知内容と結びついてはいるが，認知内容それ自体がそれほどの効果を持っているわけではない．たとえば，平均的なヨーロッパの人にとってアメリカン・フットボールの試合がどれだけの効果を持っているかということを考えてみればいいだろう．そう考えれば，何千キロの遠方からでもこの試合を見るために集まってきた観衆や，試合の主人公である選手たちばかりでなく，こうした大きなイヴェントのために動員される報道関係者やチーム関係者，素人解説者，ソーセージの売り子，交通整理の係員といった人たちを含めて，すべての人をこの日このスタジアムに集めたのはやはり感情エネルギーだと言ってよいことになるはずである．そして個別に見れば，たとえば選手にとっては自分の職業上の成功や金や名誉といったことが，また主催者や管理当局の人にとってはイヴェントのスムーズな運営や安全といったことが，それぞれ個人レヴェルおよび集団レヴェルでの「感情・

● 第 7 章　集団のフラクタル感情論理

認知」ゲシュタルトとして作動しているのである．また，メディアの煽りを受けてこの出来事の現場に集結したエネルギーは，今度は，大きな情動の波となって周囲に拡散していくこととともなった．そしてこのエネルギーは，その後何日にもわたって，非常に多数の国民の注意を——まるで催眠術でも用いたかのように——この出来事に固定し，これ以外のことがらを——日常的な心配事だけでなく，政治問題などの深刻な出来事さえも——人々の意識から追い払ってしまったのである．

　私たちがこの出来事の中から見て取れるものは，感情のエネルギーとしての側面ばかりではない．この側面とも緊密に結びついているが，感情は集団の思考と行動に対して——個人のレヴェルでの感情の作用とやはり相似なかたちで——組織化と統合の作用をおよぼしているのである．ここで特に注目しておきたいのは，社会空間がまずは，感情の支配の下で，明確な対照をなす味方と敵という二つのカテゴリーに分かれ，これと同時にさらに，それほど強い感情を伴わない——正確に言えば，強度の低い感情を伴う——第三のカテゴリーが置かれるというかたちで，社会空間が結局のところ三つのカテゴリーへと組織化されるという点である．対戦する両チームの選手やファンのほかに，サッカーの試合には，審判，役員，警察官，売り子などの人たちがおり，これが第三のカテゴリーを構成するのである．感情によるこの種の組織化の作用は，サッカーに詳しい人ならわかるように，フラクタルなかたちをとって，もっと小規模なレヴェルでの，両チームの編成とか，ゲーム中の個々のプレイといったところにまでおよんでいる．このようなレヴェルでの感情が，ゴールを決めたあと大声をあげながら抱き合ったり，ひざまずいて祈りのポーズをとったり，顔を両手で覆ったりするというかたちで激しく表現されることによって，やはりフラクタルなかたちをとって，大規模なレヴェルでの感情の動きにまで増強される．さらに，それぞれのチームを一つにまとめ，それぞれの「陣営」の観客と結びつけているものは，共有されている同一の感情である．一つの共通の目標（認知要素）へと向かわせるこの情動的「接着剤」がもし存在しないとしたら，一貫した行為（サッカーの試合で言えば，チームとしてのプレイ）など一つとしてなされないはずである．しかし同時に，さらに上位の階層のレヴェルでは，サッカーに対する「関心」という共通のもの——私たちから見れば，これもまた感情の一種である——が存在するので，二つの陣営は全体として一つの「観衆」というまとまりをかたちづくる．ここに集団への帰属感（帰属意識）というこれまた一つの感情——これについてはあとでまた検討することに

なる——が生み出される．あのウェイヴという現象がこのことを端的に示している．あのときのウェイヴは，味方と敵とを一つの動きの中に置き，一つのまとまった全体をつくりあげたのである．共有される情動が持つ組織化の力，そしてその凄まじい伝播の作用を，この現象は非常に印象的なかたちで示してくれている．このウェイヴにおいて注目されるもう一つの点は，全体から見ればほんのわずかの若者たちのグループが，「秩序パラメーター」の役割を果たして，ほぼ3万の観衆全体の動きを「支配／隷属化」したということである．彼らはあの特徴的な歌声と腕の動きでウェイヴを発生させていたのであるが，おもしろいことに，そこには一種のタイミングのようなものがあって，彼らの動きが「制御パラメーター」の動きとうまく一致していないと，大規模なウェイヴは発生しないのであった．ここで制御パラメーターの役割を果たしているのは，観衆全体の情動緊張の度合いであり，これが十分なレヴェルに達していることが，ウェイヴ発生の必要条件なのである．実際，この条件が満たされていないときには，彼らがウェイヴを発生させようと試みても，すぐに勢いが衰えて消滅してしまうような局所的な動きしか生じなかったのである．

　よく知られているように，このような大きな集団では，一定の条件がそろった場合——すなわち，情動緊張という制御パラメーターがさらに増大して，次の臨界値を越えた場合——には，事象全体が非線形的な変質を起こし，ほとんど戦争にも近いような衝突が突発する可能性がある．このことからも気づかされるように，団体スポーツ競技というものは，もともと，戦争の場面を象徴的に再現し，それを昇華するという機能を持っている．したがって，スポーツの試合への興味という偶然とも見える表面上の動機の裏に，もっとずっと強大で根深い——自己相似的な——感情の動きが隠されているのかもしれない．それは，歴史的な，あるいは愛国主義的な性格のものであると考えられる．実際，こうした感情の動きがあからさまに現れてしまうことがある．たとえば，1995年のヨーロッパ・カップでもイングランドとドイツの間にまさに「サッカー戦争」と呼ぶべき——何とか報道のレヴェルで終息し，それ以上のレヴェルにまではいたらなかったとはいえ——醜悪な事態が発生した．こうした事件と同じく，Freudが明らかにしたように，集団ヒステリー，集団パニック，集団での怒りの暴発などの現象でも，その背景には一種の「退行 Regression」のメカニズムが作動しているのである．

　しかし，この種のスポーツのイヴェント——より一般的に言えば，人々に共有されている情動が何らかの象徴性を帯びた認知内容と結びつくような機

● 第 7 章　集団のフラクタル感情論理

会——が，逆に，社会的に「前向き progressiv」な——あるいは，少なくとも建設的な——効果をもたらす場合もあるということを見落としてはならないだろう．つまり，社会の一貫性や同一性をつくりだしたり，社会の組織化をおし進めたりするという役割を，そうしたイヴェントが担っている場合があるということである．たとえば，さまざまな報道によると，人種対立によって引き裂かれていた南アフリカ共和国で 1996 年にアパルトヘイト政策が撤廃されたあとつくられたサッカーとラグビーの黒人白人混合ナショナル・チームの国際試合での活躍が，この国の人々の共同体帰属感情をかたちづくる上で大きな貢献をなしているという．このように，ある種のイヴェントが社会全体に対して破壊的ないし建設的影響力を持つという事実から，マクロ社会のレヴェルでは——個人のレヴェルには存在しないような——何らかの拡大・増幅のメカニズムが働いているということがわかる．さらに内容的な面から見ると，マクロ社会のレヴェルにおいて感情が結合するのは，特定の個人のみに関わる私的な認知内容ではなく，その集団全体に関連するような認知内容（たとえば，国民全体に関わる事象，民族の歴史に関わるような出来事など）である．したがって，思考に対する感情の作用を個人レヴェルと集団レヴェルとで比較してみると，両者はほぼ相似なかたちをとってはいるものの，増幅メカニズムの有無，感情と結びつく認知内容の種類という二つの点で異なっているということになる．このことは，一つには，社会空間では「情動の伝播（感染）」という現象が起こりうるということに起因しているのであるが，もう一つには，すでに述べたような「集団への帰属感情（帰属意識）」ともおそらく強く関連していると考えられる．ここでは後者の問題を——集団レヴェルに固有な問題として——少しばかり検討しておくことにしたい．この集団帰属感情というものは，社会の組織化，同時にまた思考の組織化を推進する一つの重要な力動因子である．たとえば次のようないくつかの事実を考えてみればよい．．．．社会的な慣習——私たちの用語で言い換えれば，日常論理——が私たちの思考を大きく規定しているという事実．あるいは，情動的な苦悩（あるいは病）がその人の社会的な孤立や集団からの排除をまねくことがあるという事実．比較的大きな社会集団への帰属の体験や周りの人たちすべてと一致しているという感覚が幸福感（原始的な感情の一つである）を伴っているという事実．．．．あのサッカーの試合のような大きなイヴェントが持っている不思議な魅力も，概ねのところ，こうした集団帰属感情からやってくるのだと考えて間違いない．さらに，それほど大規模ではなく，かなり小さな集団（たとえば，小規模な宗教団体など）

においてすら，増強・増幅の作用を受けて異様なかたちで発展してくる——外から見ればひどく混乱し偏った——観念や思想に多くのメンバーが同調してしまうことがあるという事実も，その背景にこの集団帰属感情があると考えれば，ほぼ説明がつく．以上のようなことがらは，結局のところ，人間（ヒト）というものが，すぐれて社会的な生き物であり，言い換えれば，他の個体と切り離されてしまってはもはや生きていけない「群居動物」である，ということに帰着することになるのかもしれない．「自律的で自由な個人」などといった観念は，かなりのところ，「虚構（フィクション）」にすぎない．それは，近代になって「発明されたもの」であり，もともと人間に備わっていたようなものではない．実際，ほぼ例外なく，どんな人であろうと，心理的な意味で（そしておそらく身体的な意味でも）「生き延びて」いくためには，社会（周囲の人たち）からの同意や合意を少なくともある程度は必要とするのである．進化の過程に深く根ざした強い衝動によって，人間は依然として，共同体を志向し，それゆえまたその共同体と親和性のある思考や行動を志向せざるをえない．人間はその衝動に逆らうことはできないのである．あらゆることから考えて，次のように言ってもかまわないだろう．すなわち，例外的な人や状況を度外視するならば，この集団感情や共同体感情（いわゆる「われわれ感情 Wir-Gefühle」）の持つ力動的作用は，形式論理や「理性」の作用よりもずっと強力であると言ってかまわない．なぜなら，同じ程度の知性と理性を備えた人たちが——それぞれ「まったく普通の」状況の中にいるときにさえ——それぞれにまったく異なる（集団的）「感情・認知」固有世界をつくりあげることがあるということを説明するためには，そう考えるしかないからである．

家族も個人もまるごと——小さな子どもにいたるまで——巻き込んでしまうような，そればかりか，役所や政党や，一国の元首までも巻き込むような，大きなイヴェント（スポーツでなくてもよいが）を例にとって，私たちのフラクタル感情論理の構想全体をさらに検証していくことも可能ではあるが，しかしそろそろ別の例を出して，思考に対する集団的感情の作用の問題をさらに検討していくことにしよう．

感情的コミュニケイション，情動の伝染と支配

コミュニケイションとは，その定義から言って，社会的現象の一つである．言語的なコミュニケイションにおいても，非言語的なコミュニケイションに

● 第7章　集団のフラクタル感情論理

おいても，感情に大きく支配されるような構成成分——いくつか挙げるとすれば，顔の表情，姿勢，声，身振りなど——が大きな役割を果たしている．この役割の大きさは，純粋に認知的な構成成分がそこで果たす役割の大きさと比べて，勝るとも劣らない．そのことを次に例を挙げて示す．

　　数年前，私は中国への団体旅行の途中で，自由行動の日に一人で黄山という山に登った．この山は，中国仏教五聖山の一つで，古都・西安の近くにある．夜の登山で，頂上の高台にある迷路のような寺の境内を歩いているうちに道がわからなくなって，何人もの参詣者に道を尋ねた．しかし，私の馴染みのある言語を少しでも話せる人は一人として見つからなかった．それでも，身振りや表情で互いにどうにか言いたいことを伝えることはできた．ほとんどが年若い人たちであったが，何か尋ねるために私が話しかけると，彼らはそのたびに楽しげな様子で，私にはまったく理解できない中国語を使って長々と説明してくれるのであった．英語やその他の言語をいくら試みても会話はそれほどうまくはいかず，私は，自分の母国語である（スイス訛りの）ドイツ語を不意に口にした．するとどうだろう，この感情の色合いのはっきりした言語が伴奏のような役目をして，私たちはコミュニケイションできるようになったのである．彼らは私にはちんぷんかんぷんの中国語で，私はひどく訛った（ベルンの）ドイツ語で，話しているにもかかわらず，私たちは互いに相手の言っていることを理解することができた．これがあまりにもうまくいったので，私たちは大いに笑いながら，さらにだんだんと複雑な「会話」へと進んでいった．寺の中の道順や見学すべき場所のことだけでなく，どこから来たのかとか，なぜ旅をしているのかといったことも話題にすることができた．そればかりではない．帰路のバスの中で，私のすぐ前とすぐ後ろの席に座っていた二人の参拝客が，どちらも酒に酔って喧嘩をはじめた．だんだん激しくなって，一人が棒で他方の額にけがを負わせるほどになった．そこで私が立ち上がって，威圧的な響きのあるベルン・ドイツ語で仲裁に入ると，彼らはまもなく静かになって，バスから降りるまでの間それ以上何事も無くすんだのであった．

　情動的なコミュニケイションは，異なる文化の間で可能というだけでなく，異なる動物種の間でも立派に成り立つ．このことは，すでに Darwin が記述していたことであり，また動物好きの人なら誰でも知っていることである．その場合，情動の伝播（感染）という現象が中心的な役割を演じる．苛立ちや不安，爽快感や悲しみといった感情は，即座に伝わっていく．集団の中の有力な人物——たとえば指導者とかボスといった人——からそうした感情が発せられている場合には，その感情が，その感情と結びついている認知内容や行動準備性といっしょに，その場全体をいきなり「支配／隷属化」してしまうということが起こりうる．その結果，その集団は怒り論理，不安論理，喜び論理，悲

しみ論理などの特定の感情論理の支配下に置かれることとなり，それぞれの感情論理に対応するオペレイター作用がこの集団の中で強く作動することとなる．つまりたとえば，何かを攻撃的に排除したり，何かから臆病に距離をとったり，快活に何かに近づき結びついたり，あるいはそれまで保持していた何かをつらい思いのうちに手放したり，といった傾向がそれぞれ優位になるのである．こうした現象は，二人だけのパートナーの関係や比較的少人数のグループの中での人間関係においても，容易に観察されることである．しかし，さまざまなメディアが存在する今日では，こうした情動の伝染が，かつては考えられなかったような規模と速度をもって起こることがしばしばある．たとえば，Hatfieldらは，その著書の中で，特にRaegan米大統領のテレビ演説の際の表情のことを問題にして，メディアを通じて大規模な情動感染が起こりうることを指摘している．ただし，そのHatfieldらによると，おもしろいことに，熱心な共和党支持者と民主党支持者とを比べると，しばしばまったく異なる反応が認められたとのことである．つまり，共和党支持者は，自分たちを率いる大統領の「感覚・思考」様式を，言わば，そのまままるごと受け入れたのに対して，民主党支持者では，話の内容によっては，演説しているRaeganとまったく逆の感情反応を示す場合があったのである (Hatfield et al. 1994, p.24)．したがって，個人の場合と同じように集団においても，入ってくる情報に対する反応は，情報の内容そのものに左右されるだけでなく，情報を受け取る人があらかじめ持っている「感情・認知」固有構造によっても左右されるのだということになる．さらに言えば，社会的領域においても，あらかじめ存在している感情状態は典型的なアトラクターとして理解することができる．ある集団が，いかなる認知内容に注目し，いかなる認知内容を自分の「感情・認知」的照合システムに取り入れるか（言い換えれば，いかなる認知内容がそのシステムの「中にかたちづくられる in-formiert」か）ということは，このアトラクターのあり方によって決まるのである．

　したがって，すべての知見から見て，あらゆる規模の心理社会レヴェルでの情動的コミュニケイション（伝染や支配／隷属化といった現象を含む）もやはり，つねに自己相似的なかたちで遂行されていると言える．情動的成分が，すべての言語的コミュニケイションの一部をなしており，すべての情動的コミュニケイションに付随しているというだけのことではない．情動的成分は，人と人の間の協調（コラボレイション）が成立するための前提条件なのでもある．情動ないし感情はこのように人と人を結びつける働きを持っているが，その効

果が特に顕著に認められるのは，強い情動的負荷を帯びた認知的なメルクマール——ある個人や集団を認識するための目じるし，あるいはその同一性を象徴的に担っているもの——がコミュニケイションの中に持ち出されてくる場合である．そのようなメルクマールとして，たとえば，国旗をはじめ，共同体の象徴として使われるさまざまなものがあるということは言うまでもないが，そのほか，言語（母国語と外国語），方言，微妙な言葉の訛り，あるいは服装といったものもときにはそうしたメルクマールとして機能することがある．したがって，ここでもやはり，それぞれの認知内容の重みや意義は，個人レヴェルでの場合と社会レヴェルでの場合とで，かなり異なっている可能性があることがわかる．しかし，形式面および力動面から見れば，認知内容に結びついている感情は，集団の領域でも，個人的および私的な領域におけるのとまったく相似した効果を発揮しているのである．

集合的記憶の開閉を通じて連続性をつくりだすものとしての感情

第3章で思考に対する感情の一般オペレイター作用（つまり，あらゆる感情に共通したオペレイター作用）について解説したときに，私たちは，感情状態が記憶の門のような働きを持っており，特定の認知的記憶内容への通路を，そのときの状態に応じて（状態依存的に），開いたり閉じたりすることを確認した．感情と一致する記憶内容は容易に想起され，逆に，感情と一致しない内容は抑圧される．このような効果は，フラクタルなかたちで，集団のレヴェルでも観察されるのであろうか？

そう，たしかに観察できるのである．たとえば，自国や他国の歴史を，そのときそのときの自分たちの「心性（メンタリティ）」——心性とは，特定の認知内容が特定の感情と結びついているあり方のことである——に見合うかたちで書き換えてしまうということは，くりかえし行われてきた．これは，よく観察してみれば，いつでもどこでも行われていることであって，独裁政権の下でだけ行われていることではない．たしかに，独裁制の下でそうしたことが目立って行われやすいということは言えるにしても，決して独裁制の下で「のみ」行われているというわけではない．歴史の書き換えの一つの例として，前にも指摘したが，国家社会主義（ナチズム）の信奉者たちが「ニーベルンゲンの歌」をはじめとする古いゲルマンの神話や伝承を——都合の良いところだけを選んで——記憶の底から引き出して利用しようとしたことを挙げることができ

る．しかしこれよりずっと長い影響を残したのは，19 世紀ヨーロッパのロマン主義の独特な感性（感情状態）の中でそれぞれの民族がそれぞれの過去を新たな観点から見直すという大きな動きであった．むしろこう言った方がよいかもしれない．その当時の感性（感情状態）に強い影響を受けながら，自分たちに共通の民族的文化的ルーツに気づくという，まさにそのことによってはじめて「国家という現象」が構築されたのである，と．つまり，感情に導かれて自分たちに共通する特定の記憶内容を呼び出すという集団的な動きは，近代ヨーロッパの民族国家の成立を推し進める決定的な要因となっていたのである．さらに言えば，感情に合わせて選択されたさまざまな認知的記憶内容が，一つの新たな「感覚・思考・行動」システムへと構築され，それが支配的な位置を占めるようになるというこの典型的に感情論理的な過程の中にあって，感情はまたもや，集団的「思考・行動」の中に連続性と同一性をつくりだすというきわめて重要な役割を果たしているのである．このヨーロッパ近代国家成立の動きと同じようにやはり情動的エネルギーに支えられた集団的な現象は，1970 年代の北米における黒人解放運動の高まりの時期にも観察された．それは，彼らのルーツである「アフリカへの回帰」（バック・トゥ・ザ・ルーツ）というかたちをとっていた．これと同様のメカニズムに基づく現象は，今私たちのまわりでも起こっている．というのは，現在進行中のフェミニズム革命の運動も，その独自な情動力学の支配の下に，歴史のありとあらゆる領域の中から偉大な女性を（再）発見するという試みに向かっているからである．

　感情の負荷の下に自分たちの歴史の中の選択された側面を回顧するというこうした傾向は，その人たちの思考と行動にはかり知れないほど大きな影響を与えている．このことは，私たちが直面しているさまざまな時事問題からも知ることができる．非常に明白な例として，西ヨルダンに入植したユダヤ人が 2000 年前の「大イスラエル」の復活を唱えていることを挙げてもよいだろう．各地に四散した状態（ディアスポラ）で何百年にもわたってあらゆる危険にさらされながらも，情動のしみこんだ遠い昔の記憶と神話を集団で守り続けてきたという事実を知らないままでは，ユダヤ民族の歴史の中のどの一こまも理解できないだろう．やはり最近の出来事として，旧ユーゴスラヴィアで起きた凄まじい戦争のことを考えてみてもよい．彼らの中では，遠い昔から最近にいたるまでの過去のさまざまな出来事の記憶が情動に担われてよみがえっているのだということに思いがおよばぬ限りは，この戦争の本質を理解することはできない．彼らの歴史をよく知る人が言うように，この戦争を引き起こしている要

因を考える際には，たとえば第二次大戦中にクロアチアの極右民族派組織ウスタシを中心にしてなされた残虐な行為といった最近の出来事だけではなく，数百年も前にさかのぼる一連の民族間紛争のことも考慮しなければならないのである．このような遠い昔の史実は，異なる感情状態に置かれていた（共産主義支配の）時代には忘却され抑圧された——Janzarikの用語で言い換えれば，「顕現抑止 desaktualisieren」された——ままになっていたと考えられる．

ところでまた，団体や親族の会合とか祝宴といった場面のように，感傷や幸福の気分の中で交流がなされているとき，決まって話題になるような史実や逸話（つまり一種の「神話」や「物語」）というものがある．このことからもわかるように，こうした小規模な社会空間においても，記憶に対する感情の力動的作用がやはり観察される．これに該当する例は，第5章の「喜び論理」の節で紹介した．このような「神話」の働きは，小規模な社会空間でも大規模な社会空間でも，形式的に見ればまったく同一である．そうした「物語」において（再）賦活される共通の「感情・認知」的照合システムは，さまざまな世代を通じて，その社会（集団）の連続性，統一性，および同一性をつくりだし，しかもそれを保持し，またそうすることによってすべての構成員の感覚と思考と行為に対していつまでも影響を与えつづけるのである．

狂い血迷った集団──その「感情・認知」

社会領域における感情のオペレイター作用は，「集団的精神病理」現象と呼ぶべきようなことがらが起こっているときに，最も印象的なかたちで観察できる．ただし，どのようなことがらをそう呼ぶべきであるかということを科学において明確に定めるのは，非常に難しい．正常（規範）そのものがすでに，相対的なものでしかないからである．つまり，誰にとっても，自分以外の人や物，自分に理解しえない人や物は，すべて「狂っている／（自分と位置が）ずれている verrückt」からである．ここでは集団の病理現象の例として，ミクロ社会のレヴェルでは，「二人組精神病 folie à deux」（さらに「三人組精神病」，「四人組精神病」というものもある）を挙げておくことにする．これは，共生精神病（感応精神病）とも呼ばれ，緊密な関係を持ちながら一緒に生活している二人以上の人に同時に妄想が生じることを指す．また，ミクロとマクロの間の中間レヴェルでは，ある種の「狂った」集団（セクト）の現象を，またマクロ社会のレヴェルでは，たとえば国家社会主義（ナチズム）のような極端な政治的イデオ

ロギー的運動を挙げておくことにする．どのレヴェルをとっても，「感情論理・カオス論」的に見ればそこに生じているものは，すべて特殊な「アトラクター」（あるいは，「固有世界」，「散逸構造」）である．そうしたアトラクターないし固有世界は，すでに述べたように，さまざまな感情とさまざまな認知内容とが，包括的な機能的「感覚・思考・行動」プログラムへと結びつけられて成立するものである．

次に紹介するのは，四人組精神病 folie à quatre の例である．これは，「ローザンヌ調査」と呼ばれるようになった私たちの精神病の長期経過研究の中で見いだされた事例である (Ciompi et al. 1976; Ciompi 1988a; Müller 1981)．

この男性患者は，以前から猜疑心が強く，権威的な態度で人に接する傾向があった元銀行員（職を失った理由ははっきりしない）で，49歳のとき妄想型統合失調症と診断され，はじめて精神病院に入院した．ただしこの診断は確定的なものではなく，のちの経過から見て，単なる「反応性の妄想発展」であった可能性も高いとされている．患者は，入院の数年前から，妻と二人の（まだ未成年であった）娘に対して，家族以外の者との接触をほとんどすべて禁じていた．彼は，つねに近所の人たちから嫌がらせを受け迫害されていると思い込み，家族を連れて何度も居場所を変え，ときには外国にまで逃亡した．だがどこにいても誰とも知れぬ人たちの声が聞こえてきて自分を苦しめ，その人たちが夜中に住居に侵入してきて，自分の体をどうにかしてしまおうとしているのだという．患者の不安や疑念は家族にも伝わり，彼の妄想的確信が――ついにはおそらく幻聴や悪夢の体験までも――他の三人の家族に共有されるようになっていったものと考えられる．その後病状が改善したため入院から2年後に患者は退院して自宅に戻った．このあと病院の記録の上では彼に関する記載は何も残っていなかったが，21年後の経過調査の際に次のことが判明した（私たちの行ったこの調査では，種々の事情から，個々の例についてそれほど詳しいことまでは調べられなかったし，家族や親族の状況についても十分調べられなかった）．かつての患者は，優雅な――しかし少しばかり人を見下すような感じを与える――老紳士として，レマン湖の畔にある瀟洒な邸宅に，妻および娘（二人の娘はいずれも結婚していなかったが，その一人）と三人で暮らしていた．彼が話してくれたところでは，2年間の長期入院のあと，彼は幸運にも再び銀行に職を得ることができたのであるが，定年より前の58歳のときに退職し，年金生活をはじめた．それ以降，これまでに数千枚に達する家の設計図を描いてきたが，それは――あくまで想像上の――近隣の美化のために描いているのであるという．その近所の人たちとの関係は，彼によれば，きわめて良好だとのことであった．実際，以前あったような不安や幻覚は，もはや存在していないように私たちには見えた．ただし，目立たないながらも，依然として人に対する不信感を持ち続けている様子があり，以前のような迫害的な妄想観念のかわりに，今では誇大

● 第7章 集団のフラクタル感情論理

的な妄想様の観念を抱いていることが言葉の端々から窺われた.

　これは，集団的なかたちをとった不安精神病ないし迫害精神病と呼ぶべきものであるが，この家族において，それがまだ持続しているのか，あるいはすでに消失したのかということをはっきりさせるためには，家族全員をもっと詳しく診察する必要がある. すでに述べたように，この調査ではそのようなところまで調べるわけにはいかなかった. しかし，そのような「集団精神病」が数年にわたって存在していたのは確かである. 共生精神病と呼ばれるこうした症例を詳しく調べている精神病理学者 Christian Scharfetter (1970) によれば，家族の中に明らかに精神病の状態にある人が一人いて，しかもその人が家族全体の中で強い影響力を持つ立場にあるという場合に，家族のその他の人（たち）にも同じ妄想観念が誘導されて現れてくるという事例が多い. 発端となった人は，家族のその他の人たちを威圧し，「支配／隷属化」し，家族全体を命令と禁止という厚い壁によって心理的および物理的に外部から切り離してしまう. 発端者以外の家族の側にも，ある程度の遺伝的素因が存在していて，それがこうした集団精神病の発展を助長していると見えるような場合も少なくない. いくぶんかは脆弱なところがあるにせよ，それまでは精神的にまったく健康だった人（発端者の家族）が，そのような家族環境（発端者からの影響）の中で本当の精神病になってしまうことがあるというこの事実は，精神病の理論にとってきわめて重要な意義を持っている. しかし同時にこの事実はまた，このような強い感情の力によって（心理システムの）組織化と統合が推進されているということを，ミクロ社会のレヴェルにおいて，またしても明確に例証してくれてもいるのである.

　ここに見たような家族内での感応精神病という現象と，さまざまな規模の集団全体が病的に「狂って」しまうという現象との間には，ほぼ完全に連続的な移行系列が存在すると考えてよいだろう. 感情の強い影響下で集団的「感覚・思考・行動」プログラムが著しく偏った発展をたどることがある. 一部の宗教団体によって引き起こされた事件がそれを物語っている. たとえば, Jim Jones を教祖とするカリフォルニアの宗教団体「人民寺院」は，1978年にガイアナで，集団での自殺ないし他殺により900人以上の死者を出した. David Koresh を中心とする教団「ブランチ・ダヴィディアン」では，1993年に，交渉決裂ののち米 FBI によってテキサスの「要塞」への攻撃を受け, 約80名が死亡した. また, 1995年には日本で, Shoko Asahara（麻原彰晃）を教祖とする「オウム真

理教」が，毒ガスを用いて一般人への無差別テロ事件を引き起こした．このような悲劇は，最近私たちのすぐ近くでも起きている．

　1994年10月5日，世界の主要紙がこぞって報じたところによると，約15年前にジュネーヴで設立された「太陽寺院」教団の信者合わせて53名——数名の子どもを含む——が，スイス西部やカナダなど各地で遺体となって発見された．この教団の儀式に則った集団自殺か，あるいは教団メンバーによる殺害のどちらかと考えられた．事件は世間の注目を集め，警察が大規模な捜査を行っていたにもかかわらず，その1年あまり後の1995年12月22日には，フランスのグルノーブル近郊の森の中で，この教団のメンバー16名の遺体がまたもや見つかった．前年の事件と同じようにして死亡したものと推測された．

　このショッキングな出来事について多くの出版物が出まわっている．特に挙げておきたいのは，西スイスの社会学者で宗教団体の研究を専門とするRoland Campiche (1995) による130頁にわたる分析と，長年この教団の信者であったが事件直前に脱退したThierry Huguenin (1995) による250頁におよぶ告白書である．これらの本によると，女性，それも中流階級の人が多数を占めていたこの「太陽寺院」教団は，フランス南部のカリスマ的な呪術治療家 Jo di Mambro と何人かの指導者を中心にして，数年の間に組織された．その教義は，Campiche の言葉を借りるならば，（ポスト）ニュー・エイジ思想，占星術，秘教的思考，エジプト学，バラ十字団の思想，キリスト教的黙示思想からなる「爆発しそうなカクテル」である．指導者（グル）である di Mambro は，幹部信者たちを歴史上の偉人——または大罪人——の「生まれかわり」であると見做す．彼は最初に対面したときにいきなりそれを見抜き，そうした歴史上の人物の伝記的事実を使って高弟たちが現在抱えている問題を解き明かしてみせる．さらにこの教団は，セミナーと呼ばれる集まりや，魔術的な——「彼岸で起こっていること」がそこに現れて見えるのだと信者は信じているが，巧みに仕組まれた演出がその裏にある——儀式，人間的な暖かさを持った共同生活，しかし他方では外部の者との感情的な切断，さらには厳格な——夫婦関係，離婚，結婚，セックスといった私的な問題にまでも立ち入るような——規律の強制といったさまざまな手法を駆使して，いかなる日常論理からも遠く隔たった「感覚・思考・行動」世界を，絶え間なく築き，維持し，完成させていった．この過程を発動させ組織化するのに欠かすことのできない役割を果たした感情成分は，一つには，世界破滅が目前に迫っているという不安であった．教団は，信者に対して，

● 第7章 集団のフラクタル感情論理

こうした不安をかきたてるような操作をつねに行っていた．もう一つには，自分が選ばれた者，救われた者であるという確かな意識である．ただし教義によれば，「救われる」ためには，それ専用に買い取った「サヴァイヴァル・ファーム」という広大なエコロジー農場へ逃げ込む必要があり，そこからさらに「生まれかわり」を通じて別の星へ逃げる必要がある，とされている．Campiche によると，信者が最終的に自殺（彼らはそれを「シリウスへの通過（トランジット）」と呼んでいた）にいたったのには二つの要因がある．一つは，さまざまな思想を混ぜ合わせたあの「爆発しそうなカクテル」の効果であり，もう一つは，ある種の「失敗の論理」が教団の中に作動しはじめていたという点である．なぜ「失敗の論理」かというと，黙示はなかなか現れず，老齢で病に倒れたグルは影響力を失い，何人かのメンバーたちがグルの巧妙なトリックを見破り反乱を起こしはじめていたのに加えて，おそらくは教団に経済的破綻の危機も迫っていたからである．死の決意を記した「遺言／契約の書（テスタメント）」は，最初の事件発覚より数ヶ月も前に作成されていたと考えられる．そこには，死を選ぶ理由が次のように記されていた．

　「どの国においても国家に責任を持つ者たちがことごとく無能であり，ほかならぬ自由と人権の擁護者を名乗る者たちが不誠実にして強欲であるという事実に鑑みて，さらに，偽りとごまかしをこぞって価値あるもののごとく言いくるめ，地球と生命環境の資源をますますほしいままに浪費し，万物の霊長たるにふさわしい責任の自覚を人間が持とうとしないという風潮に鑑みて，さらに，光を担った人たち（J. F. Kennedy, Gandhi, Martin Luther King ら）にことごとく迫害がおよび，自分の破壊衝動を抑えられなくなった人類に退廃が広がり，生態と環境の破壊や化学・核兵器と軍備拡張の危険が日増しに増大している状況に鑑みて，わけても，大いなる伝統の秘儀を解明しようとしているこのわれわれが，たえず警察による威嚇の犠牲となっているという事情に鑑みて，われわれは，明晰な意識をもって，しかもわれわれに備わる知力を完全に維持しつつ，この世界から引き揚げることを決断したのである」（Campiche 1995, p.97 より引用，ドイツ語訳は Ciompi による）．

　この太陽寺院の事件に関与していたのは，10代の未成熟な若者とか，教養のない小市民といった人たちばかりでは決してない．中高年の人もたくさん参加していたし，その中には，しっかりとした教育を受けてきたはずの大学関係者や，自分の道を探求している芸術家，成功を収めた企業経営者や幹部といった人たちも混ざっていた．にもかかわらず——この教団の主張の基本的な部分

は，外から見る限り，たしかにある程度まで理解できるものであったにしても——結果的には，この教団はしだいに異様な「感覚・思考・行動」レールにはまり込んでしまうこととなった．このようなことが起こりえたということを，どう説明したらよいのだろうか？　まず，既成の宗教や価値観や科学の危機，オカルティズムや新興宗教の流行，目前に迫った新たなミレニアム（千年紀）といった社会文化的な背景——つまり周縁条件，制御条件——を考えることができるだろう．こうした背景についてここではこれ以上検討できないが，この背景との相互作用の中にあって，教団を一般社会から逸脱させていった最も主要な要因は，この教団内に作用していたあの強大な感情であると私たちは考えている．教団という小社会を組織化し，そこにおける思考をも組織化する機能を果たしていたのは，感情なのである．言い換えれば，教団の中に膨大な感情エネルギーを発動させるような仕組みがあって，そのようにして動員されたエネルギーがあってはじめて——Thierry Huguenin の著書の中に迫真的に描写されているように——情動的な一貫性を備えた「論理」が生まれることができたのである．そしてこの「論理」は，教団メンバーを，しだいに逸脱の度合いを高めていく「感情・認知」固有世界につき従わせ，その結果，あのような奇怪な事件にまでも導いていったのである．たしかに，教団の個々のメンバーにおいて，おそらく，精神分析的あるいは家族力動的な方法によって理解しうるような生活史的背景を見つけ出すことができるだろう（Huguenin の自伝的記述からもこのことが読み取れる）．しかし，この教団の発展過程がある臨界点を通り越したあとでは，こうした個人的背景は，必要な周縁条件を整えるという程度の意味しか持たなかっただろうと考えられる．そうした周縁条件が整ったのちに，今度は——先ほどサッカー場で見たような——集団的感情の強大なアトラクターが生じ，そしてまさにその作用こそが，この教団の動向を完全に規定するものとなったのである．

　言うまでもなく，この種の出来事を奥深くまで理解しようとするためには，主要な「感情・認知」結合のあり方を形式面および内容面において検討し，さらにこの結合を成立させている力動関係を質的および量的に分析するという作業が必要になるはずである．しかし今のところ，そうした作業を行えるだけの十分な情報が得られていない．とはいえ，最終的に集団全体を支配するようになった強大な——複雑なネットワークをなす——アトラクターへといたるいくつかの主要な「感情・認知」レールは，すでにはっきりと見てとることができる．中心的な位置にあるのは，死に対する不安，さらにまた，現代的な生き方

● 第7章　集団のフラクタル感情論理

や生活様式に対する不安である．不安という基本感情は，抑うつ的な側面と攻撃的な側面を持っている．この不安と分かちがたく結びついているのは——この不安からの避難通路としての——「生まれかわり」の観念，あるいは，別の星に逃亡するという観念である．しかしこうした観念には，それ自体また「死への逃亡」をも意味するというパラドックスが含まれている．実際，この教団は，恐怖に打ち克つために意識的に「黙示の促進」を図るべきだとしているが，それは具体的には死を意味しているのである（この教団ばかりでなく，過激な宗教団体はこうした教義を持っていることがある．たとえば，テロ活動を繰り返した日本のオウム真理教もそうである）．自分たちが選ばれた者であるという観念もまた，このような不安からエネルギーの供給を受けていると考えられる．自分たちを選ばれた特別な人間だと考える態度の中には，当然ながら，自分たち以外の人々に対して境界を設けて攻撃するという傾向も，ある程度，作用しているはずである（オウム真理教の場合には，この「憎しみ論理」が支配的な位置を占めていたことが，さらにずっと明瞭に見てとれる）．自分たちの世界に属さないものは，何もかも邪悪なものであり，それゆえ破滅して当然であって，その破滅に対して自分たちが同情を感じる必要もない．．．．教団の中に引きこもっていた彼らはそのように思っていたはずである．逆に，ポジティヴな感情や体験——愛や喜び，人間的な親しみや相互の承認，自尊心，自己同一性（アイデンティティ），自分にとって価値あるもの——は，すべてことごとく教団と結びついているように彼らには感じられている．つまり，教団の人たち，教団の儀式や作法，教団の教義をはじめとして，教団に関連するあらゆるものは，彼らにとって，すべてプラスの価値を帯びた認知内容となっているのである．こうして，世界が明確に二つの極（黒と白）に分割されることになる．．．．良きものはすべて「われわれの方に」，「私の方に」，つまり「こちらの側に（内に）」あり，悪しきものはすべて「他人の方に」，つまり「あちらの側に（外に）」ある．．．．精神分析でよく問題にされる布置（心理的あり方）の一つでもあるこうした非現実的な態度は，その人自身に何らかの安心（もちろんそれは欺瞞でしかないが）をもたらすものである．けれども，この態度が絶対的なものであるというまさにその理由から，この態度は決して長続きすることはない．安心への欲求は，さらに，親以上に尊ぶべき無謬の存在者であるグル（Huguenin も，それが父親の代理であったことをはっきり認めている）の語る言葉——独断的な命令や，その場その場で持ち出される自分に都合の良い主張など——への盲信によっても満たされることになる．安心や「確実なもの」への欲求というこ

うした傾向も，この教団において重要な力動的機能を果たした「感情・認知」レールのうちの一つであると言ってよいだろう．この傾向は，個人心理のうちにも，集団心理のうちにも，見いだすことができる．死を受け入れられないということ，そして不確実さに耐えられないということが，この教団が築きあげたきわめて複雑な思考体系の根源——感情エネルギー論的に見ておそらく最も深い層にまで達する根——の一つをなしている．このことはしかし，その他のほとんどすべての宗教について言えることなのかもしれない．

　集団思考（より正確には，集団思考スタイル）に対する個々の感情によるオペレイター作用は，より大規模なレヴェル，すなわち国家というようなマクロ社会のレヴェルでも働いており，この作用によって生じる異様な思考体系の発展は，このレヴェルにおいて最もきわだったかたちで現れてくる．この節の最後に，このレヴェルの出来事についても検討しておきたい．これまで見てきた宗教団体の場合と比べて，認知内容という点ではまったく異なっているものの，しかし形式面ではまったく同じ感情オペレイター作用がこのレヴェルでも働いている．このことは，たとえばドイツの国家社会主義（ナチズム）を典型とするような破壊的イデオロギーの発生という史実を見ても理解できる．ナチズムの発生の歴史的経緯はすでによく知られているので，ここでその史実をあらためて詳しく述べる必要はないだろう．あるカリスマ的「指導者／総統 Führer」が一つの国民全体を「支配／隷属化」したという事実，および，この総統が社会空間をその規模にかかわらず「良きものばかりの世界」と「悪しきものばかりの世界」の両極端（白黒）へと分割したという事実に加えて，特にまた，この総統の命令によってさまざまな民族および人種集団に対して大がかりな絶滅政策が実施されたという事実も，支配的な地位を得た憎しみ論理と攻撃論理が一個の集団をどれだけ極端な状態にまで導きうるのかということを，おそろしく明確に示してくれている．しかし，これもよく知られているように，ナチズム政権の手先として動いていた者たちすべてがみな，血に飢えたような偏った性格を持っていたわけではなく，少なくとも一部には，まったく普通の市民で家庭的な父親であるような人とか，物静かに計画を策定している役人や，教養を備えた大学の教官や，論理的に思考する科学者や哲学者といった人たちもいた．たとえば，あれだけ深い思考を展開していた Martin Heidegger も——特に彼のハイデルベルク大学学長就任講演 (1933) からわかるように——ある時期，ナチズムに対して，単なる同調者という程度ではすまされないようなかなり積極的な関与を行っていたことが知られている．しかし，そのようなこと以上に

● 第 7 章　集団のフラクタル感情論理

　私たちを震撼させずにおかないのは，今日であれば誰が見ても「狂って」いると見える当時の国家社会主義の「感覚・思考・行動」世界が，必ずしもすべて，強大な憎しみと怒りの感情の作用の下に発展したわけではないという事実である．すなわち，国家社会主義を発展せしめた根源のいくつかは，それ以前の社会の中でかなりの権威を認められていたようなものの中にも，あるいは社会のうちに広く浸透していたようなものの中にも，存在していたのである．それらは，誰も気づかぬうちにすでに長い間「あたりまえのこと」となっていたような一連の観念であり，そうした観念が破壊的な感情成分を持っていることにはもはや誰も気づかなくなっていたのである．たとえば，「生きるに値しない生命を絶滅させることは正当である」という観念体系（イデオロギー）は，当時突然に発生したものではなく，19 世紀終わりから 20 世紀にかけての科学上の思想傾向の中にその起源を持っている．それは変質論と呼ばれる学説としてナチズムの時代においてもなお大きな影響力を持っていた．この学説を根拠に，すべての心理的ないし人種的な特性は——自分たちの持っている特性は除いて——変質のせいであるとされた．この観念が，極端なかたちにまでおし進められて，ついには恐るべき結果をもたらしたことはよく知られている．数百万にもおよぶユダヤ人，ジプシー（シンティ・ロマ），あるいはその他の「人種的に劣等」とされた人々が殺害されたほか，10 万人を超える精神科の患者も殺された．この問題について Hartmann Hinterhuber は，最近出された著書「殺戮と忘却」の中で次のように書いている (1995, p.124)．

> 「1900 年前後に『（人種）優生学 Rassenhygiene』の理念が世界中で発展した．『国民福祉の促進』を断種と安楽死によって達成しようという考え方である．この思想は，国家社会主義者たちのもとで，とりわけ肥沃な土壌に根づくこととなった．というのも，国家社会主義者たちの手によってはやくも 1933 年 7 月 13 日に『遺伝病の子孫の出生を予防するための法律』が公布されたからである．この法律によって，精神病患者と知的障害者の強制断種が認められることとなった．党幹部，医師，教師，文学者たちは，断種という行為が思想的に正常なことだと見せかけるために動いていた．1934 年から 1945 年までの間に 40 万人が強制断種術を施行され，そのうち 1000 人以上の人——主として女性——が手術のために命を落とすこととなった．」

　当時の専門雑誌の論文からも知られるように，このような方向の「科学的」思考スタイルは——たいていはそれに基づいた「医学的」実践を伴って——ヨーロッパ全土に広まり，数十年にわたって続き，さらに 1945 年を過ぎても一

斉に舞台から姿を消したというわけでは決してなかった．少なくとも私の住む
スイスでは，精神遅滞と統合失調症の患者に対する強制断種が，1960 年代か
ら 70 年代になっても，それほど複雑な手続きを経ることなしに施行されてい
た地域があった．さらに言えば，戦争中スイスの国境に入国を求めてやって来
た何万人ものユダヤ人は，容赦ない入国審査係官の拒否に会い，その結果，生
き延びる道を奪われたのであった．そのうえ係官たちは，こともあろうに，パ
スポートにユダヤ人識別のためのスタンプを押しておくように前もってナチス
側に要請していたのである．私たちの国で「あたりまえ」のこととなっていた
もう一つのことが，最近になって外国からの激しい批判を浴びて，ようやく
見直されることになった．それは，スイスの銀行に預金されていて第二次大戦
中に所有者を失ったユダヤ人の財産の問題である．これまで何十年にもわたり
私たちの国は，この金の行方についてほとんど何の配慮もしてこなかったので
ある．おそらくどのような集団においても，集団内で「伝染」のメカニズムが
働いている場合には，集団の思考や行動がおそろしく逸脱してしまう危険がつ
ねに存在する．しかもこの逸脱の事実は，情動の作用によって「顕現抑止」さ
れて，意識にのぼってくることがない．さらに言えば，私たちは，私たちが現
在保持している「感覚・思考・行動」習慣のうちのいかなる部分が，将来，そ
のような逸脱と見做されるようになるのかということをほとんど予想できない．
それは，たとえば，今のところ「普通」だとされているような動物との関わり
方であるかもしれないし，あるいは自然一般との関わり方であるかもしれない
のである．過去に受けた迫害への反応と見做すのであればある程度理解できる
ことではあるが，イスラエルもまた，かなり以前から，不安と憎しみの持つ作
用に抗うことができずに，逸脱へと向かっている．これは歴史の悲劇と言わな
ければならない．1995 年秋には，パレスティナ人拘留者に対して拷問を行っ
たことでイスラエルはアムネスティ・インターナショナルから強く批判され
た（Neue Zürcher Zeitung 紙，1995 年 10 月 25 日付，第 7 面）．にもかかわらず，
その一年後，世界の主要紙がこぞって報じたところによると，イスラエル最高
裁判所は，テロ活動の容疑で拘束されたパレスティナ人の尋問に際して物理的
強制の手段を用いることを公式に容認した．これ以外の多くの側面から見ても
イスラエル・アラブ紛争は，集団間で相互にくりかえしかきたてられてきた不
安，怒り，憎しみの感情がいかに強大な破壊的作用を持ちうるかということを
教えてくれている．集団のうちに深く刻み込まれたこれらの感情が，すでに何
十年にもわたって，双方の集団の思考と行動を規定しているのであり，これら

● 第 7 章　集団のフラクタル感情論理

の感情の強大な作用は,「合理的な論理」にも,そして——当事者にも第三者にも存在しているにちがいない——平和へのあこがれにも,まさっているように私たちには思える.

小規模または大規模な社会空間における非線形的相転移および「バタフライ効果」

　社会的プロセスが,多くの場合,非線形的に経過する——つまり,しばしば跳躍的な動きを見せ,予測不可能である——ということについて疑問をさしはさむ人はいないだろう.このことは,理論的な面から見ても,社会的プロセスにおいて多数のフィードバックのメカニズムが関与しているということを考えれば,当然のことだと言える.カオス論的な説明モデルが必要だというのもこの理由からである.すでに前に述べたことであるが,血の気の多い二人の男の口論がエスカレイトしていってついには殴り合いがはじまるという出来事を考えてみても,全体としてまったく別種の行動水準(そしてまたまったく別種の「感覚・思考」水準)への非線形的な跳躍(相転移)がそこで起こっていることがわかる.マクロ社会レヴェルでこれに相当する出来事は,「別の手段による政策の続行」,すなわち戦争が始まることである.この二つのレヴェル(殴り合いと戦争)において,攻撃的な気分と緊張が高まっていく過程は,どう見ても互いにまったく相似なかたちをとっているように思われる(カオス論で言う自己相似性).この二つのレヴェルの中間にあるような家族や集団の出来事のレヴェルでも,ある機能パターンから別の機能パターンへの非線形的相転移の現象を観察することができる.カオス論的モデルを用いた(家族や小集団を対象とする)研究は,そのような非線形的相転移の際に,システム内のフィードバック・プロセスの亢進状態が認められ,このことが重要な意味を持っているということを明らかにした (Elkaim et al. 1987; Brunner et al. 1991; Vallacher et al. 1994).マクロ社会のレヴェルの現象についても同様の試みがなされており,たとえばクーデターのような政治的あるいは社会的な状態の突然の反転をカオス論的に捉えようとしている.

　　ミュンヒェンの社会学者 Nicole Saam は,複雑な計算に基づいたコンピューター上のシミュレイション・モデルによって,1932 年から 1992 年までの間にタイで起こった合計 21 回の軍事クーデター(失敗に終わったものを含む)の非線形的力動をカオ

ス論的に分析するという研究を行い，1993年に初めて報告した．彼女のこのモデルは，政治というマクロなレヴェルと，個人というミクロなレヴェルとが，構造的にカップリングしているということを前提にしている．このミクロなレヴェルに関連する変数の一つとして，模擬的な重要人物の態度——たとえば，軍部の重鎮たちが民主制に対して共感を持っているか，あるいは反感を持っているか——といったような因子も計算に入れられている．この個人のレヴェルで特に重視されているのは，模擬的人物の価値体系（言い換えれば，感情的な態度）である．シミュレイション実験の結果が示すところでは，国全体の経済情勢や社会文化的状況と並んで，そのような個人的な価値観も，クーデターが成功するかどうかにとって重要な意味を持っている．クーデターを事前に防ぐ方策として，彼女が特に重視しているのは，信頼感を醸成するような——つまり，特に情動に影響を与えるような——措置や政策を実施することである（第3回秋季アカデミー「心理学と精神医学における自己組織化」，ベルン，1993年．さらに Saam 1996 も参照）．

　このような方法によってミクロ社会およびマクロ社会の相転移の力動関係をしだいに深く理解できるようになるだろうと期待することは，根拠のないことではない．相転移のプロセスに関連して特にその応用が期待できるのは，履歴現象 Hysteresis（遅延，ヒステリシス）と呼ばれている特性である．これは，カオス論的に言えば，反転（跳躍的相転移）を生ずる点——すなわち臨界点——が，その臨界点にいたるまでの状態変化の方向やあり方に従って，位置を変えるという現象を指している．つまり，臨界点への接近のしかたに応じて，臨界点は移動するのである．例を挙げよう．よく知られているように，けんかや戦争をはじめることは，それを終わらせることより，ずっと簡単である．対立の緊張が高まっていってそれがある一定の点に達すると紛争が生じるが，今度は緊張が低下していってその同じ点に達しても——今述べた遅延（ヒステリシス）効果のために——紛争が必ずしも終結するとは限らない．緊張がさらにずっと低下していかなければ，元の正常の状態への跳躍（再反転）は起こらないという場合がある．情動の動きについても同じような特性が見られる．基底にある感情の動きは，表面にある思考の動きよりも遅い．だからたとえば，敵対してきた二つの集団が表面的には和解したとしても，恨み（ルサンティマン）の感情が，目立たぬところで何年，何十年とくすぶり続け，突如として再び燃え上がるといったことも起こりうるのである．

　さらに，個人または集団の危機（臨界状態）について考えるときには，第4章で説明したいわゆるバタフライ効果をつねに考慮に入れておく必要がある．システム全体がまもなく反転しようとしているような臨界点近傍の不安定化

● 第7章 集団のフラクタル感情論理

の局面では，とるにたらないような小さなことが原因となって不釣合いに大きな変化が生じてくるということが起こりうる．このバタフライ効果は，国際政治の舞台でも，1989年秋ベルリンの壁の通行が自由になったことをきっかけとする一連の——世界中が注視した——出来事のうちにはっきりと観察された．ベルリンの壁に開いた，たった数メートルの幅の割れ目が——これ自体，東ドイツ難民のためのハンガリー・オーストリア国境開放という直前の出来事によって，すでにくいとめようのないことだったのであるが——それまで70年以上も存続してきた共産主義陣営全体を崩壊に導いたと言うこともできるだろう．もちろん，そのように迅速に事が進んでいった背景には，Gorbatschow登場以来すでに何年にもわたって東ヨーロッパの政治情勢全体が不安定になっていたという状況，また特に壁崩壊前の数ヶ月間について言えば，その頃さかんに報道されていたライプツィヒの「月曜デモ」をはじめとする動きによって，社会内の情動的エネルギーが高まる一方であったという状況があった．そして壁崩壊ののち，情動の高まりに支えられながら，信じがたい速度でドイツ再統一が実現されることになった．このことは，集団レヴェルにおけるエネルギー動員および組織化の過程を強力に支えているものが感情であることを，やはりきわめて明確に示してくれている．もし仮に，この決定的に重要な時期に，東西のドイツの間に集団的な「愛」の感情が存在せず，純粋に「合理的」あるいは「認知的」なレヴェルでものごとが動いていたとしたら，おそらく再統一の実現までになお何年，何十年という時日が経過していたはずである．このことは，再統一後しばらくして国民が冷静さを取り戻して，それまで抑圧されていた具体的問題に直面したときに，誰の目にも明らかになったことである．

　バタフライ効果でしか説明できないもう一つの印象的な出来事の例は，1993年10月に起こった全世界の市場における危機的な株価暴落である．専門家の見解を信じてよいとするなら，当時の世界経済はひどく危機的な状況にあったわけではない．誰も予想しなかったこの突然の値崩れの原因は，むしろ，株価をシミュレイションしていた世界中の膨大な数のコンピューターのプログラムが，ほんのわずかなきっかけから一種の相互作用を起こしはじめ，それが急激に「なだれ」のように増幅していったことにあると考えられる．それらのシミュレイション・モデルは，こうした増幅効果が発生しうるということを十分に考慮に入れていなかった．そのために，市場は制御のきかない状態に陥ったのである．投機的な動きをする市場において最も重要な因子は，情動成分（不安，期待，狙い）である．今見た出来事において決定的に重要な役割を果たしてい

たのも，やはり——コンピューターのプログラムの中に組み込まれた——情動成分だったのである．

　たった一つの情報が——あるいは今日の「テレビの時代」においては，たった一つの映像が——何かの予兆としての「蝶（バタフライ）」の役割を果たすという場合もしばしばある．たとえば，1994年にアメリカの全放送局は，ソマリアの首都モガディシオで米軍に抵抗する市民が米兵の死体を車に繋ぎ引きずりまわして勝ち誇っているシーンを，くりかえし放映した．二年におよび難渋をきわめていたソマリアへの軍事介入は，この放送がきっかけとなって，突然中止されることとなった．また，アフリカのサヘル地帯に住む一人の飢餓状態の少女のテレビ映像は，視聴者の同情を呼び起こし，この放映の数年後には，長く放置されていたこの地域の飢餓住民に対して，全世界からの救援活動がなされるにいたった．これとも関連してもう一つ指摘しておくべきことは——政治家なら誰でも知っていることであるが——絶好のタイミングを捉えて何か象徴的なパフォーマンスをしてみせることがいかに大事かということである．たとえば，1970年にワルシャワの旧ユダヤ人居住地区（ゲットー）を訪れたドイツ首相 Willy Brandt が，記念碑の前で突然，地面にひざまずいて謝罪の意を表現したこと．1995年の夏に日本の首相が，戦後50年にあたって過去の植民地支配と侵略を認め，反省とおわびを表明したこと（「村山談話」）．同じく1995年にイスラエルの首相 Izsaak Rabin とパレスティナ人を代表する Yasir Arafat が，テレビカメラの前ではじめて握手をかわしたこと．．．．「それを誰が予想していただろうか．それを憶えていない者はない．それはものごとを変えた．それは国民に新たな道を開いた」．Willy Brandt を追悼する演説の中で1992年にドイツ大統領 Richard von Weizsäcker は，あの Brandt の行為をこのように位置づけた．このような行為が，「それにふさわしい瞬間」（古代ギリシア語のカイロス kairos）になされるのであれば，それは後々まで甚だしい影響を残していくことになるかもしれない．しかし，そのような瞬間になされるのでなければ，それは，ただ空回りして宙に消えていくだけのことになってしまうだろう．

まとめ——フラクタル感情論理の構想の正しさと，創発の問題についての新たな理解

　「感情・認知」相互作用のあり方をめぐって，本書の第2部を通じてさまざ

● 第7章　集団のフラクタル感情論理

まな例をとりあげながら考察を行ってきたが，これまでに——特にこの第7章において——私たちが獲得してきた新たな認識をここでもう一度振り返って見ておくことにしよう．全体として明らかになったことは，これまでに見てきたミクロおよびマクロ社会のさまざまなレヴェルにおいて，やはり例外なく，個人心理学的レヴェルにおいて認められるのと原理的に類似した感情作用が実際に作動しているということである．その感情作用とは，感情が思考と行動に対して，動員（発動），組織化，統合というかたちでスイッチの働きを行っていることを指している．さらに私たちは，健康な（正常な）現象と病的な現象とにおいて，思考に対する感情作用が，形式的および構造的には——つまり，現象の内容や程度を問題にしない限りは——完全に相似しているということを見いだした．これらのことから見れば，きわめてさまざまなレヴェルにおける心理現象が，スケールに依存しない自己相似性を持つという私たちのフラクタル感情論理の根本仮説の正しさが，はっきりと確認されたと言ってよいだろう．社会レヴェルには増強・増幅のメカニズムが存在しているので，予測していたように，大規模な集団における現象の中では，思考と行動に対する感情のオペレイター作用が拡大されて，特に明瞭に観察されるということも確かめられた．情動の伝染という現象は，どれほど小規模な対人接触においても観察できるものであるが，やはり大規模な現象において非常に目立ったかたちをとる．この情動伝染という現象からも，集団レヴェルでの増幅効果を説明できるが，しかし増幅効果は伝染だけから生じているのではない．認知的プロセスと情動的プロセスがつねに混ざり合って，一体化しているという特徴も，個人的領域よりは社会的領域において，ずっと明確に見てとることができる．さらに，注意の焦点を定め，注意を階層化し，記憶内容を動員し，思考と行動を組織化するという感情のオペレイター作用もまた，集団レヴェルにおいてはきわめてはっきりと現れてくる．逆に言えば，さまざまなものを結合するという感情の作用が働いていないとしたら，すべてのものがばらばらになり，社会そのものを維持することさえできないはずである．そして，共通の意志も，共同の行為も，「時代精神」も，共通の「思考スタイル」も，「集団の心性（メンタリティ）」も，さらには流行というものさえも，すべて成立しえないということになってしまうはずである．

さらに，個人の精神病理現象とまったく同じように，集団の精神病理現象というものも——ただ，その定義をどうするかという問題はまだ解決されていないが——たしかに存在する．そこには，やはり個人の精神病理現象の場合とほ

|||||||||||||||||| **Kapitel 7**

ぼ相似なかたちで，集団や社会全体を異様な（「狂った」）思考や行動へと導いていくようなさまざまな感情力学的な力動形態が確認できる．すなわち，集団の場合も個人の場合と同じく，「狂い」や「ずれ」といったものは，無数の自己相似的なミクロ過程――言い換えれば，反復経路を持つ「レール」――を経て発展してくる．このミクロ過程においては，まず，気分に依存するさまざまな感情特異的な認知内容が選択されて，次に，それらの認知内容が互いに結びついて，均一な感情質を持ったミクロ照合システムへとまとめあげられる．そして，感情のこうした「接着剤」としての作用によって，ついには，恒常的な「感情・認知」固有世界が成立することになる．さらに，これらの過程のどの段階でも，典型的なバタフライ効果が発生することがある．すなわち，システムが不安定化して臨界点に近い状態にあるときには，とるにたらないようなほんの小さなことが原因となって，後々まで影響を残すような不釣合いに大きな変化が生じてくるということが起こりうるのである．

　このような「固有世界」（あるいは，「思考スタイル」，「思考の集合体」）が持つアトラクター機能も，やはり，個人領域よりも集団領域において，より顕著に認められる．というのも，このアトラクター機能は，集団の中では，感情の伝染によって，そしてまた模倣・同一化のフィードバックが働くことによって，増強されるからである．こうして見ると，個人の「感情・認知」力動と集団の「感情・認知」力動は，互いに相似しているとともに，相互につねに影響し合い，相互につねに増強し合うという意味で，相補的な関係にあると言える．この点に関して重要な役割を果たしているのは，やはり主として感情的なメカニズムを通じて作用する「順応圧力 Konformitätsdruck」（あるいは，Berger と Luckmann の用語で言えば，「感情圧」）である．これらの社会的増強メカニズムを通じて，日常的に使用される「感覚・思考・行動」プログラムが徐々にできあがっていく．それは，あたりまえのことがらとして特に反省を伴わずに通行できる通路となり，これが幅の広い幹線道路として踏みならされ，私たちの言う意味での日常論理へと発展する．この日常論理が感情備給を受けていることは，やがてほとんど意識されなくなってしまうが，それでもその集団の中に一様に認められる好き嫌いの傾向や価値観ないし先入観といったかたちで，感情の影響はいつまでも存続している．こうした「感情・認知」日常世界がアトラクターとしての特性を持つのは――集団レヴェルでも個人レヴェルの場合と同じく――自動化に伴うエネルギー節約が快をもたらす（あるいは，不快を遠ざける）からである．言い換えれば，集団のレヴェルでも，すべての固有世界

Kollektive fraktale Affektlogik

● 第7章　集団のフラクタル感情論理

は，それが自己組織化の過程によって発生したものである限り，基本的に——それが意識されなくなっているにしても，やはり——「快の道」あるいは「不快回避の道」のネットワークから成り立っているのである．

　これまで述べてきたことすべてを考え合わせてみれば，個人レヴェルの心理学および精神病理学の領域から社会領域へと視野を拡大したことによって，私たちの仮説の正しさが確認されただけではなく，私たちの仮説が深められることにもなったということが言える．ここで特に明らかになったのは，私たちのフラクタル感情論理の構想が，幅広くさまざまな事象を記述し，さらには説明していくのに大いに役立つものであるということである．このことによって，きわめて多様なレヴェルにあるさまざまな現象を，ただ一つの科学的言語体系を用いて記述することが可能になるはずである．ところで，私たちの考察によれば，いかなる観察レヴェルにおいても必ず「感情・認知」相互作用が認められるという自己相似性が確認されただけでなく，やはりすべてのレヴェルにおいて，結合をつくりだすものとして何らかのエネルギーが作動しているはずだということも明らかになった．私たちの構想では，このエネルギーは感情に由来すると想定されている．集団における現象においても，感情が，エネルギーを担い運搬する主体として，あるいは動力装置（エンジン）として働いていると考えられる．このように社会レヴェルでも感情エネルギーが作動しているという想定を置くことによって，現代のシステム論やカオス論の知見を社会レヴェルの出来事に応用することが可能となる．このシステム論とカオス論は，あらゆる種類の複雑なシステムにおいて，相転移が突然に生じることによってシステムが全体として別の様態に跳躍的に変化するという現象を分析し，そのメカニズムをすでに明らかにしてくれている．システム論とカオス論を援用することで，私たちは，心理社会的プロセスが「原理的に」予測不能である——ということはつまり，関連する変数を十分に捕捉できていないという実際的・技術的理由によって予測不能なのではない——という重要な認識を得ることができた．これは，非線形的相転移の過程の分析からカオス論が導き出した洞察なのである．この洞察は，ある意味で，パラダイムの根本的転換と呼んでもよいほどの大きな意義を持っている．というのも，この洞察は，これまでの誤った思い込みから人々を解放してくれるからである．すなわち，複雑なシステム（複雑系）の動きも，それに関与する因子をすべて正確に捕捉しておきさえすれば，確実に予測できるはずだという迷信を，この洞察は打ち砕く．それまでの予測可能という観念の代わりに，ミクロおよびマクロの社会的な事象は，原則とし

て，予測のつかないものであり，それぞれ一回限りのものである——カオス論はさらに，時間や歴史が一方向にしか進まないということも明らかにした——という認識が導き出される．一方でこの認識は，どうしても消し去ることのできないリスクがあるということを私たちに気づかせるとともに，すべての知識や認識の根底的な不確実さを受け入れ，耐え忍んでいくことを私たちに迫っている．しかし他方でこの認識は，いかなるレヴェルの事象も前もって決定されてはいないということを主張しているのであるから，私たちに対して大きなチャンスの存在を示していることにもなる．なぜなら，別の発展の可能性がいつも必ず存在するというのであれば，どんな過程にも創造的な革新や有効な介入を行うためのある程度の余地がやはり必ず残されているはずだからである．

　ここまで私たちは，どのようなレヴェルの「感情・認知」相互作用も，形式的および構造力動的に見て同じ特性を持つということを強調してきたし，まさにそのことを明示することがフラクタル感情論理の中心課題でもあるのだが，しかしだからといって，それぞれのレヴェルの間に歴然とした相違があるという事実を無視してよいわけではない．当然ながら，社会レヴェルでの「感情・認知」相互作用は，単純に，個人レヴェルでの「感情・認知」相互作用へと還元できるものではない．その逆もまた然りである．というのも，まず一つには，集団のレヴェルでは，先ほどから問題にしている増強効果によって，感情に関連する諸メカニズムの作用は，ただの個人のレヴェルでは決して見られないような，すさまじい威力と浸透力を獲得することになるからである（その具体的イメージとしては，たとえば，私たちがあのサッカー場で目にしたような短時間の集団現象のことを考えてもよいが，もっと長期的な現象として，一つの時代にわたって人々に特定の「感覚・思考・行動」パターンを強制し，そのほかの「感覚・思考・行動」パターンを排斥するという方向で作用しつづけている「順応圧力」のことを思い浮かべてみてもよいだろう）．しかしそればかりでなく，もう一つには，それぞれのレヴェルにおいて現象の複雑さも大きく異なっているからである．長期にわたる集団の発展においては——内容的・質的に見ても，程度の面から見ても——個人のレヴェルでは絶対に不可能であるような組織形態やパターンが現れる（創発する）．逆に，個人の発展において生じてくる個性は，時間とともに変化しやすく，状況に応じて柔軟な適応を見せるが，このような特性は，一般に緩慢な動きをするマクロ集団のレヴェルでの発展には認められない．このことを典型的に示してくれる例として，何百年という歴史の中で教会の組織形態を基本としてすみずみまで制度化されてきた集団レヴェル

● 第 7 章　集団のフラクタル感情論理

での宗教的信念体系や，これと同じように集団の中で制度化されている政治的または科学的な「感覚・思考・行動」体系を挙げることができる．ここに挙げた例から見てとれるように，個人レヴェルでは決して達成できないような高度に分化した「感情・認知」相互作用が，集団レヴェルにおいては実現されうる．つまり，個人レヴェルと集団レヴェルとでは，システムの分化の程度が著しく異なる（どの時代，どの地域をとってもそう言える）．マクロ社会のレヴェルでは，特定の条件の下で，それまでに見られなかったようなまったく新たな大規模な過程や組織形態が創発することがある．これは，第 4 章で紹介したベナール不安定性 Bénard-Instabilität と呼ばれる物理学的現象——ある液体の層を熱していって特定の温度に達したとき，それまでは個々の分子が不規則に運動（ブラウン運動）していたのに，突然に，分子の大集団の流れが生じ，シナジー（共働）に基く大規模なパターンが形成されるようになるという現象——と非常によく似ているとも言える．個人のレヴェルと集団のレヴェルとの間には，今述べたような根本的な相違が存在する．このことに照らしてみれば，感情状態がいかなるレヴェルにおいても原則として同質のオペレイター作用を思考と行動におよぼしているという事実は，いっそう注目すべきことであるように感じられる．

　これまでの考察から私たちは，それぞれ異なる心理社会レヴェルにあるさまざまな「感情・認知」過程が，互いに相似性を持ちながら，しかもそれぞれに相違しているということを知ることができた．しかしそうであるとすれば，その考察の最後に，なお（少なくとも）二つの大きな問題を検討しておかなければならない．一つは，そもそも「集団的 kollektiv」な思考や感覚とは何なのかという問題であり，もう一つは，量的または質的に新たなものが「創発 Emergenz」するのはどのような場合であるのかという問題である．

　一番目の問題は——少なくとも，それに対する大まかな答えでよいというのであれば——比較的簡単に答えられる．つまり，何らかの「感覚・思考」プロセスが，人の集まりや社会の中で，かなりの数の人たちによって——もちろん場合によっては，大多数の人たちによって——共有されているとき，そのプロセスを「集団的」と呼んでかまわない，というのが一つの答えである．「集団的」な行動についても，同じように考えればそれですむ．わかりやすい例として，ここでもやはり，大きなスポーツの試合のような，情動的負荷を帯びた大規模なイヴェントのことを考えてみればよいだろう．そうした場では，感情や思考が多くの人に共有されるという現象が，はっきりと見てとれるはずである．し

Die emotionalen Grundlagen des Denkens

かし，そのような現象が——それほどには目立たないものの——非常に長期的に持続する例を挙げるとするなら，一国の国民全体の中で，あるいは一つの民族の共同体の中で，多数の人々によって共有されている宗教的または政治的な価値観，イデオロギー，確信といったものが典型的なものであると言える．私たちは，「集団的」な思考ないし感覚というものを，さしあたりこのように定義している．このような定義は，集団的「感覚・思考・行動」様式の持ち主が結局のところつねに個々の人間でしかないという事実によっても，集団的プロセスと個人的プロセスの間に複雑な相互作用や相補的関係が存在するという事実によっても，何ら変更を迫られるものではないと私たちは考えている．

　二番目の問題は，システムの複雑さが増すにしたがって，それまでには無かった新たな特性が出現してくるという「創発」の現象を，どのように理解すべきかという一般的な問題につながっている．そこにはきわめて広い領域のさまざまな問題が含まれている．ここで私たちができるのは，その問題群の中から，感情エネルギー論的に見て私たちの構想と関わってくるような一部分のみを取りあげて検討していくことだけである．心理社会的な現象領域に限らず，その他のさまざまな力動システム（力学系）においても，創発ということがしばしば問題にされている．たとえば，生物学的進化における創発の問題がある．脊椎動物として分類されている動物種には——それぞれの種がそれぞれ異なる進化段階にあるにもかかわらず——多くの共通点とフラクタルな自己相似性が認められる（脊椎自体の形態と機能のほか，四肢，脳，内臓などの形態や機能にもさまざまな共通の特性が認められる）のであるが，しかし進化のどの段階をとってみても，新たな段階では必ず，それまでには無かった新たな特性が発生しているのだということが知られている．ところで，この問題には，私たちはすでに出会ったことがある（第4章参照）．つまり，フラクタルな自己相似性はどれだけの範囲にまでおよぶのか，どこにその限界があるのか，という問題である．その際私たちは，システム間の境界がどこに置かれるかは，観察者自身の見方（パースペクティヴ）に左右されるということを指摘しておいた．ところで，さまざまなレヴェルでフラクタルに現れる心理社会現象を感情エネルギー論的に検討することによって，私たちは，感情と認知の新しい組織形態が出現するためには，少なくとも，感情緊張の水準が特定の臨界値に達していなければならないという関連を知った．そしてこの関連もまた，自己相似的に，個人レヴェルでも集団レヴェルでも，成立している．しかしこのことを，その二つのレヴェルの関係という点から，より詳しく説明することが可能である．

● 第 7 章　集団のフラクタル感情論理

　たとえば次のようなことがありうる．．．．誰かが，自分の領域を侵犯したよそ者に対して個人的な怒りを抱いたとする．しかしその怒りは，自分一人の心に抱かれている限り，それ以上の効果をもたらすことなく，いずれ消え去ってしまうだろう．しかし，その怒りが集団によって抱かれ，そこに社会的な増強（増幅）効果が加わった場合には，それまでに無かったような複雑な社会的組織形態と「感覚・思考・行動」様式が形成され，場合によっては，侵略に対する防衛と称する戦争さえ起こりかねない．．．．同様に，怒り以外のさまざまな個人的な力動形態も，そこに含まれる感情によって供給されるエネルギーが社会的に増幅され，シナジーのかたちに束ねられた場合にのみ，上位のレヴェルにおいて新たな特性を創発せしめるのである．したがって，結論として次のように一般化して言うことができる．任意のレヴェルのある心理社会システムにおいて，新たなものが創発するのは，相互に影響しあっている（個人の）感情緊張ないし感情エネルギー（の総和）が一定の臨界値にまで増大した場合だけである．
　私たちは認知内容の創発という現象をこのように解釈している．この解釈は，心理社会的領域以外の領域にも広く適用することができる．この解釈は，たとえば，物理学や化学や生物学においても同じように用いられる（そのうち物理学と化学では，たとえば何かが加熱されて温度が臨界点にまで上昇したり，あるいは何らかの「臨界量」が達成されたりすることによって，また生物学では，ある臨界値を越えて個体数または個体間距離が変化したりすることによって，創発現象が出現する）．同時にこの解釈は，すでに見たようなカオス論の知見ともまったく矛盾しない．その知見とは，本書第 4 章の図 2 に示したように，システムへのエネルギー流入量が増加していくと，多くの分岐が現れ，これらの分岐点（一種の臨界状態を示す）においてそれぞれ新たなエネルギー配分パターン（散逸構造）が発生するという事実のことである．これは，あらゆる種類のシステムに当てはまる法則である．ちなみに，ここで特に注目すべきなのは，前にも述べたように，カオス領域のただ中にフラクタルなかたちで突如として現れる「間欠的秩序構造」（あるいは「秩序の窓」）である．この秩序の間欠的出現（カオスの断裂）もやはり，新たな秩序パターンの創発とエネルギー水準の上昇との間に直接的な関係が存在していることをきわめて明確に示している．
　今述べてきたような一般的な知識を，心理（精神）力動や社会力動の領域に当てはめてみよう．そうすれば，それぞれの感情状態とそれに結びついた「思考・行動」形式は，それぞれ異なるエネルギー水準を持っているのではないか

という考えが浮かんでくるはずである．たとえば，怒りと不安（不安よりはむしろ，怒りと勇気とが結びついた感情状態を挙げた方がよいかもしれない）が，きわだって大きな感情エネルギーを呼び起こすことは明らかである．前にすでに確認したように，戦争というものは——怒り（攻撃）や不安の体験が積み重なることによって必然的に生じてくる高度な心の痛みや苦悩だけでなく——ある種の創造の力を秘めている（戦争は「あらゆるものごとの父」である）のだが，この創造の力も，怒りや不安によって動員されるエネルギーからやってくるのかもしれない．しかしまた，関心や喜びをはじめとする「ポジティヴ」な強い感情も，平均水準を大きく上回る量の感情エネルギーを持ち，そしてやはり創造の力を高めてくれるものである．これとは逆に，悲しみや抑うつは，エネルギー量が平均水準をはっきりと下回るという点にその特徴を持っている．そしてこの場合もやはり，エネルギー量の低下に対応して，創造の力がはっきりと落ちてしまうのである．最後に日常の「感覚・思考」についてであるが，これは，どう見ても，効率の良い平均水準のあたりを動いているとしか考えられない．以上のことから考えれば，すでに述べた「不安論理」，「怒り論理」，「喜び論理」，「悲しみ論理」，「日常論理」のそれぞれの質的・形式的な差異は，概ねのところ，そこに関与する感情エネルギーの量的な違いから生じたものであると言って間違いない．

　今述べてきたことは，またしても，個人または集団のあらゆるレヴェルにおいて，自己相似的に（つまり，互いによく似たかたちで）観察できる．．．．というわけで，創発現象の感情エネルギー論的特性について検討してきたこの「まとめ」の考察をもって，心理（精神）力動と社会力動のすべての領域における「感情・認知」相互作用を想定する私たちの構想の紹介は完結することとなった．すべての面において一貫した——まさに「フラクタル感情論理」の名にふさわしい——私たちの構想の全体像がここに明らかになったのである．

◆第3部　理論面および実践面への帰結

第8章
他の構想との理論的な関連および相違

> 認知なき情動は盲目であり，情動なき認知は空虚である．
> Manfred Wimmer (1995b)

　私たちのフラクタル感情論理の理論構想は，さまざまな知の領域において得られた知見を総合して，あらゆる心理社会現象を一つの新たな見方から包括的に捉えようとするものであるが，本書の冒頭（「この本について」）でも指摘したように，すでにかなり以前から，私たちとは異なるいくつかの方面からも同様の試みがなされるようになってきており，それらも一定の成果を挙げている（ただしそこでは，E. Bleuler, Bollnow, Fleck, Kuhn, Elias, Arnold, Janzarik といった学者たちの業績は，大抵の場合，無視されてしまっている．これらの学者は，もっと昔から，情動成分が思考に多大な影響を与えているということを指摘していたのである）．こうした試みは，およそ20年ほど前から科学のさまざまな領域に現れるようになり，その数はしだいに増加してきた．さらに最近になって，その勢いは増すばかりである．やはりすでに述べたことだが，私がこの本を執筆している間にも，当然ながら，いくつかの注目すべき著作が発表されており，それらは私たちがここで提唱している見方と概ね一致した方向にあり，また私たちが気づかなかった点を補ってくれてもいる．
　しかし，一致した方向にあるとはいえ，それらの著作と私たちの構想との間にはやはり無視できないような相違点がいくつも存在している．したがって，フラクタル感情論理の応用可能性や認識論的および倫理的な帰結について次の第9章と第10章で検討していく前に，この章では，私たちの構想と他の構想との間にある理論的な共通点と相違点を簡単に整理しておくべきだろうと思われる．そうすることで，私たちの構想を学際的な関連の中に位置づけることができるだろうし，私たちの見方をもっと精密なものにしていくこともできるだろう．ただし，これまでにすでに述べたことについては，ごく簡単に触れるだ

けにとどめることにする.また,本書第1部と第2部で展開してきた私たちの「フラクタル感情論理の構想」について,ここであらためて概略を述べる必要もないだろう.本章の考察の出発点としては,次のことさえ確認しておけば十分である.... 私たちが目指しているものは,心理現象へのさまざまなアプローチを統合するような一つの「心理・社会・生物」学的な理論なのであり,この理論は,「感情・認知」相互作用におけるさまざまな法則を理解していくことを通じて,心理社会的過程を構成する成分——心理的および身体的,個人的および集団的,「正常」および「病的」といった成分——をシステム論的視点から統一的に把握しようとするものである.そしてこの理論は,系統発生と個体発生のいずれの側面にも適用できるものであり,今日の情動生物学や情動心理学の知見にもその根拠を持つものであり,さらに複雑系の非線形力学に関する現在の学説を,最も広い意味における「精神力動(心理力動)」の新たな理解のために利用することを試みるものである.... これだけのことを確認して,検討をはじめていくことにしよう.

精神分析,発生的認識論,一般システム論

　精神分析 (Freud) と発生的認識論 (Piaget) と一般システム論 (von Bertalanffy) の三つは,精神医学における研究成果や臨床経験と並んで,感情論理の構想を最初から支えてきた主要な柱である.以前に出版した「感情論理」(1982) の中でも詳しく解説したように,一見したところ相互にかなり異質とも感じられるこの三つの理論は,よく検討してみれば,ここで私たちが議論しているような問題との関連においては,互いに相容れないものでは決してなく,むしろかなりのところで互いにうまく補い合ったり,広く重なり合ったりしているものであることがわかる.この三つの中で,精神分析の考え方は,現代の情動力学研究にも支えられながら,無意識の感情力動への通路を提供している.また,発生的認識論によるさまざまな知見は,認知的諸構造の成立とその機能への通路を提供している.心における「感情力動」と「認知的諸構造」というこの二つの対立極は,さらにシステム論的な観点によって,一つの機能単位として統合される.これが,感情論理の中心的な概念である「感情・認知」的照合システム——その後,統合された「感覚・思考・行動」プログラムとも呼ばれるようになった——なのである.このような意味からすると,少なくとも理論的な水準においてフラクタル感情論理は,無意識の構造と発生と作用に関する精神

分析の基本的な洞察を——そこに含まれるある種の思弁的傾向を取り除きつつ——今日の神経科学や心理諸科学の認識と強く結びつける試みであると考えられる．この試みによって，心という同一のものに向かって異なる通路から接近しようとする両者の間になお存在する懸隔が少しなりとも埋められることになれば，それは精神分析にとっても，現代の神経科学や心理諸科学にとっても有益なことであるにちがいない．

私たちの感情論理の構想は，1980年代に複雑系の力学理論（カオス論）を取り入れつつ発展していったのだが，これによってシステム論を利用するための基盤も大きく広がった．そのような発展の結果，私たちはこの構想に「フラクタル」感情論理という呼び方を与えることになったのである．心理現象や精神病理現象をカオス論的視点から理解しようという試みは，私たち以外にも，たとえば Gordon Globus によって行われている．彼の構想については，もう少しあとで詳しく検討することにしよう．私たちの構想の独自性は，私たちが感情に中心的意義を認めたということにある．私たちの考えでは，感情は心理社会的事象においてつねにエネルギーを担い運搬するという役割を果たしている．こうしてフラクタル感情論理は，エネルギー効率に関する理論とも結びつくことになる．エネルギー論的な考察は，歴史的に見ると，精神分析の手法が確立されていく最初の時期にもやはり重要な役割を果たしていたということが知られている (Freud 1979 [1895])．ちなみに，フランスの精神分析家たちも，現代のカオス論の構想と Freud の初期の思想との間に平行関係が存在することを指摘しているが，これは非常に興味深いことである (Faure-Pragier et al. 1990．そのほか，Lai 1976; Sabelli 1990; Schore 1994 も参照)．ここで特に注目されるのは，精神分析の過程において，どのような時間オーダーをとってみても——つまり，一回一回の任意の面接をとってみても，数年にわたる分析治療の全過程をとってみても——つねに一貫したパターンが現れるという観察事実である．精神分析の経過に認められるこのような自己相似性が，心がフラクタル構造をとっているという私たちの想定に対する一つの傍証となっている．

しかし，現在活躍している精神分析家たちの考え方と私たちの構想との間には，明確な相違が生じるようになっている．これは，一見したところでは単に定義上の相違のように見えるかもしれない．今日の精神分析理論において指導的役割を果たしている Otto Kernberg は，数年前 (1990) に発表された「精神分析的感情理論」の論文の中で，重要な問題についての議論と理論修正を行っている．Kernberg によれば，実際の治療を進めていく上で感情がきわめて重要

● 第8章 他の構想との理論的な関連および相違

な役割を持っているという事実にもかかわらず，感情の概念は精神分析理論において今日なお曖昧で不明瞭なかたちでしか取り扱われていない．Freud は当初，感情を，精神運動性および自律神経系の随伴現象を伴って現れる「快あるいは不快に満ちた欲動放出」として捉えていたが，のちには，自我の先天的構成成分として理解するようになった．Kernberg 自身は，最近の情動心理学や神経生理学の研究成果も参照しながら，感情を，「特徴的な認知的価値づけ（アプレイゼル appraisel），特徴的な顔の表情，快・報酬・苦痛という質の主観的体験，筋肉と自律神経の興奮パターンといったものを包含する精神生理学的行動パターン」と定義している（ドイツ語訳は Ciompi による）．彼はまた，感情的要素と認知的要素はつねに分かちがたく共同で作用するとしている．さらに彼によれば，感情は，欲動を発動させる基盤であり，その意味で，生物学的現象領域と心理学的現象領域との間の決定的に重要な架け橋となっているという．ここで欲動とは，Freud の欲動理論の場合と同様に，心の階層の上位に位置して常時作動している発動（動機づけ）システムであり，これとは対照的に，本能というものは，特定の内的あるいは外的な刺激によって誘発されて短時間だけ出現する先天的な行動パターンであり，完全に生物学的に規定されているものである．したがって，「リビドーは欲動の一種であり，飢餓は本能の一種である」ということになる．Kernberg によれば，感情の主観的側面は，自己および同一性（アイデンティティ）の経験にとって決定的に重要な役割を果たしている．さらに彼は，幼児に見られるような要素的な感情 Affekte と，認知的に分化した「感情 Gefühle」ないし「情動 Emotionen」（満2歳以降に現われてくる）とを区別すべきであるという提案をしている．

　Kernberg は精神分析における感情概念を今日の情動心理学や情動生物学の認識に近づけた．このことはたしかに精神分析の理論に本質的な進歩をもたらした．そしてこうした方向への感情概念の修正は，私たちの構想の方向とも概ね一致するものであると言ってよい．ただし，それはきわめて重要な一つの点を除いてのことである．というのも，Kernberg は，他の多くの情動研究者たちと同じく，感情を定義する際に，ある種の認知機能（アプレイゼル）を感情の中に紛れ込ませているからである．このため，私たちの見るところでは，彼は感情と認知の決定的な差異を捉えそこね，感情と認知の境界を十分明確にできていない（私たちの定義では，感情とは——意識されているかどうかを問わず——全体的な心身の状態のことであり，認知とは，感覚的差異の知覚と神経系におけるその差異の処理のことである）．私たちは，感情と認知を，本質的

にはっきりと異なる二つの機能システムとして定義した上で，この二つのシステムがつねに（不可避的に）相補いつつ活動していると考えている．こうして私たちは，思考に対する感情の一般および特殊オペレイター作用というものを想定することができたのである．Kernberg のような感情定義を用いると，このような事情を厳密に記述することは不可能になってしまう．彼もまた「感情・認知」間の相互作用がいたるところに存在することを想定しているのであるが，それにもかかわらず，精神分析がすでに昔から——分析家の直観として——捉え，重視してきた大切な事実を彼は理解しそこねている．その事実とは，言うまでもなく，認知および思考に対して感情が無意識的な作用をおよぼしており，それゆえ感情は，さまざまな「感情・認知」固有世界——私たちはそれらを，不安論理，怒り論理，悲しみ論理，喜び論理，日常論理などとして記述してきた——の発生と構造に対しても強く影響しているということにほかならない．

　私たちと Kernberg の感情定義の相違は，さらに欲動，本能，動機などをどう捉えるかという点での相違にもつながっている．私たちの構想では，それらを一括して理解することができるので，議論が複雑にならなくてすむ．というのも，Kernberg によって定義された意味での（先天的な）欲動と本能は，私たちの感情論理の見方からすると，第 2 章で説明したように，いずれも（遺伝を基盤にした）「感情・認知」的照合システムにほかならないからである（これらのシステムは，遺伝的に規定される部分が大きいとはいえ，高等哺乳動物では，ある程度の柔軟性を持ち，活動の中でさらに分化・発展しうるものと考えられる）．欲動と本能の区別は，私たちから見れば，ただ心の階層内での位置づけの違いから生じるにすぎず，それらの本質において両者は同一のものなのである．ちなみに，Kernberg は自己表象と対象表象というものを想定し，これらが対人関係において——特に，精神分析の場面での転移現象において——決定的に重要な役割を果たしていると見做している (Kernberg 1976, 1980) が，これらのものも私たちから見れば，それぞれ「感覚・思考・行動」プログラムの一種なのである．それらは，階層の最も上位に位置し，概ね後天的に獲得されるものであると考えられる．さらに私たちの見方からすると，「動機」という言葉は——これもやはり第 2 章で詳しく述べたことだが——感情が一般に持っているある作用を指しているにすぎない．つまり，動機というものは，感情の持つ他の機能と分離できるような現象ではなく，感情そのものにつねに備わっている統合的なオペレイター作用のことなのである．たとえば，不安，憎しみ，怒り，悲しみといったネガティヴな感情は，それ自体のうちにすでに，「〜か

● 第 8 章　他の構想との理論的な関連および相違

ら離れて」という方向の衝動を備えており，逆にポジティヴな感情は，「〜へ向かって」という方向の動機を必ず備えている（備えていなければならない）．Kernberg は，感情の中の動機的成分をわざわざ取り上げて，それに解説を加えているのであるが，私たちから見れば，機能的「感情・認知」的照合システムがそのような成分を含んでいるということは，まったく説明を要しない当然のことなのである．

　ところで，このオペレイターという概念は，精神分析において重視されてきた「抑圧」などのいわゆる防衛機制という考え方を，ある程度まで相対化するものでもある．というのも，Freud がまず明らかにしたのはこうしたメカニズムの病的側面であったが，私たちにとっては，むしろその機能的側面の方が重要となるからである．目の前の状況やそのときの感情に応じて記憶内容を選択的に取り出すためには，状況や感情にそぐわない想起内容を抑圧する必要がある．これは，状態依存性の学習・想起と呼ばれているものの一つの側面である．したがって，抑圧という現象は，私たちから見ると，複雑さを低減しエネルギーを節約するという目的に役立つ健全なメカニズムなのであり，それが病気を引き起こすことがあるにしても特別な場合だけのことなのである．この私たちの捉え方と同様の考えは，Heinz Hartmann など，精神分析の流れをくむいわゆる自我心理学の代表的な学者たちによってすでにかなり以前に表明されていた．彼らは特に，自動化とか感情の中立化と呼ばれる現象に注目してこうした考えにいたったのであるが，こうした現象が存在することを他の精神分析の学派は認めようとしなかった．抑圧というメカニズムが正常の心理機能であるという私たちの考え方と近い位置にあるものとして，そのほか，Freud における「昇華」の概念（性的なエネルギーが別種の過程に転換利用されること）を挙げることも可能であり，さらに「慣れ（習慣化）」という神経生理学の概念，Janzarik の「顕現抑止」の概念を挙げてもよいだろう（以上のことについては特に，Freud 1895, 1900, 1911; Gressot 1955; Rapaport 1950, 1968; Hartmann 1939; Jacobson 1973; Janzarik 1988; Schore 1994 を参照）．何らかの感情を中立化したり抑圧したりすること（それが不可能なら，少なくとも弱めようとすること）は，エネルギー効率という面から見てきわめて重要な普遍的現象である．こうした過程の中断が有用となるのは，特定の例外的な場合だけである．すなわち，外傷的な体験のために生じた反生産的な「感情・認知」間の自動的結合が存在しており，それを精神分析の治療において転移関係の中で解消しようという場合だけである．ところで Freud の主導原理は「エスありしところに自我あらしめ

よ」であった．ここに述べてきたことからすると，私たちはこれをひっくり返して，「自我ありしところにエスあらしめよ」と言うべきなのかもしれない．

　精神分析と発生的認識論は，先ほど述べたように，対極的な位置にあると同時に，相互補完的な関係にもある．それゆえ，心に関する最も包括的なこの二つの理論を結びつけることによって，「感情・認知」相互作用をより深く理解しようという試みは，私たちだけでなく，他の人たちによってもすでに何度かなされてきた．それらの試みの中で私たちの企てときわめて近い位置にあるのは，Hans Furth の著書「激情としての知」(1990) における考察である．この本の主な狙いも，情動的因子があらゆる認識に関与しているということを明らかにすることにある．著者 Furth の記述によれば，精神世界の構成は快感原則に支配されている．すなわち，論理や認識は，昇華された欲求，昇華された欲動から生じてくるものであり，その過程において，本来は純粋に感覚運動性の事象が──言語，身ぶり，図像といったかたちで──象徴化されるということが，決定的に重要な役割を果たしている．Furth は，Piaget の言う象徴化の過程と，精神分析で問題にされるような象徴的な自己表象および対象表象の成立とが密接に結びついていることを明らかにした上で，言語的に昇華された成分と情動的成分との間に存在する相互作用を綿密に分析している．こうした彼の論述は，私たちの感情論理の構想を，その本質的な点において，補完し，より深めるものでもあるし，また，その正しさを証明するものでもある．彼はこの議論の中で言語と意識の位置づけについても述べている．その結論は，感情論理構想の概要を最初に発表した本の中の基礎的問題をめぐる検討の部分 (Ciompi 1982, p.142 ff.) で私たちがすでに述べていた考えと非常に近いものとなっている．ただしここで Furth は，感情という概念（この概念は，精神分析においては，すでに指摘したように，まだとても明確化されているとは言えない）を避け，欲動およびリビドーという概念に依拠しながら議論を進めている．そのため彼は，ほとんど快および不快という面だけしか問題にしておらず，それ以外の質の感情や，それ以外の質の感情のオペレイター作用については無視してしまっている．また，システム論やカオス論の視点が導入されていないことで Furth の企ては，私たちのフラクタル感情論理の構想とは大きく隔たっている．さらに言えば，Piaget の同化と調節という概念に対して彼が精神分析的な解釈を加えている箇所も，矛盾を含み，不明瞭であるように私たちには見える．彼は同化を，建設的な同化と制限的な同化の二つに分けている．前者は，「開放すること，愛すること」とつながる方向を持ち，後者は，「閉鎖すること，隔絶す

● 第 8 章　他の構想との理論的な関連および相違

ること，攻撃的であること」とつながる方向を持つとされる．そして彼は，前者をFreudの「生の欲動」に，後者を「死の欲動」に重ね合わせようとしている．しかし，私たちから見ると，一般に同化という過程（出会うものを自分のシェーマに適合させようとすること）そのものがすでに攻撃的で暴力的であるとも考えられ，また逆に，調節という過程（自分のシェーマを出会うものに適合させること）が「愛すること」につながっているのではないかとも考えられる．この見方も，Furthの見方と少なくとも同じ程度には，正当性を持っていると思われるのである．たとえば，自分の周囲のあらゆるものに対して自分の表象（言い換えれば，「感情・認知」固有世界）を覆いかぶせてしまおうとする自己中心的な態度——こうした態度は，広く蔓延しており，破壊的な性質を持っている——のことを考えてみればよいだろう．同化という過程はつねに攻撃や破壊とつながっているのである．なおFurthによれば，Piagetは同化の過程を重視するあまり，調節の過程を軽視してしまったとされているが，この捉え方も，私たちには正しいと思えない．Piagetが明示した発達の方向は，同化が優位である生後数年間の状態から，同化と調節が均衡を保つ最終状態——「脱中心化された」（自己中心ではなく外界中心の）可逆的形式的操作（オペレイション）が可能となる段階——へと向かっている．にもかかわらずPiagetが同化のみを一方的に重視していたと主張するのは，どう見てもおかしいと私たちには思えるのである．

　ここで，すでに前に行った議論を補足するかたちで，フラクタル感情論理とPiagetの発生的認識論との関係の主要な側面をもう少し厳密に分析してみることにしたい．Piagetの考えでは，同化と調節という二つの相補的なプロセスが，認知的図式（シェーマ）の発生の際に中心的な役割を果たすとされている．私たちもやはり，この同化と調節のプロセスは，活動の中から「感情・認知」的照合システムが発生し機能する際に中心的な役割を果たしていると考えている．私たちとPiagetの間の最も重要な相違点は，すでに何度も説明したように，感情というものをどのように位置づけるか，感情にどのような機能（働き）を認めるか，という問題に対する見解の差異にある．Piagetの発生的認識論では，感情は，概ねのところ，認知的な均衡化メカニズムの随伴現象として現れてくるものでしかないと考えられており，思考に対する感情の影響も——彼の文章をそのまま読む限り——認知機能のエネルギー発動という効果に限定されていて，そのほかの感情の作用は容認されていない (Piaget 1972, 1981, 1995)．これに対して，私たちのフラクタル感情論理の構想では，感情こそが思考の基盤を

なしており，感情は思考——きわめて抽象的な思考も含めて——に対してつねに組織化と統合の効果をおよぼしていると想定されている．また，認知的図式（シェーマ）が，それを妨害するような矛盾に出会うことによって，段階的に発展していくという過程——つまり，「均衡化水準の引き上げ」あるいは「抽象化的反省」——においても，すでに第3章で説明したように，快および不快の感情が，思考を組織化し統合するという非常に重要な役割を果たしているのだと私たちは見ている．

とはいえ，感情の役割についての Piaget の議論をよく読んでみれば，彼の見方が私たちの見方とそれほど隔たっているわけではないということがわかってくるはずである．人間の精神（知性）の発生についての壮大なヴィジョンを提示した彼が，情動的因子にはまったく目を向けていなかったのではないかという批判がよくなされているが，こうした批判は今日もはや通用しない．幼児の知的発達を綿密に観察していく際に，Piaget は，認知現象ばかりでなく，感情現象も丹念に記録していた．笑い，喜び，不安といった情動反応は，子どもの認知発達が飛躍的に進行していることを示す指標と見做されてもいた．また，彼の死後に公刊されたパリ・ソルボンヌ大学の1953/54年の講義の記録では，思考と感情がつねに分かちがたく共同で作用しているということが何度も強調されている．この講義録の中では，「感情的論理 affektive Logik」とか「感情の論理 Logik des Gefühls」といった用語もしばしば使われている (Piaget 1962, p.138; 1981, p.60)．さらに Piaget は，「感情的図式（シェーマ）」や「感情的操作（オペレイション）」といった言い方もしている．これらは，認知的図式（シェーマ）と平行して「同型的に」発展するとされている．ただしこの発展において主要な役割を果たしているのは認知的因子である (Piaget 1962, 1972, 1975, 1981, 1995; Cicchetti et al. 1983)．たとえば乳児の人見知り（見知らぬ人への不安感情）の現象が現れるのは，当然ながら，その乳児が，認知的な対象恒常性を持ちうる発達段階に達し，見知らぬ人を見知らぬと認識できるようになってからのことである*．さらに後の段階で現れる「道徳感情」——Piaget はこれを特に重視して詳しく議論している——もまた，個々の分化した認知対象あるいは認知「ゲシュタルト」の成立を前提とする (Piaget 1954)．

---

*私たちの見るところでは，不安ばかりではなく，羞恥，罪責感，悲しみ，嫉妬，失望といった感情についても同じことが言える．また私たちは，Piaget と同様の考察から，感情発達と認知発達の間に特別な交代関係が存在するのではないかという推測をしたことがある (Ciompi 1982, p.81 ff.)．

● 第8章 他の構想との理論的な関連および相違

　Piagetの見方が私たちの見方とそれほど隔たっていないということを示す証拠はまだある．彼は，感情というものをかなり広い意味で捉えており，感情を「行為の統御（機能）」として理解しようとしている．このことから，認知機能に対する感情成分の影響の大きさをPiagetがはっきりと感じ取っていたということが示唆されると言ってよいと私たちは見ている．「感情による行為統御」という想定は，私たちの「感情のオペレイター作用」の想定とまったく同じ方向にある．私たちは第2章で，意志という現象に対するPiagetの解釈について検討した．そこでも明らかになったように，彼は，意志というものを「さまざまな感情による統御をさらに上位から感情によって統御すること」として理解している．このことからも，彼が私たちの「感情のオペレイター作用」と同様のメカニズムを想定していたことは明らかである．Piagetによれば，（人は）一時的な感情や欲動を抑えて，それとは別の上位の感情に従うことができるが，この事実は，感情領域でも認知領域での脱中心化とまったく相似のプロセスが起こっていることを示している．このプロセスにおける上位の感情こそが意志と呼ばれるものである．意志は，単なる願望や欲動とは異なり，感情レヴェルでの葛藤を解決しなければならないときに，上位から一定の方向を与えるという働きをする(Piaget 1962, 1981, p.61 ff.)．これを私たちのフラクタル感情論理の用語で言い換えれば，意志とは，上位の感情——より正確に言えば，上位の「感情・認知」的照合システム——にほかならないということになる．意志と呼ばれる特に強い——したがって，支配的な——感情は，何らかの認知内容と結びつき，認知領域で「統御的」なオペレイター作用を発揮する．ここで「統御的」とは，秩序をもたらし，階層構造をつくり，選択を行い，極性を与えるという意味である．意志というものをこのように捉えることは，「感情・認知」的照合システムの内部で感情が動機づけの機能を果たしているという私たちの考え方と完全に一致している．したがって，意志に関するPiagetの考察のこの部分は，私たちの感情論理の概念体系の中に完全に組み入れることができると言ってよい．しかし，Piagetが1962年の著作の中で行った主張は，私たちから見ると，かなり疑問である．彼はそこで，意志が存在するためには，それによって解決されるべき葛藤が必要であるという考えを述べているのである．この主張が疑問であることを示すために次のような場合を考えてみよう．たとえば，私が長期間にわたって何らかの目標（ある山を登頂するとか，ある著作を仕上げるといったこと）を達成しようと全力で努力しているとする．この長い期間のすべてにわたって葛藤が存在しつづけるとは限らない．最初は，葛藤が

あるかもしれないが,いったんそれが克服されてしまえば,葛藤はほとんど目立たなくなってしまうかもしれない.そうなってしまえば,その目標への「意志」は,葛藤に曝されることなく,何週間でも何ヶ月でも持続していくことだろう.また別の場合を考えてみると,私は,何らかの状況では,そもそも最初から何の葛藤もなく,私の生の願望と自己保存の欲動の命じるままに全力で何かを行い,何かを意志するということがありうる.たとえば,船が難破して岸を目指して泳いでいるとか,山で遭難して近くの小屋を目指して歩いているとか,砂漠の中で水が無くなって泉を求めてさまよっているなどといった状況では,そういうことがありうる.したがって,私たちの見るところでは,意志というものを感情間の葛藤と必ずしも結びつける必要はなく,意志とは「つねに特定の認知内容と結びついており,他の感情に比べて強力であって,したがって階層内の上位に位置するような感情衝動」であると考えておけば十分なのである.しかし,意志という心理現象をもっと包括的に議論するためには,意識および自由という非常に複雑な現象との関連を考慮しなければならないことになる.この意識および自由の問題については,本書の最後の章で検討することにしよう.

　個々の点から見ると,Piaget の感情概念についても,感情と認知の関係についても,たしかに多くの不明瞭な点が残っている.たとえば,彼が,感情と認知に関して平行論的ないし相互作用論的立場をとっているのか,それとも彼にとって感情とは,結局のところ,認知活動の随伴現象でしかないのかという問題もその一つである (Cicchetti et al. 1983).しかし,彼の構想が明らかに認知に重点を置いているものであるとしても,ここでの検討で示されたように,私たちの構想との隔たりは,最初に受ける印象よりはずっと小さいと言ってよいと思われる.私たちと Piaget との間には,感情の位置づけという点に関して大きな相違があるが,その点を度外視すれば,彼の論述は,なおも私たちの構想の基盤として欠かしえないものでありつづけている.彼の構想の中で私たちにとってもう一つ重要な点は,彼が一貫して認知機能全体を「システム」として理解しているということにある.すなわち,彼によれば,認知とは,子どもの発達における長期にわたる均衡化のプロセスを通じてしだいに安定化していく複雑なシステムなのであり,しかもこのシステムには——均衡化水準の引き上げというかたちで——ときとして跳躍的な全体的転換が起こることがあるとされているのである.この見方が重要であるという理由は,これによって,通常の自然科学的な方法では決して捉えきれないように見えていた心理現象に対

して，システム論的なアプローチを用いることが——はやくも 1920 年代のうちから——可能になっただけではなく，カオス論的なアプローチの適用も——端緒的なかたちではあったにせよ——はじめられることになったということにある．さらにこのことと関連してもう一度指摘しておくが，精神現象に対する Piaget の理解は，あくまで生物学に基盤を持つものであった．だからこそ彼は，科学の名に値するような「心の理論」の発展を阻んできたあの広く深い裂け目を，ある程度まで，埋めていく可能性をきりひらくことができたのである．

神経生物学，情動研究，進化論的認識論，生物学的基盤を持つ構成主義

　フラクタル感情論理の理論的基盤となっている神経生物学と情動理論の研究動向については，すでに本書第 1 部で詳しく紹介したので，ここでは少しばかりの補足をしておけば十分かと思う．第 1 部の検討でも明らかになったように，少なくとも大局的に見れば，私たちの感情論理のほとんどすべての仮説は，最新の神経解剖学や神経生理学の知見にも合致していると言える．そうした知見のうち私たちにとって特に重要なのは，一つには，脳内の認知機能領野と感情機能領野との間に双方向的な緊密な結合が存在しているという事実であり，もう一つには，認知機能のほか自律神経性，内分泌性，感覚運動性の機能をも統合的に包含するような広域におよぶ神経回路網（機能システム）が存在し，しかもこのシステムの組織化に感情が大きく関与しているという事実である．脳研究によって明らかにされたこうした事実は，個々の感情と対応する「感情・認知」的照合システム——言い換えれば，統合された「感覚・思考・行動」プログラム——の存在を想定する私たちの構想とうまく合致している．また，感情を全体的な心身状態として定義すべきだという私たちの提案も，さまざまな神経生物学的知見のうちにその根拠を見いだすことができる．さらに，私たちは，統合的「心理・社会・生物」学を志向する立場から，脳とその周囲環境との間にたえず相互作用が生じているはずだと推定しているが，この推定の神経生理学的根拠として，精神免疫学やストレス関連障害の研究成果とともに，特に「神経可塑性」という現象を挙げることができる．もちろん，私たちのさまざまな想定や推定の中には，さらに経験的研究による検証を必要としているものもある．たとえば，私たちは，「感情・認知」間の絶え間ない相互作用を前提として，認知的記憶内容の貯蔵および呼び出しの過程で「感情の刷り込み（インプリント）」というメカニズムが作動しており，これが認知性連合神経路

の通路づけ（開通／促通）とも結びついているのではないかという仮説を提出したが，この仮説は今後なお検証される必要がある．しかし，神経生物学的な基礎研究のどの領域をとってみても，私たちのフラクタル感情論理の構想に根本的に矛盾するような事実は，私たちの知る限り，これまで何も見いだされていない．

　ここで補足として紹介しておきたい二つの論文がある．私たちはようやく最近になってその存在を知ったのであるが，Gray (1979) と LaViolette (1979) は，創造的な思考をテーマとするこの二つの論文の中で，システム論を援用しながら議論を行っている．はやくも 1970 年代の終わりに発表された彼らの着想が，部分的には私たちの本書での構想と非常に近いところにあることは注目に値する．彼らは，主として Izard の情動心理学に依拠して，情動と認知が組み合わされて成立する諸構造の内部において，感情成分と認知成分がたえず共同作用しているという仮説を提示し，そこから出発してさまざまな着想を展開しているのである．Gray は，あらゆる情動には，認知内容をコード化し統合する機能があることを指摘した上で，情動に備わるこの機能が，認知内容の記憶および想起の際に重要な役割を果たしていると考えている．それぞれの認知内容は，必ずその目印となるような感情的色合いを持っているということも述べられている．他方 LaViolette も，これと同様の見方を展開し，それを神経生物学的知見に結びつけているばかりでなく，当時まだあまり注目されていなかったカオス論の知見にも結びつけている．彼は，Nicolis や Prigogine を参照しながら，システムが非線形的相転移を経て新たな「感情・認知」的流動平衡にいたる過程を記述している．これは，「感情・認知」的分岐を経て別のアトラクターないし「レール」にいたる過程を考える私たちの見方とほとんど同じである．私たちとの相違点は，二人のいずれにおいても，感覚運動および活動が自己組織化を通じて成立するメカニズムや，エネルギー論的見方を必要とするようなその他のメカニズムについての言及がなされていないという点である．私たちの構想では，すべての「感情・認知」過程は，そうしたメカニズムと関連を持つものとして考えられている．この二人の研究者が，1979 年に発表したこの着想をさらに発展させていったのかどうかということは，現時点で私たちには知ることができない．

　私たちの構想がその本質的な部分において間違っていないということをさらに確認するために，本書執筆中にアメリカで刊行されたいくつかの著作も検討しておきたい．ここでとりあげる Antonio Damasio (1994)，Gordon Globus (1994)，

● 第8章　他の構想との理論的な関連および相違

Daniel Goleman (1995) の著書は，それぞれ異なる心の側面——神経生物学，カオス論，神経心理学によって解明される側面——に焦点を当てて議論を展開している．神経学と神経生理学の研究者である Damasio と，神経生物学に関心を持つ心理学者であり科学ジャーナリストとしても活躍している Goleman の二人は，私たちと同様，それぞれの研究結果に基づいて，すべての思考には必ず情動の影響が伴っているという想定を導き，そこから議論をはじめている．Damasio は，脳損傷患者に見られた印象的な観察事実を報告し，それを根拠として，意味のある合理的な思考は，十全な情動機能が存在しなければ，不可能であるということを証明した．彼は「ソマティック・マーカー仮説」というものを提示しているが，これは，身体信号——感覚ないし感情に近いもの——が思考作業に影響を与えているという想定のことである．ここで彼が考えているのは，感情による一種のオペレイター作用である．彼はまた，Janzarik の言う「顕現抑止」とよく似た過程についての考察によって，私たちの日常論理の捉え方——完全に感情が無いかのように見える思考操作においても情動の影響がやはり存在するという認識——とほぼ同じ見解に到達している．さらに彼は，私たちとほぼ同じ感情（ないし情動）概念を用いながら，どれほど繊細で緻密な思考過程においても，そこに必ず身体状態の少なからぬ影響がおよんでいることをはっきりと述べている（「合理性はおそらく身体信号によって形成され調整されている，それが最も高貴な様子を見せるときにおいてさえそうなのである」(Damasio 1994, p.200)）．これに関連して特に興味深いのは，そうした影響が，場合によっては，実際の身体的な活動とは関係なしに，象徴（シンボル）操作という意味での活動から生じることもあるという指摘である．もう一人の Goleman は，Damasio とよく似た考察に基づいて，「情動的知能」と呼ばれるものを考案した．通常の知能指数に反映されるのは認知的な知能だけであるが，これと比べて「情動的知能」は，その人の職業的能力や日常生活能力を評価するのにずっと優れた指標になるとされている．Goleman は，「情動的知能」が実際にさまざまな生活場面で重要な役割を果たしていることを示し，学校教育の中でもそうした面での発達を促す方法を導入すべきだという提案をしている（米国内の学校の一部ではすでに採用されているらしい）．精神科医である Gordon Globus は，すでに第 4 章でも紹介したように，1994 年に出版されたカオス論的な方向を持った著書の中で，心理「ポテンシャル地勢図」というものを考え，これを用いてさまざまな精神病理現象とその変動についての新たな力動的理解を試みている．これは，私たちの提案する方向とまったく一致

している．さらに Globus は，心理現象の理解のためのそのような新たな方法が，哲学や認識論に対してどのような意義を持つのかということにも関心を持ち，特に Heidegger と Derrida を参照しながら議論を行っている．しかし，私たちが特に重視しているフラクタルという特性，すなわち，心理社会現象のさまざまな規模において互いに相似な現象が認められるという事実を，Globus はまったく考慮していない．さらに言えば，彼にしても，Goleman や Damasio にしても，一般的心身状態（「チューニング」）が思考におよぼす影響を強調してはいるものの，感情の作用によって思考が組織化され統合される過程の詳しい分析や，その過程のエネルギー論的な検討は，ほとんど行っていない．そのため彼らは，私たちのように，さまざまな精神病理現象に対して共通に適用できるような感情理論をつくりあげることもできないし，また，感情を中心に据えた統合失調症仮説といったものを提示することもできないでいる．さらに，私たちが重視している絶え間なき「心理・社会・生物」学的相互作用を，精密に理解できるような概念的枠組みも，彼らは示していない．特に Damasio の場合，Freud はともかく，Piaget についてさえ，ほとんど何の言及もなされていないのは，驚くべきことだと言わなければならない．というのも，すべての思考が身体からの影響を受けているという彼のテーゼは，感覚運動機能から知的概念が発生するという Piaget の観察知見とほとんど重なり合っているからである．

　ここまで見てきたように，私たちのフラクタル感情論理の構想は，神経生物学や情動心理学の最新の研究とも深いところでつながっている．そればかりでなく私たちの構想は，進化論や進化論的認識論ともやはり緊密な関係——この関係についても私たちはすでに第 1 部で何回か検討した——を持っている．Darwin の「動物および人間における情動の表出について」の著書 (1872) が書かれたときからすでに，感情ないし情動——進化論に関連した分野でもこれらの用語は明確に定義されて使われているわけではないけれども——が進化論的に古い起源を持つことは，疑いなく確かなこととして認められてきた．系統発生の過程の中で伝達される一次情動あるいは基底情動が，正確にはいくつ存在し，どのような種類に分けられるのかという問題については，比較行動学の分野でもなお議論が続いている状況である．しかし，そのような基本的な感情状態が，かなり下等な動物においてもやはり生存にかかわるきわめて重要な意義を持っているという事実は，比較行動学においてはっきりと確認されている．そうした基本的感情状態のうち，特にきわだったものとして，闘争または逃走というかたちでの表現へ向かう傾向を持つ緊張状態（交感神経優位の状態）と，

● 第8章　他の構想との理論的な関連および相違

逆に栄養摂取，性行動，哺育，睡眠といった行動へ向かう傾向を持つ弛緩状態（副交感神経優位の状態）とがしばしば挙げられている．進化論的研究においても，このような基本的感情状態は，欲動や本能とともに，生命維持のために一定の意義を持つものと考えられている．進化論的研究において感情として定義されているものは，そのような基本的感情状態を典型としており，私たちの感情定義にもほぼ一致している．すなわち，感情とは，個体に先天的に与えられているさまざまな状態であり，それぞれの状態は，それに対応する自律神経性および感覚運動性の機能や，表出や動機に関わる機能の一定のパターンを持っており，さらに認知機能に対しても深い影響力を持っていると考えられているのである (Darwin 1965 [1872]; McDougall 1908; Plutchik 1980; Keller 1981)．

進化論的認識論の創始者である Konrad Lorenz は，「悪と呼ばれているもの」について論じた著書 (1963) の中で，攻撃性などの情動も何らかの積極的な意義を持っているということを主張している．こうした方向の議論は，それまでには見られなかったものである．しかし，その後も長い間，思考と認識の系統発生についての理論の中で感情に特別な意義が認められるということはなかった．心理学や社会学でもそうであったように，進化論的認識論に関する研究も，純粋に認知的な側面のみを問題にしようとしていたのであり，感情的な成分は，まったく無視されるか，あるいは認知とは別の系列の進化過程として扱われるかのいずれかであった（Lorenz 1963, 1973; Campbell 1974; Riedl et al. 1980, 1994; Oeser 1987; Delpos 1994 を参照）．ようやく最近になって進化論的研究もしだいに，「感情・認知」相互作用に関心を示すようになった．たとえば Manfred Wimmer の「進化論的情動理論」の中では——私たちの感情論理の構想も参照されている——「感情・認知」間の相互作用は最も原始的な生物にさえ存在するということが想定されている．Wimmer はまた，感情と認知はどちらも，生命維持のための基本的なしくみである内分泌統御の機構から発生してきたものであるという推測をしている．さらに，感情の起源は，Piaget の想定した中心化と関連する同化の過程にあり，これに反して認知の起源は，脱中心化と関連する調節の過程にあると彼は考えている (Wimmer 1993, 1995a, 1995b)．彼とは異なり私自身の推測では，感情の起源は——感情 Affekt と同語源の「触発 Affizierung」という語が示唆するように——情報を個体の内部で全体に拡散するという生命的傾向の中にあり，これに反して認知の起源は——「抽象化 Abstraktion」という語の語源 abstrahere（抜き取る，引き出す，という意味）が示唆するように——情報を凝縮し集中化する（これとともにしだいに，情報

処理のために特殊化した中心構造も発生してくる）という傾向の中にあるように思える．さらに私の見るところでは，同化と調節のどちらの過程も，感情および認知の——言い換えれば，統合された「感情・認知」過程の——発達にほぼ等しく関与しているように思われる．このように Wimmer と私との間にはいくぶんの考えの相違があるものの，最近彼と私が共同で発表した分析の結果からも明らかになったように，「感情・認知」相互作用に関する彼の進化論的な見方と私たちのフラクタル感情論理の理論は，全体として見ても，あるいは個々の点について見ても，一致するところが非常に多いのである (Wimmer et al. 1996).

ところで，精神発達についての生物学的・進化論的な基礎づけを持った見方というものは，どうしても構成主義的な傾向のものとしかなりようがないということを私たちはすでに第 1 章で強調しておいた．最後の第 10 章で認識論的な問題についてもう一度検討をするつもりであるが，そこでもこのことが重要な意味を持つはずである．ただここでは，私たちのこれまでのすべての議論に基づいて，次のことを補足的に確認しておくだけにしておく．すなわち，私たちの認識が，私たちの感覚器官の能力の限界——決して乗り越えられない制限——に左右されているだけでなく，感情論理の立場から見ても，やはりなお不可避的な制限を課せられているということである．この制限は，思考に対する感情のオペレイター作用というこれまで何度となく問題にしてきた現象から生じている．私たちは，ある特定の情動的な見方（パースペクティヴ）からしか——自分の置かれている状況と結びついたそのときそのときの気分状態からしか——世界を眺めることができない．しかも私たちは,すでにできあがった「感情・認知」的照合システムの拘束の下にあり，このシステムの感情的色合いや，特定の論理——私たち一人一人の経験をもとに発生する固有世界の構造によって規定される論理——によって自由を奪われている．私たちは，言わば，監獄の中に囚われているのである．いかなる種類の「感情・認知」カップリングが——言い換えれば，いかなる種類の「真理」が——優勢になって，自動化されていくのかということは，そのときの気分や，その人のこれまでの経験，したがってまた，その人をとりまく文化によってほとんど決定されている．すでに何回か指摘したように，このことは，科学的な思考や形式論理的思考と呼ばれているものについてさえも当てはまるのである．私たちの思考は，長い間かけて設置された「感情・認知」ガードレール（あるいは，「快のレール」）に従って動いていくしかない．このガードレールについて私たちは，何も知ることが

できないし，何も感じることができない．なぜなら，このレールに沿って動くことは，最小のエネルギー消費を意味しているからである．言い換えれば，その動きは自動化されているからである．… もう一つのことをここで明らかにしておきたい．これまでに展開してきた「心のフラクタル仮説」は，すでに第1章で示唆しておいたように，ラディカル構成主義ではなく，相対的構成主義だけが正しい立場であるということを示す一つの補助的な論拠をも提供してくれる．もし，私たちが仮定しているように，心という装置が，全体として，フラクタルな構造を持っているのであるとするならば，そしてもし，その心という装置が，もっとずっと大きな全体の——言い換えれば，生物学的な普遍的規則の，さらに言い換えれば，一般に自然というものの——フラクタルな一部分でもあるとするならば，心のあらゆる側面は，このより大きな（上位の）全体を何らかのかたちで含んでおり，何らかのかたちで反映しているはずである．だとすれば，私たちのあらゆる理論や世界像もまた，それがこの大きな全体のフラクタルな一部分である限り，少なくとも「一片の真理」を——いかに歪められてしまったかたちにおいてであれ——含んでいるはずなのである．

精神病理学，構造力動論，現象学，時間体験

　私たちのフラクタル感情論理の構想はもともと，さまざまな精神障害について検討することからはじまったものであり，その際に私たちの出発点となっていたのは，古典的な精神病理学と現象学の立場である．特に名前を挙げるとするなら，Karl Jaspers, Emil Kraepelin, Eugen Bleuler, Manfred Bleuler, Kurt Schneider, Ludwig Binswanger らだということになる．私たちの構想は，あくまでここから出発し，ようやく後になって，これとは異なるさまざまな見方——たとえば，精神分析，発生的認識論，システム論，カオス論など——をこちらに引き寄せてきたにすぎないのである．しかし，まさにこのようにさまざまな見方を総合することが，結局のところ，最初の出発点とはまったく異なるところへと私たちを導いてくれることになった．少なくとも私たちはそう信じている．このような道を通って私たちは，新たな「力動精神医学」——その概要はすでに第6章で描写した——を視野におさめる地点まで進んでくることもできたのである．… とはいえ，精神医学内部で試みられているさまざまな構想の中にも，私たちの感情論理の構想と深い関係を持つものがある．とりわけ，Janzarik の構造力動論の構想は重要である．というのも——基礎とな

る理論的枠組みや使用される用語は異なっているものの——構造力動論もまた，あらゆる心理現象において情動成分と認知成分が相補的に共同作用しているという事実につねに注意を向けているからである．このことについては，精神病理学や現象学の問題とともに，すでに第 6 章において詳しく検討したので，ここでは以下の補足的な検討にとどめておくことにする．Janzarik の言う「力動 Dynamik」は，「生命力，生の充溢，要求，欲動，性向，意欲，気力，さらには感覚 Empfindung，感情 Gefühl，心 Herz」といった意味を含んでおり，私たちの感情 Affekt の概念と概ね重なり合っている．また，彼の言う「表象 Repräsentationen」は，「力動がそこに結びつき，力動がそこに向かって方向づけられるような内容」のことであり，私たちの用いている認知の概念とほぼ一致している．さらに，彼の言う「構造 Struktur」は，「さまざまな外力に対して，すでに備わっている素因が固定的に応答するあり方」のことであり，また「さまざまな表象に向かう方向性の集合体（組織）」のことでもあるが，これも「感情・認知」的照合システム (統合された「感覚・思考・行動」プログラム）の組織（集合体）と私たちが呼んでいるものとほとんど完全に対応している (Janzarik 1988, p.18, 30, 38, 83, 220). さらに，Janzarik が「心理野 psychisches Feld」（動機による方向づけを受ける場），力動的負荷を帯びた構造要素の「通路づけ Bahnung」，「削除 Tilgung」，「顕現抑止 Desaktualisierung」といった用語で記載しようとしているものは，日常における「感情・認知」過程の自動化として私たちが捉えているものと多くの点で重なっている．Janzarik はこのほかにもさまざまな独自な概念を駆使して精神医学の主要病像を緻密に記載しようとしている．たとえば，構造と力動の「相即 Kohärenz」，複雑な状況連関およびそれに結びついた力動の「想像的顕現 imaginative Akutualisierung」,力動の「ぶれ Auslenkung」および「逸脱 Entgleisung」（この二つはそれぞれ神経症および精神病に対応している），力動の「縮減 Restriktion」，「膨張 Expansion」，「不安定 Unstetigkeit」（この三つはうつ病性，躁病性，統合失調症性の各病像と対応している），さらには最終的に起こりうる状態としての「力動不全 dynamische Insuffizienz」および「構造変形 Strukturverformung」といった概念群である．このような概念装置（概念空間）を用いた Janzarik の構想は，私たちがここで提示した構想とまったく矛盾していないばかりか，全体としては，さまざまな精神病理現象（その構造と力動）に対する基本的にきわめて似かよった見方を導き出している．

　私たちと Janzarik との間に——異なる用語や概念の使用ということを除けば

● 第8章　他の構想との理論的な関連および相違

――基本的な考え方の違いはないと言える．ただ，Janzarik は，精神病理現象の緻密な分析という一点にだけ全力を注いでいる．それだけに彼の分析は，私たちと比べて，ずっと詳細な点にまでおよんでいる．それと引き換えに，彼の構造力動論は，最新の生物学的・進化論的研究や，情動心理学，精神分析，そして特にシステム論といった領域との関連を明確にすることができていない．私たちが重視しているそうした学際的な連携というものを，意識的に避けているところが彼にはある．たとえば，Janzarik は，彼の言う精神病性の（力動の）「逸脱」と，カオス論で言う非線形的相転移との間に関連があるといったことを述べることはしないし，私たちがきわめて重要な現象であると考えている「感情・認知」力動の「スケイルに依存しない自己相似性」を彼の理論の中に取り入れるようなこともしない．当然ながら，彼の構造力動論では，思考に対する感情の（エネルギー論的あるいはそれ以外の）オペレイター作用についてのカオス論的な解釈（たとえば，散逸構造という考え方を用いたり，私たち自身の考え出した不安論理，怒り論理，喜び論理，日常論理といった概念を用いたりする解釈）といったことは，まったく問題にされていない．このようなわけで，私たちと Janzarik は原則的な考え方において完全に一致しているにもかかわらず，彼の構造力動論の構想と私たちのフラクタル感情論理の構想とを比べると，ものごとの焦点の当て方においても，それぞれの内容においても，かなりの相違が認められるのである．

　最後になったが，現象学的な方法によって精神病理現象に接近しようとする試みについても少しばかり検討しておきたい．こうした方向の動きについて，本書ではこれまで明確なかたちで触れてこなかった．こうした方向の試みは，Husserl に基礎を置きながら，Ludwig Binswanger, Medard Boss, Roland Kuhn, Hubertus Tellenbach, Wolfgang Blankenburg といった人たちによって行われてきた．ここでは，私たちのフラクタル感情論理の構想と特に重要な関連を持つ一つの側面だけを，補足的にとりあげておくことにする．それは，時間および時間性という現象に根ざした側面である．精神障害の時間的側面を最初に問題にしたのは Ludwig Binswanger であった．これに続いて，彼と同年代の学者や，彼の後継者たちもこの問題に取り組むようになっていった．その過程で明らかになったことは，心理状態に深い変化が生じている場合には，ほぼ必ずと言ってよいほどに，時間体験のきわだった変化も起こっているということであった．時間体験の変化が特に目立つのは，躁病とうつ病，統合失調症，そして強迫性障害の場合である．しかしまた，精神に影響を与えるさまざまな化

学物質（たとえば，スコポラミン，アンフェタミン，プシロシビン，LSD，大麻など）の作用によってもそうした時間体験の異常が生じることがわかっている（精神医学領域における時間体験の変化の問題については特に，Straus 1928; Minkowski 1933; Gebsattel 1954; Binswanger 1960; Heimann 1963 を参照）．

　ところで，カオス論において時間と時間性はきわめて重要な役割を果たしている．私たちの以前の考察の中でも，カオス論との関連において，時間と時間性の問題がくりかえし問題になり，詳しい分析が必要となった（Ciompi 1988c; このほか Ciompi 1961, Ciompi et al. 1990 も参照）．カオス論の創始者の一人である Ilya Prigogine は，時間の問題に特に精力的に取り組んでいた（Prigogine et al. 1981; Prigogine 1985）．彼は多くの人たちから「時間の父」と見做されている．というのも，彼自身の議論によれば，古典物理学において前提とされていた線形で可逆的な時間という観念は，複雑系の非線形力学によってはじめて理論的に乗り越えられることになり，さらにこのことによって，多くの自然現象が根底的に不可逆なものであり，予測不可能なものである（創造的な予測不可能性）ということが十分に認識されるようになったからである．この認識を獲得することによってはじめて理論物理学は，不可逆な方向性を持つ「（時間の）矢」ないし「流れ」という意味での時間と歴史性が存在することを，ある程度まで，容認できるようになったのである．たしかに，もともと非線形な性格を持っている生物学や心理社会学にとっては，こうした意味での時間と歴史性が存在することは，すでに自明なことではあった．しかしこれらの科学にとっても，時間や時間的力動は――カオス論的視点から見直されることによって――新たなより深い意味を獲得することになった．先に述べた私たちの時間問題についての研究の主要な成果として私たちに明確になったように，すべての生物学的および心理社会的な事象は「時間的にパターン化されて」いる．言い換えれば，それらの事象は，特定の時間構造と特定の生物学的リズムの中に押し込められている．さらにそうした時間構造やリズムの起源がどこにあるかということを考えていけば，それは自然界のリズム（特に，昼と夜の交代，季節の循環，月の満ち欠けなどのリズム）の中にしかありえないということになるはずである．

　ところで感情の状態もやはり，ある程度，リズム的なパターンを持っている．だとすれば，私たちの認知機能の形式と内容もまたそうであるということになる．たとえば，生物学的な制御を受けている心身の調子が，月経の周期や季節の移り変わりと結びついて変動するという事実を考えてみてもよいだろう．あ

● 第8章　他の構想との理論的な関連および相違

るいは，規則的に訪れてくる「睡眠の恩恵」のことを考えてもよいかもしれない（この機会にもう一度明確にしておくことにするが，睡眠の状態も覚醒の状態も，私たちの感情の定義に相当するような基本的な心身状態であることに違いはない）．階層の上位に位置するさまざまな「感覚・思考・行動」パターンの間で非線形的相転移が起こった場合――精神病が突発するときに最も典型的であるが，もっと短期的には，日常的な感情の動揺（怒り，不安，喜び，失望といった感情の動き）の際にもそうした相転移が起こっている――今述べたような時間パターンにも必然的に影響がおよぶことになる．なぜなら，どんな感情状態にも，それぞれ固有の「心理的テンポ」が備わっているからである．別の言い方をするなら，私たちの気分が変われば，私たちが時間を体験するあり方も必ず変化する，ということである．．．．たとえば時間は，飛ぶように過ぎ去っていくこともあるし，果てしなく引きのばされていることもある．短く感じられたりも，長く感じられたりもする．停滞して少しも進まなかったり，荒れ狂ったように疾走したりもする．細かく切り刻まれていることもあり，あちこちに分散していることもあり，複雑な入れ子構造になっていることもある．．．．しかし，心理的テンポが「外から」の作用で変えられた場合には，その時間体験の変化が，逆に，感情状態に――したがって，思考にも――影響を与えるということがある．たとえば，自然界の大いなるリズムに合わせて生活したり，瞑想にふけっている場合と，大都市で慌ただしく生活している場合とを比べてみれば，それは容易に想像がつく．このことを認識することによって，私たちの主観的体験の特に興味深い側面が明るみに出されることになる．しかしそればかりではなく，生活のテンポやリズムを速くしたり遅くしたりするだけでも心理状態に影響を与えることができるというこの認識は，精神療法や環境療法のために利用できるかもしれない．このような治療の可能性は，これまでのところまったく顧みられていないのであるが．．．．

まとめ――フラクタル感情論理が新たにもたらすものは何か？

　この章では，私たちのフラクタル感情論理の構想と，それをとりまく主要な隣接領域の研究動向との間の共通点と相違点を展望してきた．今まで述べてきたことを見渡して，私たちの構想をきわだたせているものが，学問の内容を根本から塗り替えるような大発見といったものではないということは簡単にわかるはずである．私たちが本書の中で一つの全体へと――ジグソーパズルを完成

させていくように——まとめあげようとしてきた数多くの理論や知見は，本書の冒頭に挙げたようなパイオニアたちをはじめとするさまざまな領域の多くの専門家たちが，私たちにはとても真似できないような広さと深さをもって研究を重ねる過程の中で，確立してきたものであって，私たちは，そうした理論や知見をそのまま利用しただけなのである．私たちの構想をきわだたせているものは，むしろ，異質と見えるさまざまな知の領域——たとえば，精神分析，発生的認識論，神経生物学，進化論的認識論など——から取り出されたそれぞれ既知の中心的要素が一つの新たな全体像へと統合されるその「様態」にあるのだろうと私たちは思っている．そこでさまざまな知の領域を統括できるような枠組みを提供してくれたのは，言うまでもなく，一般システム論である．しかし，複雑系の非線形力学理論やカオス論を精神（心理）力動や社会力動の分野にまで拡張したという点は，まさに私たちの新機軸と言ってよいかもしれない．私たちが知る限り，私たち以外の構想において，こうしたことが体系的に試みられたことはこれまでなかったからである．この試みにおいて達成されたのは，心理社会的事象の中に作用している線形および非線形力動のあり方をこれまでより深く理解できるようになったということばかりではない．もっと重要なことは，個人から集団にいたるいかなるレヴェルにおいてもつねに同質な——エネルギー供給と組織化という——作用が感情から思考に向かって働いていて，この作用こそ，あらゆるレヴェルにおける心理社会的事象の自己相似性（フラクタル構造）を成立させている当のものなのではないか，という可能性がはじめて認識されたという点にある．

　もう一つの新しさは，私たちの提案した統括的理論——あるいはメタ理論——の効率性というところにある．というのも，私たちの構想は，複雑さの低減という一つの理想を，あまり大きな情報量損失をまねくことなく，達成できているからである．私たちの知る限り，他の既存の心理学的モデルではこのようにうまくはいかない．このような意味で私たちが追い求めているものは——私たちの言葉で言い換えるとするなら——「知的な快（知ることの楽しみ）を，あまり大きな不快増大をまねくことなく，獲得する」ことにあると言ってもよいだろう．しかしまた，私たちのフラクタル感情論理の構想が，さまざまな学問領域の間に人為的に置かれている境界を取り去ろうとしているという点も，私たちの「快の獲得」に一役買っているのかもしれない．ここで「快の獲得に役立つ」ということは，同時に，この構想において主張されている包括的な内容がある意味で「正当性を持っている」ということでもある．いずれにしても，

● 第 8 章　他の構想との理論的な関連および相違

さまざまな領域へと分割されている学問分野は，実は，すべてつながっているものである．なぜなら，それぞれの学問領域というものは，ある一つの全体的なものが，それぞれの異なる視点（パースペクティヴ）に対して自らを示すそれぞれの側面であるにすぎないからである．

　私たちの統括的理論――フラクタル感情論理の構想――において議論されてきた個々の点について目を向けるのであれば，そこにはもちろん多くの新しい事実や見解が含まれている．この意味で（つまり，今述べた一般的な展望を少し補うという意味で）フラクタル感情論理が新たにもたらした成果を次に挙げておくことにする．

――これまで感情および認知の概念は，多くの場合，ひどく混乱したしかたで使われてきたが，この二つの概念を，進化論的な知見とも整合性を持つようなかたちで明確に定義しなおした．
――活動から発生するさまざまな規模の「感覚・思考・行動」プログラム（あるいは「感情・認知」図式，「感情・認知」的照合システム）において，感情成分と感覚運動成分が共同的に作動しているという仮説を提示し，これが生物学的にも十分根拠を持っていることを示した．
――生物学と精神（心理）力動の領域での互いに異質と見えるような観察事実を総合することによって，認知的記憶内容の貯蔵と呼び出しの際に「感情の刷り込み」という同一のメカニズムが作動しているという効率的な仮説を導き出した．
――論理および真理の概念を，構成主義的な視点から捉えなおし，今日の進化論的生物学や認識論の考え方と整合性を持つようにするとともに，怒り論理，不安論理，悲しみ論理，喜び論理，日常論理（さらにはこれらの無数のヴァリエイション）という次元にまで拡張して使用できるようにした．
――感情にエネルギーを担い運搬する役割があると考えること，また同時に，情報という概念を感情エネルギー論的に理解することによって，カオス論から得られた総論的知識（システム一般についてのエネルギー論的力学）を，心理的プロセスや社会的プロセスに対しても適用できるようにした．
――これと同時に，新たな「力動精神病学」および一般精神病理学（精神病理学総論）の確立への理論的基盤を準備することができた．精神障害へのこの新たなアプローチは，感情が思考に対してエネルギー供給と組織化および統合という作用（オペレイター作用）をおよぼしているという事実に重要な意義があ

ることをはっきり認めて，そこからさらに，（特に）統合失調症を感情面から理解しようとする仮説へと私たちを導くことになった．
——私たちによって新たに定義された感情の概念と，心理現象，生物学的現象，社会現象の間の相互的構造カップリングという概念に基づいて，心の「心理・社会・生物」学的なモデルを提示した．このモデルによれば，心理プロセスを理解しようとする際に身体や身体状態という面をも必ず考慮に入れなければならないことになる．
——ミクロ領域（つまり個人の心理）において観察される「感情・認知」相互作用という精神（心理）力動現象についての知見を，フラクタルという視点を導入することによって，マクロ領域（つまり社会現象）に対しても適用できるようにした．
——逆に，今日のカオス論によって得られた知識を，さまざまな規模の心理社会的プロセスに適用できるようにもした．これによって，たとえば，時間の不可逆性，予測不能な跳躍的発展，潜在的な創造力といった観点から心理社会現象を考察することが可能になった．

　私たちのフラクタル感情論理の構想を構成するそれぞれの部分の多くは，すでに以前から知られていたことがらである．しかしそれにもかかわらず，フラクタル感情論理の構想は，全体として，あらゆる種類の心理社会現象に対する見方を一変させた．私たちはこのあと，本書の最後となる二つの章で，このような見方の変化が，日常的実践や病気の治療に対して，さらにまた倫理的・科学哲学的問題に対して，どのような示唆を与えるのかということについて考えてみようと思っているが，その前に，当然ながらここでもう一度，やはり包括的なかたちで私たちの構想の相対化ということ——フラクタル感情論理がそもそも構成主義的な構想である以上，相対化という契機はこの構想それ自体に内在しているのでもある——を行っておくべきであろう．フラクタル感情論理も，それ自体，一つの構成物（つくりもの）以外のなにものでもないし，「現実（作用し，働きかけてくる wirken ものとしての現実 Wirklichkeit）」に対するある特定の解釈であり，ある特定の見方でしかない．フラクタル感情論理もまた，一定のパースペクティヴからしか——そして，そのパースペクティヴと対応する感情状態からしか——ものごとを知覚できない．フラクタル感情論理は一種の知的な楽しみ（快楽）であると言ってもよいのかもしれない．この構想がすべてのものごとを効率よくうまく説明してくれること（Stimmigkeit）か

● 第 8 章　他の構想との理論的な関連および相違

ら，そこには快の感情が生まれる．しかしもちろん，その背後にはほかのあらゆる種類の感情も潜んでいる．感情と思考についてのこの新しい理論がどれだけ「正しい／合っている stimmig」のかということは，それがどれだけうまく働き，どれだけ存続できるか（存続可能性 Viabilität）ということにすべてかかっている．言い換えれば，それがどれだけ効率的であって，しかも十分な複雑さと深さを保っているかということにかかっている．それを見きわめる前に言えることはただ一つだけである．すなわち，私たちのフラクタル感情論理の構想は，今日の科学的知識に見合った水準において総合された機能的仮説なのであり，それが仮に新たな事実や視点による批判に対して何とか持ちこたえていくことができるのだとしても，それはやはり限られた期間のことでしかない，ということだけである．

第9章
応用へ向けて――可能性とリスク

> 人はおのおの，クモのように
> 自分の巣を念入りに織りあげ
> その真ん中に足をひっかけ
> おちつきはらってすわっている．
> だが自分の巣が箒ではらわれてもしたら
> こう言うだろう，とんでもないことだ，
> 最大の宮殿が破壊されてしまった，と．
>
> Johann Wolfgang Goethe（西東詩集より）

　すでにお気づきのことと思うが，フラクタル感情論理は，現象レヴェルでも理論レヴェルでも著しい多面性を持っているので，その実践への応用の可能性もきわめて多様であると考えられる．これまでも見てきたように感情と認知との間に力動関係が働いている領域では，例外なくフラクタル感情論理を応用できる可能性があると言ってもよい．その範囲は，個人または集団での日常的場面から学校教育，政治，経済，さらには学習・コミュニケイション・情報（あるいは情報操作）の特殊技術といったところにまでおよんでいる．このうち特に注目されるのは，精神医学や精神療法への応用である．

　とは言うものの，私たちはこの広大な可能性に対して，必ずしも楽観的な見通しばかりを語るべきではないと考えている．その一つの理由として，今挙げたすべての領域においても，またその他の多くの領域においても，思考に対する感情の影響力は，本書で述べてきたような理論構想とは関係なく，実際の場面ではすでに頻繁に利用されているということがある．たとえば，広告や宣伝の技術として，あるいは精神療法の技法として，感情を利用することは，いまや常識となっており，これに関連する知識は，一つの洗練された学術分野を形成するにいたっている．しかし，そのような知識が多くの問題を含んでいることは，実際の場面でもしだいに明らかになってきている．感情というものは，水や風と同じく，世界の基本をなす自然力なのであり，小さなスケイルではそれを手なずけて利用することができるかもしれないが，大きなスケイルで見れば，依然としてそれ固有の法則に従って動いており，人為的にコントロールできるようなものとは言えない．感情がコントロールを失ったとき，大規模な破壊をもたらすことがある．感情と思考のメカニズムについての私たちの洞察が

● 第9章 応用へ向けて ── 可能性とリスク

深まっていけば，良くも悪くも，まさにそのような事態が起こることが予想される．私たちの洞察が，思考と行動に影響を与える新たな可能性をもたらすものである限り，そこには潜在的なリスクが生じてもいるのである．いずれにしても，科学の知識の増大が疑いなくプラスの価値を持つように思われた時代は，とっくに過ぎ去ってしまった．フラクタル感情論理の認識が何らかのしかたで不正に乱用される危険を，私たちは憂慮せぬわけにはいかない．

もう一つ，前もって断っておきたいのは，本書「フラクタル感情論理の構想」は，何よりも思考と行動の情動的基盤について理解を深めていただくために書いたものであり，この構想の応用面について本書で詳しくとりあげるつもりはそもそもなかったということである．しかしそれでも以下において，フラクタル感情論理の理論がもたらすいくつかの実践的および倫理的帰結についてとりあげようと考えたのは，私たちの研究がもたらした結果に直面すれば，もはや実践的または倫理的な問題を避けることは不可能であり，また避けることは許されないからである．ただしここでは，私たちの興味をひいたり，私たちの身近にあるようないくつかの限られた問題のみを選んで述べるにとどめておく．

精神医学と精神療法への応用

身近で興味深い問題，しかも一見したところではあまり憂慮する必要もないように見える問題としては，広い意味での精神療法に対してフラクタル感情論理の見方が何をもたらすことになるかという問題が第一に挙げられるだろう．精神療法の専門家でない人たちもこれを第一に挙げることに異論はないと思う．というのも，私たちの研究によれば，思考および行動に対する感情の「オペレイター作用」は，日常生活におけるよりも，精神障害が存在するときの方が，きわだったかたちで観察されるからである．したがって，精神障害に対して感情の側から治療的アプローチを行えば効果的であろうということが当然予想される．

この予想はたしかに誤ってはいないし，実際に精神療法のさまざまな技法においてすでにずっと以前から当然のことと見做されてもいる．たとえば精神分析もそうであるし，白昼夢にも似たカタティーム（この語はもともと「感情に従って」という意味である）なイメージを体験させる治療法もそうである．また情動と，場合によっては身体的なものにも焦点を定める治療法として，たとえば一時期流行したいわゆる「絶叫療法」というものがあったが，これについ

ても同様である．こうした技法に共通しているのは，反生産的な自動化した「感情・思考」の結合に着目し，何らかの退行のプロセスをたどってその起源にまで遡行し，同時にその結合を情動的に加熱し緊張と動きの中に置き，ついにはその結合を何とか変更しようとしているという点である．ことに精神分析においては，よく知られているように，幼児期の早い段階における「感覚・思考・行動」パターンを，転移および逆転移と呼ばれている関係の中で（つまり医師患者関係においてそうしたパターンを繰り返すことによって）体系的に再賦活するということが治療技法の中心をなしている．さらにまた向精神薬について考えてみても，それらはすべて大脳辺縁系を介して主として感情に作用しているということが知られている（抗うつ剤と抗不安薬については明らかであるが，しかし神経遮断薬（抗精神病薬）についても通常想定されているよりおそらくこの傾向は強い）．

　だがこうした治療法にはそれぞれ問題がある．狭義の精神療法は，多くの場合非常に長い時間がかかり，しかも最終的に効果があるかどうか確実ではない．また薬物療法は，技法としてずっと簡易で，しかも迅速な効果を期待できるものの，その効果はあくまで全般的なもので，症状の個々の内容と対応づけできるようなものではない．そしてしばしば身体的または心理的な副作用が現れるので，薬物の使用にはかなりの制約がある．さらに，私たちが問題にしている「感情・認知」的照合システムないし「感覚・思考・行動」レールというものは，もともと複雑なしくみを持っており，外からの変更の試みに対しては著しい抵抗を示すものであることがわかっている．このように考えると，精神障害の「感情・認知」的微細構造やその持続的な「心理・社会・生物」学的な動態といったものについての私たちの現在の理解は，望まれる治療効果を達成するのに十分だとはとても言えない段階にある．

　私たちはフラクタル感情論理の理論が一挙にこうした難問を解決するなどという幻想をいだいているわけではないが，それでもこの理論が，より適切な臨床の実践へと近づいていく道を示してくれるのではないかという期待は持っている．そうした道がどのような方向へ通じているのかを具体的に示すために，すでに第6章の症例提示のところで少しばかり紹介しておいた私たちの先端研究プロジェクトについてここであらためて報告しておきたい．精神医学の臨床と治療において最も複雑で困難な課題の一つである統合失調症を対象とするこのプロジェクトは13年前にはじまり，すでに多くの成果をもたらしてきたが，その過程で私たちはつねに，フラクタル感情論理による理論的アプローチ

● 第9章 応用へ向けて —— 可能性とリスク

を治療実践の中に反映させようと努めてきた．なお，このプロジェクト構想の基礎となった考え方についてここではあまり詳しく述べるわけにいかないので，1982年に出版した「感情論理」の最後の章を参照していただきたい (Ciompi 1982)．またその後，私たちがこのプロジェクトにおいて経験を重ねたことがらについては学術雑誌などにもたびたび発表してきた (Ciompi et al. 1991, 1993a; Aebi et al. 1994)．

　精神病理学についての章でも説明したように，私たちの理解するところによれば，統合失調症の患者は，基本的にはまず何らかの不安にさいなまれている．この不安は，意識的なものである場合もあり，意識されていない場合もある．このような不安の基礎には，おそらくまず最初に，遺伝的に規定された脆弱性あるいは「傷つきやすさ」のようなものがあって，そうした傾向はさらにさまざまな「心理・社会・生物」学的悪循環によって二次的に増強されていくと考えられる．明確なかたちでの葛藤，または（むしろこの方が重要であるが）隠れた葛藤などがあって，これにより情動的緊張が高まるという事態が起こると——私たちの見解では，これが精神病の急性期出現の際の重要な制御パラメーターである——患者は強い敏感性をもってこれに反応する．こうして不安定な病相期においては，そうした情動緊張の直後に，たとえば興奮状態や精神病性の離人体験，迫害の恐怖，幻覚などが出現することがある．また何らかの不明確さや矛盾が生じている状況というものも，健康な者と比べて患者には，ずっと大きな負担となり，克服しがたいものとなる．さまざまな生活上のことがら，特に対人関係にかかわることがらにおいて，患者はひどくうろたえてしまうということがある．周囲の者にとってはとるに足らないようなことであっても，そのような脆弱性を持っている患者にとっては，精神病状態に陥る十分な契機となってしまう．ところで，こうして精神病状態に陥った患者は，多くの場合，さらに患者の負担となるようなありとあらゆる回り道をし，また不適切ではないかと思われるさまざまな行為にさらされ（暴力的な場面，拘束，警察署，精神科の患者にまったく対応できないような救急体制，事実と異なる説明を受けた上での入院指示や薬物投与など），混乱の極みに達してようやく大きな精神病院の急性期病棟に収容されることになる．そこでは，患者自身の同意の有無にかかわらず，抗精神病薬（ニューロレプティカ，語の本来の意味は「神経を強化するもの」）によって急速に強力な「鎮静」が行われる．信頼に基づく治療関係を築くどころか，多少時間をかけて患者の話を聴いたり，患者に治療の説明をすることさえほとんど行われない．時間がないからである．このよ

うな大病院の病棟では，医師や看護スタッフは 20 〜 30 人以上の急性期の患者をかかえ，過剰な負担を強いられている．職員の中には，そうした状況に慣れて無感覚になってしまう者もいるし，すっかり偏見にとらわれてしまう者もいる．また新人たちは，不安を感じ混乱し，自信を失ってしまう．健康な者でもとても耐えられないようなこうした独特な雰囲気の中では，しばしば暴力が突発するとしても不思議とは言えないだろう．さらに悪いことには，こうした病院では患者も職員もたえず入れ替わっている．病棟や病室の頻繁な変更，強制的な措置，外の世界からの隔絶，個人の衣服や持ち物を取り上げるというような人格無視の対応，身体の拘束や保護室への隔離といったことがらも，結局のところさらに緊張を生み出すばかりであり，そこで患者は精神病症状の悪化をきたし，それに対してまた抗精神病薬の増量が行われるという結果になる．

　このようなことを書いたのは，こうした状況を糾弾するためではない．そうではなくて，この状況に気づいていただくためである．こうした環境，こうした処遇は，それでなくても精神病によって混乱し不安になっている患者にとってひどく非治療的である．まさに「見当はずれ」のことが行われているのである．こうした職場で働く少なからぬ人たちは以前からこうした事態を見抜いていたし，できる限りこうしたことの弊害を避けようとしてきた．私たちとは理論的立場をまったく異にするが，1970 年代に Loren Mosher と Alma Menn はカリフォルニアで「ソテリア・ハウス」を創設した*．名称からもわかるように，スイスの私たちの先端研究プロジェクト「ソテリア・ベルン」は，彼らの構想から少なからぬ影響を受けている．このプロジェクトにおいて私たちは 1984 年に，比較的若い初発の統合失調症患者の治療のための共同生活施設を設立した．この施設は，感情論理の理論に基づく精神病理解にそって，できる限り治療的なものとなるように構想された．従来の精神病院の大半は，市街から遠く離れた不便なところに建てられ，一般の人にかなり異様な感じを与え，その社会的スティグマを象徴するような雰囲気を持つ閉ざされた施設だったのであるが，私たちの施設は，市街の中心に置かれ，庭園を備えた開放的で快適な通常の住宅であり，ここで小規模な共同生活が行われたのである．スタッフは 1 回の勤務につき 48 時間ここに滞在するのだが，交代は順次行われるようにしてあり，ある時刻に一度に全員が入れ替わってしまうようなことはない．常時 2 名以上の，特別な選考を受けた看護職員がおり，彼らは主に定期的なスーパー

---

* Mosher et al. 1978, 1995. ギリシア語のソテリア Soteria は「救出，解放，救済」といったことを意味する．

● 第9章　応用へ向けて —— 可能性とリスク

ヴィジョンによって情動的なコミュニケイションについての訓練を受けている．入所患者は6〜8名に制限しており，このうちきわめて重篤な急性期の患者はせいぜい1人か2人である．これによって，患者が不安や，生活史的な意味を持った夢幻様の混乱を体験するとき，同一のスタッフが常時付き添っていることができる．つまり看護者は，昼夜を分かたず，急性期のただ中にある患者と一緒に「ソフト・ルーム」と呼ばれている部屋で長時間を過ごす．この部屋は，刺激の遮断と情動的リラックスのために設けられたもので，広く明るく，しかも静かで快適な空間であり，床は平坦であるが，安全面に配慮して，穏やかな配色の敷き布団とまくら各二つのほかにはほとんど何も置かないようにしてある．長時間患者に付き添う看護者の最も重要な務めは，患者を落ち着かせリラックスさせ，同時に自己またはその他のものに対する破壊的衝動から患者をまもるということにある．看護者はこのことを，主として薬剤によって行うのではなく，対話によって，または沈黙しながらも意志疎通をはかりつつ患者の「傍にいる」ということによって，行うのである．場合によっては，優しく体に触れたり，足をマッサージすることもあり，絵を描いたり，粘土で何かをつくったり，ゲームをしたり，さらには，それが有効だと認められれば，気ままなおしゃべりをしたり，何かを一緒に食べたりといったまったく日常的な「共同生活（一緒にいること）」が看護者の仕事となることもある．患者が不安に陥り，緊張し，さらには周囲に対して攻撃的になるような場合（このような雰囲気の中では，当然きわめて稀にしか起こらないことであるが）には，看護者は患者がリラックスできるような最も良い方法をさがす．このような場合，看護者が患者に対して，どういったときにどれだけ接近し，逆にどういったときにどれだけ距離をとるべきかということが特に考慮される．担当の看護者だけでは解決が難しい場合には，他の看護スタッフや，急性期からすでに回復した他の患者が担当者に助言などを行う．私たちの考えるところでは，急性期患者の担当看護者は，熱を出してうなされているわが子に付き添うやさしい母親のような態度で患者に臨むのが基本的に大切なことである＊．

看護スタッフも入所患者もそれぞれ男性と女性の割合がほぼ1対1となっており，各患者に対して，相性を考慮してできる限り適当と思われる男性と女性のスタッフ各1名を選考し，この2人がその患者の担当となる．看護者の総数は男女まじえて9名であるが，経験を積むうちにそれぞれが個性的なスタイル

＊こうした態度は，Winnicott の言うところの「抱えること holding」，あるいは Ogden の「包容 Containment」という考え方と同じ方向のものである．

をあみだしていくようになる．2名の医師が時間交代で呼び出せる体制をとり，この医師が医学的な面での責任を負う．この生活共同体の中では，特別な治療行為や治療プログラムがきまった時間に設定されて行われるというようなことはない．そのような特別な日課はなくても「治療（テラピー）」はまさに終日行われているのであり，患者との接触のあらゆる場面において治療的行為がなされている．患者と職員が一緒に仕事をし，食事をし，散歩をする中で，何気なく言葉が交わされる．そうした会話は，しかし，しばしば重要な意味を持つものである．また担当者は患者の家族や患者と深い関係を持つ人たちともつねにコンタクトし，この人たちが患者と面会したり連絡をとることに制限を行わない．必要があれば，スタッフの側から協力を求めることもある．家族や関係者のために6週間に1回数時間の会合があり，そこで情報の交換や，何らかの特別なテーマについてのディスカッションが行われる．このようなかたちで行われる治療は以下の四つの時期を経て進行する．1．「ソフト・ルーム」で落ち着きをとりもどしていく時期，2．現実に対する関係を回復し，生活共同体の内部での具体的課題に取り組んでいく時期，3．徐々に共同体の外部に視野を広げていき，段階的に社会的・職業的な役割への復帰をめざす時期，4．施設退所後，少なくとも2年間はアフターケアを続け，再発予防のために必要な治療を受ける時期．入所期間は平均3〜4ヶ月である．大部分の患者は退所後，リハビリのための訓練や，個人的あるいは集団的な精神療法や家族も含めた精神療法を，別の治療施設で受けることになる．しかし患者は，共同体を離れたのち何年にもわたって，かつての看護担当者とさまざまなかたちで友人のようなコンタクトを続けていることが多い．

　こうした雰囲気の中では，急性精神病の症状は，ほとんど薬物を使用せずとも（薬物を併用するにしてもごく少量を用いるだけである），大抵の場合数週から数ヶ月で自然に消えてしまう．中には数日で症状が消失した例もある．こうした結果については，治療効果の統計的評価の研究でも報告したが，本書ですでに述べた症例からも読者はすでにご存じのことと思う．例外がないわけではないが，私たちがこの施設で治療を行った多くのケースでは，他の通常の方法で治療されたケースと比べて，長期的に見て，情動的，主観的，社会的に精神病体験を克服し処理するという作業が明らかにうまくいっている．若年の患者では，精神病の発症が，最終的に人間的な成熟や情動的な強さを結果としてもたらすことがある．私たちは，精神病による心理的実存の震撼を，発達における一つの危機／転機（クリーゼ）と見ているが，このことはソテリアでの経

● 第9章　応用へ向けて ── 可能性とリスク

験からも確認されたのである．私たちは，ソテリア入所患者の精神病理学的状態，社会的・職業的状況，再発率，治療に要するコストを，2年間にわたって厳密な客観的基準を用いて，通常の治療を受けた患者（発症時にソテリア患者とほぼ同一の状態にあった者）との間で細かく比較してみたが，統計的に見て両群の違いは，抗精神病薬の投与量（ソテリア患者において3分の1ないし5分の1）と，これに伴う薬物の短期的・長期的副作用の点にしか見いだされず，そのほかの面では，いずれの群も2年後の時点でおよそ3分の2が良好な経過をとっていたという点を含めて，両群の間に有意差は証明されなかった．注目すべきことは，治療にかかるコストの面でも両群に差がなかったことである．ソテリアは24時間看護体制をしく人的資源集中型の施設であるが，病院で必要な管理職員や特殊設備を省くことができ，またソテリア開所当初は比較的長かった平均入所期間を約3ヶ月にまで短縮したことから，病院と比べて患者1人あたりの治療コストが高くはならずにすんでいるのである．

　情動と環境に焦点を当てた私たちの治療と主として薬物による治療との間で，全体としては統計的に差がないという研究結果──それが私たちにどういうインパクトを与えるかは比較項目によってさまざまである──が，病気や治療そのものの本質と関連しているのか，施設退所後の計測不能な外的影響と関連しているのか，あるいはその他の統計的には解明しがたい方法論的な問題と関連しているのか，ということは今のところ十分にわかってはいない．統計的比較に算入できる患者数が現在のところ各群22名とまだ少ないこと，観察期間が2年間しかないこと，さらには，選ばれた比較項目の評価があまり精密でなかったことによって，患者や家族の「深い」レヴェルでの主観的体験においては明らかに認められた私たちの治療の長期的な有益さが，十分捉えられなかったのかもしれない．また，ソテリア型の治療がいかなる患者に適しているのか，またいかなる患者には適していないのかということも，まだ十分に解明されていない．しかしこれまで得られた結果と臨床経験から，私たちの試みの可能性が──その限界とともに──明らかになってきているということは疑いえない．

　しかしそうした問題とは別に，ソテリアの治療に関するこの統計的研究の結果は，実践的にも理論的にも非常に興味深い点を含んでいる．特に重要な点は，情動的リラックスを目標とし，それを達成することによって──ただしここで言う情動のリラックスとは，時間を決めて行われる「リラックス・トレーニング」のような表面的なかたちのものではなく，数週あるいは数ヶ月にわたって絶え間なく創造され維持されるような対人的な雰囲気全体を指している──抗精神

病薬の投与によるのとまったく同じように精神病状態を治すことができるという点である．こうした治療にも副作用が生じることはあるにせよ，その副作用は，薬の副作用のようなネガティヴなものではなく，むしろポジティヴなものである．情動的リラックスが精神病を癒すことがあるというこの事実は，本書の精神病理学の章で述べた仮説，すなわち抗精神病薬の本来の作用は感情に対する作用であって，思考に対する作用は二次的なものでしかないという仮説を支持するだけではない．この事実は，統合失調症そのものが感情に起因するという仮説をも支持している．このことと，フラクタル感情論理の「心理・社会・生物」学的モデルとを組み合わせて考えることによって，精神病状態の治療において，状況と人格に応じて薬物療法と環境療法の二つのうちどちらに重点を置いていくか，あるいはその二つをどのように組み合わせていくかという臨床実践上の判断を，より精密に行っていくことが可能となるはずである．私たちの先端研究プロジェクトに含まれていたさまざまな要素は，すでにいくつかの大病院においてその日常業務に取り入れられるようになっている．また現在（1997年）のところドイツだけでもおよそ20におよぶソテリア類似の施設が計画ないし建築中であり，ドイツ以外でもこうした動きがはじまりつつある．

　この先端研究プロジェクトの最終的な総括を行うことは未だ可能ではない．さらに経験を積み重ねていく必要があるし，またすでに述べた方法上の問題も解決していかなければならない．これに加えて，統合失調症以外の患者群において，感情論理の構想に基づく方法を精神医学的に応用してみるという研究も，将来に残された課題である．しかしながら，現段階でも以下のようないくつかの一般的治療原則を明示することは可能である．

——精神療法というものは，その最も広い意味において，2人（あるいはそれ以上）の人間の間の情動的な出会いをその第一の本質とする．情動に焦点を当てる療法，認知療法，薬物療法といったそれぞれ特殊な方法を用いるにしても，心の治療はすべて，その本質において，情動的な出会いなのである．そこにおいて交換される「基本メッセージ」，すなわち交流の基盤となる相互の情動的態度およびそれに基づく行動様式 (Ciompi 1982, p.217 ff., 379 ff.) は，治療の成否にとって決定的に重要である．こうした基本メッセージに十分な考慮を払うことはつねに有益であり，場合によってはそれを意識的に操作して治療に利用することも可能である．

——精神療法（やはりその最も広い意味において）は，感情に——特に挙げる

● 第9章　応用へ向けて —— 可能性とリスク

とするなら，すでに見てきたように，きわめて多くの場合，不安に ——最初の手がかりを求めなければならない．思考や行動は，感情もまた同時に変化するのでない限り，変化しえない．情動的な基本的雰囲気が「うまく合って」いなければ，どんなに洗練された薬物療法も社会療法も認知療法も，ほとんど役に立たない．
——いかなる種類のものであれ何らかの精神障害を持つ人が何よりもまず必要としているのは，情動的な環境であり，治療的な交流である．場合によっては薬剤が必要となることもあるが，そうした薬剤は，緊張を解きほぐし，不安や怒りや抑うつを解消するものであるべきである．すなわち，調和をもたらすものであり，しかも自己組織化へと向かう反応や処理を行う能力をそこなうことのないものであるべきである．

　精神医学の外部にいる人から見れば，ここに挙げたようなことがらはどれも当然で簡単なことのように見えるであろう．しかしこれらのことを現実に臨床場面で実行することは，さまざまな理由から，決して容易なことではない．貧困をかかえる発展途上国ばかりではなく，西欧や米国においてさえ，精神障害の治療のための施設や制度の多くは依然として，不安や攻撃性を自然なしかたで解消することに焦点を定めたものではなく，保護と隔離，深いレヴェルでの原因に対処するのではなくただ症状のみを取りのぞこうという治療，また多くの場合，緊張や不安や怒りを増大させるような強制的な措置や，その人の持つ再生力を助長するどころかむしろそこなってしまうようなさまざまな処置といったものを，その基調としているのである．この点に関しては，文化に根ざした「思考・行動」習慣が重要な役割を果たしている．たとえば，米国において統合失調症性の精神病状態の治療にはヨーロッパと比べて平均2～3倍，あるいはそれ以上の用量の抗精神病薬が投与されているが，かといって米国の方がヨーロッパより治療成績が良好なわけではない．どうして米国でこのように大量の薬が使われているのかということについて，十分な科学的根拠に基づく説明はできないのである．最近，製薬会社が強力なスポンサーとなっていわゆるコンセンサス・カンファレンスというものが頻繁に開かれている．こうした場で，ほとんど薬物しか考慮しない治療通則（ガイドライン）なるものが高名な薬の専門家たちによって取り決められている．ここで述べてきたような見方からすれば，こうした手続きも少なからぬ問題を含んでいると言わなければならない．こうした取り決めは統計的知見を根拠としているのだが，そうした知

見の大部分は，すでに述べたように情動面において劣悪な条件のもとで得られたものである．環境的因子や社会療法的因子が考慮されることがあるにしても，せいぜい申し訳程度のことでしかない．したがって，今日大規模に行われている統計的研究の結果の妥当性には限定が加えられてしかるべきである．にもかかわらずそのような研究結果を根拠にして合意なるものが形成され，一般的な強制力を持つようになってしまえば，たとえば私たちがここで提案したようなクリエイティヴな変革を追求する道は閉ざされ，決して抜け出ることのできない悪循環が精神医学を支配することになるだろう．

　ところで，精神療法という行為は総じて，何らかの形式において情報を与えることによって現在の「感覚・思考・行動」プログラムを変更しようとする試みであると考えられる．そうした試みは，たとえば精神分析や Rogers 派の対話療法のように，主として構築的自己組織化を促すことによってなされる場合もあり，いわゆるカウンセリングや，暗示または説得に基づく技法におけるように，さらには認知行動療法において最も明らかなように，特定の症状に重点的に影響を与えることによってなされる場合もある．いずれにしてもそこでは，感情的な因子が，少なくとも認知内容そのものと同程度に，重要な役割を果たす．というのも，思考の変化と平行してつねに情動面での転調 Umstimmung も起きているからである．そのような変化が起きるためにまず必要なことは――ドイツ語において「気分 Stimmung」あるいは「合致 Stimmigkeit」という単語から派生する多数の言葉が示しているように――気持ちの準備 Einstimmung と気持ちを合わせること Abstimmung であり，不一致 Unstimmigkeit と気持ちのもつれ Verstimmung の解消であり，それぞれの治療技法のきまりごと Bestimmung への合意 Übereinstimmung と同意 Zustimmung である．しかし考えてみれば，こうしたことが必要だというのは，精神医学や精神療法の場面に限られたことではない．いかなる場面であれコミュニケイションを行おうとすれば，これらのことはすでに必要なことなのである．したがって，精神医学と精神療法の経験を一般化して以下のように言うことができるだろう．

――認知的情報は必ず何らかの感情的色づけを持っている．特定の情報は，ある特定の気分においてのみ受容される．そのときの気分に合った情報はきわめて容易に受け入れられるが，気分にそぐわない情報を受け入れるということは非常に困難である．認知が，言葉の本来の意味での情報 In-formation（内部・形成）となるか否か，すなわちそれを受け取る者の「感覚・思考・行動」シス

● 第9章 応用へ向けて —— 可能性とリスク

テムの内部に組み込まれるか否かということは，その情報の認知的内容によってすべて決まってしまうわけではなく，むしろその情報の感情的意味と，情報を受け取る側の「感情・認知」構造とによって決まる．ある情報が感情的色彩においてこの「感情・認知」構造とひどく対立するようなものであるときには，その情報は受容されず，無視されたり，抑圧されたりする．

——2人またはそれ以上の人の間での認知的情報の交換は，それらの人の基礎的な気分が一致ないし類似している場合に最もうまくいく．つまり，通信技術の用語を比喩的に用いるとすれば，送信側と受信側が同一の波長にチューニングしてあるときにのみ，情報の交換が成立するということである．その波長の役割を果たしているのが，心理社会的なレヴェルでは，まさしく感情なのである．不安の強い人（または怒っている人，悲しみにしずんでいる人，喜んでいる人，平然とした人）が「受信者」であるとき，彼は，自分と同一の気分にある「送信者」からの認知的情報はきわめて容易に受けとることができるが，自分とまったく異なる気分にある「送信者」からの認知的情報はなかなか受け取らないだろう．

——同一または類似の感情的色彩を持った複数の認知内容は互いに寄り集まり，包括的な感情特異的な固有世界（たとえば怒り論理，不安論理，悲しみ論理，喜び論理，日常論理など）をつくりあげる傾向があるのに対して，感情を異にする認知内容どうしは，互いに離散していく傾向を示す．

——怒り，不安，悲しみ，あるいはまた嫌悪，恥といったネガティヴな感情は，そうした感情に覆われた認知内容に対して，分割し，距離をとり，引き離すという方向の作用を示す．逆に，喜び，愛情，満足といったポジティヴな感情は，楽しいリラックスした状態とともに現われ，この気分において体験される個々の認知要素を互いに結びつけ，包括的な感情特異的な「固有世界」をつくりあげることがある．また，ポジティヴな感情とネガティヴな感情が徐々に互いに混合し，きわだった色彩を失っていくのに伴って，すでに確立された「感情・認知」間の結合は，自動化されて，ほとんど意識されないものとなっていく．

——逆に言えば，自動化された「感情・認知」間の結合を変化させるためには，一定の情動的「加熱」が必要である．純粋に認知的なアプローチ（私たちの見方からすれば実際にはそのようなものは存在しないのだが）のもたらす結果がつねに不満足なものに終わるということの理由の一つはここにある．アプローチが成功するためには，表面に現われているにせよ，隠されているにせよ，つねに必ず存在している主観的情動的な因子にも注目しなければならない．とこ

ろでこのことは，認知行動療法の領域においてさえも徐々に気づかれるようになってきた．もともと認知行動療法は学術的な理由から「主観的」要素をとりいれることに対して特に強く抵抗していたという経緯がある．だが，そうした抵抗はとっくに消え去り，認知行動療法はそれまでの純正主義を放棄し，実践の中で情動的成分を考慮するようになってきているのみならず，これをめぐる研究もしだいに増加する傾向にある．たとえば，慢性統合失調症患者について行われた最近のベルンでの対照研究は，次のような興味深い結果を示した．すなわち，目標とされる行動変化に寄与する程度は，もっぱら認知的な側面に働きかける治療技法そのものよりも，治療中の情動的雰囲気の方が，有意に大きいというのである (Hodel et al. 1997).

——思考と行動の包括的な変化は，たいてい感情全体の転調に基づくものであり，その場合いくつかの重要な制御パラメーターの激しい変化が観察される．そうした制御パラメーターのうち最も重要なものの一つは，全体的な感情的緊張であろうと思われる．カオス論の立場から見ると，治療行為においてくりかえし行われていることは，この全体的感情緊張という制御パラメーター——特に暴力行為，精神病状態，また場合によっては強迫的な状態や抑うつ状態への「転換」が起こるときの重要なパラメーター——を最適化することによって，比較的健康な「感覚・思考・行動」様式への「再転換（復旧）」を可能にすることである．ちなみにあらゆる治療は，理論的に言えば，次のいずれかのことを達成しようとする試みであると考えられる．すなわち一つは，目的に適さない感情アトラクターの窪みからの脱出を，感情全体の転調を図るという方策によって，可能にすることである．この脱出の際には，わずかな快の勾配に沿って巧みに抜け出ていくという慎重さが要求される．もう一つは，あまりにも強力なカオス的な乱流 Turbulenzen あるいは撹乱 Auslenkungen（Janzarik もこの語を用いている）が生じているとき，それらが存在している上位の「感情・認知」アトラクター領域の内部で，それらを再びより穏やかな道筋へと導き「収束させる einlenken」ことである．こうした手続きについては，今日さまざまな学術分野で特に「カオスの制御」という標語のもとに探究されている (Ott et al. 1990).

以上のような一般規則から，科学的基盤を持った一種の「感情・認知」的工学技術（エンジニアリング）の可能性がおおよそのところ見て取れるようになる．こうした技術は，すでに述べたとおり，精神医学や精神療法の実践に対

● 第9章 応用へ向けて ―― 可能性とリスク

してばかりではなく、その他の多くの領域――フラクタルという観点から見て、集団の次元をも含む――に対しても重要なものとなるはずである。しかしそのような技術の日常的応用に焦点を当てて検討を行う前に、もう少しだけ回り道をして、精神医学や精神療法の上でも一般的な意味でも示唆に富むもう一つ別の特殊分野を視野におさめておくことにしたい。

フラクタル感情論理と身体体験, 身体療法, および類似の治療実践

　一般に、身体の状態や身体的活動が思考や感覚にとって重要な意義を持っていることは、見逃されていることが多い。そのために、身体と結びついた特殊な治療法やそれに類した実践には、通常の精神療法の場においても、「重症例をあつかう」（特に入院を中心とした）精神医療の場においても、補助的な役割しか与えられていないというのが実情である。感情論理の理論からすれば、もっと別のかたちの治療実践が行われてしかるべきだと思われる。というのも、感情論理の次の三つの基本的立場からすると、身体と心理はきわめて密接に結びついているからである。この感情論理の基本的立場とは、第一に、感情というものを身体現象として（身体現象として「のみ」というわけではないが）理解しようとすることである。すなわち身体と心とを包括する状態（調子・気分）として感情を理解しようとするのである。第二に、感情成分と認知成分との間でつねに必ず相互作用が起こっているということが前提とされ、第三には、特にPiagetの考え方に従って、あらゆる思考は結局のところ具体的な身体活動、つまり行動に基づくものであることが、感情論理の出発点において想定されている。したがって、フラクタル感情論理の考え方は、もともと心身相関的な方向を備えているのである。しかも、感情は身体的に表現されうるものである――必ずしもそれが意識されるわけではないけれども――のだから、身体とはまさに感情の宿る場所、感情の「器官」、感情の表現の場だと言ってよいだろう。

　さらにここで実践的にきわめて重要なことは、俳優の人たちに対して行った実験で示されたように、感情が身体全般の変化を伴って現れてくるというばかりでなく、逆に、体の姿勢や活動（特に、感情を示す顔の表情やその他の身体の表現）が当の感情を誘起することもあるということである。さらに、今日ではよく知られていることであるが、激しい身体の運動は、過呼吸による酸塩基平衡の変化、および脳におけるエンドルフィン（生体内に自然に存在するモル

Kapitel 9

ヒネ）の分泌を通じて，快感をうみだす方向に身体と心の状態を変化させ，この変化は思考にも大きな影響を与える．登山，長距離走，ジョギングなどの長時間のスポーツの場合には，開始から 20 〜 30 分後にいわゆる「安定状態（ステディ・ステイト）」にいたる（全体的な機能的適応によって，新たな酸素収支の平衡状態に達する）ことが知られている．しかし，こうした調和的な効果を持つのは，激しい運動ばかりではない．リズム運動や中国の太極拳といった，ソフトではあるが意識の集中を伴う運動の場合にも，こうした効果が認められる．単純な身体的な作業や運動でさえ，心理状態を大きく変化させてしまうことがしばしばある．ひどく攻撃的あるいは抑うつ的になっている患者であっても，もし彼らを何とかしてそうした身体的活動に没頭させることができたとすれば，少なくともしばらくの間は，こうした活動によって病的緊張を解消することができるはずである．そうした変化には無意識的な要素も関与しているので，この変化は一時的なものにとどまらず，長期間続くこともありうる．

　要するに，思考および行動に対する感情のオペレイター作用の理論と並んで，感情論理の「心理・社会・生物」学的相互作用のモデルが，さまざまなかたちでなされうる身体に焦点を当てた心理的介入のための精密な理論的基盤を与えてくれるのである．こうした介入にはさまざまな種類のものがあるが，さしあたりそのすべてをひとまとめにして考えておこう．たとえば，身体に焦点を当てた精神療法，さまざまなかたちの「運動療法」から，ダンスや，ダンスをとりいれた体操，あるいは健康体操のような，特に治療法とは考えられていないがやはり心理的な効果をもたらす運動まで，すべてのものを含めて考えておくことにする．さらに，「楽しみのためのスポーツ」として行われているすべてのもの，たとえば，ハイキング，水泳，長距離走，スキー，球技や，体を使う日常的な作業までも，ここに含めてよいだろう．極東で行われているような，精神文化的な背景を持った身体を使う技芸，たとえばすでに述べた太極拳や，ある種の瞑想法にも触れておくべきだろうし，歌をうたったり，音楽を演奏したりすること，日常的な手芸・工芸といったものも考慮に入れておくことにしよう．ただし，職業として行われているスポーツは，ここで述べることと一部で重なり合うところもあるものの，そこにおいて追求されているものがまったく異なるので，ここでの議論からは除外しておくことにする．しかしまた，以下の議論で問題にしたいのは，たとえばスポーツ療法や運動療法，健康体操，身体に焦点を当てる精神療法などの専門家が，さまざまな理論的な基盤に基づいて発展させてきた数多くの個々の特殊治療法についてではなく*，感情論理

● 第 9 章　応用へ向けて —— 可能性とリスク

の視点から特別重要だと考えられるそれらの共通性とそこから得られる一般的な示唆についてである．

　さまざまな方向から実践に携わる人たち，あるいは理論をうみだす人たちの間で見解の一致をみているのは，いわゆる身体図式というものが，身体に焦点を当てたあらゆる治療的介入において中心的な意味を持っているということである．ここで身体図式とは，自己表象の根底的な側面であり，そのかなりの部分は無意識的なものである．感情論理の概念体系で言えば，これもまた，複雑な「感情・認知」的照合システム，あるいは上位の「感覚・思考・行動」プログラムのことであると言ってよい．すなわち身体図式とは，自分の身体に関わるさまざまな認知図式から構成されたシステムであって，このシステム内のそれぞれの認知図式は特定の陽性ないし陰性の感情を負荷されていると考えられるのである．こうした身体図式は，自己の全体像と同様に，つねに不変な基本的要素（たとえば，上と下，前と後ろ，右と左，身体部位の位置などについての要素）と並んで，そのときの状況や気分に応じて賦活されるような可変的部分を持っており，これらの部分には互いに対立するようなものも含まれている．たとえばスポーツなどの試合で勝ったり，何らかの試練を克服したりしたというポジティヴな体験の効果によって，あるいは内因性の気分の高揚の効果によって，身体図式は——その人の姿勢からも見て取れるように——活力みなぎった，胸を張ったような，あるいは「ふんぞり返った」ようなかたちをとる．逆に気分が抑うつに傾いているときには，身体図式は，うなだれてしまい，言わば「しょぼくれた」ようなかたちになってしまう．不安，怒り，緊張して注意を集中している状態，周りのことに無関心になっている状態などの場合にも，やはりそれぞれ特有な身体図式の変化が観察される．したがって，ほとんどあらゆる精神障害が，それぞれ身体図式の特徴的な変化を伴っているということは，驚くにあたらないのである．

　　一つの例を挙げよう．身長 1 メートル 90 センチ以上もあって，フィットネス・トレーニングを熱心に行っていた重症の神経症の男性患者が，私のところで数年にわたって精神療法を受けていたが，この患者は抑うつ状態になるといつでもきまって，自分の方が私よりずっと虚弱であるばかりでなく，私よりずっと小さいようにも感じると突然述べるようになるのだった．

---

*個々の治療法についてのすぐれた総説としては，たとえば Petzold 1985, Maurer 1987 などがある．感情論理への特別の関連を指摘した Hornberger 1990 も参照．

そのような身体像のゆがみが特に目立つのは，思春期やせ症（アノレクシア・メンタリス）の場合である．女性的な豊満な身体の成熟に対する，強い情動的な無意識的防衛のために，骸骨のようにやせ細り，生命の危険さえも迫っているというのに，自分の身体を「太っていて醜い」と見做し，さらに拒食を続ける者もいる．しかし逆に，ひどく体格の良い人でも，自分の身体が周囲の人に対して与える強い印象について何も自覚していないということがある．

身体に焦点を当てた多くの治療法の作用は，すでに述べたように，身体の状態や姿勢といったものが思考や感覚に対して効果を持つという事実に基づいている．たとえば，うなだれているメランコリー患者に，わずかな時間であれ，その姿勢を変えさせて，背筋を伸ばし，緊張を保ち，頭と視線を上に向け，胸を張り，抗議なり命令なりの文句を声をはりあげて言ってみるようにさせると，患者の精神状態の方もまもなく緊張をとりもどすということがある．同時に患者は，ポジティヴな感情の備給を受けていたが今は背景に退いている自己像や「プログラム」を再賦活するようになる．こうした効果は，場合によっては，かなり長い時間続くこともある．そのようなポジティヴな自己像やプログラムの「感覚・思考・行動」経路は，依然として体のどこかに（いわゆる「身体記憶」として）蓄えられているのである．これは，以前習得した何らかの技能が，長い間使用されずにおかれたあとでも，あるきっかけさえあればよみがえってくるのと同様である．無意識的に維持されている姿勢や筋肉の病的緊張——怒りや不安，憤懣といったものが，隠れた局所的な筋肉の持続硬化や痛みを伴う皮膚緊張として表れることがある——を身体療法的に解消することで，同様の機序を通じて，精神的にも緊張を解消し，リラックスをもたらすことができる可能性がある．経験を重ねた身体療法や運動療法の治療家は，さまざまな障害に対して応用可能な洗練された多数の技術を用いて，こうした効果を上手に利用している．それらの技術はみな同様の機序に基づいているのである．ボール，輪，ひもなどのいわゆる「移行対象」（Winnicottの言う意味での）を用いることによって，たとえば接近と回避，不安と信頼，自己主張，競争と攻撃性，友好的な関わりといった態度を何百というしかたで非言語的に賦活することができる．感情論理の視点からすれば，そうした場において必要なのは，原則として，快さと安心をもたらすような雰囲気，結果にこだわることのない遊戯的な雰囲気である．しかし，信頼感に満ちた雰囲気の中で細やかな感覚を持った治療者が行うのであれば，不安や怒り，あるいは悲しみといった方向の姿勢や気分を，（まずは身体的に体験されるような）コントラストとして，注意深く賦活すること

● 第9章 応用へ向けて ── 可能性とリスク

も治療に役立つことがある．

　しかしそのような「練習」が治療全体の計画に組み入れられておらず，ただ一時の活動でしかないとすれば，その効果は，反対方向の体験によってすぐにかき消されてしまうだろう．したがって，身体に焦点を当てたさまざまな活動や治療の効果を十分引き出すためには，そうした治療が，より包括的な治療プログラムの一部として行われ，このプログラムの中に完全に統合されていなければならない．比較的大規模な精神病院では特に，こうした活動は，その治療効果について過小評価を受けたまま患者の日常生活とも他の治療法とも何の関連もなしにただの付録のように行われているにすぎず，そうしたしかたでは，実際，十分な効果も得られないのである．このような意味においても，身体療法の指導者は，つねに，個々の患者の治療計画や症例検討を通じて治療チームの一員として機能している必要がある．そのような場合にのみ，身体以外のところで生じている問題に対して身体の側面からバランスのとれた介入を行うことが可能にもなり，また身体療法において観察されることがらを──たとえば，薬物による身体的または精神的な副作用が運動療法の場ではじめて明らかになることがしばしばある──治療の中で有効に活用していくことも可能になるのである．

　すでに述べたように，歌をうたったり音楽を演奏すること，手芸や工芸，わざと大きな声で（またはわざと小さな声で）話したり，呼びかけたり，叫んだりすることなども，やはり身体に少なからぬ効果をもたらす．これらの活動は──特に呼吸を介して──心身全体の調子を変え，ある特殊な雰囲気をつくりだし，精神の方向づけを変更するのである．身体感覚が変わることによって，さらに深いレヴェルにおいて，空間に対する関係，あるいは一般に世界に対する関係（Heidegger 流に言えば，世界内存在に対する関係）も変化してくる．こうした場合，個々の技法の持つ特殊な効果とは別に，多くの情動的な付加的要素が働いていることも考えておかなければならない．こうした要素のうちには，その起源を幼児期にさかのぼって求めることができるものもあるだろう．そのような要素とは，たとえば，身体的接触における意識的または無意識的な感情反応であり，すでに集合的感情作用についての章（第7章）でとりあげたグループでの共同作業の持つ社会化促進効果，すなわちコミュニケイションと連帯感を促進する効果であり，あるいは遊びのグループの中で一定の役割と機能を引き受けることによる自己価値感情の強化である．さらにまた身体を用いるグループ活動では，そこで快い感情が人から人へと伝染する効果がきわだ

って強く現われてくることもある．すでに紹介したように Maturana と Verden-Zöller (1994) は母子間での遊びが同一性（アイデンティティ）をかたちづくる意味があるということについて考察を行っているが，そこでも同様のことが指摘されている．たとえば，皮膚や身体どうしがソフトに接触することが同一性感情や世界感情に対して深い無意識的な影響を持つのは，精神分析の知見からも明らかなように，そのような快に満ちた身体的刺激が，子供に自分が独自な価値を持つ存在であるという自覚を与え，同時に子供を周囲の世界あるいは外界から境界づけるからなのかもしれない．一部の研究者は，自然分娩の際に皮膚および身体に生じる強烈な感覚にさえも，そのような作用があると考えている．

　最後になったが，思考は行為 Handeln に由来するという事実には，しばしば見逃されているものの，きわめて実践的な意義があると同時に，その奥には認識論的な意義も隠されていると言える．すなわち私たちの思考や私たちの理論が正しいのかどうかを試してみるためには，私たちはいつもくりかえし自分の手 Hand で行為し，自分の手を当て，自分の手で作業しなければならないのである．このことは一般的な意味でも正しいことであるが，しかしここで述べているような直接的な「身体的な」行為が問題となるときには，このことはまず第一に考えておくべきことである．人類の精神の進化が手の進化と密接に結びついているということを示唆する証拠がある．ヒトの脳——より正確に言えば中心前回の運動皮質野——において，手は他の身体部位に比べてはるかに大きな担当領域の面積を持っていることはよく知られている．運動野において手を担当する領野は，他の身体部位すべての担当領野の面積の合計に匹敵する．しかも手の担当領野は，大脳皮質の他のほとんどすべての領野との間にも連絡を持っている．サイバースペース，人工知能，世界にはりめぐらされたメディアの網とその活動などに注目が集まる現代においては，どうでもよいことのように思えるかもしれないが,具体的な意味で,行為すること（自分の手で行うこと）や触れてみること（手を当ててみること）こそは，最も簡単なしかたで，根源に存在するもの，すなわち最も本来的なものへと，私たちを連れ戻してくれるのである．そうした行為は，私たちを「大地に」根づかせる．時間と空間を短縮する機械であるコンピューター，人工の風景，保存された画像や音楽に囲まれ，異様に膨れ上がった人工物の上に暮らしている私たちを，その高みから「大地」へと引き戻すのは，そうした行為である．なぜなら，私たちの原初の（最初の，そして確かにまた最後の）現実とは，私たちを人工世界が取り囲んでい

第9章 応用へ向けて ── 可能性とリスク

るにもかかわらず，やはり身体であるからである．私たちは，手を当ててみることによってはじめて，世界が具体的にどのようにできているのか，あるいは私たちがいったいどこにどういう状態で存在しているのかということを再び体験できるようになる．身体的な行為が人を癒す効果を持っているのは，このためである．草むしりをしたり，歩き回ったり，薪を割ったり，歌ったり，遊んだり，走ったりすることによって，私たちはおのずから，私たちに最もふさわしい──何万年，何億年にもわたる進化を通じて私たちの「自然」として選択されてきた──時間や空間，リズムや速度への通路を見いだすことになる．こうしてさらに私たちは，私たちに欠かすことのできない快がどこに存在しているのかということに再び気づくようになるであろうし，快に満ちたしかたで思考を行えるようにもなるであろう．たとえば愛情や愛撫といったことに考えを向けることもできるはずである．こうしたことがらに，もしこのようなしかた以外で到達しようとするなら，速度の虜となってしまった不安論理や怒り論理ではなく，もっとゆっくりとした愛情論理でしか到達できないだろう．

　この節では身体に焦点を当てて考察を行ってきた．最後に，身体的（および精神的）な病気についても一言述べておきたい．私たちがここで主張したことは，感情と思考の調和，あるいは身体と精神の調和ということを主軸としている．つまり私たちの述べたことは，古代の金言「健康な体に健康な精神」と同じ方向にあり，それゆえ病気や障害についてはほとんど顧みる余地がないように見えるかもしれない．しかし，障害を持つ人たちが私たちにしばしば示してくれるように，ひどく病んでいる身体のうちに，あるいはひどく病んでいる精神のうちにも，きわめて健康な部分がある．いかなる治療法が行われるにしても，まさにこの健康な部分を捉え，これを利用し動員することこそが，あらゆる治療の要点となる．死に行く患者の場合でも，このことが当てはまる．闇が光の一部をなし，夜が昼の一部をなしているのと同じく，苦しみや痛み，不全，さらに死は，生の一部をなしている．私たちはすでに第3章において，認識を促すという，苦しみや痛みが持つ隠れた意義を指摘した．すべての感情を統合しようとする感情論理の構想は，こうした感情の闇の側面をも引き受け，取り込んでいくことを視野におさめているのである．

日常的実践への示唆

　感情論理から導き出されるさまざまな規則は，精神医学や精神療法の実践の

Kapitel 9

Praktische Konsequenzen. Möglichkeiten und Gefahren

ために重要であることが証明されているが，それらのほとんどは，多少の変更を加えれば，日常生活においても十分通用すると言ってよい．しかし——私たちはすでにこのことを問題にしたことがあるが——日常 Alltag とはいったい何なのであろうか？ それは，きわだって明確なかたちで捉えうるものを除く，まさしくすべてのことがらである．仕事や家庭，暇な時間，学校，私たちが今歩き回っているこの街，買い物，ドライブ，旅行，ラジオやテレビで毎日のように報道されている凶悪な事件，新聞を読むこと，ぶらぶらと過ごすこと，たばこを吸うこと，ささいなことで腹をたてること，食べたり飲んだりすること，寝ること，愛すること，けんかすること....　私たちは，感情制御や感情操作ということがすでに広く行われていることを認めた上で，フラクタル感情論理から導き出される日常的実践への示唆やフラクタル感情論理の応用可能性を明らかにしていかなければならないことになるのだが，そのためにはどこから分析をはじめたらよいのだろうか？

　日常的なことがらとは，かつては普通のことではなかったけれども，現在ではあたりまえのことになっているようなことがらのことである．したがって，すでに何回も指摘してきたように，感情のオペレイター作用は，私たちがまるで推測していないようなところでも，やはりなお目に見えないかたちで重要な役割を果たしているのである．だとすると，日常的な心理・社会的なことがらにおけるフラクタル感情論理の最も重要な応用法の一つは，最初はきわめて強い情動を伴っていたことがらを，平凡化し自動化し，無意識の中へ沈み込ませることだということになる．

　実際のところ，上手な広告や宣伝活動が目指しているものも，販売員や政治家がその顧客や支援者に対して行おうとしていることも，学校の先生や大学の教授が意図していることも，すべて今述べたことにほかならない．つまり，一見したところひどく複雑で難解であって，まるで新奇なことに見えるようなことがらを，生徒や顧客に教え込むということを行うのである．そうしたことがらも，少し時間がたって，いったん「理解」を得られるようになってしまえば，「古い帽子」と同じようにあたりまえのことになり，より複雑な新しい構成物の中にそのまま難なく組み入れられるようになる．

　このようなプロセスは，まったく日常的にありとあらゆるところで行われていることであるが，このプロセスを感情論理の視点からもう少し詳しく観察してみると，すでに精神病理と精神療法の領域で重要であることが確かめられている事実，つまり調子や気分，およびその一致と不一致，あるいは気持ちの準

● 第9章　応用へ向けて ── 可能性とリスク

備をすること，気持ちを合わせること，気分を変えること，気分の調整，といったことがこのプロセスにおいて多大な影響を与えるという事実に，私たちはまたもや遭遇することになる．

　日常のあらゆる場面においてコミュニケイションや協調がうまくいくかどうかは，互いの気分が一致しているか，一致していないかにかかっていると言える．複数の人の共同作業を必要とする仕事を成し遂げるには，感情の「波長」が合っていることが不可欠である．不和や持続的な確執がもとで，コミュニケイションがうまくいかなくなり，パートナーへの評価やパートナーの行為への評価が歪められて，不機嫌な気分が広がってしまうと，さまざまな面での生命感情や自己価値感情がそこなわれるだけではなく，建設的な問題解決を見いだすのに必要な創造能力も，そこに参加するすべての人々から失われてしまうことになる．こうしたことは，夫婦や家族の間でも生じることであるし，職場でも，あるいは余暇に行う活動の場でも生じることである．この洞察を日常実践へ応用して次のように言うことができる．そこにいる人たちの気分が一致していない場合には，当面の問題を解決しようと試みる前に，まずオープンな話し合いをして，気分の一致をはかること，つまり，気分の不一致をそのまま覆い隠してしまわないことが，どうしても必要である．どんな人でもそうした場合になすべきことはある程度直観的にわかるはずだが，具体的にどのようにそうした一致が達成されるのかという知識は，今日，さまざまな分野で催されているコミュニケイション技術の教室やスーパーヴィジョンの場で，広く教えられるようになっている．私たちの見方から強調しておくべきことは，事業計画や組織づくりにおいて，あるいは職場でのもめごとにおいて，あるいはまた夫婦や家族の間の問題においても，感情の側面を無視してもよいと思い込んでものごとを進めると，遅かれ早かれいつか破綻してしまう可能性が大きいということである．つまり，先に精神療法に関して私たちが述べた一般的な規則や基準が，ここでもそのまま当てはまるのである．

　その理由は明らかである．精神療法の場合と同様，日常のコミュニケイションにおいても──よくある顧客との対話であれ，講演であれ，雑談であれ，あるいはけんかしている場合でも，困難な交渉をしている場合でも──伝えられ共有されるべき認知内容をつねに担い，方向づけているのは，その基礎にある感情だからである．意図的に，あるいは直観的に，情動の調整が行われることによって，共通の基盤ができているという状態になければ，日常生活においても，認知的な伝達はほとんど効果を持たない．こうした状況における伝達は，

感情論理で言うところの「情報／内部形成 In-formation」となりえないのである．掃除機を売ろうとする販売員であれ，政策を売ろうとする政治家であれ，上手にコミュニケイションを行う人たちは，相手に気づかれることなく，相手をできるだけ自分の都合の良い「情動の波長」へとチューニングするためのさまざまな技法を使うことができる．古代においてもよく言われていた「善意の捕獲 captatio benevolentiae」（ローマの雄弁家が，話を始めるときに，謙遜の表現を使って自分が聴衆にとけこめるように工夫したことを指す）をはじめとして，今日では，セールスマンや保険の外交員がまったく知らない相手にとりいるために，自分と相手が，服装なり，言葉なり，出身地なりの点で何らかの共通点があるということを指摘しながら，商品の魅力を売り込もうとするということにいたるまで，そうした技法はあらゆるところに存在している．双方の当事者から嫌われている第三者をもちだして，ジョークを言ったり皮肉ったりするという手法も，そうした場合によく使われている．双方に共通の敵が，贖罪の山羊として使われることによって，それまで何の共通点も見いだせなかった双方の間の感情と思考の相違が覆い隠され，話がまとまりやすくなる．この効果が絶大なものであることは，やはり古くから知られていた．しかし，すでに挙げた規則からしても，こうした場合につねに重要なのは，パートナーのうちにすでに存在し特定の感情の備給を受けていた「感情・認知」構造に訴えかけ，共鳴を得るということである．パートナーの側にそうした事情が何もなければ，こうした操作の試みは相手に不快感を引き起こすだけであり，期待していた良き感情のプラスの効果のかわりに，陰性の感情による切断と制動のスイッチ作用が働くようになってしまうだろう．

　よく知られているように，現代の攻撃的な売り込みテクニックは，こうした「気分づくり」の手法をさらに組織化し，同年齢の人たちとか年金生活者といった特定の目標集団を定めて「お茶の集まり」や団体旅行を企画するにいたっている．そうしたところで行われているのは，情動の感染という現象を利用して参加者たちを集団的に高揚した基本気分の中に置き，その上でこの気分を，売り込むべき商品と上手に結びつけていくということである．この目的のために，甘い菓子やアルコールをはじめとしてあらゆる「ポジティヴな刺激」が利用される．性的な表現も，販売および広告の一般的技法として，今日きわめて頻繁に使われている．性的な表現は無意識へ作用しやすいので，関心を引くための「おとり」として効果が大きいのである．エロティックな刺激は，あからさまに表現されることも，ほのめかし程度に表現されることもあるが，いずれ

● 第9章 応用へ向けて────可能性とリスク

にしても宣伝の目的のために，きわめてさまざまな認知対象と巧妙に結びつけられていることがわかるだろう．強力な感情を呼び起こすものとして，攻撃性を引き出すような暴力的場面もまた，特に雑誌・新聞やテレビで，販売部数または視聴率の向上のために利用されている．そうした場面がそれほどの関心を引き起こすという事実は，ホモ・サピエンスという動物種が，すでに述べたように，おそらく進化論的理由から潜在的に強い攻撃性をうちに秘めているということと関連しているのかもしれない．

　音楽もまた，情動的な「路線」を経由して思考を思い通りに操る方法としてよく使われる方法の一つである．飲食店，スーパーマーケット，衣料品店，ホテルにおいて，さらに最近では駅においても，バックグラウンドミュージック（あるいはむしろバックグラウンドミュージックテロと言うべきなのかもしれない）が流されている．そうした音楽を用いて，その場所に「ふさわしい」気分と，さらにはその場所に「ふさわしい」思考を，引き出そうというのであろう．しかし考えてみると，さまざまな方法を用いて音楽やリズムが持っている強大な力を，思考に情動面から影響を与え，思考をチューニングするために利用していないような社会は，歴史上存在しなかったし，今日も存在していないのである．音楽の効果は，きわめて広範におよぶものである．宗教的な深い感動をもたらすこともあれば，軍楽隊の音楽のように，勇ましい気分で人を殺したり，自分が死んだりするように導くこともある．

　場所ないし空間，周囲の環境といったものも，強い情動的作用を持つことがあるが，多くの場合その作用は無意識的なものである．たとえば明るくやさしい空間は気分をなごませ，暗く冷たい場所は気分を張り詰めさせる．銀行，ホテルのロビー，集会場，酒場といった場所は，それぞれ独自な感情的メッセージを持っており，そこにいる人の思考や行動に対して，私たちの想像以上に，強い影響を与えている．インテリア建築の専門家や賢明なビジネスマンは，場所のもたらすこうした作用をうまく利用することを心得ている．空間が分割されて，それぞれ異なる役割を持った人たちが異なる場所に配置されるということも，情動的にやはり重要な意味を持っている．これは，前に述べた身体図式および身体図式の持つ感情的意義とも深く関わっている．たとえば評議会の議長はつねに一番「上」の席にすわっており，重要な役割のない人たちは「下」の席にいる．その中間には──特に2列目に──ベテランや専門家と見做される人たちが陣取っている．「後ろ」という位置は，ずっと昔から，身体図式の中でも，不安や恐怖と結びついており，そのため重要人物の背後にい

るのは必ず，信用できる人たちだけで，敵対する人がそこに位置を占めることは決してない．さらに「右」「左」「正面」という位置にも，昔から，感情的意義が与えられている．そのあり方は，どの文化圏でもほとんど異なることがない．そうした意義は，おそらく進化の歴史に深く根ざしているものなのだろう．右の方が優位で，左の方が劣っていると見るのが通例である．ドイツ語で「右 rechts」は「正当 recht」と重なっており，その他の言語でも感情的にポジティヴな意味合いがあるのに対して，「左 links」は「不器用な linkisch」という語が示すようにややネガティヴな意味を負わされている．正面に座る人は，同等のパートナーか敵対者である．

　空間的関係と並んで時間的関係もやはりそれぞれ特異的な——ただし場合によっては両義的な——感情的意味づけを持っている．「遅い（ゆっくり）」という言葉（退屈，困難，圧迫，抑うつ，悲哀などを連想させる）は，私たちの文化圏では多くの場合どちらかと言えばネガティヴな感じを与えるが，しかし文脈によってはポジティヴな意味合い（「穏やか，慎重，徹底的」などに近い意味で）を示すこともある．これに対して，速さとか高速度といったものは，たいてい，「軽快，快活，勢い，容易」といった意味と結びついており，ほぼ一貫してポジティヴな感じを与えるが，しかしときには（たとえば，性急，慌ただしさ，不統一，散漫，危険，軽率といった意味合いで）評価が逆転することもある．もう一つの時間に関わる次元としての「新しい」と「古い」についても同様のことが言える．今日では，ほとんどすべての新しいものは，古いものより優れているという評価をまったく自動的に与えられるようになっている．

　こうした自動化された感情的意味づけによって，日常生活にさまざまな影響が生じてくる．新たに発明される製品が成功するのは，ほとんどの場合，人々が「速いことは良いことだ」と当然のごとく思い込んでいるからである．しかし，大陸から大陸へともっと速く飛行することが本当に良いことなのか，と問われることはほとんどない．そのような高速飛行によって「節約した時間」は，休息や余暇に使われるどころか，また新たな慌ただしさをもたらすにすぎない．さらにこうした高速化による「副作用」はこのほかにも，個人的な水準でも，集団的な水準でも，数えきれないほど多く存在している．パラドックスはほかにもある．人々は，最後に残った手作業や肉体労働さえ機械に引き渡し，一人きりになれるわずかな安息の時間にさえ世界中の情報を一刻も早くとらえようと追いかけている．その結果ついにはストレスノイローゼをきたし，長期の精神療法を余儀なくされ，また肥満や筋肉の衰えをきたし，痩せるための治療を

● 第9章　応用へ向けて —— 可能性とリスク

受けたり健康のためのトレーニングをせざるをえなくなり，さらにまた自動化と合理化の結果として増大する「構造的失業」に直面し，さらに高価な経済的治療を試みざるをえない．そうした対処法もまた，数えきれない好ましくない「副作用」をうみだすにちがいない．

　感情論理の理論から予想されるとおり，科学的・技術的・経済的「論理」（すなわち，技術および科学としての性格を持った認知的要素の選択，結合，階層化のあり方）もまた感情に裏うちされたものであるということが——「進歩の裏面」とか「副作用」といったものは稀にしか表面化しないけれども——私たちの日常的感覚の中では徐々に明らかになってきている．感情論理の理論は，そうした「論理」のうちに作用している情動的メカニズムを暴き出すだけではなく，そこにしばしば生じる悪循環とも言うべき「感情・認知」の相互作用を——少なくとも，科学技術の応用という側面で——転換する方策を示唆してもいる．そうした転換は，原理上，それが発生したときとまったく同じようなかたちでなされるはずである．すなわち，一つには，痛切な情動的体験（たとえば，チェルノブイリやボパールで起きたような破局的な産業事故．これらの事故は，技術的進歩と幸福との間の「自明」であるがごとき連結を，根底から揺さぶった）の結果として，特定の認知内容と快または不快の経験との間の自動的な連結（カップリング）が自然に変化するというかたちであり，もう一つには，全般的態度や基本気分が変化することに基づいて，別のしかたで選択され重みを与えられた認知内容どうしを意識的にそれまでとは異なるしかたで結びつけるというかたちである．

　集団のレヴェルにおいても，長い期間まったく自明であった「感覚・思考」の結合が，比較的短期間のうちにすっかり転換してしまうということがある．日常的なことがらの中で最近起こったある例が，そのことを印象的に示している．すなわち，喫煙に対して，数年前までは誰も予想しなかった根底的な「情動・認知」的変化が起こり，アメリカ合衆国から西側の世界全体に広まっているのである．これと同様にいつの日か，今日のスピードに対する熱狂に対して大規模なゆれ戻しが起こって，生活のさまざまな側面で，加速ではなく減速が求められるようになるかもしれない．ただしこれは今のところ，単なる夢想にすぎないと言わなければならない．

　他人の気分の方向を変えるということは，単に気分を合わせるということと比べると難しい技術である．しかし，他人の気分を変えようとするのであれば，やはり気分を合わせることからはじめた方がうまくいく．これまで述べて

きたようなマクロな水準からもう一度ミクロな水準に戻って考えてみれば，このことはよく理解できるはずである．たとえば今隣にいる人の気分を変えるには，その人のために橋をかけてあげること，言い換えれば，「感覚・思考・行動」レールの始点を形成してあげることが大切だということがわかるはずである．この始点から出発して，その人は，現在の「感情・認知」固有世界から別の「感情・認知」固有世界へと導かれていくかもしれない．政治や宗教の活動家の中には，巧みに他人の気分を操作する人がいるが，彼らがまず行うのは，したがって，何らかの方法で，二人の間に共有されるポジティヴな基本気分——「個人的な信頼関係」とも言うべき基盤——をつくりあげ，同時に相手の「感情・思考」様式を理解しようとするということである．そうした上で，相手を情動的に揺さぶりながら自分の主張を認めさせていく．そうした場合に使われる技法や機制のいくつかを私たちは第7章の宗派・派閥についての節で紹介しておいた．そうした例によってきわめて明らかになったもう一つのことは，すでに土台として確立されたつねに同一のポジティヴな基本気分の上にそのような「橋頭堡」が築かれているのだとしても，そこから徐々に，これまでにはなかった新たな「感情・認知」固有世界が発展していき，ついには，最初の状況からは予想もできなかったような状況が出現する可能性があるということであった．もっと小さな規模で，こうした「気分の変化」は日常的に起こっているが，そうした場合も，基本的にこれと異なることは何もない．たとえば，長年，あるスポーツチームの（または，ある自動車メーカー，政党，芸能人などの）「ファン」であった人が好みを変えて，あるときからまったく別の感じ方，考え方，行い方をするようになるということがある．こういう場合，これまで強いポジティヴな感情的色彩を持っていた古い「レール」は色褪せてしまったり，あるいは正反対の色合いへと逆転したりもする．

　今述べたような，しばしば起こる部分的で限局的な「感情・認知」的転調と並んで，日常的にはそれほど起こることではないが，あるとき突然に「感覚・思考・行動」が全体的に変化するということもある．これは転向（改宗）体験とも言うべきものであり，こうした体験は，すでに述べたような，精神病がはじまるときの非線形的な跳躍的発展と，構造的にも力動的にも完全に重なり合っている．このような現象がしばしば認められるのは，政治や宗教のようにイデオロギーが最初から中心的な役割を果たしている領域ばかりではない．たとえば激しい恋愛，重い病気，あるいはそれ以外の衝撃的な体験によって，突然に，価値体系や好みの方向や生活習慣がすべて変わってしまうということがあ

● 第 9 章　応用へ向けて ── 可能性とリスク

りうる．この過程は，こうした場合には自然に発生し展開していくのであるが，しかしまた外部から特殊な不安定化の技法を用いて人為的に誘発することもできる．いずれにしてもそこで起こっていることは，すでに述べたように，自動化された「感情・認知」的照合システムが「加熱」されて，ある臨界点に達し，従来の「感覚・思考・行動」の枠組みが維持できなくなり，根本的に異なる別種の枠組みによって置換されざるをえなくなるという一連のプロセスである．日常領域の現象についてではないにせよ，これに類似の過程を，すでに数十年前に，英国の有名な精神科医である William Sargant (1957) が印象的なかたちで記載している．Sargant の基盤は，当時よく議論されていた共産主義的な「洗脳」の手法についての研究にあり，彼はそうした洗脳を，ヴードゥー Voodoo と呼ばれる呪術や宗教団体の用いる改宗のための技法と同等のものと見做したのであった．今日の危機管理の研究や理論からすると，原理的にはそれらとまったく同様のメカニズムが，通常の生活や対人関係や企業経営において見られる突然の転換の場合にも作動しているということがわかっている (Ciompi 1993b)．前に述べた「バタフライ効果」さえも，そうした局面ではしばしば重要な役割を果たす．つまり，自然発生的に生じた危機（あるいは人為的に引き起こされた危機）が頂点に達したとき，通常はあまり顧みられることもないような理念やイメージや行動パターンが，不安定となっている「システム」の内部へと，当事者には気づかれぬうちに紛れ込み，ある時点から秩序パラメーターとして作用しはじめ，ついにはシステム全体を「支配／隷属化」するようになることがある．こうして，当初は予想もつかなかった長期的効果をもたらすことになるのである．

　最後に指摘しておかなければならないが，感情の作用は，個人的なレヴェルからミクロ社会的，さらにはマクロ社会的なレヴェルにいたるまで，そのスケイルに関わらずつねに類似するのであるから，主として小規模なレヴェルについてこれまで述べてきたようなフラクタル感情論理の日常的応用の技法は，必要な訂正さえ行えば，政治・社会のマクロなレヴェルでの問題についても転用できるはずである．実際に，小規模なレヴェルのあらゆるところで情動的なコミュニケイションがきわめて重要であったのと同様に，大規模なレヴェルにおいてもあらゆるところで，情動的「スイッチ」や認知内容の情動的「支え」といったものが決定的な役割を果たしている．すなわち，社会的・政治的領域においても，すでに示唆しておいたように，特定の人物とか特定の政策を「売り込む」ということがなされているのであって，そうしたことが成功するかどう

かは，意図的にポジティヴな感情の波を巻き起こして，集団としての「感情・認知」的な気分（調子）を合わせ，整え，変えていくことができるかどうかにかかっているのである．このことは，アメリカの大統領選挙や党内予備選挙のような大規模な選挙運動の場合，特によく当てはまる．同じく政治的によく使われる戦略として，敵対する人物や党や理念をおとしめるために，不安，怒り，嫌悪，侮蔑といったネガティヴな感情の持つオペレイター作用，つまり分断し疎遠にする作用が大々的に利用されることもある．今日伝えられているニュースからも明らかなように，こうした感情操作を用いることによって，ある地域や国を世界の流れからまったく引き離してしまうことも可能である．基本的感情状態と感情「備給」がすべての思考を前もって方向づけているのであって，認知的内容やイデオロギーそれ自体（もちろんそれもまた重要ではあるが）は，多くの場合，それほど決定的な役割を果たしているわけではない．そのことは，マクロ社会的に見て互いに対立する日常的世界観や日常的論理（たとえば，黒人と白人，北と南，アジアとヨーロッパ，イスラエルとアラブ諸国，アメリカ合衆国とキューバといった対立項）を，感情論理の視点からできるだけ「公平に」（仮にそのようなことが可能であるとして）比較しようと試みるときに，最もよく理解できるはずである．こうしたさまざまな「感情・認知」固有世界は，どれもすべて，それ自体として完全に一貫した論理と世界観を発展させ，またそれを広めようと宣伝している．その際つねに，自分の感情にそぐわない（他の観点から見た）「真理」は抑圧されることになる．このような過程において発展するそれぞれの論理や世界観は，それ自体としては論理的一貫性を持っているのにもかかわらず，感情的にも認知的にも，互いにまったく相容れないものとなってしまうことがある．こうしてそれぞれの「固有世界」における認知内容が真っ向から対立することになるのだとしても，それぞれの「固有世界」の「感情・認知」均衡（利用可能なすべての基本感情が，利用可能なすべての認知内容へと配分される様態）は，構造的・形式的に見れば，まったく同質であるようにも思われる．いかなる「感覚・思考」システムにおいても，同一の感情エネルギー論的基本メカニズムが作用しているという私たちのフラクタル感情論理の考え方は，このような面から見ても，妥当であると言えるだろう．

　しかし，このように感情論理の理論およびその応用技術をマクロ社会へと転用する際には，同時に，感情のスイッチ作用のみに基礎を置いた見方のさまざまな限界も明らかになってくる．マクロ社会的な領域でもやはり，発展経過の

● 第9章　応用へ向けて ── 可能性とリスク

　ある時点以降は，感情の側面よりも，「認知」──私たちがすでに定義したように，具体的な差異を認識し処理するという行為──の側面が大きな比重を占めるようになる．実際のところ，考え抜かれたきわめて巧妙な情動操作の技法をもってしても，任意の認知システムや世界像を長期的に誘導しつづけることはできないし，人間を任意の行動様式に固定しておくこともやはりできないのである．このような限界は，やはり「存続（生存）可能性 Viabilität」の問題と関わっている．認知的構成物やそれに対応する行動様式が，さまざまな理由から「存続不能なもの」であるとすれば──日常的な言葉で簡潔に言い換えれば，十分に「現実的」なものでないとすれば──それらはいずれ厳正な「ものごとの摂理」に屈して崩れ去ることになるはずである．前に私たちは，相対的な構成主義が正当な立場であり，ラディカルな構成主義は支持できないという結論にいたったのであったが，その結論を導くことになった認識論上の根本事情がここにもまた登場してきている．第1章で見たように，人間が補助手段なしに飛ぶことができるといったことを，感情論理のあらゆる手段を用いて誇大妄想的に人に思い込ませることができるかもしれないが，そうした確信に基づいた世界像や人間像がいかに現実と乖離した不条理なものになってしまうかということを思い起こしていただきたい．容易にわかるように（私たちはしばしば妄想患者においてそのことを具体的に観察することもできるのだが），そのような考えは，いかにしても生き残ることができないのである．したがって，人々に共有されるイデオロギーやさまざまな社会形態が，長期的に見て，成功するか失敗するかということを決めるのも，ある程度までは，今述べたような事情なのだと言って間違いないだろう．

　これまでの議論から明らかになったように，フラクタル感情論理が日常的な問題に対して貢献できる点は，ここに述べてきたようなことがらに限られるわけではなく，はかり知れないほど広い範囲におよんでいる．しかし本書では，そうした応用面の議論を全面的に展開していくことはできない．ただ，最初に予告しておいたように，フラクタル感情論理がもたらしうる危険のいくつかについて，また逆に，喜び，愛，希望といったポジティヴな感情の日常実践への「利用」について，最後に少しだけ考えておきたいと思う．

不安，リスク，希望

　これまで述べてきたことから，すでにある程度明らかになってきたかと思う

のだが，感情論理の応用可能性のうちには，人々を不安にするかもしれないことがら——私たちの見るところでは，むしろ不安を感じて当然だと言った方がよいと思われるようなことがら——も含まれている．すでに見てきたように，不安というものは，それ自体，重要な感情である．不安は，起こりうる危険を警告し，その危険から私たちを守ってくれるからである．しかし同時に，不安は（希望と同様）つねに，まだ起こっていないこと，あるいはまだ知られていないことに関わる感情であるから，そこにはまた根本的な不確実性——あるいは妄想的要素と言った方がよいかもしれない——が内在している．不安という感情がその状況に適切であったかどうかは，つねに後になってみないとわからない．思考に対する感情の作用が科学的に精密に解明され，その理論が実際に応用されるようになるということに対して，SF（サイエンス・フィクション）が呼び起こすのにも似た不安を感じる人もいるであろうが，この人たちの不安についても，それが適切かどうかは，やはり後にならないとわからないのかもしれない．

いずれにしても，脳の研究によって最近徐々に明らかにされつつある感情と思考の生物学的基盤についての私たちの知識が，近い将来さらにより深く，より綿密なものになるであろうということに疑いをさしはさむ余地はない．そうした基盤がますます詳しく私たちに知られるようになればなるほど，私たちは感情を質的にも量的にも精密に把握できるようになり，感情に何らかの効果をおよぼす技術も——たとえば，向精神薬や精神外科といった方法ばかりでなく，遺伝子工学によっても遠からずそうしたことが可能になるかもしれない——さらに洗練されたものとなるだろう．今日の状況から見る限り，人間の「感情発動装置」をほとんど思い通りに調整することも，いずれ可能になるはずである．また，思考に対する感情の作用についての私たちの知識が発展することによって，フラクタル感情論理のような理論も，数学的に記述したり，あるいはコンピューター上でシミュレイションしたりすることができる段階へと近づいていくだろう．

しかしこれに伴って——もちろんフラクタル感情論理の理論が概ね正しいとしてのことであるが——とりあえず以下のようなリスクが生じることが予想される．第一に，私たちの考えが，比較的無害な人たち，つまり精神療法家とか，ビジネスや商業広告に従事する人たちによって利用されるばかりではなく，何らかの宗教団体，政治イデオロギー集団，徹底的な資本主義信奉者の集まりなどを導く勇ましい主宰者や原理主義者によって，さらに最悪の場合には，

● 第9章 応用へ向けて ── 可能性とリスク

Goebbels や Hitler のような悪辣な天才的扇動家によって，利用されてしまうということを考えておかなければならない．そうした者たちも，自分の目的のために，従来のような直観的な──言わば手づくりの──方法によってではなく，今後は，感情に焦点を当てた科学的テクノロジーを利用して，憎しみや怒りを基調とする「感情・認知」レールあるいは「感情・認知」固有世界を，より効果的につくりあげようとするかもしれないのである．そうした者（Führer: 先導者ないし「総統」）は歴史のどの時代にも存在していた．彼らはこれまで，自分の勘によってそのようなレールをつくりだし，民衆全体をその上にのせて意のままに導こうとしていたのである．こうした者たちが新たな，より有効な手段を手に入れることは，一つのリスクと考えなければならない．

二番目のリスクは多分，「人工の現実」と「人工知能」の領域に生じると考えられる．この二つは，まだ生まれてまもないものであるが，猛烈な速さで成長しており，おそらく今後数十年の間に，今日の想像を絶するほどの精巧さ，有能さを達成することになるだろう．専門家たちはすでに，認知のみを一面的に重視するようなアプローチから脱しつつあり，「感情・認知」の相互作用とその法則性について知られつつある膨大なことがらを自分の理論と技術の中に組織的に取り込もうとしている．この二つの発展領域（およびその二つの組み合わせ）は，研究者のそうした努力によって実在の世界との距離を大きく縮めることになるだろう．チェスの場合には，1996 年に世界選手権者の Gary Kasparow が最良の「知能機械」と何とか五分の戦いをすることができた（勝つには勝ったが，大変な激戦であったので，機械に対する人間の勝利と喜ぶことはできない）のだが*，コンピューターがこれほどのノウハウをあらゆるところで蓄積しつつあるという事実は，私たちを不安にさせずにはおかないだろう．コンピューターがこれほど有能になるのは，良いことなのか，悪いことなのか？ どちらとも言えるだろう．だとすれば，ここにも一つのリスクが潜んでいると考えなければならない．

第三のリスクのかたち．鼻というものはヒトにおいてもまた，化学受容体としておそらく繊細であり，行動に大きな影響をおよぼしている．数十年前から研究者たちは，あらゆる種類の嗅覚刺激の持つ多大な情動的効果を究めようとしてきた．大がかりな嗅覚テクノロジーを用いることによってどれだけのことが達成しうるのかを，Patrick Süskind (1985) は彼のベストセラーとなった文学作品「芳香」の中で描いている．性的な匂いを持つフェロモンという物質が，

---

* 1997 年にはすでにこの勝利も過去のものとなってしまった ....

ヒトの「つがい行動」に（多くの場合無意識のうちに）影響を与えることはよく知られており，またさまざまな方法で利用されてもいる．しかしこれとはまったく異なる行動様式——たとえば，ひどく攻撃的であるとか，ひどく従順であるといった態度——も，同様に，意識の閾値下の嗅覚刺激によって引き起こされる場合があるといういくつかの証拠がある．嗅覚刺激によって住民全体の心理状態を大がかりに操作する——毒ガスの代わりに，匂いによる向精神薬が散布される——というようなことが，遠くない将来，実行可能となるかもしれないのである．こうした恐るべきリスクも考慮に入れておく必要がある．

　これまで述べてきた「感情・認知」の法則が任意の階層レヴェルにおいて相似的に成立しているという私たちの理論からすれば，さらに次のような恐れも出てきて当然である．すなわち，そうした法則を悪用した技術も，まさに「フラクタル」なかたちでおびただしく成長していき，もはやミクロなレヴェルでの個人的で散発的な出来事にとどまらず，同時に，マクロなレヴェルでの集団的で組織的な応用も行われるようになるのではないかという恐れである．何かあることが実行可能であるということが明らかになれば，遅かれ早かれ，技術者や科学者のうちの誰かが少なくとも一度は，そのことを実際に試してみようとするだろう．歴史を振り返れば，それが事実であることがわかるはずである．たとえば，化学兵器や生物兵器を用いた戦争，原子爆弾，そして，さまざまな警告が行われているにもかかわらず，今や経済的利益をねらった大規模な応用へととどめもなく進みつつある遺伝子技術．．．．こうした例はほんの一部にすぎない．この種の急速な科学の「進歩」に対する不安は，「不合理な感情」として切り捨てられてしまいがちである．しかし，迫りつつある危険を直視し，個人の思考と集団の思考を，そうしたリスクに対する対処へと，さらにはこうした技術に代わる目標や価値へと向けるきっかけとなるのは，こうした不安以外のものではありえないのである．

　要約すれば，感情論理の観点から見て，思考に対する感情の作用についての知識が悪用されるかもしれないという不安が生じる大きな理由は，そうした知識が，その他の科学的知識と同じように，金銭欲や，あるいは（最悪の場合には）怒りや攻撃性といった感情のアトラクターに強く支配されるようになり，知識や認識というものが通常持っているポジティヴな効果の代わりに，破壊的な力を発揮するようになってしまう可能性があるからである．

　これは杞憂にすぎないのだろうか．．．．そうであってほしいと誰もが願っている．だとすれば，ここで私たちは，この節の表題にもあげた「希望」をはじ

● 第9章 応用へ向けて ──── 可能性とリスク

めとする「良き感情」──喜びや愛情も含めて──について語ってもよいだろう．すでに前に述べたように，こうしたポジティヴな感情もまた，少なくとも不安や怒りと同程度に，私たちの日常に多様かつ重要な影響を与えている．ここでもう一度確認しておきたいのは，ミクロの次元であれ，マクロの次元であれ，人と人とのつながりは──そしてまた，ものごとの連続性も──こうしたポジティヴな感情なしには成立しないということである．これらの感情が，これ以外にも，目立たないところで無数の効果を私たちにおよぼしているということについては，次の最終章で触れることにする．ここでは，私たちの構想の実践的な応用に直接関わるある一つの側面だけをとりあげておくことにしよう．すなわち，ポジティヴな感情が，日常生活の上でも，芸術や科学の上でも，創造を促進する作用を持つという事実を，私たちはどのように「利用」できるのかという側面である．

　私たちの理論からすると，困難な問題に対する創造的解決を見いだすためには，情動という側面から見て，快いリラックスの状態が必要である．緊張のないリラックスした状態というものは，幸運な発見から生じた情動面での付随現象などではなく，複雑さの低減ということを通じて感情エネルギーの効率性というきわめて重要な側面と関わっている．第5章で見た創造的な若き科学者の例が示しているように，そのような事実を，この種の仕事に携わっている人たちの多くは，まったく日常的に利用している．そうした人たちにとって，これはごく当たり前のことになっているのである．つまり，問題点がしだいに極点にまで達しつつあるときに，創造的な考えを生み出すには，多くの場合リラックスや気晴らしが有効なのであって，だからこそ科学者や芸術家や発明家は，完全に問題に集中した時間のあと，ときおり作業をすべて止めて，まったく別のことを考えたり，行ったりしてみるのである．たとえば，子供と遊んだり，頭ではなく手や全身を使う仕事をしたり，あるいは何もせずに怠けて過ごす．無為に過ごすのと似ているが，もう少し積極的に創造的な考えを引き出す方法の一つは，心の動きのスピードを意識的に落とすということである．これには数えきれないほど多くのやり方があるが，たとえば，飛行機に乗るのをやめて鉄道でゆっくりと旅行するとか，鉄道や自動車もやめて自転車で行くとか，あるいは人工的なものをすべて排除して自分の足で歩いて行くといったことが挙げられる．また，私たちをとりまくいかなる機器も使わずに生活してみるというやり方もある．たとえば電灯を使うのをやめる．照明機器によって，ふだん私たちは夜を昼に変え，もはや夜空の星々の中に最も根源的な事物の「連関」

Kapitel 9

を見てとることもない．そうした「連関」へといたる道は，瞑想や睡眠によって，あるいは静かにじっとしていることによっても，開かれることがある．そのようなときなぜか，これまで見過ごされていたさまざまなものの美しさに，私たちは目を奪われることになる．そうした美しさが輝きをとりもどしたのであれば，創造もまた私たちの手の届くところに迫ってきているはずである．

　さらに言うなら，創造的な考えというものは，効率的であるというだけでなく，優雅さと美しさを備えている．すべての認識は美的な次元を持っている．認識することと，美しさを見てとることは，互いに結びついている．ここで言う美しさには，知的な美，精神的な美，人間的な美も，具体化された造形の美，感覚へ直接訴える美，体験され感じ取られる美も，いずれも含まれている．喜びや，人および物に対する愛情が——あるいは一般に，快い状態にあるということが——実際に私たちにもたらすことのできる最大の恩恵は，まさにこの点にあると考えるべきであろう．すでに前に述べたように，そのような感情こそが，私たちの心と目を開かせてくれるのである．そのような感情は，私たちを「永遠なるもの」あるいは「不可欠なるもの」と結びつけ，さらに私たち自身のうちに「高められた存在のあり方」——その実存的な価値を哲学的に解き明かしたのは誰よりもまず Otto Friedrich Bollnow であった——との連続性をつくりだすのである．

　創造性の本質についての以上のような解釈や，私たちが推奨する創造性の「利用法」は，多くの創造的な人々の見解とも一致している．もし私たちのそうした解釈が正しいとするならば，哲学的あるいは宗教的な面からばかりではなく，進化論的および感情科学的な面からも，私たちがなお希望を持ちつづける一定の根拠が存在していることになる．なぜなら，私たちの解釈が正しいとするならば，いかなる認識においても——私たち自身の心理のより良い理解を導く認識を含めて——その認識が進んでいく（快を伴う）道は，いかに迂回していようとも，結局のところ，何らかのより大きな緊張解消と調和——私たちはそれを呼ぶのに美という言葉以上に適当な言葉を見いだせない——へといたるはずだからである．この考えを，本書の最後となる次の章で，さらに進めていくことにしたい．

第10章

フラクタル感情論理の人間像，そしてそこから導き出される倫理的帰結について——あるいは，「感情とともに思考する」こと

> 自由はそれ自体，形而上学的な概念である，われわれは自由を証明することはできない，われわれの望みは遺伝的に規定されている，われわれは，われわれが望まざるをえないことを望むだけである，自由は実践理性のひとつの要請であり，またわれわれを規定するひとつの感じ方である，われわれは，われわれが望まざるをえない望みが満たされないときに，自分が不自由であると感じる．
>
> Friedrich Dürrenmatt (1991)

　自由をテーマとしたこの文章は，現在のスイスで最も重要な文筆家であり思想家である Friedrich Dürrenmatt が，1991年に死去する直前に，チェコの大統領 Václav Havel への歓迎の挨拶——「スイスという一つの監獄」と題されており，大きな議論をまきおこした——の中で述べたものである．この文章は，私たちがこれまでの論述において積み残してきたさまざまな困難な問題と関係している．私たちは，この最後の章で，こうした問題に取り組んでいかなければならない．… 意識とは何か？また「精神」とは何なのか？自由な意志というものは存在するのか？そのことと，私たちが望み欲していることがらに対する私たちの責任との間には，どのような関係があるのか？フラクタル感情論理から生じる新しい人間像が生み出す倫理的帰結とは何か？ここで私たちはこうした「究極の問い」について議論しようとしているのだが，言うまでもなく，その議論はまったく断片的なものでしかないし，私たちの持つ特定の視点からのものでしかないことを，最初に断っておかなければならない．

感情論理の視点から見た意識の問題

　私たちは，これまで何回も，ある心理現象が意識的か無意識的かという問題に直面してきた．私たちは，さまざまな感情状態がさまざまな意識状態と対応していることをしばしば主張してもきた．しかし，私たちが意識と呼ぼうとしているものが厳密には何なのかという問いには，これまで立ち入らないようにしてきた．なぜなら，意識とはそもそも何なのか，動物にも意識があるのか，動物のうちでも特に，最も高等な霊長類は，ある種の自己意識さえ備えている

●第10章　フラクタル感情論理の人間像、そしてそこから導き出される倫理的帰結について

のではないか，といった問題は依然として，人間の心理を研究する者にとっておそらく最大の謎でありつづけているからである．この問題について行われてきたさまざまな論説をすべて拾い集めようとしたら，とても一巻の書物には収まりきらない．この問題についての緊迫した議論は，最近では，脳研究者であるOtto Creutzfeld，物理学者であり哲学者でもあるCarl Friedrich von Weizsäckerのほか何人かの科学者や哲学者によって行われた（Creutzfeld 1981; そのほかOeser et al. 1988, Seitelberger 1993, Roth 1994 も参照）．私たち自身も当時，「感情論理」(1982) の中でこの問題について特別に一つの章を設けて議論を行った．その際私たちは，Piagetの記号機能ないし象徴機能の概念を基礎にしながら，特に意識と言語との関係を明らかにしようと試みた (Ciompi 1982, p.123 ff.)．そこで示されたことは，すでに本書でも述べたように，言語は，人間の思考と行為にとってたしかにきわめて重要な意義を持つものではあるが，しかし意識と対比すれば，二次的な現象にすぎないということである．というのも，言語やそのほかの象徴（図や身振りなど）による表現は，それに先立って言語の領域外で進行する意識ないし情報圧縮の過程の「結果」として出てくるものであって，決してその逆ではない（つまり言語が意識の原因であるなどということはない）からである．しかしその後，行為的体験から芽生えた意識が，社会的にすでに備わっている通路に従って固定化し分化していくという局面では，言語，あるいは一般に社会的伝統が主要な役割を果たすようになる．その際，すでに見てきたように，言語や伝統は，文化特異的なしかたで感情にかたちを与え，感情を社会化するのである．したがって私たちの見方では，言語と意識はともにそれぞれ，大部分の（すべてではないが）「感情・認知」的照合システムにおいて統合的役割を果たす構成成分だということになる．同時に，あらゆる意識の内容は必ず感情的な成分を含んでいるはずである．

　このように感情を私たちの理論の中に組み入れることによって，認知的側面のみを一方的に重視するような意識概念とは大きく異なる意識の捉え方へと私たちは到達することになる．その足掛かりとして，今問題とした言語のほかに，注意および抽象化という二つの現象がある．

　私たちは1982年の「感情論理」でも，意識の問題を考える出発点として，Jaspers (1953, p.9 ff.) やScharfetter (1976, p.25) に従って，意識は，さしあたり，つねに「何かについての意識」であり，何らかの方向を持った注意であるという点をとりあげたのだが，ここでももう一度この点から議論を始めていくことにする．私たちがいま意識し，知っているものは，私たちがそれに対して注意

を向けているもの，あるいは向けることができるものだけである．つまり私たちの感覚や表象が，それに向けて賦活されており，それに向かって集中している場合にのみ，私たちはそれを意識しているのである．したがって，さしあたって意識とは「何かあるものに対して注意していること」であると考えておいてよいだろう．動物に意識があるとして，そのさまざまな意識形態を考慮していくのには，この意識概念が有用である．というのも，系統発生または個体発生において獲得された「表象（前に置かれたもの）Vor-stellungen」への方向づけが賦活されるという意味において，動物もまた人間と同じように，ある方向への注意，つまり「何かについての知」を有しているということは明らかだからである．有機体の持つこの種の意識の進化の起源は，そのときそのときの周囲の刺激によって自分の方向を定めること，つまり「定位反応」と呼ばれているものにまでさかのぼる．こうした反応は，きわめて下等な動物にも，あるいは植物にさえも，認められるものである．たとえば，ひまわりは太陽の動きに従ってその向きを変えていく．Lorenzの進化論的認識論からすれば，ひまわりもまた太陽について何かを「捉え」，何かを「知っている」のだということになる．このように注意を向け，方向づけられているということは，外部または内部の特定の刺激にエネルギーを選択的に振り向けているということと等しい．こうした状態は，特別な条件の下でしか起こらないものである．第3章で説明したように，動物であれ，人間であれ，注意を集中するということは，言わば「エネルギーのぜいたくな使い方」なのであって，こうしたぜいたくが許されるのは，新たに出現したものや，もしかしたら危険かもしれないもの，あるいは困難なことがらやこれから学ぶべきことがらに対してだけである．その個体にとって馴染みのことがらは，徐々に刷り込まれ，自動化され，しだいに意識の焦点から外れていくからである．

　方向づけを備えたこのような賦活現象は，ニューロンの装置が進化の過程で分化していく（最も進化したものがヒトの神経系である）のに伴って，複雑さを獲得していく．つまり，複数の異なる感覚器官が互いに結びつきを強め，協調して機能するようになり（「マルチモード（複合感覚様態）」），記憶装置（メモリー）が拡張されていくのに従って記憶装置の選択にも柔軟性が生まれ，さらに最も高次のレヴェルでは，過去や未来の表象（特に不安や希望といった表象）もまた選択的注意の処理を受けるようになる．同時に，賦活されたさまざまな内容が，巧妙なしかたで，互いに組み合わされたり，差し引きされたりするようにもなる．「何かあるものに対して注意を向けていること」としての意

● 第 10 章　フラクタル感情論理の人間像、そしてそこから導き出される倫理的帰結について

識とは，このような見方からすれば，ニューロンにおいてさまざまな段階を通じて圧縮されている情報を束ねて，それらにエネルギーを配分するという働きであるようにも見える．しかしこのエネルギーを供給しているものは，私たちの考えによれば，感情にほかならない．しかも，関心，不安，怒り，悲しみ，喜びといった基本感情のオペレイター作用を通じて，感情状態は，意識内容の組織化と選択の際に決定的に重要な役割を果たしてもいる．昏蒙，傾眠，睡眠，夢，恍惚などといった意識状態についても同じことが言える．こうした状態は，平均的な覚醒意識状態とははっきりと異なる状態であるが，私たちの用いている広い感情概念の定義と完全に合致するものである．なぜなら，そうした状態も，全体的な心身の状態なのであって，しかもそれぞれの状態はそれぞれ特異的な「感覚・思考・行動」の組織化および統合の形態を伴っているからである．要するに，意識の形式と内容は，感情ないし気分によって組織化されていると言ってもよい．組織化と統合という感情の役割を重視することによって，私たちの感情論理の構想における意識概念は，認知のみに偏ったアプローチのもたらす意識概念とはまったく異なるものとなる．こうした感情論理の意識概念から，それぞれの感情に対応するそれぞれの意識状態が存在するはずであり，それぞれの意識状態にはまたそれぞれ異なる思考と論理の形式が対応して存在するはずであるという想定がただちに導かれる．

　しかしながら，一般に人間の意識の特殊性とは何かということを考えてみれば，単に何かを意識し知っているという能力にその特殊性があるのではなく，自分自身の意識，つまり自己意識という点にその特殊性があるということがわかるはずである．驚くべきことにヒト以外の高等な霊長類にも自分自身についてのある種の表象の萌芽が確認できるという最近の研究もあるにせよ，自分自身を意識するというこの能力ないし特性は，私たち人間のきわだった特徴であることに間違いない．しかし，人間もまた，つねに自分自身を意識しているのかと言えば，決してそんなことはない．むしろまったく逆である．人間も自分の外部のことがらに没頭してしまうという点で，動物と何ら異なるものではない．たとえば，はりつめた注意をもって——つまり，ある意味では「きわめて意識的に」——何らかの魅力的なことがらを追いかけたり，誰かや何かに魅了されてすっかり没頭してしまったり，あるいは子供がよくするように「我を忘れて」遊んだり，ということを人間もしているのである．この意味で，自己意識とは——英語で言う「自己意識 selfconsciousness」は，多少ネガティヴな，自己批判的な意味合いを含んでおり，ドイツ語の Selbstbewußtsein とはニ

ュアンスを異にするのであるが，いずれにしても——ある特殊なものなのであり，かなり稀にしか認められないもの，つまり「選択的」なものであると言ってもよい．自分自身の明瞭な意識は，何らかの特定の感情状態の下で，何らかの特別な認知的刺激が存在するときにしか現れないのである．つまり，鏡を前にしたとき（比喩的な意味で，賞賛や非難という「鏡」を前にするときも含めて）や，あるいは自分自身や一般に人というものについて対話をしたり，深く考えてみたりするといったときにしか，明瞭に自己を意識することはないのである．そのような場合にどうしても必要な条件は，「自己」あるいは「自我」という表象が前もって形成されており，それが自我以外のものと区別されているということである．このことは，人間のきわだった抽象能力によって最大限に実行されている高度な情報処理および脱中心化の作業を反映している．

　こうして私たちは，人間の意識にとって第二の重要な鍵となる現象，すなわち抽象化という現象に行き着くことになる．私たちの見方からすると，抽象化の本質は，第3章で述べたように，「変わらないものを引き出す」ということにある．つまり，さしあたりは異質なものが混ざり合っているように見えているものごとのうちに，隠れた共通性を見いだすことである．これは，緊張の解消をもたらす快い体験である．こうした「複雑さの低減」の場合にも，感情による組織化および統合の作用がつねに重要な役割を果たしている．このことは，生後1年までの最も早期の「抽象化」において特にきわだったかたちで観察できる．Otto Kernberg (1976,1980) が詳しく示したように，この時期の抽象化においては，周囲の世界のものごとから，まずたった二つの対立的な認知内容が引き出される．すなわち，快い「すべて良いものの世界」と不快な「すべて悪いものの世界」である．これに続いて，この二つの大きな受け皿（つまりアトラクター）は，それぞれに含まれる差異（認知的差異）がしだいに正確に見分けられるようになることによって，感情と認知の複雑な相互作用プロセスの中でさらに分化の過程をたどる．こうして，快と不快という単純な質しか持たなかった感情はしだいに細やかなものとなっていき，さまざまな抽象的な上位概念が発生してくる．たとえば，生後約8ヶ月以降，見知らぬすべての人々のグループと，「知っている」人々の（それ自体すでにかなり細分されている）グループとが区別されるようになる．これがいわゆる「人見知り」であって，そこに特徴的な不安が認められることからもわかるように，こうした過程は特異的な感情の発現を伴うものである．こうしたことと同時に，「自我」（自己表象）という上位概念が発生し，これと，親しい関係にある者（対象表象）や生

● 第10章　フラクタル感情論理の人間像、そしてそこから導き出される倫理的帰結について

き物以外の物体との間に境界づけがなされるようになる．この時期に特徴的なのは，生まれてはじめて何かを頑強に拒絶することができるようになることである．そしてまもなく，こうした境界づけから，さまざまな言語的表現が生まれてくる．たとえば，「Nein！（いや！）」，「Ich（ぼく，わたし）」，「ママ」，「パパ」，「Wauwau（わんわん：いぬ）」といった言葉である．抽象化と分化は，相補的なプロセスなのであって，この二つは同時に進展する．比較的抽象性の高いレヴェルでは情報を圧縮して複雑さを低減しながら，比較的抽象性の低いレヴェルでは逆に情報を徐々に広く展開していくという二つのプロセスが，一緒に進行するのである．さらにこれに伴って，さまざまな感覚領域に由来する情報を，しだいにより精緻に互いに組み合わせて，調整するということもできるようになる．

　周囲の世界との絶え間ない相互作用の中で，内面化および「精神化 Mentalisierung」というプロセスを経ることによって，すでに述べたような一連の「感情・認知」的照合システム——言い換えれば，一連の「感覚・思考・行動」プログラム——が発生してくる．自己組織化というかたちで「活動」から発生するこうした一連のものこそ，私たちの理解するところでは，「心」の基盤をつくりあげているものである．さらに言えば，複合様態的な情報圧縮と情報分化というかたちをとって多くの段階を経て進行するこの抽象化のプロセスは，私たちの見るところでは，先に述べた注意を束ねるプロセスとともに，私たちが「人間の意識」と呼んでいる現象の「創発 Emergenz」の前提条件を構成する．すなわち，それらのプロセスは，徐々に濃密で先鋭になっていくと同時にしだいに広範なものともなっていく「何かについての知」の創発，さらには，しだいに分化していく「自分自身についての知」の創発の前提条件を構成しているのである．

　幼児から成人にいたる個人の意識の発達に見られるこうしたプロセスは，種としての人間（ヒト）の意識の発達においても認められるということが，しばしば示唆されている．また意識の圧縮，すなわちすでに述べたような「感情・認知」レールや「感情・認知」固有世界の形成についても，一時的なものとしての経過と長期的に見た場合の経過は互いに相似のかたちをとっているようである．言い換えれば，意識の発生や意識の構造が，典型的にフラクタルな性格を持つのはおそらく間違いない．

　したがって要するに，意識は，分化と圧縮を受けた情報へと注意を向けることから派生してくるのである．世界と自分自身についての比較的明瞭な意識が

Kapitel 10

創発するのは，整合的かつ複合様態的な情報処理と情報記憶が，一定の水準の稠密さと一定の程度の分化を達成した時点でのことである．さらにこうした情報集積の過程が進行することによって，「高次の」あるいは「道徳的な」感情や価値づけが発展するために必要な基盤が整備されていく．このとき，徐々に複雑化していく認知的上位概念，たとえば「私」，「私たち」，「他人」，「私たちの村」，「私たちの国」，「私たちの文化」といった概念から，さらにはもっと抽象的な「公正」とか「世界宗教」といった概念にまでいたるさまざまな認知内容に，ポジティヴまたはネガティヴな感情が結びつくことになる．

　フラクタル感情論理の見方から要約すると，以下の点がきわめて重要である．

——感情と認知のカップリングおよび相互作用は，まさに感情論理の構想全体が示唆するように，「意識」の発生および構造と最初から分かちがたく結びついている．したがって，意識もまた典型的に「感情・認知」的な現象なのであって，単に認知のみに（あるいは感情のみに）関わる現象なのではない．
——意識の形式と内容は，基底にある感情状態によって決まる．さまざまな感情状態はそれぞれ何らかの意識状態と対応している．感情は，意識を組織化し，統合し，賦活するという役割を持っている．言い換えれば，感情は，意識の「発動機（モーター）」であり，意識へのエネルギー供給源である．
——さまざまな意識状態における意識の明るさ，たとえば覚醒状態，睡眠，さらには病的な意識変容（もうろう状態など）における意識の明るさもまた，それぞれ異なる感情状態と対応しており，そのそれぞれの感情状態はやはりそれぞれ異なる「思考・行動」形式を持っている．
——意識を形成するプロセスは，個人および集団の任意の水準において互いに相似している（自己相似性）．意識は，典型的にフラクタルな現象なのである．

　私たちはこうしたことを基盤として，意識の現象形態のうちで最も高貴な現象，すなわち「精神ないし知性」（ガイスト）そのものへと迫っていくことができるかもしれない．精神の何らかの本質を感情論理の枠組みの中でより厳密に捉えるためには，自然と文化の接点に位置するあることがらを比喩として用いるのがよいだろう（なおこの比喩は後でもう一度登場することになる）．人間の高度な活動が知性として凝縮されるあり方，たとえば，人々に感動を与え真の意味で人々を「救済」するような観念，万物をくまなく照明するような雄大にして強力な思想，あるいはEinsteinの有名な $E = mc^2$ のように膨大な情

● 第 10 章　フラクタル感情論理の人間像、そしてそこから導き出される倫理的帰結について

報を含んだ数学公式といったものがつくりだされるあり方を描き出すのに，私たちはエネルギーの精製という比喩を用いることにしたい．人間は，自然に存在する水力からエネルギーを精製する技術を持っている．もともと無数の物質的過程（雲，水滴の落下としての雨，川の流れ，湖や海など）の中に散らばっている水のエネルギーは，多くの段階（水路，貯水，放水，タービン，変圧器など）を経て電力として精製される．こうしてエネルギーは，言わば，抽象化され昇華されて，ほとんど非物質と言うべきエッセンスとして存在するようになる．もともとは物質と結びついたものであった水力が，ほとんど物質を介さずに利用可能な電力へと変換されることによって，迅速，精密，柔軟なかたちで無数の文明的事象（コンピューターはその最も洗練された形態である）のために動員できるようになったのである．．．．これと同じように，物質的な事象である単純な「感覚・運動」性の活動は，感情エネルギーの負荷を帯びた情報を生み出し，これらの情報が段階的に凝集していくことによって，まずは明晰な意識が創発することになる．続いて，無限の精神的および物質的影響を行使できるような高度に分化した関係性の網（ネット）が発生する．全体として見れば，この関係性のネットこそが，精神ないし知性に対応するものと言ってよいだろう．ただし，厳密に言えば，精神性の萌芽は，いかなる単純な「感覚・運動」性の活動にもすでに認められる．このように考えるのであれば，精神ないし知性は，一方ではつねに基体としての物質（脳，ニューロンの構成，身体，社会的ネットワーク）と結びついているのであるが，他方ではそれは「関係以外のなにものでもなく」，すでに説明したように，その本質において完全に「非物質的なもの，数学的なもの」なのであって，その意味において，物質的諸過程およびそれら相互の絡み合いが産み出すところのまさに「精髄（ガイスト）」にほかならないのである．ここで私たちの視点から見てきわめて重要なことは，私たちがこれまで見てきたあらゆる心理現象と同様に，精神ないし知性もまた，その起源においてすでに，感情的（エネルギー論的・力動的）にして認知的な（形式的で，分化を促し，すべてを関係の中に置くような性格を持つ）現象であるということである．

意志の自由と思想の自由，責任

今述べたことは，「意志すること」と「意志の自由」という問題，あるいは，「思考すること」と「思想の自由」という問題にとって，どのような意味を持つの

だろうか？私たちは，私たちの思想や意志に対してどの程度まで責任を負っているのだろうか？ここであらためて確認しておきたいのは，意志（ないし意欲）という現象それ自体を感情論理の全体構想の中にはめ込むことはそれほど困難ではないということである．すでに私たちは，この問題についてPiagetの考察に依拠しながら分析を行ったこともある．「意志」は，一方では単なる願望に由来するものであるが，他方では——場合によっては——願望と対立するものでもある．感情論理の構想から見ると，意志は，上位に位置する何らかの感情によって規定されていると考えられる．ちなみにPiagetは，下位の統御機能を上位の感情が統御するという意味で，「統御の感情的統御」という言い方を用いている．意志は，特定の認知的表象（目標，人物，場所，物など）と結びついており，その意志がある程度以上の強さを持つ場合には，感情と思考のあり方全体を一定の時間にわたって支配し組織化するという機能を果たす．意志と関わるこうした感情は，かなり稠密な圧縮された感情であって，その厳密な特質を捉えることは簡単ではない——強い関心と，攻撃，喜び，そしておそらくは不安などの衝動とが入り混じったものと表現するのが最も適当かもしれない——のであるが，しかしこれもやはり，私たちの感情の定義のとおり，「全体的な心身の状態」の一つであることは間違いない．要するに，意志という現象は，ある程度「その場その場で」形成される何らかの機能的「感覚・思考・行動」プログラムを反映するものであって，そのプログラムは，動機づけをもたらすような強い感情を伴っており，注意の監視下に置かれており，比較的短い一定の時間の間だけ行動に対して影響をおよぼしているものと考えられる．しかし，たとえば時間のかかる複雑な課題を行っているような場合には，類似した一連の意志衝動がそのたび新たに登場してきて，それらがその人の行動を何週間，何ヶ月，場合によっては何年にもわたって決定しているということもありうる．意志はある特殊な感情（感情の混合と言った方がよいが）によって規定されているのであるから，私たちが先に行った議論からすると，意志というものを，独自な（言わば，極性を備えた）構造を持つ意識状態として捉えることもできるし，またそうすべきでもあるだろう．意志は，多数の個別的な「感覚・思考・行動」プログラムを，ある共通の「感情・認知」的目標に向けて束ね，組織化している．これは，レイザー装置が光を束ねるのに喩えてもよいだろう．

　私たちは感情状態が思考に対してたえず作用していることを主張してきた．このフラクタル感情論理の見方からすると，はたして「自由な意志」などというものが存在するのであろうか？むしろ，Dürrenmattが言うように，私たちは，

● 第 10 章　フラクタル感情論理の人間像、そしてそこから導き出される倫理的帰結について

私たちが望まざるをえないことしか望むことができない，と言った方がよいのではないだろうか？

　ところで Dürrenmatt は「望み（願望）」という言葉を用いており，「意志」とは言っていない．もちろん，厳密に言えば，願望と意志は同じものではない．すでに述べたように，上位の意志が下位の願望と真っ向から対立するということも起こりうる．しかし，願望にも上下があって（たとえば，いま風呂に入ってのんびりするよりは，本を書き上げてしまおうと望むというような），上位のレヴェルで願望することがらしか私は意志することができないとも言えるのであるから，ここで願望と意志の厳密な区別をしてみてもあまり役には立たない．私たちの構想によれば，経験に基づいて「感覚・思考・行動」のパターンとしてすでにある程度できあがっているものだけが，選択を受け，賦活され，修正を受けるということになっているのであり，その意味において，Dürrenmatt の言っていることは，「客観的に」見て，疑いなく正しい．だとすれば，私たちがこれまで分析してきた「感情・認知」システムとは，結局のところ，「感情・認知」自動機械のようなものだということになる．これ以外の結論は導き出しようがない．．．．私たちの「感覚・思考・行動」——願望や意志もそこに含まれる——は，概ね，前もって道筋の決まった「プログラム」あるいは「レール」の上を進んでいく．そしてそうしたプログラムにスイッチが入るかどうかは，周囲からの刺激とそのときの感情の状態によって決まる．とりわけ長期的な願望や志向というものは，深い無意識のうちに根ざしている．私たちのそのときそのときの意志行為も，そうした長期的な願望や志向から生じているのである．他方で，短期的な意志衝動もまた無意識に根ざしたものであるということが明らかになってきている．最近の脳波研究によると，意識的な意志表出が行われる 300 〜 400 ミリ秒前に，意志形成に対応する（意識とは無関係な）電気生理学的過程がきまって認められるということが知られている (Libet 1985)．

　しかしながら，私たちから見てこれと同程度に妥当な見方がもう一つ別に存在する．それは，「主観的な」見方である．この見方からすると，Dürrenmatt の言っていることは正しくない．先に述べたような「自動機械」の自由や自由度が，人間の場合には，ある程度の大きさを持っており，現にその体験において自由や任意性といったものが創発しているからである．私たちは，たしかに客観的には，私たちのすべての願望や意志が私たちの構造と状態によって余すところなく決定されているという一般的な見解を述べることが十分可能であ

る.しかし私たちは,微細な「感情・認知」の混合によるミクロなレヴェルのきわめて細かな先行決定がどのようになされているのか,そしてそこからマクロなレヴェルのはっきりと目に見えるような主観的意志行為がどのようにして成立するのか,といったことを完全に把握することなど,今なおまったくできないのである.しかも,複雑系(私たちの心もその一つである)の力学におけるカオス論的認識からすると,「決定論的カオス」や「バタフライ効果」といったかたちの原理的な予測不可能性が存在するはずである.この点からしても,今述べた完全な把握が成功する見込みはありそうもないと言える.さらに,特定の状態(布置)をとっているあるシステムにエネルギーが入力されたときに,予測しえないかたちでシステム全体から新たに発生する「閃光 Fulguration」(新たなるものの創発)のことも考えておくべきである.

　したがって,総体的および一般的に見れば,心の中に起こってくる事象が予め決定されているという事実を認めないわけにはいかないとしても,個別な現象を問題にする場合には,すでに確立された「感覚・思考・行動」の構造の内部においても一定の主観的な「意志の自由」や,同時にまた「責任」というものが存在するということを,私たちははっきり肯定できると考えている.感情論理のもたらす法的問題への帰結について詳しく論じたある刑法学者も,この点に関してはやはり同じ結論を導いている.しかし奇妙なことに他方でこの学者は,感情論理に基づく考察から罪という概念を否定している (Kargl 1991, p.527 f.).私たちから見ると,この主張は一貫していないように思われるし,私たちは以下の理由からもこの点に賛成することはできない.すなわち,私たちは,主観的な罪責感情や罪の意識,罪の告白,罪の償い,罪に対する赦しといったものが,個人的のみならず集団的なレヴェルにおいても,欠かしえない重要な葛藤克服過程であると考えるからである(個人的なレヴェルについては,日常的に行われている大小さまざまな謝罪のことを考えてみればよいだろう.集団的なレヴェルについては,たとえば戦後のドイツや日本がかつての敵国に対してどのような関係を持ってきたかを考えてみていただきたい.今日驚くべき賢明さをもってこの洞察を実行に移したのは,南アフリカのアパルトヘイト政策の熱狂的支持者たちの犯罪的行為に対して,罪の告白と改悛の表明のみを求め,懲罰を要求しなかった Nelson Mandela であった).

　ここまで私たちの視点から,願望および意志,さらには主観的責任についての考えを述べてきたが,こうした私たちの考え方は,思考と思想的自由そのものについても,そのまま当てはまるどころか,むしろ一層強く主張されるべき

● 第10章　フラクタル感情論理の人間像、そしてそこから導き出される倫理的帰結について

であると思われる．まず一方で，私たちにとって，あらゆる思考は気分によって，そしてまた同時に構造によって規定されている．この意味で思考は，大部分において，すでに経験によって確立されている「感覚・思考・行動」通路に依存しているとともに，この通路体系の内部での賦活と抑制の作用はそのときの感情によって制御されている．したがって，私たちの思考，あるいは私たちの「心性（メンタリティ）」一般が，大幅に個人的・家族的・文化的「固有世界」からの規定や制約を受けるということは，あらかじめ与えられた当然のことなのである．私たちは，そうした条件づけからも，また感情による制御からも，逃れることができない．この両者はともに，たいていの場合，私たちにまったく気づかれることもない．他方ではしかし，私たちは私たち自身を，主観的に自由に思考する者として体験している．私たちは，今述べたような下部構造の上に立って，あれをとるかこれをとるかという「自由な」決断を行っており，同じくその下部構造に支えられながら新たなものを創りだしさえする．こうした創造は，私たちが自由を主観的に体験していることの，もう一つの本質的側面である．そのうえ私たちは，私たちの思考装置の高度な複雑性のおかげで，今ここで述べているような事情を「自由に」顧慮してみることもできる．すなわち，私たちは自分自身の自由度の水準をある程度意識的に引き上げることもできるのである．これら二つの自由，すなわち，構造による拘束下での一定の創造的革新というかたちでの自由と，意識的に付加された顧慮の「ループ」——このループは「顧慮についての顧慮についての顧慮．．．．」といったしかたで何重にも重ねることができる——というかたちでの自由という二つのものもまた，何らかの意味で規定されているのかもしれないが，それがどの程度規定されているのかなどということは，もはや誰にもわからないはずである．要するに，おそらく「客観的に見れば」もはや捉えがたい数の規定因子によって条件づけを受けているものが，システムの力関係の複雑さがある限界を超えた時点から，自由として現われ出てくるということである．まさにこのような事態を私たちは思考（思想）の主観的自由として体験しているのである．そして私たちは，こうした選択や思考の主観的自由とともに生きていか「ねばならない」ばかりではなく，それとともに生きていくことが「できる」のでもある．

　どうしてこのようなことが言えるのだろうか？　突き詰めて言えば——私たちがすでに認識論的反省というしかたで，本書の第1章において大まかに述べ，さらにその後も段階的に明確にしてきたように——主観性こそ，私たちが「現実に／本当に」所有している唯一のものであるからである．客観性とは，キマ

イラ（接合体）であり，フィクションである．というのも，狭義の客観性とは，特定の方法によって追求される「主観の間の合意」にほかならないからである．したがって，客観性とは，それ自体，主観による構成物である．この構成物が，集団のうちでやはり主観によって構成される——時代と文化に依存する——世界像の中に埋め込まれているのである．「客観的な所見」を，ある文脈の中に置こうとすれば，やはり何らかの主観が必要になる．しかも，発見され，かつまた構成されたその「客観的知識」に対して何らかの働きかけ——たとえば，評価したり，応用したり，あるいは却下したりということ——ができるのも主観だけである．さらに言えば，客観的知識に対するそうした働きかけについて顧慮を行うことができ，それについて責任を感じること（「人間とは選び取る者である」におけるSartreに倣うならば，自分自身の責任において選び取ること）ができるのも，またそこからさらに，たとえば自分自身や全体に対して責任を持った行為はいかなるものかという（自分にとって意味のあると思われるような）帰結を導き出すことができるのも，すべて主観にほかならない．

フラクタル感情論理の世界像および人間像について

　私たちも本書を終えるにあたって，私たちが「何を行うべきなのか（いかなる行為を選び取るべきなのか）」という結論をそろそろ出さなければならないが，その前に，フラクタル感情論理の構想から導き出される人間像，世界像，そして自己像について，少しだけ考えておきたい．

　仮に私たちのこの構想が正しいとするなら（あるいは少しでも正しいところがあるなら，あるいはだいたいにおいて正しいとするなら，あるいは進化しつつある一つの科学の視点から見て正しいものである可能性が最も高いとするなら，あるいは長期的に見て修正を受けながら正しいものとなっていくはずであるとするなら），現在の世界像や人間像はかなり根底的に変化しなければならないはずである．その変化の最も重大な点は何か．唯一のもの，特別なものという位置づけの根拠の一つを，人間はまたしても失うことになるのである．Freudがすでに述べていたように，人間はすでに三重の屈辱に甘んじなければならなかった．すなわち，人間は宇宙の中心ではないという事実，人間は動物を（それもサルのような動物を）祖先に持つという事実，人間の行為の動機は大部分無意識的なものであるという事実の三つである．そして今度は，私たちがここで展開したような見方によって，人間がこれまで獲得した最も高貴なも

● 第10章　フラクタル感情論理の人間像、そしてそこから導き出される倫理的帰結について

の，すなわち人間の行う思考というものまで，すべて疑わしいものとされることになった．つまり人間の思考は，まったく具体的な個々の思考から最も抽象的な思想体系にいたるまですべてのレヴェルにおいて，背景としての感情や気分によって規定されていると考えられることになった．かつてもてはやされていた思想の自由——人間の自由の核心——もまた，気分に依存し，感情に導かれるものであることが示された．さらに，精神分析の見方からすればすでに当然のことであったとはいえ，より包括的な規模で，「現実」という概念もまた，感情や視点（パースペクティヴ）に依存する多様なものであるとされるようになった．人間と動物との間の距離は——ことに高等な霊長類については，驚くべき思考能力や心理社会的な柔軟性を備えていることがしだいに明らかになってきているという事情も他方にはあるが——ますます縮小している．人間が生命一般の進化のうちに深く組み込まれた特殊な動物，つまり言わば「感覚・思考」動物であるという認識は，新たな，より多大な謙虚さを人間に強いている．

　こうした観点からは，世界も人間も，また自己も他者も，すべて二重ないし多重の——恐怖から快活までのすべての感情的色彩を持った——側面において見えてくる．それらの側面のうちどれが正しいのかという客観的な決定は不可能であり，主観的な選択の自由も限られた範囲のものでしかない．私たちがこの世界——世界のすべてのもの，私たち自身をも含めて——の中から何を見てとるのかということは，何にもまして，私たちがそれらをどのように眺めているのかということにかかっている．このことこそが，これまで本書で述べてきたすべてのことから必然的に導かれる最も重要な結論であると言ってよいだろう．愛しているか，憎んでいるか，不安に捉えられているか，安心しているか，怒っているか，平静でいるか，といった気分によって，同一の世界，同一の人間が私たちに，美しい穏やかな顔を見せたり，不安や怒りに歪んだ顔を見せたりする．同一の現実を見ていても私たちはそのつど異なる「事実」を選び出し，評価し，そのつど異なる「論理」へと結びつける．それを見ている私たちの状態がそのつど異なるからである．私たちの相対的構成主義の見解からすれば，そのようにして発生する構成物にも，「現実それ自体」とも言うべきものがつねに何らかの関わりを持っているはずではあるが，それにもかかわらず，私たちはこの現実を「客観的」に捉えることは決してできない．したがって，フラクタル感情論理の見方からすると，ただ「一つの」世界理解とか，ただ「一つの」人間理解といったものは存在しない．いくつかの理解が存在し，原則としてそれらは互いにほとんど相容れないものにとどまるのである．ただし，その

ような複数の理解を前提として，多様性の「レール」の上で作動するような一つの機能システム（オペレイション・システム）を私たちが構築するのであれば，話は別である．

　まさにそのようなシステムこそが，本書で展開してきた見方の帰結として私たちが追い求めているものなのである．このシステムによって統合されるべき複数の理解のうちの一つは次のようなものである．．．．世界や人間を暗い光のうちに浮かび上がらせるようなさまざまな要素．たとえば，戦争，暴力，死，破壊．そこに目を向けさえすれば，それらはどこにでもある．正義はどこにも見えない．どう見ても疑えなかった人が，恐ろしい悪人だとわかる場合もある．人間は，個人でも集団でも，条件がそろいさえすれば，どんなに下劣なことでもどんなに残酷なことでもできる．世界は，温暖化，オゾン層の破壊，大気・土壌・海水の汚染の結果，滅亡に向かっている．広大な地域で今後数万年にもわたって放射能汚染の影響が続く．日々深刻になる人口過剰と節度を失いつつある資本支配．これらに伴って増大する飢餓と貧困．人々はコンクリートで固められた大都会で騒音と悪臭の中に幽閉されており，人間にふさわしい環境の中で静かに生活を楽しむことを忘れている．手つかずの自然とすばらしい景観が昨日まで残っていた場所を，今は喧騒な荒廃が支配している．夜が昼と同じになり，安穏が狂騒へと変わる．これでもまだ進歩ということを口にするのは茶番である．こうした「進歩」の行き着く先には，もっと大きな災いしか待っていないはずである．自分の存在をもたらしてくれた偉大な力への敬意を失うのと同時に，今日の人間は，生命をおびやかすような力や速度の虜となり，下らない技術に惑わされ，物に本来備わっている悠久な性質を無視し，そうした「ものごとの摂理」の逆らいがたい力を恐れることもやめて，癒される可能性を失ってしまった．宇宙の全事象の中で人間はほんのわずかな部分を成しているにすぎないというのに，その大きな流れを見通す力も失っている．単純で簡素なものの良さを理解できなくなり，自然と生命への畏敬も持ち合わせていない．あらゆる食肉動物のうち最も残忍で，「万物の霊長」と僭称するおそろしく傲慢不遜な動物．中庸と均衡についての感覚の喪失．どれもこれも，人間の大脳が癌のように膨れ上がって，同時に人間の自己破壊的な幻想も膨れ上がってしまったせいではないのか．．．．これが一方の見方である．しかし別のもう一方の見方からすると次のようになる．．．．この世界の物や人たちは，前と変わりなく美しい．すべての存在の基底にあるのは，依然として，快さ，愛，友情，優しさ．自己組織化において生成する世界事象および人間事象の持つ強大

● 第10章　フラクタル感情論理の人間像、そしてそこから導き出される倫理的帰結について

な抵抗力と再生力．この力は，不安や混乱の背後に隠れてはいるが，まぎれもなくなお作用しつづけている．困難の極みにあっても，そうした力が必ずや輝かしい希望をもたらしてくれるだろう．目を開けて，見さえすればよいのである．それにこの地上には今なお静かで美しい土地があり，愛と勇気に満ちた無数の行いがある．誰もそれを語らないだけである．春は毎年やってくるし，生命の営みも絶えることがない．驚きと希望，子どもたちや愛する者たちにくりかえし新たに現われる目の輝き．最悪の罪を犯した人も，最もひどく心の均衡を失った人も，やはり胸のうちに光を秘めている．隠れた「快の道」．迂回や枝道もあるにせよ，世界の総体は，どう見てもこの道を歩んでいるし，この道を歩んでいくにちがいない．それ以外の道をとるはずはないからである．この本来的にして永続的なものへのつながりは，ものごとが再び本当に「うまく行く」ようになったとたんに，私たちにいやおうなく割り与えられる．このような見方が正しいという証拠もたくさんある．偉大な芸術家，文学者，科学者，あるいは一般に偉大な人物はみな，このような見方が正しいことを明らかにしてくれている．彼らは，まさにこのようなことを感じ，見て取っているのであり，それをそれぞれのしかたで表現し，人々に伝えようとしている．．．．これがもう一方の見方である．

　ここに挙げたのは，ある連続体の両極にすぎない．この二つの極の間には，フラクタルなかたちをとって，あらゆる変種や混合が認められるが，そのそれぞれが，それぞれの感情の状態にとっては妥当な見方だと言える．たとえば，辛辣なあざけり，あるいは寛大なユーモア．絶望的なニヒリズム，あるいは絶えざるオプティミズム．うぬぼれだけの気に障る風刺，あるいは機知に富む自嘲．．．．救いようもなく消え去り，失われていったものをめぐって，悲哀──悲哀とは愛の一形態である──と狼狽に彩られた世界像が生じるのは当然である．逆に，なおも存在をつづけるものに対しては，やさしさ──やさしさは悲哀から生じてくることもある──を湛えた見方がふさわしい．さらに，以前と同じく可能でありつづけるもの，今ここでまさに芽生えつつあり，いずれ開花するであろうものに対しては，希望──希望も愛の一形態である──に満ちた見方が似合っている．

　フラクタル感情論理の世界像と人間像は，こうした矛盾を一つの全体へと統合しようとするものである．それは不可能な調和を追い求めるようなものではない．私たちのうちにひとしく作用し，かつ備え付けられているものを捉えるためには，そうするしか方法が無いのである．人間は世界と自分自身をさまざ

まな色づけを持った眼鏡を通して見ている．感情論理はこの眼鏡それ自体をはっきりと見ていこうとする．私たちの眼鏡がどうしてそのようなものでなければならないのかということには，それなりの深い意味がある．これまで述べてきたようなすべての気分状態や，それぞれの状態に対応する「感覚・思考・行動」パターンは，何百万年，何千万年，何億年にもわたり必要に迫られてきわめて賢明なかたちでなされてきた進化によって，生き残るための最善の可能性として選び出されたものなのである．この数十年，数百年，あるいは見方によっては数千年の間に，まさにこの感覚と思考の力をかりて，予測できなかったような一連の跳躍的発達が起こり，いまや私たちの環境世界に大規模な変化がもたらされようとしているのだとしても，それまで選択されてきたものが突然意味を失ってしまうというようなことを性急に想定するのは，何の根拠もないことである．私たちのこれまで述べてきたことすべての結論として私たちに見えてくるものは，それとはまったく逆なのである．私たちを生み出し，私たちを規定しながら，法則に従って悠久な時に沿って流れているすべてのものごとは，進化の視点からすればとるに足らない短期間の発展などに左右されることなく，存続しつづけている．「ものごとの摂理」は，その根源において，逃れようのないさまざまな必然——自己組織化を通じて生成してくる必然的な出来事——に基づいている．人間がこうした必然性を変えようとしても，決して変えられるものではない．人間はたぶん，それをわずかに理解し，そして尊重していくことしかできない．したがって，ほとんど自分でまねいたと言ってもよい危険のうちにあるこの私たちを「何か」が救い出してくれるとすれば，それはおそらく，この賢明なる「ものごとの摂理」によって最初から生存のために分かち与えられている私たちの資質，すなわち認知のみでなく，感情をも備えている私たちの資質に私たちがもう一度気づくということであるに違いない．言い換えれば，それは，「感情とともに思考すること」に私たちが再び目を向けるということである．

何を行い，どこを目指すのか？——水の比喩

こうした錯綜した状況において私たちの思考と感覚を導いてくれるような羅針盤を見いだすことは，さしあたりほとんど不可能のようにも見える．いかなる確実なものも無いのだとしたら——つまり Nietzsche が言ったように，神はもう死んだのだとしたら——私たちはこの深い霧の中にわずかでも手がかりを

● 第10章　フラクタル感情論理の人間像、そしてそこから導き出される倫理的帰結について

探し出して，それをたよりに手探りで進んでいくしかない．私たちの考察から導き出されるいくつかの倫理的帰結も，あるいはそうした手がかりを提供してくれるかもしれない．それらは，もともと，世界像や行動様式の多様性にどのように対処するのかということと関わっている．この問題は，今日の構成主義的なポストモダンの論述においても中心的な位置を占めている．必然的な「抗争」を想定するLyotard，「やわらかい思考」を提唱するVattimo，「横断的な理性」――「さまざまなリアリティ形式を結びつける能力」としての理性――を考えるWelschといった思想家たちが，一方では絶対的な恣意性の危険と，他方ではいつ訪れるとも知れない新たな原理主義の危険との狭間にあって，何らかの通路を見いだそうという試みを行っている(Lyotard 1987; Vattimo 1983, 1990; Welsch 1988, p.295)．この問題に対する彼らのそれぞれの解答に共通している重要な点は，それぞれの状況において主観的および社会的な具体的文脈から見て責任ある思考および行為をなすように求めていること，またこれと並んで，それぞれのそうした立場がどうしても相対的なものでしかないということを意識し他の立場を尊重すべきだとしていることである．

　フラクタル感情論理の構成主義的進化論的なアプローチも，さしあたり同様の結論を導いている．多様で複合的な，あるいは対立的な，複数の世界像が共存しているという状況は，フラクタル感情論理の観点から見ても，好ましい――その方が豊かな可能性が与えられるのだから――と見做される．逆に，いかなるかたちであれ，絶対的な確実性を主張したり，視野を極限まで狭めて唯一の――自分だけの――真理の存在を主張したりすることは，すでにそれだけで悪であり，まずもって禁止されるべき「罪」であるように思われる．この観点にとっては，社会の主流でない辺縁集団や辺縁真理は，（逆説的に）「極端な中庸」の態度を強化するという社会的に欠かせない機能を果たしているだけでなく，ある意味で，非常時に際して有用な創造的選択肢（あるいは秩序パラメーター）を提供する「潜在的予備」であるとも考えられる．複数の世界像の共存ということに関連して，Piagetの言う脱中心化という累進的なプロセス，つまり幼児的で自己中心的な世界観から段階的に離脱していくプロセスのことを考えてもよいだろう．この脱中心化のプロセスは，一方では，意識の拡張や柔軟性の増大をもたらすが，他方では，自己充足的な固有世界や固有真理にとりまかれて万能の位置にあるという原初の空想を放棄せざるをえなくなるという苦痛な体験を通じて，自己愛的な人格の歪み（ナルシシズム）をもたらす場合もある．また，脱中心化のプロセスに伴って発展した見方それ自体が，潜在的

Kapitel 10

　危険をはらんでいることも考えておかなければならない．自己から他者へと重心が移動するプロセスが極端に進めば，自分の同一性——言い換えれば，自分の生活や生存の意味——が，いかなる「他者」からもおびやかされてしまうということになるかもしれない．そしてその結果として，「ここまでは近寄ってもよいが，それ以上はだめだ」（ヨブ記 38:11）という態度が生じてくることにもなりかねないのである．

　さらに言えば，新たなものや自分とは異なるものに出会ったときにはつねに，発生的に古い起源を持つ一様な——すなわち，フラクタルという意味での相似性を備えた——「感情・認知」的基本反応が最初に起こってくることが知られている．このことは本書でもすでに，幼児におけるいわゆる「人見知り」としてとりあげた．これは，自我および意識の発達のある臨界点において，未知の人または物と出会った際にきまって現われる両価的（アンビヴァレント）な不安のことである．多少の違いはあるにしても，ミクロからマクロにいたるあらゆる社会的水準において，つまり家族から，大きな組織，国家全体にいたるあらゆる社会的レヴェルにおいて，自分の知らないものと出会った際に類似の基本的不安が生じる——その集団の同一性が未成熟であるほど，この不安は強力である——ことは明らかである．しかし，幼児の場合と同じく，こうした状況で認められるのは不安ばかりではない．目立たないとはいえ，その他の基本感情も，それに対応する思考内容とともに，背景にうごめいている．たとえば，自分の領域に侵入してきたじゃまものに対する怒りと憎しみ，「神聖な」（単純な，統一的な）世界が失われたことへの悲しみ，あるいは逆に，新たに目の前に現れたものに対する興味や魅惑，その新たなものが何か良いことをもたらすのではないかという期待と喜び，などである．

　このような原始的反応に正面から戦いを挑んでみても，あまり益することはないだろう．あるところでそうした反応をむりやり押さえつけても，別のところでそれがさらに強力な勢いで噴出することになるからである．したがって，「他者」に対して適切に対処する方法とは，その他者にまつわるさまざまな感情と思考を，その相互の矛盾も含めて，さしあたりそのまま受け入れ，包み隠さず明らかにしておき，その上で，相手を自分と同等のパートナーとして認めながら，対話による交渉（Lyotardであれば「抗争」と言うかもしれないが）の中で危険とチャンスを「感覚・思考」的に見計らって，自分にとっても相手にとっても有益となるような妥協点に向けて自分の感情と思考を導くようにつとめるということである．

● 第10章　フラクタル感情論理の人間像、そしてそこから導き出される倫理的帰結について

　したがって，情動状態の受容と統合を行うこと，同時にこの情動状態の本質と影響を深く洞察すること．．．．この二つのことがらこそが，フラクタル感情論理の学説から倫理的帰結として生じる要請であると言ってよいだろう．この要請を満たすことは，もちろん容易なことではない．しかしこの要請が満たされることによってはじめて，自分とはまったく異質なものに対して，明瞭な境界づけと自己主張を行いながら，しかも同時に相互的な寛容と尊重を保つということが可能になるのである．これはただの理想でしかないかもしれないが，ミクロな社会レヴェルでは，たとえば男と女が互いに同等のパートナーとして認め合って生きていくことによって，マクロな社会レヴェルでは，少数派や弱者を強者の圧制から保護するようなしくみを備えた民主的で社会的な国家および国際秩序をうちたてることによって，このことが実現するのではないだろうか．私たちが，個人的なレヴェルにおいても集団のレヴェルにおいても，そうした理想的状態からはまだ遠く隔たったところにいるということは言うまでもない（特に国家・民族どうしの交流のレヴェルにおいてこのことはきわだっている．民主制をしく西側の工業国も，自分たちの世界観を唯一正しい真理として——表面でも裏面でも——世界全体にむりやり押しつけようとしているのである）．

　これもあらゆるレヴェルについて当てはまることであるが，感情論理の視点から見れば，不安，怒り，悲しみといったネガティヴとされている感情や，そこから生じるさまざまな「論理」ないし世界像を，ただちにこの世界から消し去ろうとしてみても，やはり何の益もないはずである．なぜなら，これまで見てきたように，そうした「ネガティヴな感情」も，「ポジティヴな感情」とまったく同じく，私たちが生き延びるために重要な役割を果たしているからである．こうした事情から考えれば，次のような倫理的に重要な結論にたどりつくことになるだろう．すなわち，私たちが目指すべき目標は，不安や攻撃性，あるいは怒りや悲しみを消し去った世界理解や人間理解といったことにあるのではなく，個人においても集団全体においても，こうした（そしてこれ以外の）すべての感情，すべての「情動・認知」世界の間に，できる限り「存続可能な」（生を促進するような，建設的な）均衡状態を築きあげるということにある．しかしそれと同時に要請されることは，喜び，愛，快，満足といった建設的で統合的で創造的な「ポジティヴな」感情が，このような「感情バランス」の中で，全体としては優勢になって——言い換えれば，少なくとも51パーセントの多数を占めて——いなければならないということである．この優勢が確保されて

Kapitel 10

いない限り，社会のミクロな構造もマクロな構造も，やがて破壊されてしまうに違いないからである（Freud であれば多分これを，死の欲動の勝利と呼ぶことであろう）．たしかに，このような目標移動に伴って，従来の（たとえばキリスト教的な）理想は相対化されることになる．つまり「ネガティヴな」感情やそれに対応する「思考・行動」様式を一切排除した神聖な世界という理想は相対化されることになる．しかし同時に，そのような目標移動によって，私たちは純粋な善と愛への（実現不可能な）絶対的強制から解放され，さまざまな「感覚・思考・行動」様式が互いに均衡しながら共存するような状態へと導かれることになるであろうし，さらには，これまで私たちのうちにつねに存在していた「感情・認知」的ジレンマがついに解消されるということになるかもしれない．このジレンマの解消が可能になるとしたら，それは単にきわめて有意義なことであるというだけでなく，この解消のプロセス自体，やはりなお多くの快を伴うものとなるはずである．

　こうして私たちは，最後にもう一度，あらゆるものの上位にある（さらに言えば，意識的にあらゆるものの上位に置かれるべき）感情アトラクターないし感情オペレイターに出会うことになった．それは，私たちのこれまでの論説の中でも中心的な役割を果たしていたものである．つまりそれは，私たちのテーゼによってあらゆる思考に内在するとされた最も一般的な意味における「快への志向」，あるいは「不快回避への志向」である．私たちはこのアトラクターないしオペレイターを用いて，前章の最後のところで中断させておいた議論を再開しながら，次のことについて少し考えておきたいと思う．すなわち，私たちが想定している必然的な「快の道」は，進化という面から見て，私たちを最終的にどこへ導いていくのか，ということについてである．私たちは，この「快の道」の行き着く先には――その見せかけの印象にとらわれてしまうと，まったく逆のものを想像してしまうかもしれないが――より大きな調和の状態，したがってまた，より大きな美の状態があるのではないかと考える．「快の道」が調和や美へと通じるという私たちのこの挑発的とも言うべき確信が正しいとするならば，知性を備えた「感覚・思考」動物である「ヒト」は，何千もの回り道を経てついに再び，調和的均衡への性向を持つ生き物の一つへと立ち戻ることになるだろう．このような生き物について，私の知る限り最も包括的にフラクタルな思考を繰り広げた人物（ガイスト），すなわち Goethe は，「動物の変態（メタモルフォーゼ）」において次のように書いている．

● 第10章　フラクタル感情論理の人間像、そしてそこから導き出される倫理的帰結について

「いかなる動物も，それ自体，目的である．
動物は，完全に自然のふところから湧き出してきて，
完全なる子を生み出す．」

　私たちは前にも，感情を水や風のような要素的な自然力に喩えてみたことがある．今この喩えは，私たちを——私たちは，そうした自然の力から析出してくる「精髄／精神（ガイスト）」をも想念しているのだが——ある象徴的な最終像へと導いてくれるであろう．この最終イメージは，「快」というアトラクターが私たちの思考にたえず影響を与えるようすを明確に描き出してくれるはずである．

　水の持つ最も明確な特性は，それがどこに「こぼれた」としても，つねに下に向かって流れることにある．一個一個の水滴や個々の小川は何の力も持たないように見えるが，そうした水の流れが長い時間をかけて途方もない仕事を成し遂げる．山を切り崩し，長く深い谷を刻み，地層を積み上げ，湖を埋める．ときには激しくしぶきをあげながら，岩を洗い，滝を流れ落ちる．ときには深い淀みに静かにとどまる．地下の水脈や沼地で音をたて，水車やタービンを回し，巨大な流れとなって悠然と海に注ぎ込む．

　水はまた，はてしなく変容する．雪片となって天から地上に舞い落ちる．どれも同じ六方晶系の構造を持ちながら，一つ一つがそれぞれに異なっている（カオス論において「決定論的カオスの特性を持つアトラクター」の説明のためによく用いられる例の一つである）．山頂近くでは水は万年雪や氷となり，数十年にわたって見かけ上動かない氷河のうちにとどまる．しかし実際には氷河流というかたちで，やはり下に向かって進んでおり，無数の裂隙を越えて海をめざしている．

　逆に水は，蒸気となって上昇する．広大な海からばかりではなく，草原や池や水溜りからも，あるいは直接に雪や氷からも，蒸気となって天に戻っていく．雲となって漂い，どんよりと空を覆い，再び山に向かい，激しい嵐の中でざわめき，雷とともに地上に降り注ぎ，霧のヴェールですべてを湿らせ，台風の中で旋回する．

　水というもの，そしてその動きは，生命にとって決定的に重要である．水こそが，生きとし生けるものを鼓舞し，突き動かしているのである．私たちは「水の快」，「水の楽しみ」とでも喩えて言ってみたくなる．というのも，フラクタル感情論理の理論は次のようなことを明らかにしたからである．「生命の快

（生きる楽しみ）」と「生命の力」は，さまざまな対立と驚くべき変態（メタモルフォーゼ）を伴いながら，（水と同じく）やはりすべてのものを鼓舞し，豊かにし，静かに構築したかと思えば，激しく（カオス的に）破壊もする．これこそが，私たちすべてを突き動かしているものである．フラクタルという意味において，ごく短期的に見ても，ごく長期的に見ても，また小規模には個人を，集団としては，国民や社会全体を，つねに新たな情念のうちに，広大で平穏な海へと向けて駆り立てるものも，やはりこの「生命の快」である．この海とはつまり，すべてを包み込む「アトラクターのふところ」の中での穏やかな最終的緊張緩和の状態である．しかしこの海の底では，新たな嵐が準備されており，激しい力が噴き出しつつある．この力はやがて再び天に昇り，またもや類似の道筋をたどりはじめることだろう．．．．

これを簡潔な美しい詩に凝縮させて Goethe は次のように書いている．

    人間の心は
    水に喩えられる
    それは天からやってきて
    それは天へとのぼっていく
    そしてふたたび降りて
    それは地上にもどらねばならない
    永遠に変転しながら

訳者あとがき

　楽しんでもらえただろうか．... この本を読んだひとりひとりの方に向けて，私たちは最後にもう一度そう問いかけてみたい気分である．
　著者 Ciompi が最初に書いているような「難解とみえることがらを解明し理解する気持ちや愉しさ」(つまりは快という情動)が日本の読者に伝染したかどうかこそ，この本の翻訳が成功したかどうかの最良の指標になるはずだからである．
　精神科医として臨床の場で働いている私たちにとって，当初この本の翻訳は手に余るものではないかと思われた．Ciompi がここで繰り広げている議論は，おそろしく広大な範囲におよんでいる．ふだん私たちが慣れ親しんでいる領域とは全く縁のないようなところに彼はやすやすと進んでいって，こみいった議論をあたりまえのようにはじめる．これでは精神科医だけが集まっていくらがんばってみても手に負えないことになるのではないかと，私たちは不安をいだいた．
　だが，この本の底に流れている主張はとても明快である．... 人間の思考や行動はつねにそのときそのときの感情から影響を受けている．人間がつくりあげてきた複雑な認識(思考)の体系や行動のパターンの基盤をなしているものも情動や気分にほかならない．要するに，私たちの論理はいつでも感情に依存している．... この一貫した明快な主張に導かれて私たちは，Ciompi の誘う多様な領域に入り込み，方角もわからなかった見知らぬ土地で，何とか進むべき道を見いだすことができたように思う．最初は果てしないものとも感じられたこの困難な翻訳の作業に，私たちはいつの間にか楽しみと喜びを感じるようになって

いった.

　情動の問題への関心は，本書でも紹介されている LeDoux や Damasio といった第一線の脳科学者たちの著作によって，わが国でも日増しに高まってきている．また心理学関係では，Goleman による「情動的知能」(知能指数 IQ にかわる EQ) の構想が一般によく知られており，ジャーナリスティックに取り上げられてもいる.

　この本は，こうした状況と無関係に書かれたものではないにしても，Ciompi の情動問題へのアプローチのしかたはかなり特異であると言ってよい.

　この本の情動論の一つの大きな特徴は，ポストモダンと形容される思想の（限定的，あるいは批判的な）受容という点にある．第１章での議論を通じて，Ciompi は相対的構成主義の立場を自らの認識論的出発点として選び取っている．この認識論的科学論的な省察が，この本の中のあらゆる議論に一定の方向づけを与えていることを読者の方々は見てとれるはずである．このような認識論的な態度は，哲学や現代思想から強く影響を受けてきた精神病理学の分野においてすらこれまでにはほとんど見られなかったものである（私たち訳者の知る限りの唯一の例外として，Blankenburg における妄想に関連したパースペクティヴ性の議論を挙げてもよいかと思う——ブランケンブルク編，山岸・野間・和田訳：妄想とパースペクティヴ性．認識の監獄．学樹書院，2003 を参照していただきたい）.

　もう一つの特徴は，言うまでもないが，カオス論の導入という点にある．さまざまな感情状態を，アトラクター，あるいはポテンシャル地勢図の中のエネルギー低地と考えることで，心理活動における情動の役割をカオス論一般の枠組みの中で議論することが可能になったと Ciompi は考えている．そして，心のシステムが時に跳躍的な変化（非線形的相転移）をおこすことも，情動と認知の結合がさまざまなレヴェルでフラクタルな形をとって出現することも，この理論的な前提から説明されることになる．この枠組みを駆使して，Ciompi は，文学作品から歴史上のできごとへ，私たちの日常生活から精神病理現象へ，さらには個人的な体験から集団における特殊状態へと，あらゆる領域をかけめぐりながら，彼の構想の例証を進めていく.

　感情論理の構想が，統合失調症の臨床経験から生まれたことからみても自

明なことであるが，主として理論的な面での構想の発展を意図したこの本においても，実践への応用に関する議論にかなり大きなウェイトが置かれている．1982 年に出版された『感情論理』（松本・菅原・井上訳，学樹書院，1994）以来の Ciompi の読者の方たちにとって特に興味深いのは，彼の構想を応用した統合失調症の治療のための共同生活施設「ソテリア・ベルン」の動向であろう．特に今日の精神科医は，精神障害の治療が薬物療法に大きく傾いている状況の中にあるだけに，薬剤に頼らず物理的および人的な環境によって統合失調症などの精神病を治療するという，この先端研究プロジェクトのコンセプトに注目しないわけにはいかない．本書の記載からすると，現段階では，この先端研究プロジェクトがはっきり成功したとも，はっきり失敗したとも言えないようだが，このプロジェクトの行方は，将来の精神科医療の基本的進路に少なからぬ影響を与えるものであると考えて間違いないだろう．

　たしかにこれまで私たちは，情動や感情や気分の影響というものを学問の領域から排除しようとしてきた．ヒトとは高度の理性と思考と論理を備えた動物であるという規定は間違いでなかったにしても，そうした特性を支える重要な基盤を私たちは無視しつづけていたのである．理性が理性そのものだけでは完結しないものだという認識を獲得することによって，私たちの自己認識は根底的に変化せざるをえないことになる．

　ただしこれが決定的に新しい認識であるかどうかという点に関しては疑問の余地がないわけではない．情動と呼んでいるものを無意識と言い換えてもよいのだとすれば，この認識はおよそ 1 世紀前の Freud の発見とぴったり重なってしまうことにならないだろうか．．．

　この疑問に対して訳者である私たちはさしあたり次のように考えている．情動が無意識の言い換えであるという面があるにしても，この言い換えはやはり無意味ではない．無意識という言葉から私たちのうちにイメージされるものが，たとえば本書の「感情目録」に挙げられたさまざまな感情や情動の持つ色彩の豊かさと広がりを持ちうるかということを考えてみていただきたい．これは単なるレトリックの問題なのかもしれないが，しかしこのカラフルさは，少なくとも，一つのアトラクターとしての感情論理の構想をより強大で魅力的なもの

にしていると私たちには感じられるのである．

　私たちがこのアトラクターにはまりこんでしまってからずいぶん長い年月が経過した．したがって学樹書院の吉田和弘氏にはずいぶんご心配をおかけした．本書の邦訳を企画された吉田氏の長年にわたるサポートにこの場を借りて感謝したいと思う．

訳者を代表して
山　岸　　洋

文　献

(イタリックは感情論理に関する文献を、角括弧内の数字は初出の年号を示す)

ABRAHAM, R. H.; SHAW, C. D. (1984): Chaotic Behavior. Aerial Press, Santa Cruz.
AEBI, E.; CIOMPI, L.; HANSEN, H. (1994): Soteria im Gespräch. Über eine alternative Schizophreniebehandlung. Psychiatrie-Verlag, Bonn.
AEBI, E.; CIOMPI, L. (1989): Everyday events and the temporal course of daily fluctuations of psychotic symptoms. Schizophrenia Research 2: 217 ff.
AEBI, E.; REVENSTORF, D.; ACKERMANN, K. (1989): A concept of optimal social stimulation in acute schizophrenia. Time series analysis of psychotic behavior. The third European Conference on Psychotherapy Research 2: 217 ff.
AMBÜHL, B.; DÜNKI, R. M.; CIOMPI, L. (1992): *Dynamical systems and the development of schizophrenic symptoms*. In: TSCHACHER, W.; SCHIEPEK, G.; BRUNNER, E. J. (Hg.): *Self-organization and clinical psychology*. *Springer, Berlin, Series in Synergetics 58: 195-203.*
ARNOLD, M. B. (1970): Brain function in emotion: A phenomenological analysis. In: BLACK, P.: Physiological correlates of emotion. Academic Press, New York, 261-285.
ARNOLD, M. B. (1960): Emotion and personality (Vol. I and II). Columbia Univ. Press, New York.
BABLOYANTZ, A. (1986): Molecules, dynamics and life. Introduction to self-organisation of matter. New York, John Wiley & Sons.
BARTHES, R. (1977): Fragments d'un discours amoureux. Seuil, Paris.
BATESON, G. (1971): The cybernetics of the >>self<<: A theory of alcoholism. Psychiatry: 1-18.
BATESON, G. (1983): Ökologie des Geistes. Suhrkamp, Frankfurt a. M.
BENEDETTI, G. (1983): Todeslandschaften der Seele. Vandenhoeck und Ruprecht, Göttingen. 4. Aufl. 1994.
BERGER, P. L., LUCKMANN, TH. (1980): Die gesellschaftliche Konstruktion der Wirklichkeit. Eine Theorie der Wissenssoziologie. Fischer Taschenbuchverlag, Frankfurt a. M. (1966).
BERNER, P.; MUSALEK, M.; WALTER, H. (1987): Psychopathologic concepts of dysphoria. Psychopathology 20: 93-100.
BERTALANFFY, L. v. (1950): An outline of general systems theory. Brit. J. Phil. Science 1: 134 ff.
BINNING, G. (1989): Aus dem Nichts. Über die Kreativität von Natur und Mensch. Piper, München.
BINSWANGER, L. (1955): Ausgewählte Vorträge und Aufsätze, Bd. 2. Francke, Bern.
BINSWANGER, L. (1960): Melancholie und Manie. Neske, Pfullingen.
BLANKENBURG, W. (1971): Der Verlust der natürlichen Selbstverständlichkeit. Ein Beitrag zur Psychopathologie symptomarmer Schizophrenien. Enke, Stuttgart.
BLEULER, E. (1911): Dementia praecox oder die Gruppe der Schizophrenien. In: ASCHAFFENBURG, G. (Hg.): Handbuch der Psychiatrie, specieller Teil, 4. Abt. 1. Hälfte. Deuticke, Leipzig.
BLEULER, E. (1926): Affektivität, Subjektivität, Paranoia. Carl Marhold, Halle.
BLEULER, M. (1972): Die schizophrenen Geistesstörungen im Lichte langjähriger Kranken- und Familiengeschichten. Thieme, Stuttgart.
BLEULER, M. (1978): The schizophrenic disorders. Long-term patient and family studies. Yale University Press, New Haven.
BLEULER, M. (1984): Das alte und das neue Bild der Schizophrenen. Schweiz. Arch. Neurol. Neurochir. Psychiat. 135: 143-149.
BOGERTS, B. (1985): Schizophrenien als Erkrankungen des limbischen Systems. Basisstadien endogener Psychosen und das Borderline-Problem. Schattauer, Stuttgart.
BOGERTS, B. (1995): Hirnstrukturelle Untersuchungen an schizophrenen Patienten. In: LIEB, K.; RIEMANN, D.; BERGER, M.: Biologisch-psychiatrische Forschung. Fischer, Stuttgart/Jena/New York, 125-144.
BOLLNOW, O. F. (1956): Das Wesen der Stimmungen. V. Klostermann, Frankfurt a. M.
BOROD, J. C. (1992): Interhemispheric and intrahemispheric control of emotion: A focus on unilateral brain damage. Journal of Consulting and Clinical Psychology 60: 339-348.
BOWER, G. H. (1981): Mood and memory. Amer. Psychologist 36: 129-148.

BOWER, G. H. (1990): Awareness, the unconscious, and repression: An experimental psychologist's perspective. In: SINGER, J. L. (Hg.): Repression and dissociation: Implications for personality theory, psychopathology, and health. University of Chicago Press, Chicago, S. 209-231.
BOWERS, M. (1974): Retreat from sanity. The structure of emeging psychosis. New York, Human Sciences Press, New York.
BOWLBY, J. (1973): Attachment and loss, Vol. 2. New York.
BRIGGS, J.; PEAT, F. D. (1990): Die Entdeckung des Chaos. Eine Reise durch die Chaostheorie. Hanser, München/Wien.
BRUNNER, E. (Hg.) (1992): Self-organization and clinical psychology. Springer, Berlin, Series in Synergetics 58: 195-203.
BRUNNER, E.; TSCHACHER, W. (1991): Selbstorganisation und die Dynamik von Gruppen - Die systemische Perspektive in der Sozial- und Organisationspsychologie. In: NIEDERSEN, U.; POHLMANN, L.: Selbstorganisation. Jahrbuch für Komplexität in den Natur-, Sozial- und Geisteswissenschaften, Bd. 2. Duncker und Humblot, Berlin, 53-67.
BUCHSBAUM, M. S. (1990): Frontal lobes, basal ganglia, temporal lobes - Three sites for schizophrenia? Schizophrenia Bulletin 16: 377-378.
BUCK, D. (1994): Schizophrenes Erleben - Innenansicht. Weltkongreß für Sozialpsychiatrie, Hamburg, (nicht publiziert).
BUCK, R. (1986): The psychology of emotion. In: LEDOUX, J.E.; HIRST, W. F. (Hg.): Mind and brain: dialogues in cognitive neuroscience. Cambridge University Press, Cambridge, S. 275-300.
CAMPBELL, D. T. (1974): Evolutionary epistemology. In: SCHLIPP, P.: The philosophy of Karl Popper. Lasalle, Open Court, 413-463.
CAMPBELL, D. (1984): Evolutionary epistemology. In: RADNITZKY, G.; BARTLEY III W. W. (Hg.): Evolutionary epistemology, rationality and the sociology of knowledge. La Salle III.
CAMPICHE, J. R. (1995): Quand les sectes s'affollent. Ordre du Temple Solaire, médias et fin de millénaire. Labor et fides, Genève.
CHANGEUX, J. P.; KONISHI, M. (1987): The neuronal and molecular bases of learning. Wiley, Chichester.
CHESSEX, J. (1995): Un crime en 1942. In: Reste avec nous, et autres récits. Campiche, Yvonand.
CICCHETTI, D.; HESSE, P. (1983): Affect and intellect: Piaget's contributions to the study of infant emotional development. In: PLUTCHIK, R.; KELLERMAN, H. (Hg.): Emotion, theory, research and experience, Vol 2. Academic Press, New York, S. 115-169.
CIOMPI, L. (1961): Über abnormes Zeiterleben bei einer Schizophrenen. Psychiat. Neurologia 142: 100-121.
CIOMPI, L. (1966): Freies Assoziieren im Alter. Experimentell-psychodynamische Untersuchungen. In: Proceedings 7th International Congress of Gerontology, Wien Juli 1966. Separatum 1010: 247-250.
CIOMPI, L. (1980a): Ist die chronische Schizophrenie ein Artefakt? Argumente und Gegenargumente. Fortschr. Neurol. Psychiat. 48: 237-248.
CIOMPI, L. (1980b): Catamnestic long-term studies on the course of life of schizophrenics. Schizophrenia Bulletin 6: 606-618.
CIOMPI, L. (1982): *Affektlogik. Über die Struktur der Psyche und ihre Entwicklung. Ein Beitrag zur Schizophrenieforschung. Klett-Cotta, Stuttgart.*
CIOMPI, L. (Hg) (1985): Sozialpsychiatrische Lernfälle. Aus der Praxis - für die Praxis. Bonn.
CIOMPI, L. (1986): *Zur Integration von Fühlen und Denken im Licht der >>Affektlogik<<. Die Psyche als Teil eines autopoietischen Systems. Springer, Berlin/Heidelberg/New York/Tokyo, Psychiatrie der Gegenwart, Bd 1 : S. 373-410.*
CIOMPI, L. (1988a): Learning from outcome studies. Toward a comprehensive biological-psychological understanding of schizophrenia. Schizophrenia Research 1: 373-384.
CIOMPI, L. (1988b): *The psyche and schizophrenia. The bond between affect and logic. Harvard University Press, Cambridge/Mass. (USA) and London (GB), [1982].*
CIOMPI, L. (1988c): *Außenwelt - Innenwelt. Die Entstehung von Zeit, Raum und psychischen Strukturen. Vandenhoeck & Ruprecht, Göttingen.*
CIOMPI, L. (1989): The dynamics of complex biological-psychosocial systems. Four fundamental psycho-biological mediators in the long-term evolution of schizophrenia. Brit. J. Psychiatry 155: 15-21.
CIOMPI, L. (1990): Zehn Thesen zum Thema Zeit in der Psychiatrie. In: CIOMPI L.; DAUWALDER, H. P. (Hg.): Zeit und Psychiatrie. Sozialpsychiatrische Aspekte. Huber, Bern/Stuttgart/Toronto, S. 11-35.
CIOMPI, L. (1991a): *Affects as central organising and integrating factors. A new psychosocial/biological model of the psyche.* Brit. J Psychiat. 159: 97-105.

CIOMPI, L. (1991b): *Affect logic and schizophrenia.* In: EGGERS, C. (Hg.): *Schizophrenia and youth.* Springer, Berlin.
CIOMPI, L. (1993a): *Die Hypothese der Affektlogik. Spektrum der Wissenschaft 2: 76-82.*
CIOMPI, L. (1993b): *Krisentheorie heute - eine Übersicht.* In: SCHNYDER, U.; SAUVANT J.-D. (Hg.): *Krisenintervention in der Psychiatrie.* Huber, Bern, S. 13-25.
CIOMPI, L. (1994): *Affect logic: an integrative model of the psyche and its relations to schizophrenia. Brit. J. Psychiatry 164: 51-55.*
CIOMPI, L. (1996a): *Der Einfluß psychosozialer Faktoren in der Schizophrenie. Theoretische und praktisch-therapeutische Konsequenzen. Schweiz. Arch. Neurol. Psychiat. 145: 207-214.*
CIOMPI, L. (1996b): *Nicht-lineare Dynamik komplexer Systeme: Ein chaostheoretische Zugang zur Schizophrenie.* In: BÖKER, W.; BRENNER, H. D. (Hg.): *Integrative Therapie der Schizophrenie.* Huber: Bern, S. 33-47.
CIOMPI, L. (1997a): *Sind schizophrene Psychosen dissipative Strukturen? - Die Hypothese der Affektlogik.* In: SCHIEPEK, G.; TSCHACHER, W. (Hg.): *Selbstorganisation in Psychologie und Psychiatrie.* Vieweg, Darmstadt, S. 191-217.
CIOMPI, L. (1997b): *Is schizophrenia an affective disease? The hypothesis of affect-logic and its implications for psychopathology.* In: FLACK W. F.; LAIRD J. D. (Hg.): *Emotions in psychopathology: theory and research.* Oxford University Press, S. 473-495.
CIOMPI, L. (1997c): *The concept of affect logic. An integrative psycho-socio-biological approach to understanding and treatment of schizophrenia. (Im Druck.)*
CIOMPI, L.; LAI, G.-P. (1969): Depression et vieillesse. Etudes catamnestiques sur le vieillissement et la mortalité de 555 anciens patients dépressifs. Huber, Bern/Stuttgart.
CIOMPI, L.; MÜLLER CH. (1976): Lebensweg und Alter der Schizophrenen. Eine katamnestische Langzeitstudie bis ins Alter. Springer, Berlin.
CIOMPI, L. ; HUBSCHMID, T. (1985): *Psychopathologie aus der Sicht der Affektlogik - Ein neues Konzept und seine praktischen Konsequenzen.* In: JANZARIK, W.: *Psychopathologie und Praxis.* Enke, Stuttgart, S. 115-123.
CIOMPI, L.; DAUWALDER, H.-P. (1990): Zeit und Psychiatrie. Huber, Bern/Stuttgart/ Toronto.
CIOMPI, L.; DAUWALDER, H.-P.; MAIER, CH.; AEBI, W.; TRÜTSCH, K.; KUPPER, Z.; RUTISHAUSER, CH. (1991): *Das Pilotprojekt >>Soteria Bern<< zur Behandlung akut Schizophrener. I. Konzeptuelle Grundlagen, praktische Realisierung, klinische Erfahrungen. Nervenarzt 62: 428-435.*
CIOMPI, L.; DAUWALDER, H.-P.; AEBI, E.; TRÜTSCH, K.; KUPPER, Z. (1992a): *A new approach of acute schizophrenia. Further results of the pilot-project >>Soteria Berne<<.* In: WERBART, A. ; CULLBERG, J.: *Psychotherapy of Schizophrenia. Facilitating and obstructive factors.* Scandinavian University Press, Oslo, S. 95-109.
CIOMPI, L.; DAUWALDER, H.-P.; MAIER, CH.; AEBI, W.; TRÜTSCH, K.; KUPPER, Z.; RUTISHAUSER, CH. (1992b): *The pilot project >>Soteria Berne<<. Clinical experiences and results. Brit. J Psychiat. 161: 145-153.*
CIOMPI, L.; AMBÜHL, B.; DÜNKI, R. (1992c): *Schizophrenie und Chaostheorie. Methoden zur Untersuchung der nicht-linearen Dynamik komplexer psycho-sozio-biologischer Systeme. System Familie 5: 33-147.*
CIOMPI, L.; KUPPER, Z.; AEBI, E.; DAUWALDER, H.-P.; HUBSCHMID, T.; TRÜTSCH, K.; RUTISHAUSER, CH. (1993a): *Das Pilotprojekt >>Soteria Bern<< zur Behandlung akut Schizophrener. II. Ergebnisse der vergleichenden prospektiven Verlaufstudie über zwei Jahre. Nervenarzt 64: 440-450.*
CIOMPI, L.; MAIER, CH.; DAUWALDER, H.-P.; AEBI, E. (1993b): *An integrative biological-psychosocial evolutionary model of schizophrenia and its therapeutic consequences: First results of the pilot project >>Soteria Berne<<.* In: BENEDETTI, G.; FURLAN, P. M. (Hg.): *Psychotherapy of schizophrenia.* Hogrefe & Huber Publ., Seattle/ Toronto/Bern/Göttingen, S. 319-333.
CLOMINGER, C. R. (1987): A systematic method for clinical description and classification of personality variants. Arch. gen. Psychiat. 44: 573-588.
COLLINS, R. (1981): On the microfoundations of macrosociology. Amer. J. Sociol. 86: 984-1014.
COLLINS, R. (1984): The role of emotions in social structure. In: SCHERER, K. R.; EKMAN, P.: Approaches to emotion. Erlbaum, Hillsdale N. J., S. 385-396.
CRAMER, F. (1988): Chaos und Ordnung. Die komplexe Struktur des Lebendigen. Deutsche Verlags-Anstalt, Stuttgart.
CREUTZFELD, O. (1981): Bewußtsein und Selbstbewußtsein als neurophysiologisches Problem der Philosophie. In: PEISL, A.; MOHLER, A. (Hg.): Reproduktion des Menschen. Ullstein, Berlin, S. 29-54.
DAMASIO, A. (1994): Descartes' error. Emotion, reason and the human brain. Avon Books, New York.
DARWIN, C. R. (1872): The expression of emotion in man and animals. University Chicago Press, Chicago, 1965.

DAUWALDER, J.-P. (1996): Systèmes dynamiques complexes et avenir de la psychiatrie. Confrontations psychiatriques 37: 276-284.
DAVIS, M. (1994): The role of the amygdala in emotional learning. Int. Rev. Neurobiolol. 36: 225-266.
DEGN H.; HOLDEN A. V.; OLSON L. F. (Hg.): (1987): Chaos in biological systems. Plenum Press, New York/London.
DELGADO, J. M. R. (1969): Physical control of the mind: Toward a psycho-civilized society. Harper & Row, New York.
DELPOS, M. (1994): Paradigmenwechsel in den Wissenschaften - Am Beispiel der Evolutionären Erkenntnistheorie (LORENZscher Ausrichtung). Dissertation an der Grund- und Integrativwissenschaftlichen Fakultät der Universität Wien.
DERRYBERRY, D.; TUCKER, D. M. (1992): Neural mechanisms of emotion. J. of Consulting and Clinical Psychology 60: 329-338.
DIETTRICH, O. (1996): Das Weltbild der modernen Physik im Lichte der konstruktivistischen EE. In: RIEDL, R.; DELPOS, M. (Hg.): Die Evolutionäre Erkenntnistheorie im Spiegel der Wissenschaften. WUV, Wien.
DIETTRICH, O. (1991): Realität, Anpassung und Evolution. Philosophia naturalis 28: 147-192.
DORSCH, F. (1970): Psychologisches Wörterbuch. Felix Meininger, Hamburg und Hans Huber, Bern.
DURKHEIM, E. (1977): Die elementaren Formen des religiösen Lebens. Frankfurt a. M.
DÜRRENMATT, F. (1991): Die Schweiz - ein Gefängnis. Rede auf Vazlav Havel. Diogenes.
DÜRRENMATT, F. (1990): Turmbau. Diogenes, Zürich.
EGGERS, CH. (1981): Die Bedeutung limbischer Funktionsstörungen für die Ätiologie kindlicher Schizophrenien. Fortschr. Neurol. Psychiat. 49: 101-108.
EKMAN, P. (1984): Expression and the nature of emotion. In: SCHERER, K. R.; EKMAN, P.: Approaches to emotion. Erlbaum, Hillsdale/London, S. 329-343.
EKMAN, P. (1989): The argument and evidence about universals in facial expression of emotion. In: WAGNER H.; MANSTEAD A. (Hg.): Handbook of social psychophysiology. Wiley, New York, S. 143-163.
ELIAS, N. (1979): Was ist Soziologie? Juventa, Frankfurt a. M./München.
ELIAS, N. [1939]: Über den Prozeß der Zivilisation. Frankfurt a. M., Suhrkamp, 1976.
ELKAIM, M.; GOLDBETER, A.; GOLDBETER-MERINFELD, E. (1987): Analysis of the dynamics of a family System in terms of bifurcations. J. Social Biol. Struct. 10: 21-36.
EMRICH H.; HOHENSCHUTZ, CH. (1992): Psychiatric disorders: are they >>dynamical diseases<<? Springer, Berlin, Series in Synergetics 58: 204-212.
ENDERT, E. (1997): *Über Zusammenhänge von Fühlen und Denken in Wahrnehmungs- und Wissensprozessen. Ein Vergleich der >>Affektlogik<< von Luc Ciompi mit dem wissenssoziologischen Ansatz Ludwik Flecks.* PapyRossa, Köln. Magisterarbeit Fachbereich Sozialwissenschaften, Univ. Hannover.
EULER, H. A.; MANDL, H. (1983): Emotionspsychologie. Urban & Schwarzenberg, München/Wien/Baltimore.
FAGES, I. B. (1971): Comprendre Jacques Lacan. Privat, Toulouse.
FAURE-PRAGIER, S.; PRAGIER, G. (1990): Un siècle après l'esquisse. Nouvelles métaphores? métaphores du nouveau. In: Société psychanalytique de Paris: 50. Congrès des psychanalystes de langue française des pays romans. Madrid (prépublication).
FEYERABEND, P. (1983): Wider den Methodenzwang. Frankfurt a. M.
FLECK, L. [1935]: Entstehung und Entwicklung einer wissenschaftlichen Tatsache. Einführung in die Lehre vom Denkstil und Denkkollektiv. SCHÄFER, L.; SCHNELLE, T. (Hg.) Suhrkamp, Frankfurt a. M., 1993.
FLECK, L. (1983): Erfahrung und Tatsache. Gesammelte Aufsätze. Suhrkamp, Frankfurt a. M.
FOERSTER, H. VON (1985): Sicht und Einsicht. Versuche einer operationalen Erkenntnistheorie. Vieweg, Braunschweig/Wiesbaden.
FREUD, S. (1911): Formulierungen über zwei Prinzipien des psychischen Geschehens. GW. Bd. VIII. S. Fischer/Imago Publishing, London, 1942.
FREUD, S. [1920]: Jenseits des Lustprinzips. In: GW, Bd. XIII. S. Fischer/Imago Publishing, London, 1942.
FREUD, S. [1895]: Entwurf einer Psychologie. In: Aus den Anfängen der Psychoanalyse (1887-1902). Fischer, Frankfurt a. M., 1975.
FREUD, S. [1900]: Die Traumdeutung. GW, Bd. II. S. Fischer/Imago Publishing, London, 1942.
FREUD, S. [1916]: Trauer und Melancholie. GW. Bd X. S. Fischer/Imago Publishing, London, 1942.
FREUD, S. [1910]: Über den Gegensinn der Urworte. GW, Bd. VIII. S. Fischer/Imago Publishing, London, 1942.

FREUD, S. [1904]: Zur Psychopathologie des Alltagslebens. GW. Bd. IV. S. Fischer/Imago Publishing, London, 1942.
FRISCH, K. v. (1967): The dance language and orientation of bees. Harvard University Press, Cambridge/ Mass.
FROMM, E. (1977): Anatomie der menschlichen Destruktivität. Rowohlt, Reinbeck.
FURTH, H. G. (1987): Wissen als Leidenschaft. Eine Untersuchung über FREUD und PIAGET. Suhrkamp, Frankfurt a. M., 1990.
GABRIEL, E. (1987): Dysphoric mood in paranoid psychoses. Psychopathology 20: 101-106.
GAINOTTI, G. (1989): Features of emotional behaviour relevant to neurobiology and theories of emotions. In: GAINOTTI, G.; CALTAGIRONE, C. (Hg.) Emotions and the dual brain. Springer, Berlin/Heidelberg/ New York/London/Paris/Tokyo/Hong Kong, S. 9-27.
GEBSATTEL, V. E. VON (1954): Die Störungen des Werdens und des Zeiterlebens im Rahmen psychiatrischer Erkrankungen. Prolegomena einer medizinischen Anthropologie. Springer, Berlin/Göttingen/Heidelberg.
GERHARDS, J. (1988): Soziologie dier Emotionen. Fragestellungen. Systematik und Perspektiven. Juventa, Weinheim/München.
GLASERSFELD, E. v. (1994): PIAGETS konstruktivistisches Modell. Wissen und Lernen. In: RUSCH, G.; SCHMIDT, S. J. (Hg.): PIAGET und der radikale Konstruktivismus. Suhrkamp, Frankfurt a. M., S. 6-42.
GLASERSFELD, E. v. (1991): Abschied von der Objektivität. In: WATZLAWICK, P.; KRIEG, P. (Hg.): Das Auge des Betrachters. Beiträge zum Konstruktivismus. Piper, München/Zürich, S. 17-30.
GLASERSFELD, E. v. (1985): Reconstructing the concept of knowledge. Archives de psychologie 13: 91-101.
GLEICK, J. (1988): Chaos - Die Ordnung des Universums. Droemer Knaur, München.
GLOBUS, G. G.; ARPAIA, J. P. (1994): Psychiatry and the new dynamics. Biologic Psychiatry 35: 352-364.
GLOBUS, G. (1995): The postmodern brain. J. Benjamin Publ. Comp. Amsterdam/Philadelphia.
GOETHE, J. W. v. (1774): Die Leiden des jungen Werthers. In: FRIEDRICH, TH. (Hg.): Goethes Werke in acht Haupt- und vier Ergänzungsbänden; Bd. 3. Philipp Reclam jun., Leipzig.
GOLEMAN, D. (1995): Emotional Intelligence. Why it can matter more than IQ. Bantam, New York.
GOTTESMAN, J.; SHIELDS, J. (1978): A critical review of recent adoption, twin, and family studies on schizophrenia: behavioural genetics perspectives. Schizophr. Bulletin 2: 360-398.
GRAY, W. (1979): Understanding creative thought processes: an early formulation of the emotional-cognitive structure theory. Man-Environment Systems 9: 3-14.
GRESSOT, M. (1979): Psychoanalyse et connaissance. In: Le royaume intermédiaire. Presses Universitaires de France, Paris.
GROF, S. (1975): Realms of the human inconscious. Viking, New York.
HÄFNER, H. (1993): Ein Kapitel systematischer Schizophrenieforschung - Die Suche nach kausalen Erklärungen für den Geschlechtsunterschied im Ersterkrankungsalter. Nervenarzt 64: 706-716.
HAKEN, H. (1981): Erfolgsgeheimnisse der Natur. Synergetik: Die Lehre vom Zusammenwirken. Deutsche Verlags-Anstalt, Stuttgart.
HAKEN, H. (1982): Evolution of order and chaos. Springer, Berlin.
HAKEN, H. (1990): Synergetics. An introduction. Springer, Berlin.
HAKEN, H.; HAKEN-KRELL, M. (1991): Erfolgsgeheimnisse der Wahrnehmung. Synergetik als Schlüssel zum Gehirn. Deutsche Verlags-Anstalt, Stuttgart.
HANDKE, P. (1986): Gedicht an die Dauer. Suhrkamp, Frankfurt a. M.
HANDKE, P. (1991): Versuch über den geglückten Tag. Suhrkamp, Frankfurt a. M.
HARACZ, J. L. (1984): A neuronal plasticity hypothesis of schizophrenia. Neurosci. Biobehav. Rev. 8: 55-71.
HARDING, C. M.; BROOKS, G. W.; ASHIKAGA, T.; STRAUSS, J. S.; BREIER, A. (1987a): The Vermont longitudinal study of persons with severe mental illness. I. Methodology, study sample, and overall status 32 years later. Am. J. Psychiatry 144: 716-726.
HARDING, C.M.; BROOKS, G.W.; ASHIKAGA, T.; STRAUSS, J.S.; BREIER, A. (1987b): The Vermont longitudinal study of persons with severe mental illness. II. Long-term outcome of subjects who retrospectively met DSM-III criteria for schizophrenia. Am. J. Psychiatry 144: 727-737.
HARTMANN, H. (1939): Ich-Psychologie und das Anpassungsproblem. Klett, Stuttgart, 1970.
HATFIELD, E.; CACIOPPO, J. T.; RAPSON, R. L. (1994): Emotional contagion. Cambridge University Press, Paris.
HEIDEGGER, M. (1927): Sein und Zeit. Halle a. d. Saale.
HEIDEN, U. AN DER (1992): Chaos in health and disease. In: TSCHACHER, W.; SCHIEPEK, G.; BRUNNER, E. J. (Hg.): Self-organization and clinical psychology. Springer, Berlin/Heidelberg, S. 55-87.

HEIMANN, H. (1963): Beobachtungen über gestörtes Zeiterleben in der Modellpsychose. Schweiz. Med. Wschr. 92: 1793.
HERRMANN, D. (1994): Algorithmen für Chaos und Fraktale. Addison-Wesley Publ. Comp., Bonn.
HESS, W. R. (1957): The functional organization of the diencephalon, Grune & Stratton, New York.
HINDE, R. A. (1972): Concepts of emotion. Elsevier, Amsterdam/London/New York, 3-13.
HODEL, B.; BRENNER, H. D. (1997): A new development in integrated psychological therapy for schizophrenic patients (IPT): First results of emotional management training. In: BRENNER, H.-D.; BÖKER, W.; GENNER, R. (Hg.): Toward a comprehensive therapy of schizophrenia. Hogrefe & Huber, Seattle/Toronto/Bern/Göttingen, S. 118-134.
HOFFMANN, H.; HEISE, H.; AEBI, E. (Hg.) (1994): Sozialpsychiatrische Lernfälle 2. Aus der Praxis - für die Praxis. Psychiatrie-Verlag, Bonn.
HORNBERGER, S. (1990): *Möglichkeiten der Einbeziehung des Bewegungserlebens in eine ver-rückte Beziehungswelt.* Diplomarbeit der Sportwissenschaft, Tübingen (unveröffentlicht).
HUBER, G.; GROSS, G.; SCHÜTTLER, R. (1979): Schizophrenie. Eine verlaufs- und sozialpsychiatrische Langzeitstudie. Springer, Berlin/Heidelberg/New York.
HUBER, G.; GROSS, G.; SCHÜTTLER, R. et al. (1980): Longitudinal studies of schizophrenic patients. Schizophrenia Bull. 6: 592-605.
HUGUENIN, TH. (1995): Le 54e. Fixot, Mesnil-sur-l'Estrée.
INHELDER, B. (1976): The sensori-motor origin of knowledge. In: INHELDER, B.; CHIPMAN, H. H. : Piaget and his school. Springer, New York/Heidelberg/Berlin, S. 158 ff.
ISEN, A. M. (1984): Toward understanding the role of affect in cognition. In: WYER, R.; SRULL, T. (Hg.): Handbook of social cognition. Erlbaum, Hillsdale/N. J, S. 179-236.
IZARD, C. E. (1977): Human emotions. Plenum Press, New York.
IZARD, C. E. (1992): Basic emotions, relations among emotions, and emotion-cognition relations. Psychol. Rev. 99: 561-565.
IZARD, C. E. (1993): Four systems for emotion activation: cognitive and non-cognitive processes. Psychol. Rev.100: 68-90.
JACOBSON, E. (1965): Das Selbst und die Welt der Objekte. Suhrkamp, Frankfurt a. M., 1973.
JANZARIK, W. (1959): Dynamische Grundkonstellationen in endogenen Psychosen. Springer, Berlin/Göttingen/Heidelberg.
JANZARIK, W. (1980): Strukturdynamik. Kindler, Zürich, Bd. X.
JANZARIK, W. (1988): Strukturdynamische Grundlagen der Psychiatrie. Enke, Stuttgart.
JASPERS, K. (1953): Allgemeine Psychopathologie. Springer, Berlin/Göttingen/Heidelberg.
JAUCH, J. P. (1996): Träumereien eines einsamen Spaziergängers. Descartes in seinen Briefen. Neue Zürcher Zeitung, 31.3. 1996, S. 68.
JOYCE, J. (1922): Ulysses. Rhein Verlag, Zürich, 1956.
KANITSCHEIDER, B. (1984): Kosmologie. Geschichte und Systematik in philosophischer Perspektive. Reclam, Stuttgart.
KARGL, W. (1991): *Handlung und Ordnung im Strafrecht. Grundlagen einer kognitiven Handlungs- und Straftheorie.* Dunker und Humblot, Berlin.
KÄSLER, D. (1974): Wege in die soziologische Theorie. Nymphenburger Verlagsbuchhandlung.
KAVANAGH, D. J. (1992): Recent developments in expressed emotion and schizophrenia. Brit. J. Psychiat. 160: 601-620.
KELLER, J. A. (1981): Grundlagen der Motivation. Urban und Schwarzenberg, München/Wien/Baltimore.
KERNBERG, O. (1976): Object relations theory and clinical psychoanalysis. Jason Aronson, New York.
KERNBERG, O. (1980): Internal world and external reality. Jason Aronson, New York.
KERNBERG, O. (1990): New perspectives in psychoanalytic affect theory. In: KELLERMANN, H.; PLUTCHIK, R.: Emotion. Theory, research and experience. Academie Press, New York, 115-131.
KIHLSTROM, J. F. (1987): The cognitive unconscious. Science 237: 1445-1452.
KIHLSTROM, J. F.; HOYT, I. P. (1990): Repression, dissociation, and hypnosis. In: SINGER, J. L. (Hg.): Repression and dissociation: Implications for personality theory, psychopathology, and health. University of Chicago Press, Chicago, S. 181-208.
KING, R.; BARCHAS, J. D. (1983): An application of dynamic systems theory to human behavior. In: BASAR, E.; FLOHR, H.; HAKEN, H.; HANDELL, A. I. (Hg.): Synergetics of the brain. Springer, Berlin.
KLEINGINNA, P. R.; KLEINGINNA, A. (1981): A categorized list of emotion definitions, with suggestions for a consensual definition. Motivation and Emotion 5: 345-359.

KLÜVER, H.; BUCY, P. C. (1939): Preliminary analysis of the function of the temporal lobes in monkeys. Arch. Neurol. Psychiat. 42: 979-1000.
KOESTLER, A. (1959): Die Nachtwandler. Scherz, Bern/Stuttgart/Wien.
KOUKKOU, M. (1987): Hirnmechanismen des normalen und schizophrenen Denkens. Springer, Berlin.
KOUKKOU, M.; LEHMANN, D. (1983): Dreaming: the functional state-shift hypothesis. A neuropsychophysiological mode. Brit. J. Psychiatry 142: 221-231.
KOUKKOU, M.; MANSKE, W. (1986): Functional states of the brain and schizophrenic states of behaviour. In: SHAGASS, C.; JOPSIASSEN, R. C.; ROEMER, R. A. (Hg.): Brain Electrical Potentials and Psychopathology. Elsevier Science Publishing, Amsterdam, S. 91-114.
KOUKKOU, M.; LEHMANN, D.; WACKERMANN, J.; DVORAK, I.; HENGGELER, B. (1993): Dimensional complexity of EEG brain mechanisms in untreated schizophrenia. Biol. Psychiat. 33: 397-407.
KRINGLEN, E. (1986): Genetic studies of schizophrenia. In: BURROWS, G. D.; NORMAN, T.; RUBINSTEIN, G. (Hg.): Handbook of studies on schizophrenia. Part I: Epidemiology, aetiology and clinical features. Elsevier, Amsterdam, S. 45-49.
KUHN, TH. S. (1962): Die Struktur wissenschaftlicher Revolutionen. Suhrkamp Taschenbuch, Frankfurt a. M. 1979.
KÜHNE, G. E.; MORGNER, J.; KOSELOWSKI, G. (1988): The model of unitary psychosis as a basis for understanding affective processes in psychoses. Psychopathology 21: 89-94.
LAI, G. (1976): Le parole del primo colloquio. Boringhieri, Torino.
LAVIOLETTE, P. A. (1979): Thoughts about thoughts about thoughts. Man-Environment Systems 9: 15-23.
LAZARUS, R. S. (1982): Thoughts on the relation between emotion and cognition. Amer. Psychologist 37: 1019-1024.
LAZARUS, R. S. (1991a): Cognition and motivation in emotion. Amer. Psychologist 46: 352-367.
LAZARUS, R. S. (1991b): Progress on a cognitive-motivational-relational theory of emotion. Amer. Psychologist 46: 819-834.
LEDOUX, J. E. (1986): Neurobiology of emotion. In: LEDOUX, J. E.; HIRST, W.: Mind and brain. Cambridge University Press, New York, S. 301-354.
LEDOUX, J. E. (1987): Emotion. In: PLUM, F. (Hg.): Handbook of Physiology: Sec. 1. The nervous system: Vol. 5 Higher functions of the brain. Bethesda, M. D. Amer. Physiological Society S. 419-459.
LEDOUX, J. E. (1989): Cognitive-emotional interactions in the brain. Cognition and emotion 3: 267-289.
LEDOUX, J. E. (1993): Emotional networks in the brain. In: LEWIS. M.; HAVILAND, J. M.: Handbook of emotions. Guilford Press, New York/London, 109-118.
LEFF, J. P.; KUIPERS, L.; BERKOWITZ, R.; EBERLEIN-VRIES, R.; STURGEON, D. (1982): A controlled trial of social intervention in the families of schizophrenic patients. Brit. J. Psychiat. 141: 121-134, 1982.
LEMPP, R. (1973): Psychosen im Kindes- und Jugendalter - eine Realitätsbezugsstörung. Huber, Bern.
LEVENTHAL, H. (1984): A perceptual motor theory of emotion. In: SCHERER, K.; EKMAN, P. (Hg.): Approaches to emotion. Erlenbaum, Hillsdale N. J., S. 271-291.
LEVENTHAL, H.; SCHERER, K. (1987): The relationship of emotion to cognition: A functional approach to a semantic controversy. Cognition and Emotion 1:3-28.
LIBET, B. (1985): Unconscious cerebral initiative and the role of conscious will in voluntary action. The Behavioral and Brain Sciences 8: 529-566.
LORENZ, K. (1963): Das sogenannte Böse. Zur Naturgeschichte der Aggression. Borotha- Schöler, Wien.
LORENZ, K. (1973): Die Rückseite des Spiegels. Versuch einer Naturgeschichte menschlichen Erkennens. (9. Auflage), Deutscher Taschenbuch Verlag, München, 1987.
LUHMANN, N. (1973): Vertrauen. Ein Mechanismus der Reduktion sozialer Komplexität. Enke, Stuttgart.
LUHMANN, N. (1982): Liebe als Passion. Suhrkamp, Frankfurt a. M.
LUHMANN, N. (1984): Soziale Systeme. Grundriß einer allgemeinen Theorie. Frankfurt a. M.
LUKA, L.; CIOMPI, L. (1970): Etude catamnestique sur l'évolution de la manie dans la viellesse. Schweiz. Arch. Neurol., Neurochir. Psychiat 107: 123-153.
LYOTARD. J.-F. (1983): Der Widerstreit. Fink, München, 1987.
MACHLEIDT, W. (1992): Typology of functional psychosis - a new model on basic emotions. In: FERRERO, F. P.; HAYNAL, A. E.; SARTORIUS, N. (Hg.): Schizophrenia and affective psychoses. Nosology in contemporary psychiatry. John Libbey CIC. S. 97-104.
MACHLEIDT, W.(1994): Ist die Schizophrenie eine affektive Erkrankung? Psycholog. Beiträge 36: 348-378.
MACHLEIDT, W.; GUTJAHR, L.; MÜGGE, A. (1989): Grundgefühle. Phänomenologie, Psychodynamik, EEG-Spektralanalytik. Springer, Berlin.

MAHLER, M. S. (1968): Symbiose und Individuation. Band I: Psychosen im frühen Kindesalter. Klett-Cotta, Stuttgart.
MANDELBROT, B.; FREEMAN B. (1983): The fractal geometry of nature. New York.
MANNHEIM, K. (1964): Wissenssoziologie. Auswahl aus dem Werk. Luchterhand, Berlin/Neuwied.
MARNEROS, A.; TSUANG, M. T. (Hg.) (1986): Schizoaffective psychoses. Springer, Berlin/ Heidelberg.
MARNEROS, A.; DEISTER, A.; ROHDE, A.; JÜNEMANN, H.; FIMMERS, R. (1988): Long-term course of schizoaffective disorders. Psychiatr. Neurol. Sciences 237: 264-290.
MARNEROS, A.; TSUANG, M. T. (Hg.) (1990): Affective and schizoaffective disorders. Similarities and differences. Springer, Berlin/Heidelberg.
MATURANA, H. (1988): Realitiy -The search for objectivity or the quest for a compelling argument. The Irish Journal of Psychology 9: 25-82.
MATURANA, H.; VERDEN-ZÖLLER, G. (1994): Liebe und Spiel. Die vergessenen Grundlagen des Menschseins. Carl-Auer-Systeme, Heidelberg.
MAURER, Y. (1987): Körperzentrierte Pychotherapie. Behandlungskonzepte, Erfahrungen, Beispiele. Hippokrates, Stuttgart.
MCDOUGALL, W. (1908): An introduction to social psychology. Methuen, London.
MCGLASHAN, T. H. (1988): A selective review of recent North American long-term follow-up studies of schizophrenia. Schizophrenia Bulletin 14: 515-542.
MCLEAN, P. (1949): Psychosomatic diseases and the >>visceral brain<<: Recent development bearing on the Papez theory of emotion. Psychosomatic Medicine 11: 338-353.
MCLEAN, P. (1952): Some psychiatric implications of physiological studies on frontotemporal portion of limbic system (visceral brain). Electroencephalography and Clinical Neurophysiology 4: 407-418.
MCLEAN, P. (1970): The triune brain, emotion, and scientific bias. In: SCHMITT, F. O. (Hg.): The neurosciences: Second study program. Rockefeller University Press, New York, S. 336-349.
MCLEAN, P. (1993): Cerebral evolution of emotion. In: LEVINE, M.; HAVILAND, J. M. (Hg.): Handbook of emotions. Guilford Press, New York/London, S. 67-83.
MEDNICK, S. A.; SCHULSINGER, F.; SCHULSINGER, H. (1975): Schizophrenia in children of schizophrenic mothers. In: DAVIS, W. (Hg.): Childhood personality and psychopathology. Current topics. Wiley, New York.
MEDNICK, S. A.; SCHULSINGER, F.; TEASDALE, T. W.; SCHULSINGER, H.; VENABLES, P. H.; ROCK, D. R. (1978): Schizophrenia in high-risk children. Sex diffeences in predisposing factors. In: SERBAN, G. (Hg.): Cognitive defects in the development of mental illness. Brunner & Mazel, New York, S. 169-197.
MENZEL, R. et al. (1984): Biology of invertebrate learning. Group report. In: MARLER, P.; TERRACE, H. S.: The biology of learning. Springer, Berlin/Heidelberg/New York/Tokyo, Dahlem Konferenzen S. 249-270.
MIKL-HORKE, G. (1992): Soziologie. Historischer Kontext und soziologische Theorie-Entwürfe. R. Oldenburg, München/Wien.
MILLER, J. G. (1975): General systems theory. In: FREEDMAN, A. M,; KAPLAN, H. J.; SADOCK, B. J.: Comprehensive Textbook of Psychiatry. Williams and Wilkins, Baltimore.
MILLER, J. G. (1969): Living systems. Basic concepts. In: GRAY, W.; DUAL. F. J.; RIZZO, N. D. (Hg.): General systems theory and psychiatry. Little & Brown, Boston.
MINKOWSKI, E. (1933): Le temps vécu. In: Collection évolution psychiatrique, D'Artey, Paris.
MOSHER, L. R.; MENN, A. J.; MATTHEWS, S. (1975): Evaluation of a homebased treatment for schizophrenics. Am. J. Orthopsychiat. 45 : 455-467.
MOSHER, L. R.; MENN, A. Z. (1978): Community residential treatment for schizophrenia: two-year follow-up data. Hospital and Community Psychiatry 29: 715-723.
MOSHER, L. R.; VALLONE, R.; MENN, A. Z. (1995): The treatment of acute psychosis without neuroleptics: Six-week psychopathology outcome data from the Soteria project. Int. J. Social Psychiatry 41 : 157-173.
MÜLLER, CHR. (1981): Psychische Erkrankungen und ihr Verlauf sowie ihre Beeinflussung durch das Alter. Huber, Bern.
MÜLLER, CHR. (Hg.) (1992): Die Gedanken werden handgreiflich. Eine Sammlung psychopathologischer Texte. Springer, Berlin/Heidelberg.
MURPHY, S. T.; ZAJONC, R. B. (1993): Affect, cognition, and awareness: affective priming with optimal and suboptimal stimulus exposures. J. of Personality and Social Psychology 64: 723-739.
NICOLIS, G.; PRIGOGINE, I. (1977): Self-organization in non-equilibrium systems. Wiley, New York.
NICOLIS, G. (1986): Dynamics of hierarchical systems (an evolutionary approach). Springer, Berlin.
NUECHTERLEIN, K. H.; DAWSON, M. E. (1984): A heuristic vulnerability/stress model of schizophrenic

episodes. Schizophrenia Bull. 10: 300-312.
OESER, E. (1987): Psychozoikum. Evolution und Mechanismus der menschlichen Erkenntnisfähigkeit. Parey, Berlin/Hamburg.
OESER, E.; SEITELBERGER, F. (1988): Gehirn, Bewußtsein und Erkenntnis. Wissenschaftliche Buchgesellschaft, Darmstadt.
ORTEGA Y GASSET, J. (1950): Über die Liebe. Deutsche Verlagsanstalt, Stuttgart.
ORTONY, A.; TURNER, T. K. (1990): What's basic about basic emotions? Psychol. Rev. 97: 315-331.
OTT, E.; GEBOGI, C.; YORKE, J. A. (1990): Controlling chaos. Physical Review Letters 64: 1196-1199.
OVERTON, D. A. (1964): State-dependent or >>dissociated<< learning produced with pentobarbital. Journal of Comparative and Physiological Psychology: 57: 3-12.
PANKSEPP, J. (1982): Toward a general psychobiological theory of emotions. Behavioral and brain sciences 5: 407-467.
PANKSEPP, J. (1991): Affective neuroscience: A conceptual framework for the neurobiological study of emotions. In: STRONGMAN, K. T. (Hg.): International review of studies on emotion, Vol. I. John Wiley & Sons, New York, S. 59-99.
PANKSEPP, J. (1993): Neurochemical control of moods and emotions: from amino acids to neuropeptides. In: LEVIS, M.; HAVILAND, M. J. (Hg.): Handbook of emotions. New York, London, 87-107.
PAPEZ, J. W. (1937): A proposed mechanism of emotion. Arch. Neurol. Psychiat. 38: 725-743.
PEITGEN, H. O.; RICHTER, P. H. (1986): The beauty of fractals. Images of complex dynamical systems. Springer, Berlin/Heidelberg/New York/Tokyo.
PETZOLD, H. G. (Hg.) (1984): Die neuen Körpertherapien. Paderborn.
PIAGET, J. (1962): Will and action. Bull. of the Menninger Clinic 26: 138-145.
PIAGET, J. [1937]: Der Aufbau der Wirklichkeit beim Kinde. Ges. Werke Bd. 2. Klett, Stuttgart, 1969.
PIAGET, J. (1972): The relation of affectivity to intelligence in the mental development of the child. In: HARRISON, S.; McDERMOTT, J. (Hg.): Childhood psychopathology. Int. Univ. Press, New York.
PIAGET, J. [1954]: Das moralische Urteil beim Kinde. Suhrkamp, Frankfurt a. M., 1973b.
PIAGET, J. (1973c): The affective unconscious and cognitive unconscious. J. Am. Psychoanal. Assoc. 21: 249-261.
PIAGET, J. (1967): Biologie und Erkenntnis. Fischer, Frankfurt a. M., 1974.
PIAGET, J. [1959]: Nachahmung, Spiel und Traum. In: J. PIAGET, Ges. Werke (Studienausgabe), Bd 1. Ernst Klett, Stuttgart, 1975.
PIAGET, J. (1977a): The development of thought: Equilibration of cognitive structure. Viking Press, New York.
PIAGET, J. (1977b): The essential Piaget. In: GRUBER, H. E.; VONECHE, J. (Hg.): Basic Books, New York.
PIAGET, J. [1953/54]: Intelligence and affectivity. Their relationship during child development. In: BROWN, T. A.; KAEGI, C. E. (Hg.): Annual Review Monograph. University of California Press, Palo Alto, 1981.
PIAGET, J. [1953/54]: Intelligenz und Affektivität in der Entwicklung des Kindes. In: LEBER, A. (Hg.): Suhrkamp, Frankfurt a. M., 1995.
PIAGET, J.; INHELDER, B. [1966]: Die Psychologie des Kindes. Olten, 1972.
PLOOG, D. (1986): Biological foundations of the vocal expressions of emotions. In: PLUTCHIK, R.; KELLERMAN, H. (Hg.): Emotion: Theory, research and experience, Vol. III: Biological foundations of emotion. Academic Press, New York, S. 173-197.
PLOOG, D.(1989): Human neuroethology of emotion. Progr. Neuro-Psychopharmacol. & Biolog. Psychiat. 13: 15-22.
PLOOG, D. (1992): Ethological foundation of biological psychiatry. In: EMRICH, H. M.; WIEGAND, M. (Hg.): Integrative Biological Psychiatry. Springer, Berlin/Heidelberg/New York/London/Paris/Tokyo/Hongkong/Barcelona/Budapest, S. 3-35.
PLUTCHIK, R. (1980): Emotion: a psychoevolutionary synthesis. Harper & Row, New York.
PLUTCHIK, R. (1993): Emotions and their vicissitudes: emotions and psychopathology. In: LEWIS, M.; HAVILAND, J. M.: Handbook of emotions. Guilford Press, New York/London, S. 53-66.
PRIGOGINE, I. (1985): Vom Sein zum Werden. Zeit und Komplexität in den Naturwissenschaften. Piper, München/Zürich.
PRIGOGINE, I.; STENGERS, I. (1981): Dialog mit der Natur. Neue Wege naturwissenschaftlichen Denkens. Piper, München.
RAPAPORT, D. (1968): A historical survey of psychoanalytic ego psychology. In: ERIKSON, W. H.: Identity and the life cycle- psychological issues 1. International University Press, New York.

RAPAPORT, D. (1950): On the psychoanalytic theory of thinking. Int. J. Psychoanalysis 31: 161-170.
RIEDL, R.; PAREY, P. (1980): Biologie der Erkenntnis. Die stammesgeschichtlichen Grundlagen der Vernunft. Paul Parey, Berlin/Hamburg.
RIEDL, R. (1994): Mit dem Kopf durch die Wand. Die biologischen Grenzen des Denkens. Klett-Cotta, Stuttgart.
RORTY, R. (1984): Habermas and Lyotard on postmodernity. Praxis International 4: 32-44.
ROS, A. (1994): II. >>Konstruktion und Wirklichkeit<<. Bemerkungen zu den erkenntnistheoretischen Grundannahmen des radikalen Konstruktivismus. In: RUSCH, G. u. SCHMIDT, S. J.: Piaget und der radikale Konstruktivismus. Suhrkamp, Frankfurt a. M. S. 176-213.
RÖSSLER, O. E. (1992a): Endophysik - Die Welt des innern Beobachters. Merve, Berlin.
RÖSSLER, O. E. (1992b): Interactional bifurcations in human interaction - a formal approach. In: TSCHACHER, W.; SCHIEPEK, G.; BRUNNER, E. J. (Hg.): Self-organization in clinical psychology. Springer, Berlin, S. 229-236.
ROTH, G. (1994): Das Gehirn und seine Wirklichkeit. Kognitive Neurobiologie und ihre philosophischen Konsequenzen. Suhrkamp, Frankfurt a. M.
ROTH, G. (1996): Ist Hirnforschung die wahre Geisteswissenschaft? In: Vortrag zum Internat. Kongreß für systemische Therapie. >Science/Fiction: Fundamentalismus in Beliebigkeit und Wissenschaft<. Heidelberg.
ROUTTENBERG, A. (1978): The reward system of the brain. Scientific American 239: 122-131.
RUSCH, G.; SCHMIDT, S. J. (Hg.) (1994): Piaget und der radikale Konstruktivismus. Suhrkamp Taschenbuch Wissenschaft, Frankfurt a. M.
SAAM, N. J. (1993): Selbstorganisation in der Politik - ein synergetisches Simulationsmodell militärischer Interventionen in die Politik. Abstracts 3. Herbstakademie Selbstorganisation in Psychologie und Psychiatrie, Univ. Bern.
SAAM, N. J. (1996): Multilevel modeling with MIMOSE. Experience from a social science application. In: DORAN, J. G.; NIGEL, G.; MÜLLER, U.; TROITZSCH, K. G.: Social science microsimulation. A challenge to computer science. Springer, Berlin.
SABELLI, H.; CARLSON-SABELLI, L.; JAVAID, I. J. (1990): The thermodynamics of bipolarity: A bifurcation model of bipolar illness and bipolar character and its psychotherapeutic applications. Psychiatry 53: 346-368.
SACKS, O. (1970): The man who mistook his wife for a hat and other clinical tales. Harper and Row, New York.
SAPERSTEIN, A. M. (1995): War and chaos. Amer. Scientist 83: 548-557.
SARGANT, W. (1957): Battle for the mind. Compleday, New York.
SCHARFETTER, CHR. (1976): Allgemeine Psychopathologie. Thieme, Stuttgart.
SCHARFETTER, CHR. (1976): Die Psychopathologie Schizophrener. Ein Weg zur Therapie. Therap. Rundschau 33: 465-471.
SCHARFETTER, CHR. (1986): Schizophrene Menschen. Urban & Schwarzenberg, München/Weinheim.
SCHARFETTER, CHR. (1970): Symbiontische Psychosen. Studie über schizophrenieartige >>induzierte Psychosen<<. Huber, Bern/Stuttgart/Wien.
SCHENK, G. (1990): Geschichte der Logik. In: SANDKÜHLER, H. J. (Hg.): Europäische Encyklopaedie zu Philosophie und Wissenschaften. F. Meiner, Hamburg.
SCHIEPEK, G.; SCHOPPEK, W. (1992a): Synergetik in der Psychiatrie: Simulation schizophrener Verläufe auf der Grundlage nicht-linearer Differenzengleichungen. Systeme 6: 22-57.
SCHIEPEK, G.; TSCHACHER, W. (1992b): Applications of synergetics to clinical psychology. In: TSCHACHER, W.; SCHIEPEK, G.; BRUNNER, E. J. (Hg.): Selforganization and clinical psychology. Springer, Berlin/Heidelberg/New York.
SCHORE, A. N. (1994): Affect regulation and the origin of the self. The neurobiology of emotional development. Erlbaum, Hillsdale, N. J.
SCHUSTER, H. G. (1989): Deterministic chaos. VCH Verlagsgesellschaft GmbH, Weinheim.
SCHWEITZER, J.; SCHUMACHER, B. (1995): Die endliche und unendliche Psychiatrie. Auer, Heidelberg.
SEARLE, J. R. (1990): Is the brain's mind a computer program? Scientific American 262: 26-31.
SEIFRITZ, W. (1987): Wachstum, Rückkoppelung und Chaos. Eine Einführung in die Welt der Nichtlinearität und des Chaos. Hanser, München/Wien.
SEILER, T. B. (1994): Ist Jean Piagets strukturgenetische Erklärung des Denkens eine konstruktivistische Theorie? In: RUSCH, G. u. SCHMIDT, S. J. (Hg.): Piaget und der radikale Konstruktivismus. Suhrkamp, Frankfurt a. M., S. 43-102.

SEITELBERGER, F. (1993): Gehirn, Verhalten und Bewußtsein. In: KLEIN, H.-D.; REIKERSTORFER, J. (Hg.): Philosophia perennis. P. Lang, Frankfurt a. M.
SELIGMAN, M. E. P.; HAGER, J. L. (1971): Biological bounderies of learning. Prentice-Hall, Englewood Cliffs, N. J.
SHANNON, C. A.; WEAVER, W. (1949): The mathematic theory of communication. Urbana, Univ. Illinois Press.
SHAPIRO, R. M. (1993): Regional neuropathology in schizophrenia. Where are we? Where are we going? Schizophrenia Research 10: 197-239.
SHAVER, P. R.; SCHWARTZ, J.; KIRSON, D.; O'CONNOR, C. (1987): Emotion knowledge: Further exploration of a prototype approach. J. of Personality and Social Psychology 52: 1061-1086.
SHAW, R. S. (1981): Strange attractors, chaotic behaviour and information flow. Z. Naturforsch. 36a: 80.
SIMMEL, G. (1922): Die Religion. Frankfurt a. M.
SIMON, F. B. (1984): Der Prozeß der Individuation. Über den Zusammenhang von Vernunft und Gefühlen. Verlag für medizinische Psychologie, Göttingen.
SINCLAIR, H. (1976): Epistemiology and the study of language. In: INHELDER, B.; CHIPMAN, H. H.: Piaget and his school. Springer, New York/Heidelberg/Berlin, S. 205 ff.
SINGER, M. T.; WYNNE, L. C.; TOOHEY, B. A. (1978): Communication disorders in the families of schizophrenics. In: WYNNE, L. C.; CROMWELL, R. L. & MATTHYSS, S. E. (Hg.): The nature of schizophrenia. Wiley, New York/Chichester/Brisbane/Toronto.
SINGER, W. (1990): Ontogenetic self-organization and learning. In: MCGAUGH, J. L.; WEINBERGER, N. M.; LYNCH, G. (Hg.): Brain organization and memory: cells, systems and circuits. Oxford University Press, New York.
SINGER, W. (1993): Synchronization of cortical activity and its putative role in information processing and learning. Ann. Rev. Physiol. 55: 339-374.
SPENCER-BROWN, G. (1979): Laws of form. Durron, New York.
STRAUS, E. (1928): Das Zeiterlebnis in der endogenen Depression und in der psychopathischen Verstimmung. Mschr. Psychiat. Neurol. 68: 640.
SÜSKIND, P. (1985): Das Parfum. Die Geschichte eines Mörders. Diogenes, Zürich.
TELLENBACH, H. (1961): Melancholie. 4. Aufl. Springer, Berlin/Heidelberg/New York/ Tokyo, 1983.
TIENARI, P.; SORRI, A.; LATHI, I.; NAURALA, M.; WAHLBERG, K. E.; POHOJOLA, J.; MORING, J. (1985): Interaction of genetic and psychosocial factors in schizophrenia. Acta Psychiatr. Scand. 71: 19-30.
TINBERGEN, N. (1951): The study of instinct. Oxford University Press, London.
TINBERGEN, N. (1973): The animal in its world: Explorations of an ethologist, Vol. 2. Laboratory experiments and general papers. Allen & Urwin, Winchester.
TSCHACHER, W. (1996): The dynamics of psychosocial crises. Time courses and causal models. J. Nerv. Ment. Dis. 184. (Im Druck.)
TSCHACHER, W.; SCHIEPEK, G.; BRUNNER, E. J. (Hg.) (1992): Self-organization in clinical psychology. Springer, Berlin.
TSCHACHER, W.; BRUNNER, E. (1995): Empirische Studien zur Dynamik von Gruppen aus der Sicht der Selbstorganisationstheorie. Z. f. Sozialpsychol. 26: 78-91.
TSCHACHER, W.; SCHEIER, C. (1996a): Nichtlinearität und Chaos in Psychoseverläufen - eine Klassifikation der Dynamik auf empirischer Basis. In: BÖKER, W.; BRENNER, H.-D. (Hg.): Integrative Therapie der Schizophrenie. Huber, Bern/Göttingen/Toronto/Seattle, S. 48-65.
TSCHACHER, W.; SCHEIER, C.; HASHIMOTO, Y. (1997): Dynamical analysis of schizophrenia courses. Biological Psychiatry 41:428-437.
TSUANG, M. T.; WOOLSON, R. F.; FLEMING, J. A. (1979): Long-term outcome of major psychoses: I. Schizophrenia and affective disorders compared with psychiatrically symptom-free surgical conditions. Arch. Gen. Psychiat. 39: 1295-1301.
VALLACHER, R. R.; NOVAK, A. (1994): Dynamical systems in social psychology. Academic Press, San Diego/ New York.
VARELA, F. (1981): Der kreative Zirkel. In: WATZLAWICK, P.: Die erfundene Wirklichkeit. Piper, München.
VATTIMO, G. (1985): Das Ende der Moderne. Reclam, Stuttgart, 1990.
VATTIMO, G. (1983): Il pensiero debole. In: VATTIMO, G.; ROVATTI, P. A. (Hg.): Il pensiero debole Vol II., Milano.
VESTER, H. G. (1991): Emotion, Gesellschaft und Kultur. Grundzüge einer soziologischen Theorie der Emotionen. Westdeutscher Verlag, Opladen.

VOLLMER, G. (1980): Evolutionäre Erkenntnistheorie. S. Hirzel, Stuttgart.
WALSER, R. (1971): Kleine Dichtungen. Prosastücke. Kleine Prosa. Helmut Kossodo, Genf/Hamburg.
WATZLAWICK, P. (1981): Die erfundene Wirklichkeit. Piper, München.
WATZLAWICK, P. (1991): Einleitung. In: WATZLAWICK, P.; KRIEG, P. (Hg.): Das Auge des Betrachters. Beiträge zum Konstruktivismus. Piper, München.
WELSCH, W. (1988): Unsere postmoderne Moderne. Acta humaniora. Acta humaniora, Weinheim.
WENZEL, U. W. (1997): Menschenwissenschaft ohne Mensch. Vor hundert Jahren wurde Norbert Elias geboren. Neue Zürcher Zeitung 141, S. 65.
WEST, B. J. (1986): Fractals, intermittence and morphogenesis. In: DEGN, H.; HOLDEN, A. V.; OLSEN, L. F.: Chaos in biological systems. Plenum Press, New York/London.
WHO (1979): Schizophrenia: An international follow-up study. Wiley, New York.
WIEDLING, J. U.; SCHÖNLE, P. W. (1991): Neuronale Netze. Nervenarzt. 62: 415-422.
WIMMER, M. (1993): *Eine Erweiterung Piaget's Theorie der kognitiven Entwicklung in den emotionalen Bereich.* In: GUTTMANN, G.; WUKETITS, F. M. (Hg.): *Freud, Piaget und Lorenz.* Springer, Wien/New York.
WIMMER, M. (1995a): *Biologisch-ethologische Komponenten von Emotionalität.* In: NISSEN, G. (Hg.): *Angsterkrankungen. Prävention und Therapie.* Huber, Bern/Göttingen/Toronto/Seattle, S. 89-108.
WIMMER, M. (1995b): Evolutionary roots of emotion. Evolution and Cognition 1: 38-50.
WIMMER, M.; CIOMPI, L. (1996): *Evolutionary aspects of affective-cognitive interactions in the light of Ciompi's concept of >>affect-logic<<.* Evolution and Cognition 2: 37-58.
WING, J. K. (1978): Clinical concepts of schizophrenia. Toward a new synthesis. Brunner & Mazel, London.
WING, J. K.; BROWN, G. W. (1970): Institutionalism and Schizophrenia. Cambridge University Press, London.
ZAJONC, R. B. (1980): Feeling and thinking: preferences need no inferences. Amer. Psychologist 35: 151-175.
ZAJONC, R. B. (1984): On the primacy of affect. Amer. Psychologist 39: 117-124.
ZUBIN, J.; SPRING, B. (1977): Vulnerability - a new view on schizophrenia. J. abnorm. Psychology 86: 103-126.

人名索引

Aebi, E.　237, 326
Ambühl, B.　129, 132, 241
Anesidemos　65
Arafat, Y.　287
Arieti, S.　248
Aristoteles　4, 9, 65
Arnold, M. B.　39, 41, 297
Asahara, S.　276

Babloyantz, A.　129, 133, 134
Barnsley, M.　150, 153
Barthes, R.　202, 203
Bateson, G.　63, 152
Becker, O.　207
Belousov, B. P.　134
Bénard, H.　133, 147, 292
Benedetti, G.　248
Berger, P. L.　263, 289
Berman　251
Berner, P.　252
Bertalanffy, L. v.　130, 298
Binning, G.　154, 177
Binswanger, L.　99, 108, 207, 236, 314, 316, 317
Blankenburg, W.　101, 316
Bleuler, E.　90, 221, 226, 246〜249, 251, 297, 314
Bleuler, M.　240, 242, 314
Bogerts, B.　245
Bollnow, O. F.　51, 57, 85, 183, 201, 206〜208, 218, 297, 357
Borod, J. C.　41
Boss, M.　316
Bower, G. H.　91
Bowers, M.　242, 248
Bowlby, J.　45, 50, 96
Brandt, W.　287
Briggs, J.　129, 150, 152
Broca, P.　39
Brown, S.　61

Brunner, E.　132, 284
Buchsbaum, M. S.　245, 251
Buck, D.　243
Bucy, P. C.　39

Cacioppo, J. T.　71
Campbell, D. T.　15, 312
Campiche, J. R.　277, 278
Chessex, J.　185〜187, 199
Cicchetti, D.　25, 305, 307
Ciompi, L.　31, 40, 63, 77, 82, 83, 86, 99, 104, 112, 113, 121, 122, 129, 132, 150, 153, 154, 165, 222, 236, 237, 239〜241, 245, 251, 253, 275, 303, 305, 317, 326, 331, 350, 360
Cloninger, C. R.　163
Collins, R.　256, 259, 260
Conrad, K.　242, 243, 248
Cramer, F.　129
Creutzfeld, O.　360

Damasio, A.　39, 309〜311
Darwin, C. R.　50, 71, 104, 259, 270, 311, 312
Dauwalder, J.-P.　154, 163
Davis, M.　44
Degn, H.　129
Delgado, J. M. R.　39
Delpos, M.　312
Derrida, J.　4, 311
Derryberry, D.　39, 41, 54, 251
Descartes, R.　18, 19, 50
Diettrich, O.　13, 18
Durkheim, E.　256, 259
Dürrenmatt, F.　1, 3, 27, 359, 367, 368

Eggers, C.　245
Einstein, A.　7, 104, 365
Ekman, P.　50, 51
Elias, N.　72, 255, 257, 258, 297
Elkaim, M.　132, 284
Emrich, H.　132, 154

399

Endert, E.   261
Euler, H. A.   51, 54

Faure-Pragier, S.   299
Feigenbaum, M.   7, 135
Feyerabend, P.   6
Fischer, H. R.   4
Flack, W. F.   251
Fleck, L.   8, 256, 260~264, 297
Foerster, H. v.   13
Freud, S   8, 25, 62, 95, 104~107, 123, 172, 184, 193, 206, 228, 257, 267, 298~300, 302, 304, 311, 371, 379
Frisch, K. v.   64
Frisch, M.   195
Fromm, E.   94
Furth, H. G.   303, 304

Gabriel, E.   252
Gadamer, H. -G.   6
Gainotti, G.   44, 70
Galilei, G.   104
Gandhi, M.   278
Gebsattel, V. E. v.   236, 317
Gergen, K. J.   11
Gerhards, J.   256~258, 260
Geschwind, N.   45
Glasersfeld, E. v.   4, 13, 16
Gleick, J.   129
Globus, G. G.   132, 145, 154, 165, 299, 309~311
Goebbels, J. P.   354
Goedel, K.   7
Goethe, J. W. v.   109, 150, 202, 208, 323, 379, 381
Goffman, E.   259
Gogh, V. v.   205
Goleman, D.   310, 311
Gorbatschow, M.   286
Gray, W.   73, 309
Gressot, M.   302
Grof, S.   91

Häfner, H.   240
Haken, H.   7, 48, 129, 130, 146, 147, 154, 158, 194, 243
Handke, P.   197, 198
Harding, C. M.   240

Hartmann, H.   302
Hatfield, E.   271
Havel, V.   359
Heidegger, M.   4, 5, 57, 85, 184, 206, 207, 281, 311, 340
Heiden, U. a. d.   154
Heimann, H.   317
Heinroth, O.   24
Heisenberg, W.   7
Heraklit   9
Herrmann, D.   129, 134, 149, 150, 153
Hess, W. R.   39
Hesse, H.   185~187
Hinde, R. A.   70
Hinterhuber, H.   282
Hitler, A.   115, 354
Hodel, B.   335
Hofmannsthal, H. v.   108
Hölderlin, F.   205
Hornberger, S.   338
Huber, G.   240
Huguenin, T.   277, 279, 280
Husserl, E.   150, 316
Huxley, A.   207

Izard, C. E.   52~54, 59, 60, 63, 70, 71, 86, 251, 309

Jacobson, E.   302
Janzarik, W.   123, 124, 221, 222, 229, 242, 249~251, 274, 297, 302, 310, 314~316, 335
Jaspers, K.   314, 360
Jauch, J. P.   19
Jones, J.   276
Joyce, J.   212, 214
Jung, C. G.   246, 249

Kanitscheider, B.   2
Kargl, W.   369
Käsler, D.   259
Kasparow, G.   354
Kavanagh, D. J.   240
Keller, J. A.   312
Kemper, T. D.   70
Kennedy, J. F.   278
Kepler, J.   104
Kernberg, O.   34, 36, 299~302, 363
Kierkegaard, S.   184

Kihlstrom, J. F.   10, 25, 62, 121
King, R.   132, 154
King, M. L.   278
Kleinginna, A.   51
Kleinginna, P. R.   51, 53
Klüver, H.   39
Koch, N. F. H. v.   149
Koresh, D.   276
Koukkou, M.   47, 91, 241
Kraepelin, E.   247, 314
Kuhn, R.   316
Kuhn, T. S.   8, 104, 256, 260, 262, 263, 297, 316

Lai, G.   299
LaViolette, P. A.   73, 309
Lazarus, R. S.   52, 59, 60, 70
LeDoux, J. E.   39, 41, 42, 44
Leff, J. P.   240
Lehmann, D.   47
Leibniz, G. W.   150
Leider   24
Lempp, R.   165
Leventhal, H.   54, 59, 60
Lewin, K.   11
Liä Dsi   183
Libet, B.   368
Lorenz, E.   131, 138, 141
Lorenz, K.   4, 9, 10, 14, 15, 17, 24, 25, 59, 62, 94, 96, 152, 312, 361
Lotka, A. J.   134
Luckmann, T.   263, 289
Luhmann, N.   72, 258, 259
Lyotard, J.-F.   4, 6, 376, 377

Machleidt, W.   46, 70, 118, 196, 248, 249
Mahler, M. S.   45, 96
Mambro, J. d.   277
Mandela, N.   369
Mandelbrot, B.   7, 135, 148
Mandl, H.   51, 54
Mannheim, K.   263
Marneros, A.   247
Maturana, H.   4, 11~14, 16, 45, 54, 81~83, 341
Maurer, Y.   338
McDougall, W.   312
McGlashan, T. H.   240, 247

McLean, P.   39
Mednick, S. A.   245
Menn, A.   327
Menzel, R.   64
Mesulam, M. M.   45
Meyer, J. E.   195
Mikl-Horke, G.   259
Miller, J. G.   130
Minkowski, E.   317
Mitterand, F.   66
Mosher, L.   327
Müller, C.   184, 185, 195, 275
Murphy, S. T.   52, 60
Musalek, M.   252

Nicolis, G.   129, 133, 309
Nietzsche, F. W.   4, 5, 85, 106, 127, 205, 207, 375
Nuechterlein, K. H.   245

Oeser, E.   312, 360
Ogden, T. H.   328
Ortega y Gasset, J.   202, 203, 205
Ortony, A.   71
Ott, E.   335
Overton, D. A.   47

Panksepp, J.   39, 44, 46, 54, 86
Papez, J. W.   39
Parmenides   9, 65
Peitgen, H. O.   129, 134, 136, 150
Petzold, H. G.   338
Piaget, J.   1, 3, 4, 8~10, 13, 15, 16, 25, 32, 34, 37, 48, 62, 66, 77, 78, 85, 87, 91, 92, 105, 109~112, 121, 205, 298, 303~308, 311, 312, 336, 360, 367, 376
Platon   4, 10, 203, 205
Ploog, D.   44
Plutchik, R.   52, 70, 312
Poincaré, H.   130
Popper, K.   7, 17, 109
Portele, G.   11
Prigogine, I.   7, 129, 130, 133, 135, 175, 309, 317
Proust, M.   207
Pythagoras   10

Rabin, I.   287

Raegan, R. 271
Rapaport, D. 302
Richter, P. H. 129, 150
Riedl, R. 4, 7, 9~11, 15, 18, 25, 62, 66, 152, 312
Rogers, C. R. 333
Rorty, R. 4
Rössler, O. E. 132, 141
Roth, G. 81, 360
Routtenberg, A. 43
Rümke, H. C. 207
Rusch, G. 4, 16
Russel, B. 7

Saam, J. N. 284, 285
Sabelli, H. 154, 163, 299
Sacks, O. 253
Sargant, W. 350
Sartre, J.-P. 371
Scharfetter, C. 248, 276, 360
Schenk, G. 67
Scherer, K. 52, 59, 60
Schiepek, G. 132, 154, 158, 241
Schneider, K. 314
Schnelle, T. 261
Schore, A. N. 39, 41, 44, 45, 124, 125, 299, 302
Schuster, H. G. 129
Schweitzer, J. 239
Searle, J. R. 48
Searles, H. F. 242
Seifritz, W. 129, 134, 151
Seiler, T. B. 9, 13, 16
Seitelberger, F. 360
Seligman, M. E. P. 50
Shakespeare, W. 187~189, 191, 193, 194
Shannon, C. A. 63
Shapiro, R. M. 245
Shaver, P. R. 73
Shaw, R. S. 129
Simmel, G. 256
Simon, F. B. 31
Sinclair, H. 9
Singer, W. 48, 154
Singer, M. T. 245
Sokrates 1, 9
Spielberg, S. 150
Spitz, R. 96

Spring, B. 245
Stengers, J. 133
Stevenson, R. L. 232
Straus, E. 236, 317
Strindberg, A. 205
Süskind, P. 354

Tellenbach, H. 236, 316
Thom, R. 7, 130
Tienari, P. 245
Tinbergen, N. 50, 59
Toifl, K. 129
Tschacher, W. 129, 132, 141, 154, 158, 241
Tsuang, M. T. 247
Tucker, D. M. 41

Vallacher, R. R. 284
Varela, F. 11~14, 61, 81~83
Vattimo, G. 3~6, 376
Verden-Zöller, G. 45, 341
Verhulst, P. F. 135, 136
Vester, H. -G. 257, 260
Vollmer, G. 15
Volterra, V. 134

Walser, R. 198, 199
Watzlawick, P. 13
Weaver, W. 63
Weber, M. 256, 257
Weizsäcker, C. F. v. 360
Weizsäcker, R. v. 287
Welsch, W. 3~7, 376
Wenzel, U. W. 255
West, B. J. 152
Wiedling, J. U. 48
Wimmer, M. 64, 297, 312, 313
Wing, J. K. 242
Winnicott, D. W. 328, 339
Wittgenstein, L. 6, 13

Zajonc, R. B. 52, 60
Zenon 9
Zhabotinski, A. 134
Zubin, J. 245

事項索引

愛情論理　47, 97, 196, 201, 342
アトラクター　28, 96, 104, 131, 138〜149, 154〜156, 159, 161, 162, 164〜166, 171〜173, 175, 180, 181, 183, 186, 187, 196, 204, 208, 217, 222, 226〜231, 233, 234, 236, 241, 243, 252, 271, 275, 279, 289, 309, 335, 355, 363, 379〜381
アノレクシア・メンタリス→「思春期やせ症」の項を参照
アプレイゼル　52, 59, 60, 300
アラウゼル　73, 93, 160, 210
鞍点　144, 145, 147, 156

怒り（怒り論理）　44, 46, 47, 52, 66, 69, 70, 72, 73, 75, 87, 88, 91, 94, 95, 97, 99, 115, 116, 118, 119, 154, 155, 162, 164, 168, 170, 172, 173, 179, 187, 189〜195, 197, 204, 208, 210, 212, 217, 218, 223, 237, 247, 248, 262, 267, 270, 282, 283, 294, 295, 301, 316, 318, 320, 332, 334, 338, 339, 342, 351, 354〜356, 362, 372, 377, 378
移行対象　339
意志　74, 77〜80, 87, 91, 92, 288, 306, 307, 359, 366〜369
意識　32, 34, 35, 42, 47, 50, 51, 54〜57, 62, 88, 92, 93, 97, 100〜102, 106, 108, 110, 119〜122, 156, 159〜161, 165, 166, 168, 169, 173, 174, 201〜204, 210〜212, 226, 228, 266, 283, 289, 290, 300, 303, 307, 326, 334, 340, 348, 359〜368, 370, 376, 377, 379
意識障害　56
意識変容　365
依存症　221, 227〜231, 252
インプリント→「刷り込み」の項を参照

ウェイヴ　265, 267
うつ（状態, 病）　36, 44, 45, 47, 52, 69, 87, 92, 95, 98, 99, 119, 161, 162, 179, 195, 196, 217, 234〜236, 239, 246, 247, 249, 250, 252, 280, 295, 315, 316, 325, 332, 335, 337, 338, 347

運動療法　337, 339, 340
エネルギーの精製　366
エンドルフィン　45, 124, 125, 336
オウム真理教　276, 280
オートポイエーシス　11, 12, 107
オペレイター作用（効果, 機能）　36, 74, 76, 77, 84〜92, 96, 97, 114〜117, 119, 121〜123, 127, 167, 168, 170, 186, 216, 248, 249, 256, 264, 271, 272, 274, 281, 288, 292, 301, 303, 306, 310, 313, 316, 320, 324, 337, 343, 351, 362

快（快感, 快楽）　28, 33, 34, 36, 43, 45, 52, 66, 69, 73, 75, 76, 85, 95, 96, 101〜103, 105〜115, 143, 156, 157, 159, 164〜166, 177, 196, 198, 201, 217, 228〜231, 258, 289, 290, 300, 303, 305, 313, 319, 321, 322, 335, 337, 339〜342, 348, 356, 357, 363, 374, 378〜381
解離　231〜233, 252
解離性障害　231〜233
カオスの制御　335
カオス論　7, 23, 49, 84, 87, 104, 116, 123, 127〜133, 135, 136, 138, 144, 148, 153, 154, 156, 157, 161, 164〜166, 170, 173〜175, 178〜180, 187, 194, 208, 218, 221, 222, 226, 228, 230, 233, 235, 241〜243, 253, 260, 262, 265, 275, 284, 285, 290, 291, 294, 299, 303, 308〜310, 314, 316, 317, 319〜321, 335, 369, 380
科学論（科学理論）　3〜6, 15, 256, 260, 263
カタストロフィ論　7, 130
価値観　74, 77,〜79, 279, 285, 289, 293
価値体系　66, 74, 77, 78, 80, 101, 285, 349
悲しみ（悲しみ論理）　44, 46, 47, 52, 66, 69, 70, 73, 79, 87〜91, 95〜97, 99, 100, 116, 118, 119, 155, 161, 162, 164, 168〜170, 172, 173, 179, 186, 192〜197, 208, 210, 212, 218, 226, 247, 249, 270, 295, 301, 305, 320, 334, 339, 347, 362, 374, 377, 378

403

「感覚・思考・行動」プログラム　31, 33〜35, 37, 38, 43, 48, 72, 74〜78, 80, 92, 97, 103, 117, 121, 123, 167, 211, 216, 222, 236, 244, 259, 275, 276, 289, 298, 301, 308, 315, 320, 333, 338, 364, 367
環境療法　237, 251, 318, 331
観察者　12, 13, 82, 152, 160, 262, 264, 293
「感情・認知」固有世界　100, 155, 180, 183, 187, 195, 216, 218, 229, 231, 232, 261, 269, 279, 289, 301, 304, 334, 349, 351, 354, 364
「感情・認知」的照合システム　32〜34, 37, 38, 48, 72, 74, 78, 161, 168, 201, 222, 229, 230, 244, 259, 271, 274, 298, 301, 302, 304, 306, 308, 313, 315, 320, 325, 338, 350, 360, 364
「感情」の定義　55, 56
「(感情)目録」　68〜70
感情の伝染　289　→「情動の伝播」の項も参照
感情の螺旋（スパイラル）　46, 118, 196
関心（興味）　46, 69, 70, 73, 75, 93, 97, 116, 118, 119, 162, 165, 168, 196, 208〜210, 212, 259, 262, 266, 295, 362, 367, 377
感応精神病→「共生精神病」の項を参照

気分倒錯　246
基本感情(基底感情)　35, 46, 47, 50, 68, 70〜73, 92, 96, 116〜118, 162, 168, 171, 175, 194〜196, 208, 280, 311, 312, 362, 377
共生精神病(感応精神病)　274, 276
共働→「シナジー」の項を参照
強迫　92, 109, 223, 316, 335
「恐怖・不安」システム(恐怖不安系)　44
興味→「関心」の項を参照
均衡化水準の引き上げ　111, 112, 114, 305, 307
緊張病　244, 246

形式論理(学)　7, 10, 19, 65〜67, 98, 99, 101, 102, 104, 105, 218, 262, 263, 269, 313
激怒　99, 187, 189〜191, 193, 194, 223→「怒り(怒り論理)」の項も参照
決定論的カオス　8, 129〜132, 137, 138, 141, 142, 147, 155, 170, 173, 175, 222, 241, 369, 380　→「カオス論」の項も参照
顕現抑止　124, 274, 283, 302, 310, 315

構成主義　1, 3, 4, 8〜11, 13〜19, 22, 27, 29, 58, 61, 66, 82, 98, 176, 208, 217, 218, 259, 263, 308, 313, 314, 320, 321, 352, 372, 376
抗精神病薬(ニューロレプティカ)　237, 239, 250, 325〜327, 330〜332
構造的カップリング　11, 12, 80, 82〜84, 172, 177, 179, 244, 285, 321
構造力動論　221, 251, 314〜316
国家社会主義(ナチズム)　187, 189, 272, 274, 281, 282
コッホの曲線　149, 151

雑音→「ノイズ」の項を参照
散逸構造　87, 130, 132,〜134, 144, 155, 157, 175, 178, 215, 222, 227, 234, 235, 241, 243, 259, 275, 294, 316

時間体験の変化　99, 316〜318
時間の矢　317
自己意識　359, 362
自己相似性　80, 127, 129, 131, 135, 136, 147〜149, 152, 156, 167, 168, 172, 181, 267, 284, 288, 290, 293, 295, 299, 311, 316, 319, 365, 377
自己表象　34, 36, 163, 301, 303, 338, 363
思春期やせ症(アノレクシア・メンタリス)　339
システム論　9, 23, 38, 128, 130, 131, 152, 171, 178, 242, 258, 259, 290, 298, 299, 303, 308, 309, 314, 316, 319
シナジー(共働)　48, 292, 294
シナジェティクス　130, 146
自由　307, 313, 359, 366〜370, 372
集団帰属感情(帰属意識)　266, 268, 269
状態依存的(性)「記憶・想起」　90, 206, 272, 302
状態特異的情報処理　47
情動操作　352
情動的知能　310
情動の伝播(感染, 伝染)　268〜271, 283, 288, 289, 345
情報圧縮　32, 360, 362, 364
進化論的構成主義　9
進化論的認識論　1, 9, 10, 13, 15, 59, 178, 308, 311, 312, 319, 361→「認識論」の項も参照
神経回路網→「ニューラルネットワーク」の項を参照
神経可塑性(ニューロンの可塑性)　42, 43, 83, 84, 117, 244, 308

神経症　120, 179, 184, 195, 221, 223, 225～227, 233, 252, 315, 338
心身問題　80, 84
身体図式　338, 346
身体体験　50, 336

スイッチ機能　90, 251
スイッチ作用　127, 345, 351
ストレンジ・アトラクター　131, 138～142, 149, 155, 156, 173
刷り込み（インプリント）　35, 79, 101, 102, 104, 121, 122, 124, 211, 263, 308, 320, 361
制御パラメーター　146, 147, 157～159, 175, 178, 179, 230, 233, 241, 242, 252, 267, 326, 335
脆弱性　232, 241, 245, 249, 326
脆弱性仮説　245
精神分析　23, 25, 34, 36, 38, 44, 45, 96, 120, 121, 123, 164, 171, 178, 193, 195, 201, 205, 228, 248, 257, 279, 280, 298～303, 314, 316, 319, 324, 325, 333, 341, 372
精神療法　32, 56, 95, 172, 221, 223, 224, 228, 232, 233, 235, 238, 239, 251, 318, 323～325, 329, 331, 333, 335～338, 342～344, 347, 353
善意の捕獲　345
閃光　152, 369
選択　9, 10, 17, 20, 29, 363, 368, 375
前頭前野　40, 41, 43, 124, 250
洗脳　350

躁（状態, 病）　36, 47, 52, 54, 92, 162, 179, 234～236, 246, 247, 249, 250, 315, 316
躁うつ病　179, 234～236, 246, 247, 250
増強（増幅）効果　269, 286, 288, 291, 294
増強（増幅）メカニズム　268, 288, 289
相対的構成主義　14～16, 19, 22, 314, 352, 372　→「構成主義」の項も参照
創発　81, 109, 152, 287, 291～295, 364～366, 368, 369
ソテリア・ベルン　237, 327, 329～331
ソマティック・マーカー仮説　310
存続可能性　13, 14, 17, 18, 28, 29, 34, 176～178, 215, 322, 352, 378

対象表象　34, 36, 163, 301, 303, 363
タイタス・アンドロニカス　187～189, 193, 194

大脳辺縁系→「辺縁系」の項を参照
太陽寺院教団　277, 278
多重人格　231, 232, 252
脱中心化　3, 16, 205, 304, 306, 312, 363, 376
遅延（ヒステリシス）効果　285
秩序パラメーター　146, 147, 157～159, 175, 178, 179, 230, 238, 241, 243, 252, 267, 350, 376
地平（不可避的に制約されている）　1～3, 22, 25, 26, 28, 29, 180, 255
痴呆　252, 253
抽象化　64, 110～114, 305, 312, 360, 363, 364, 366
中心前回　341
調節　9, 13, 16, 18, 303, 304, 312, 313

定位反応　361

同化　9, 13, 16, 18, 111, 303, 304, 312, 313
動機（動機づけ）　37, 50, 51, 53, 59, 74, 76～80, 86, 87, 92, 93, 96, 115, 300～302, 306, 367
統合失調症　23, 92, 101, 129, 158, 162, 179, 210, 225, 234, 236, 237, 239～252, 275, 283, 311, 315, 316, 321, 325～327, 331, 332, 335
ドーパミン　45, 124, 250

ナチズム→「国家社会主義」の項を参照

ニーベルンゲンの歌　189, 190, 192, 218, 272
憎しみ（憎しみ論理）　69, 174, 187, 188, 194, 259, 280～283, 301, 354, 377
日常的気分　57
日常論理　66, 97, 98, 100～102, 106, 107, 118～120, 155, 159, 163, 164, 172, 173, 180, 208, 212, 215, 216, 252, 261, 268, 277, 289, 295, 301, 310, 316, 320, 334
ニューラルネットワーク（神経回路網）　35, 42, 48, 61, 244, 308
ニューロレプティカ→「抗精神病薬」の項を参照
ニューロンの可塑性→「神経可塑性」の項を参照
認識論　1, 2, 7～10, 12, 13, 15, 19, 22, 27～29, 32, 34, 59, 178, 207, 217, 218, 260, 297, 298, 303, 304, 308, 311～314, 319, 320, 341,

405

352, 361, 370
認知行動療法　333, 335
「認知」の定義　61

ノイズ（雑音）　131〜133, 137, 144, 155, 173
脳波　46〜48, 70, 71, 142, 160, 161, 241, 248, 368

破瓜病　244, 246
バタフライ効果　137, 138, 154, 218, 226, 284〜286, 289, 350, 369
発生的認識論　1, 8, 32, 34, 178, 298, 303, 304, 314, 319　→「認識論」の項も参照
パラダイム　6〜8, 104, 129, 260, 262, 290

悲哀　44, 69, 87, 95, 99, 100, 192〜196, 247, 249, 347, 374　→「悲しみ（悲しみ論理）」の項も参照
ヒステリー　223, 267
ヒステリシス→「遅延効果」の項を参照
非線形性（的）　7, 127, 130, 132, 134, 137, 138, 157, 175, 223, 241, 253, 262, 267, 284, 290, 309, 316, 318, 349
非線形的相転移　132, 134, 137, 157, 175, 241, 262, 284, 285, 290, 309, 316, 318

不安（不安論理）　33, 42〜47, 52, 57, 66, 69, 70, 73, 75, 85, 87〜91, 93, 94, 97〜101, 106, 115, 116, 118〜120, 154, 155, 162, 164, 166, 168〜170, 172, 173, 179, 183〜187, 189, 190, 194, 196, 197, 199, 203, 204, 206〜208, 210, 212, 216〜218, 223, 224, 237〜239, 247, 248, 263, 270, 275〜280, 283, 286, 295, 301, 305, 316, 318, 320, 325〜328, 332, 334, 338, 339, 342, 346, 351〜356, 361〜363, 367, 372, 374, 377, 378
不快　36, 52, 69, 73, 76, 102, 103, 105〜111, 114, 157, 162, 164, 196, 228, 229, 289, 290, 300, 303, 305, 319, 348, 363, 379
複雑さ（複雑性）　20, 24, 28, 32, 33, 49, 75, 81, 92, 100, 112, 114〜116, 119, 123, 129, 142, 147, 168, 171, 177, 178, 241, 257, 258, 291, 293, 302, 319, 322, 356, 361, 363, 364, 370
フラクタル性　80, 127, 131, 135, 147〜152, 166, 167, 173, 277, 321, 364
分岐　132〜137, 144, 170, 230, 252, 294, 309

ベナール不安定性　133, 147, 292
ベルソフ・ジャボチンスキー反応　134
辺縁系（大脳辺縁系）　39〜41, 43〜45, 83, 124, 245, 250, 325
扁桃核（扁桃体）　39〜42, 44

報酬システム（報酬系）　43, 44
母子関係　44, 45, 83, 125
ポストモダン　1, 3〜6, 207, 258, 376
ポテンシャル地勢図　145, 147, 148, 156, 157, 163, 186, 227, 230, 252, 310
本能　40, 74〜76, 80, 92, 300, 301, 312

無意識　24, 25, 27, 34, 57, 62, 89, 98, 100, 101, 103, 105, 106, 115, 119〜122, 159, 165, 166, 172, 201, 206, 215, 223, 298, 301, 337〜341, 343, 345, 346, 355, 359, 368, 371

滅裂思考　246
メランコリー　54, 69, 95, 195, 196, 235, 339

妄想　47, 94, 158, 203, 204, 237, 239, 242, 243, 246, 248, 250, 274〜276, 352, 353

ゆらぎ　8, 134, 137, 146
ユリシーズ　212, 214

抑圧　62, 90, 92, 95, 109, 120, 121, 170, 230, 231, 272, 274, 286, 302, 334, 351
抑うつ（状態）→「うつ」の項を参照
欲動　74〜76, 80, 92, 107, 164, 300, 301, 303, 304, 306, 307, 312, 315, 379
喜び（喜び論理）　46, 47, 52, 66, 69, 70, 73, 87, 88, 90, 95〜98, 100, 112, 115, 116, 118, 119, 155, 162, 164, 168, 169, 172, 173, 179, 196〜198, 201, 208, 212, 217, 218, 262, 270, 274, 280, 295, 301, 305, 316, 318, 320, 334, 352, 356, 357, 362, 367, 377, 378

ラディカル構成主義　13〜19, 27, 29, 314, 352　→「構成主義」の項も参照

リパルサー　93, 104, 139, 143〜146, 156, 159, 162, 164, 165
流動平衡　107, 130, 144, 178, 222, 227, 241, 309
臨界減速　146, 194

連合弛緩　249

ローレンツ・アトラクター　131, 141
「論理」の定義　67

著者紹介

ルック・チオンピ　Luc Ciompi
1929年イタリアに生まれる．1963年よりローザンヌ大学病院社会精神医学部門の発展に貢献するとともに，ローザンヌ研究と呼ばれる有名な統合失調症長期予後調査を遂行した．1977年から1994年までベルン大学社会精神医学教室主任教授．1982年出版の『感情論理』により科学基礎論や構造主義を駆使した多元的な人間論を展開する精神病理学者として各界からの注目を集めた．1984年，先端研究プロジェクトとして統合失調症患者の治療のための共同生活施設「ソテリア・ベルン」を創設した．ベルン大学退官の後，ウィーン近くのアルテンベルクにあるコンラート・ローレンツ（進化・認知）研究所に客員教授として招かれ本書『基盤としての情動』を執筆した．これにより，感情論理の構想は，精神病理学の領域を超えて，相対的構成主義，神経科学，システム論，カオス論を支柱とする大規模な思想体系へと発展している．　主著：Affektlogik. Über die Struktur der Psyche und ihre Entwicklung. Ein Beitrag zur Schizophrenieforschung. Kleta-Cotta, Stuttgart, 1982（邦訳　松本・菅原・井上訳：感情論理．学樹書院，1994）; The psyche and schizophrenia. The bond between affect and logic. Harvard University Press, Cambridge/Mass.(USA) and London (GB), 1988; Außenwelt - Innenwelt. Die Entstehung von Zeit, Raum und psychischen Strukturen. Vandenhoeck & Ruprecht, Göttingen, 1988. ほか．

訳者紹介

山岸　洋　（やまぎし・ひろし）
1958年生まれ．1984年京都大学医学部卒業．現在，財団法人田附興風会医学研究所北野病院神経精神科部長，京都大学医学部附属病院臨床教授（精神医学）．著訳書：『中世の医学』，『中世の患者』（以上共訳，H. シッパーゲス著，人文書院），『精神医学群像』（共著，藤縄ほか編，アカデミア出版会），『脳──回路網のなかの精神』（共訳，M. シュピッツァー著，新曜社），『妄想とパースペクティヴ性──認識の監獄』（共訳，W. ブランケンブルク編，学樹書院）など．

野間俊一　（のま・しゅんいち）
1965年生まれ．1990年京都大学医学部卒業．現在，京都大学医学部附属病院精神科神経科勤務．著訳書：『エスとの対話──心身の無意識と癒し』（新曜社），『ふつうに食べたい──拒食・過食のこころとからだ』（昭和堂），『妄想とパースペクティヴ性──認識の監獄』（共訳，W. ブランケンブルク編，学樹書院）など．

菅原圭悟　（すがわら・けいご）
1957年生まれ．1984年京都大学医学部卒業．京都医療少年院勤務を経て，現在，天理よろづ相談所病院精神神経科部長．著訳書：『自閉症の治療』（共訳，ハウリン＆ラター著，ルガール社），『感情論理』（共訳，L. チオンピ著，学樹書院），『逆転移（2）』（共訳，H.F. サールズ著，みすず書房）など．

松本雅彦　（まつもと・まさひこ）
1937年生まれ．1964年京都大学医学部卒業．京都大学医療技術短期大学部教授，京都府立洛南病院院長を経て，現在，京都光華女子大学人間関係学部教授．著訳書：『心理学的医学』（訳，P. ジャネ著，みすず書房），『精神病理学とは何だろうか』（星和書店），『感情論理』（共訳，L. チオンピ著，学樹書院），『逆転移（全3巻）』（共訳，H.F. サールズ著，みすず書房），『こころのありか──分裂病の精神病理』（日本評論社）など．

書　名	基盤（きばん）としての情動（じょうどう）	
著　者	ルック・チオンピ	
翻訳者	山岸 洋／野間俊一／菅原圭悟／松本雅彦	
印刷日	2005年6月10日	
発行日	2005年7月1日	
制　作	グループ＆プロダクツ	
印刷所	シナノ印刷株式会社	
製本所	シナノ印刷株式会社	
発行所	株式会社学樹書院	
所在地	〒164-0014　東京都中野区南台4丁目60番1号	
	TEL 03-5385-5065　FAX 03-5385-4186	
	http://www.gakuju.com	

©2005 Gakuju Shoin, Publishers Ltd. *Printed and bound in Japan.*
ISBN 4-906502-29-6 C3011

精神医学の構造力動的基礎
W・ヤンツァーリク／岩井・古城・西村訳　ヤスパースやシュナイダーの記述的精神病理学からは満足のゆく解答を得られなかったという著者が、30年以上にわたり取り組んできた独自の探究の大いなる成果。
ISBN4-906502-06-7 C3047 A5/326頁／¥6500+税

精神分裂病の概念
オイゲン・ブロイラー／人見一彦監訳　「精神分裂病」（統合失調症）の名称をはじめて用いた「早発性痴呆（精神分裂病群）の予後」をはじめ、自閉、両価性といった重要な精神病理学的概念を提唱した重要論文を収録。
ISBN4-906502-11-3 C3047 A5変/207頁／¥4200+税

失われた《私》をもとめて　症例ミスビーチャムの多重人格
モートン・プリンス／児玉憲典訳　ヤスパースが「二重人格あるいは交代意識のもっとも見事な症例」と呼んだ多重人格に関する古典。本症例には傾聴すべきものが多々含まれている。
ISBN4-906502-01-6 C0098 A5/580頁／¥4000+税

妄想とパースペクティヴ性　認識の監獄
W.ブランケンブルク編／山岸・野間・和田訳　ドイツ語圏の主要な精神病理学者たちが、「パースペクティヴ性」という新たな概念を援用しながら「妄想」の解明を試みた記念碑的論文集である。
ISBN4-906502-26-1 C3011 A5/180頁／¥3500+税

心理療法と精神病理《霜山徳爾著作集4》
解説　山崎久美子・妙木浩之　【収録作品】疎外・孤独・絶望／衝動の病理／幻覚と知覚／永久運動の病理／病める性／ロージャズと人間学派／体験された自由／死に臨む人々／白秋から玄冬へ／心理療法とドラマトゥルギーほか
ISBN4-906502-18-0 C1311 A5/310頁／¥3800+税

現存在分析と現象学《霜山徳爾著作集3》
解説　加藤敏　【収録作品】信仰と妄想／実存分析／ハビトゥスの問題／現存在分析／人格への実存的接近／体験された時間／ミンコフスキーへのオマージュ―「精神のコスモロジーへ」補稿／味知覚と人間）
ISBN4-906502-17-2 C1311 A5/270頁／¥3800+税